"十四五"高等职业教育创新教材

供临床、基础、预防、护理、口腔、药学、检验、康复等专业使用

卫生法教程

主　编　王倩嵘

副主编　朱仁书　任建坤　刘长河

编　委（以姓氏笔画为序）

　　　　王倩嵘　方艳蕊　朱仁书　任建坤

　　　　刘长河　杨喜冬　武　讳

北京科学技术出版社

图书在版编目（CIP）数据

卫生法教程/王倩嵘主编 . — 北京：北京科学技术
出版社，2022.9（2023.8 重印）
ISBN 978 - 7 - 5714 - 2441 - 1

Ⅰ. ①卫… Ⅱ. ①王… Ⅲ. ①卫生法 - 中国 - 高等职业
教育 - 教材 Ⅳ. ①D922. 16

中国版本图书馆 CIP 数据核字（2022）第 138059 号

策划编辑：马　驰　曾小珍
责任编辑：曾小珍
责任校对：贾　荣
图文制作：舒斋文化
责任印制：李　茗
出 版 人：曾庆宇
出版发行：北京科学技术出版社
社　　址：北京西直门南大街 16 号
邮政编码：100035
电　　话：0086 - 10 - 66135495（总编室）　　0086 - 10 - 66113227（发行部）
网　　址：www. bkydw. cn
印　　刷：河北鑫兆源印刷有限公司
开　　本：889 mm × 1194 mm　1/16
字　　数：440 千字
印　　张：19. 25
版　　次：2022 年 9 月第 1 版
印　　次：2023 年 8 月第 2 次印刷
ISBN 978 - 7 - 5714 - 2441 - 1

定　　价：68. 50 元

医学生誓言

健康所系，性命相托。

当我步入神圣医学学府的时刻，谨庄严宣誓：

我志愿献身医学，热爱祖国，忠于人民，恪守医德，尊师守纪，刻苦钻研，孜孜不倦，精益求精，全面发展。

我决心竭尽全力除人类之病痛，助健康之完美，维护医术的圣洁和荣誉，救死扶伤，不辞艰辛，执着追求，为祖国医药卫生事业的发展和人类身心健康奋斗终生。

前　言

卫生法是我国法律体系的重要组成部分。我国的卫生法是由一系列调整卫生社会关系的法律规范所构成的，随着社会经济的不断发展和人民健康水平的不断提高，卫生法制建设的重要性日益显现，加快卫生法制建设和卫生法的普及教育日益重要。《卫生法教程》以介绍我国现行的卫生法规为主，同时对现代医学发展中新的法律问题也做了简单介绍。

本书为《卫生法教程》修订版，在原版基础上增加了"卫生医务人员医德规范""医疗行为与法律规制""医患双方的权利和义务""护理差错事故法律法规""处方管理的法律规定"等内容。

卫生法律规范有两大组成部分，一部分在专门制定的卫生法律、行政法规和规章中；另一部分散在于其他方面的法律、行政法规、规章中。

目前，我国主要的卫生法律有：《中华人民共和国国境卫生检疫法》《中华人民共和国传染病防治法》《中华人民共和国职业病防治法》《中华人民共和国食品卫生法》《中华人民共和国药品管理法》《中华人民共和国献血法》《中华人民共和国执业医师法》《中华人民共和国母婴保健法》《中华人民共和国人口与计划生育法》《中华人民共和国红十字会法》。

主要卫生行政法规有：《中华人民共和国国境口岸卫生监督办法》《中华人民共和国国境卫生检疫法实施细则》《中华人民共和国传染病防治法实施办法》《食盐加碘消除碘缺乏危害管理条例》《国内交通卫生检疫条例》《病原微生物实验室生物安全管理条例》《疫苗流通和预防接种管理条例》《艾滋病防治条例》《血吸虫病防治条例》《公共场所卫生管理条例》《学校卫生工作条例》《化妆品监督管理条例》《国务院关于加强食品等产品安全监督管理的特别规定》《中华人民共和国尘肺病防治条例》《使用有毒物品作业场所劳动保护条例》《放射性同位素与射线装置安全和防护条例》《中华人民共和国突发公共卫生事件应急条例》《医疗机构管理条例》《乡村医生从业管理条例》《护士条例》《医疗事故处理条例》《医疗废物管理条例》《人体器官移植条例》《中华人民共和国母婴保健法实施办法》《中华人民共和国药品管理法实施条例》《医疗用毒性药品管理办法》《放射性药品管理办法》《中华人民共和国麻醉药品和精神药品管理条例》《药品行政保护条例实施细则》《血液制品管理条例》《医疗器械监督管理条例》《野生药材资源保护管理条例》《中华人民共和国中医药条例》《中药品种保护条例》《中华人民共和国红十字标志使用办法》等。此外，卫健委也单独或者与有关部门联合制定发布了大量的卫生行政法规。

本书简明扼要地介绍了卫生法的相关知识，并附部分法律法规原文及相关文献。本书适合医学院校学生及医疗机构医务人员使用。鉴于编者水平有限，加之时间仓促，书中难免有疏漏和不妥之处，敬请读者批评指正。

王倩嵘　朱仁书

2022 年 6 月

目 录

第三篇　附　　录

第一篇　总　论

第一章 卫生法概述

第一节 卫生法的概念、特征

一、卫生的释义和范围

在古代，"卫生"一词的含义主要是指养生和护卫生命。"卫生"一词，最早见于我国战国时期的医学典籍《黄帝内经》。《庄子·庚桑楚》中也有"愿闻卫生之经"的记载。郭象将"卫生"解释为"防卫其生，令合道也"。

卫生一词有狭义和广义之分。狭义的卫生是指一种状况，如人的身体或精神的健康状况、环境的清洁状况等。广义的卫生则是指为了一种好的状况而进行的个人和社会活动的总和，确切地说，也就是为了维护人的健康而进行的个人和社会活动的总和。《辞海》对卫生的解释是：为增进人体健康，预防疾病，改善和创造合乎生理要求的生态环境、生活条件所采取的个人和社会措施。个人措施主要指个人有良好的卫生习惯和行为。社会措施则是指国家采取的有利于人的健康、防治疾病、提高人的生命质量和精神健康的社会行为。《牛津词典》对卫生的定义是："心理与机体的圆满状态"和"恢复和保护健康的技艺"。可见，西方对卫生的理解比我国在传统意义上对卫生的理解广泛。在我国，卫生范围主要包括：传染病防治、国境卫生检疫、妇幼卫生保健、计划生育、职业病防治、食品安全、药品和生物制品、医疗器械、公共卫生、环境卫生、口腔卫生、精神卫生、特殊人群卫生、传统医学、康复医学、医疗服务、卫生规划、卫生组织、卫生人员、卫生技术、卫生立法、卫生伦理、卫生信息、卫生监督、医疗保障、医学高科技发展、医学教育、卫生国际合作等。我国通常把保护和增进人的身体或精神健康的各种服务，称为卫生服务；把提供卫生服务的各种机构，称为卫生机构；把从事卫生服务的各类技术人员，称为卫生人员。

二、卫生法的概念

卫生法是指由国家制定或认可，并由国家强制且保证实施的、旨在调整和保护公民生命健康活动中形成的各种社会关系的法律规范的总和。卫生法是国家法律体系中的一个重要组成部分，是依法治国中不可缺少的一环。它具有法律的一般属性，又有特定的对象，并具有自己的特征。我国的卫生法是根据宪法的原则制定的。卫生法也有狭义和广义之分。狭义的卫生法，是指由全国人民代表大会及其常务委员会制定的各种卫生法律；广义的卫生法，不仅包括上述各种卫生法律，还包括被授权的其他国家机关制定、颁布的从属于卫生法律的在其所辖范围内普遍有效的卫生法规和规章，以及宪法和其他规范性法律文件中涉及卫生法的内容。简言之，卫生法是调整卫生社会关系的法律规范的总称，社会规范的总和。本书所指的卫生法是指广义的卫生法。

卫生法包括以下几层含义。

（1）卫生法是国内法。世界各国在政治、经济、文化和历史传统上的差异，决定了各国的卫生事业与管理有着极大的、甚至是本质上的差异。因此，卫生法不是一般国际社会所公认的国际法，而是由主权国家的立法机关以宪法为依据所制定的适用于本国的法律规范。作为国内法，卫生法不具有国际效力，不需要被国际公认。

（2）卫生法是调控国家卫生事业的发展、调整卫生行政机关与人相互关系的法律规范。从卫生法所调控的国家卫生事业发展的过程来看，卫生法所涉及的基本社会关系主要有如下几个方面。

1）调整国家中央与地方卫生行政机关的管理权限和分工关系。例如，《中华人民共和国执业医师法》第八条规定："医师资格统一考试的办法，由国务院卫生行政部门制定。医师资格考试由省级以上人民政府卫生行政部门组织实施。"

2）调整政府与医疗机构的关系。例如，《医疗机构管理条例》第九条规定："单位或个人设置医疗机构，必须经县级以上地方人民政府卫生行政部门审查批准。"

3）调整医疗机构与患者的关系，即医患关系。例如，《中华人民共和国护士管理办法》第二十四条规定："护士在执业中得悉就医者的隐私，不得泄露，但法律另有规定的除外。"

4）调整政府与从业人员的关系。例如，《乡村医生从业管理条例》第五条规定："地方各级人民政府应当加强乡村医生的培训工作，采取多种形式对乡村医生进行培训。"

5）调整政府与药品药械经营企业的关系。例如，《中华人民共和国药品管理法》第七条规定："开办药品生产企业，须经企业所在地省、自治区、直辖市人民政府药品监督管理部门批准并发给《药品生产许可证》，凭《药品生产许可证》到工商行政管理部门办理登记注册。无《药品生产许可证》的，不得生产药品。"

（3）卫生法调整的是一种纵向的以命令与服从为基本内容、以隶属性为基本特征的卫生行政关系。在这一关系中，政府的存在及其行政权力的行使是一个必要条件。一方面，政府是国家行政权力的行使者，是行政活动的主体；另一方面，行政机关一经成立，其行为就具有某种强制力，因此其具体行政行为的实施必须遵循一定的规则和程序。当然，卫生行政法也给予了卫生行政关系的其他主体一定的法律地位，规定其活动权利与活动的方式，使其符合国家意志和公益性的要求。

（4）卫生法的立法目的在于维护国家安全，维护卫生事业的公益性地位，及时、有效地控制突发性公共卫生事件，维护卫生事业健康有序地发展。

国家立法的首要目的，是以法律这一武器来控制和杜绝传染性疾病和不利于公民健康的病源向我国流入；其次，是依法维护国家卫生事业的社会公益性地位，防止其步入"市场化"歧途；再次，是通过立法，使有关部门能够在发生突发性公共卫生事件时，有法可依、组织协调、工作有序，以便及时、有效地控制疫情；最后，是通过立法，建立健全的国家卫生法律法规，维护国家卫生事业健康有序地发展。

第二节　卫生法的渊源

法的渊源是法的外在表现形态，指法律由何种国家机关制定或认可，具有何种表现形式或效力等级。卫生法的渊源是卫生法律规范的具体表现形式。由于这些形式的权威

性，渊源于这些形式的规范具有相应的法律效力。根据我国宪法和法律的规定，我国卫生法的渊源主要有以下几种形式。

一、宪法

宪法是国家的根本大法，是由我国最高权力机关——全国人民代表大会制定的，具有最高的法律地位和效力，是所有立法的依据。宪法作为卫生法法源，其包含的卫生法规范主要有以下几方面。第二十一条规定，国家发展医疗卫生事业，发展现代医药和我国传统医药，鼓励和支持农村集体经济组织、国家企事业组织和街道组织举办各种医疗卫生设施，开展群众性的卫生活动，保护人民健康。第二十五条规定，国家推行计划生育，使人口的增长同经济和社会发展计划相适应。第三十三条规定，国家尊重和保障人权。第四十五条规定，中华人民共和国公民在年老、疾病或者丧失劳动能力的情况下，有从国家和社会获得物质帮助的权利；国家发展为公民享受这些权利所需要的社会保险、社会救济和医疗卫生事业。第四十九条规定，婚姻、家庭、母亲和儿童受国家的保护；夫妻双方有实行计划生育的义务。

二、法律

法律作为卫生法的渊源，包括由全国人民代表大会制定的基本法律和全国人民代表大会常务委员会制定的非基本法律，其法律地位和效力仅次于宪法。目前我国还没有全国人民代表大会制定的卫生基本法律，但是由全国人民代表大会常务委员会制定的卫生非基本法律比较多，如《中华人民共和国食品安全法》《中华人民共和国药品管理法》《中华人民共和国传染病防治法》《中华人民共和国职业病防治法》《中华人民共和国执业医师法》等。我们把这些卫生法律称为单行法。作为卫生法渊源的法律除了专门的卫生法律外，还包括其他法律中的卫生法规范。

三、行政法规

行政法规是由我国最高行政机关即国务院依宪法授权制定的规范性文件。它的法律效力低于宪法和法律而高于地方性法规。到目前为止，专门的卫生行政法规分布于卫生领域的各个方面。同法律一样，卫生行政法规也大量存在于其他行政法规中。在 2000 年《中华人民共和国立法法》实施前，卫生方面的行政法规发布有两种形式：一种是由国务院直接发布，如《公共场所卫生管理条例》《血液制品管理条例》《医疗机构管理条例》等；另一种是经国务院批准，由卫生部（2013 年 3 月改为国家卫生和计划生育委员会，2018 年 3 月改为国家卫生健康委员会）单独或者与有关部门联合发布，如《化妆品卫生监督条例》《学校卫生工作条例》《中华人民共和国传染病防治法实施办法》等。在研究卫生法时，要注意行政法规发布形式的前后变化。

四、地方性法规

地方性法规在卫生法法源中也占有重要地位。根据宪法和 1986 年修改后的地方各级人民代表大会和地方人民政府组织法的规定，省、自治区、直辖市以及省级人民政府所在地的市和经国务院批准的较大的市的人民代表大会及其常务委员会，在不与宪法、法律、行政法规相抵触的前提下，可以制定地方性法规，报全国人民代表大会常务委员会备案。地方性法规在本行政区内具有法律效力，如《河南省计划生育管理条例》。

五、自治条例、单行条例

自治条例和单行条例，有时合称为自治法规。自治条例、单行条例作为卫生法法源，只适用于民族自治地方。根据宪法规定，民族自治地方的人民代表大会有权依照当地民族的政治、经济、文化特点，制定自治条例和单行条例。

六、规章

规章分部门规章和地方政府规章，两者也统称行政规章。卫生部单独或者与国务院有关部门联合制定发布的规范性文件，称为卫生部门规章，或者简称卫生规章，如《全国医院工作条例》。省、自治区、直辖市人民政府，省、自治区人民政府所在地的市和国务院批准的较大的市以及经济特区的人民政府制定发布的卫生方面的规范性文件，称为地方政府卫生规章，或者简称为地方性卫生规章。规章不得与宪法、法律、行政法规相抵触，地方政府规章还不得与地方性法规相抵触。规章作为卫生法法源，其数量远比行政法规、地方性法规多。

七、卫生标准、卫生技术规范和操作规程

卫生标准是卫生法的一种特殊法源。由于卫生法律、行政法规比较笼统、抽象，除了需要卫生规章予以具体化外，还需要卫生标准予以细化。根据法律效力，卫生标准分为强制性卫生标准和推荐性卫生标准，但可以作为卫生法特殊法源的卫生标准只能是强制性卫生标准。另外，根据发布形式，卫生标准又可分为狭义卫生标准和广义卫生标准两种。狭义的卫生标准是指以标准形式发布的规范性文件，分为国家标准、部标准和地方标准。广义的卫生标准除了包括以标准形式发布的规范性文件外，还包括以其他形式发布的以标准命名的规范性文件。前者如《生活饮用水卫生标准》，后者如《医疗事故分级标准》。另外，卫生技术规范和有关操作规程也是我国卫生法的法源，如《临床输血技术规范》《医院感染管理规范》。

八、特别行政区的卫生法规

特别行政区（如香港、澳门）在其权限范围内所制定或认可的在该行政区内具有普遍的约束力的卫生法规也是我国卫生法的法源之一。

九、法律解释

有关机关对卫生法律、行政法规、规章所做的解释，通常也视为卫生法的法源。全国人大常委会《关于加强法律解释工作的决议》对法律解释有以下规定。①凡关于法律、法令条文本身需要进一步明确界限或做补充规定的，由全国人大常委会进行解释或用法令加以规定。②凡属于法院审判工作中具体应用法律、法令的问题，由最高人民法院进行解释；凡属于检察院检察工作中具体应用法律、法令的问题，由最高人民检察院进行解释。两院解释如果有原则性的分歧，报请全国人大常委会解释或决定。③不属于审判和检察工作中的其他法律、法令如何具体应用的问题，由国务院及主管部门进行解释。④凡属于地方性法规条文中本身需要进一步明确界限或做补充规定的，由制定法规的省、自治区、直辖市人大常委会进行解释或做出规定。凡属于地方性法规如何具体应用的问题，由省、自治区、直辖市人民政府主管部门进行解释。需要注意的是，学理解

释和非有权机关进行的解释不是卫生法法源。

十、卫生国际条约

国际条约是指我国作为国际法主体同外国缔结的双边、多边协议，或其他具有条约、协定性质的文件。卫生国际条约是卫生法的一种特殊法源。卫生国际条约虽然不属于我国国内法的范畴，但其一旦生效，除我国声明保留的条款外，即对我国具有约束力。如《国际卫生条例》《麻醉品单一合约》等。

第三节　卫生法的产生与发展

一、中国卫生法的产生与发展

我国古代最早的卫生法规范可以追溯到商周时期。商周到秦朝，是我国卫生法规范萌芽时期，其主要标志是《周礼》。据《周礼·天官冢宰第一》记载，当时宫廷医生分食医（负责饮食）、疾医（内科）、疡医（外科）和兽医4种。在天官之下设有"医师"职位，作为医疗行政管理的最高负责人，"掌医之政令，聚毒药以共医事"。另外，在"医师"下面再设士、史、府等官职。士分上士、中士、下士，皆为医官。史官管文书医案，府官管药物、器械等。在周朝，已经有了世界上最早的病历死亡报告制度，"凡民之有疾病者，分而治之。死终，则各书其所以，而入于医师"；也有了世界上最早的根据医疗成绩确定俸禄等级的医生年终考核制度，"岁终，则稽其医事，以制其食：十全为上，十失一次之，十失二次之，十失三次之，十失四为下"。

从秦代起，我国有了比较系统的法典，卫生法规范逐渐增多，医疗管理制度和药品管理制度也趋于规范化。例如，秦朝在中央政府中设置了太医令丞，掌管医药政令。汉朝建立了军医制度，内容包括病号登记、病假批复、看护人员考勤、疾病统计等。唐朝于公元659年颁布的药典《新修本草》比欧洲最早的《佛罗伦萨药典》还早800余年。宋朝建立了国家药品检验制度，颁布了生产成药的法定标准《太平惠民和剂局方》。

辛亥革命以后，我国卫生法规范开始趋向专门化。当时国民党政府制定了一些卫生法规，例如《传染病预防条例》《医师暂行条例》《助产士条例》等。但由于国民党统治的政治腐败，经济衰落，许多卫生法规并没有真正得到实施。

中华人民共和国成立后，我国卫生法进入了一个崭新的发展阶段。当时起临时宪法作用的《中国人民政治协商会议共同纲领》第四十八条规定："提倡国民体育，推广医药卫生事业，并保护母亲、婴儿和儿童的健康"。1954年颁布的第一部《中华人民共和国宪法》第九十三条规定："中华人民共和国劳动者在年老、疾病或者丧失劳动能力的时候，有获得物质帮助的权利。国家举办社会保险、社会救济和群众卫生事业，并且逐步扩大这些设施，以保证劳动者享受这种权利。"20世纪50年代是我国卫生法发展最为重要的时期之一，在这个时期，国家制定了卫生工作方针，确立了卫生行政管理体制，建立了卫生防疫体系和医疗服务体系，实行了劳保医疗制度和公费医疗制度，同时，颁布了许多卫生法律、行政法规和规章，规定了我国卫生行政机关的组织、职权、工作方式和责任，也规定了我国基本卫生制度、卫生管理领域和卫生管理方式。主要的卫生行政法规有：《管理麻醉药品暂行条例》《麻醉药品临时登记处理办法》《医院诊所管理暂行条例》《中华人民共和国劳动保险条例》《医师暂行条例》《中医师暂行条例》《牙医师暂行条例》《药师暂行条例》《医士、药剂士、助产士、护士、牙科技士暂行条例》《公费医疗管理办法》《传染病管理办法》《工厂安全卫生规程》等。1957 年我国有了第一个卫生专门法律，即《中华人民共和国国境卫生检疫条例》。

受"法律虚无主义"的影响，20 世纪 50 年代末到 60 年代初我国卫生法的立法速度有所放缓，但也制定颁布了一些重要的卫生法规，如《食品合成染料管理办法》《食品安全管理试行条例》《关于加强药政管理的若干规定》《农村联合医疗机构和开业医生暂行管理办法》《农村医生集体办的医疗机构和开业医生暂行管理办法》等。1966 年至 1976 年期间，卫生法立法几乎完全停顿。党的十一届三中全会以后，卫生法的立法工作重新被提上议事日程。

《中华人民共和国宪法》（1982 年）是我国卫生法发展的重要基础。它不仅规定了国家发展卫生事业的目的、指导思想，同时也规定了国家发展卫生事业的内容。在 20 世纪末短短的十余年时间里，我国建立了卫生法体系的基本架构。1982 年制定的《中华人民共和国食品安全法（试行）》具有里程碑意义；1985 年制定的《中华人民共和国药品管理法》建立起了新的药品监督管理体制；1986 年制定的《中华人民共和国国境卫生检疫法》和 1989 年制定的《中华人民共和国传染病防治法》象征着我国公共卫生领域进入了法制化管理轨道；1994 年制定的《医疗机构管理条例》揭开了医疗领域立法的新篇章，此后相继制定的《中华人民共和国母婴保健法》《中华人民共和国献血法》《中华人民共和国执业医师法》使我国医疗领域立法不断迈上新台阶。

进入 21 世纪以来，卫生法不断完善，连续创下了几个具有标志性意义的第一，如 2002 年的《医疗事故处理条例》第一次系统地规定了我国患者的权利，2003 年的《中华人民共和国中医药条例》是我国第一部综合性的中医药专门法规，2003 年的《突发公共卫生事件应急条例》建立了我国第一套应急管理体制和机制。在这几年里，国家还制定了《中华人民共和国职业病防治法》，重新修订颁布了《中华人民共和国药品管理法》和《中华人民共和国传染病防治法》等。目前，在卫生领域，有 10 个专门法律，35 个专门行政法规，200 余个部门规章。这些法律、行政法规和规章的实施，对于监督和维护公共卫生和医疗秩序，保障和促进公民健康，发挥了重要作用。

二、外国卫生法的产生与发展

早在古埃及、古印度、古巴比伦、古罗马时期就已经出现了卫生法规范，如古印度的《摩奴法典》、古巴比伦的《汉谟拉比法典》和古罗马的《十二铜表法》《阿基拉法》《科尼利阿法》等，都有比较具体的记载，涉及的内容包括饮水、尸体掩埋、牲畜屠宰、食品安全、弃婴、堕胎、行医资格、医生失职的惩处等。

欧洲封建国家兴起后，开始出现专门的卫生法律，如 13 世纪法国腓特烈二世制定发布的《医师开业法》《药剂师开业法》等。15 世纪后英国编纂了系列药典，如 1498 年的《佛罗伦萨药典》、1546 年的《纽伦堡药典》和 1618 年的《伦敦药典》等。

工业革命以后，资本主义国家加紧了卫生立法。英国 1832 年颁布了《贫困法》，1859 年颁布了《药品、食品法》，1875 年颁布了《公共卫生法》，1911 年颁布了《全国保险法》，1968 年颁布了新的《药品法》，1983 年又对 1956 年～1978 年期间颁布的医疗法及其法令进行了修改，颁布了《医疗法》。法国于 20 世纪 50 年代到 70 年代颁布了一系列有关疾病社会保险的政策和法令，如 1956 年的《社会保障法》，1970 年的《医院

法》等。美国 1909 年颁布了《药政法规》，1979 年国会将该法修改为《食品、药品、化妆品法》。日本的近代医疗制度是从 1874 年的《医务工作条例》开始的（该条例规定，设立医院必须履行批准手续），1889 年制定了《医药条例》，1925 年制定了《药剂师法》，1933 年制定了《医师法》以及《牙科医疗法》，1942 年制定了《国民医疗法》，1943 年制定了《药事法》，1947 年制定了《食品安全法》，1948 年制定了关于医疗设施的《医疗法》等。

英国 1948 年颁布了《国家卫生服务法》，对医疗机构实行了国有化；1964 年又颁布了《国家卫生保健法》，根据该法规定，凡英国公民，无论其财产多少，均可以免费获得国有医院提供的医疗服务，个人只需支付挂号费。德国的医疗保险制度起源于普鲁士政府制定的《社会保险法》。1973 年颁布的《联邦劳动保护法》规定，凡 50 人以上的企业必须聘请劳动卫生医师（即厂医），不满 50 人的小企业可以联合设立卫生中心。

三、国际卫生法

（一）国际卫生法的概念和性质

国际卫生法，是指国际组织制定的卫生方面的国际公约或者其他法律文件。国际卫生法的内容非常广泛，既包括传统的公共卫生领域，如传染病控制、食品、饮用水、药品等，也包括日益国际化的医疗保健领域。国际卫生法与国际环境法、国际人口法、国际劳动法、国际人权法、国际禁毒法、国际贸易法等有着十分密切的联系。

国际卫生法制定的目的是促进各国在卫生领域的技术合作和交流，共同抵御疾病对人类健康的威胁，同时促进各国为实现世界卫生组织提出的目标做出更多的努力。国际卫生法对各国卫生立法提出了许多要求，对各国卫生法的发展产生了积极影响。

国际卫生法在性质上属于国际法的一个分支。作为国际法的一种，国际卫生法是由主权国家之间缔结的文件组成的。国际卫生法的主要体现形式为《国际卫生条例》以及其他各种卫生条约、公约等。经成员国批准或者认可的条例、公约等文件对该成员国具有国际法上的约束力。

（二）国际卫生法的发展历史

国际卫生法是国家间卫生技术合作和交流的产物。1926 年 6 月在巴黎召开的国际卫生会议上，有 37 个国家正式签署了国际卫生公约。此后，该公约经历了数次修改、补充，并在 1951 年将名称改为《国际公共卫生条例》。1951 年到 1981 年间，平均每 3 年多时间，世界卫生组织就要对条例做一次重大修改、补充。1969 年，世界卫生组织将《国际公共卫生条例》改称为《国际卫生条例》。最近一次修改是在 2005 年 5 月。新的《国际卫生条例》将适用范围从 1969 年商定的 6 种严重传染病——霍乱、鼠疫、黄热病、天花、回归热和斑疹伤寒，扩大至国际关注的一系列突发公共卫生事件，包括正在出现的疾病。

我国是世界卫生组织的创始国之一。1945 年在旧金山召开的联合国会议，一致通过了中国和巴西代表团提出的建立一个普遍性的世界卫生组织的提议。1946 年 6 月国际卫生会议在纽约举行，7 月 22 日会议通过了《世界卫生组织组织法》。1948 年 4 月 7 日《世界卫生组织组织法》正式生效，世界卫生组织宣告成立。

（三）国际卫生法的主要渊源

国际卫生法的渊源，是指根据制定主体不同而将国际卫生法划分为不同的类别。国际卫生法的主要渊源包括以下几个方面。

（1）世界卫生组织制定的文件。

（2）联合国和联合国系统其他组织制定的文件。

（3）联合国系统以外的国际组织制定的文件。

（4）区域性国际组织制定的文件。

（5）双边条约。双边条约主要是为了解决国与国之间的跨境卫生问题，特别是有关卫生信息互通、协作采取卫生措施、卫生援助等问题。双边条约对签约双方具有约束力。

此外，许多国际性非政府组织也制定了大量的行为规范，如世界医学大会通过的《国际医学伦理规范》、国际护士大会通过的《国际护士伦理规范》等。国际性非政府组织制定的这些文件虽然不属于严格意义上的国际法，但是，这些文件在指导和规范相应领域的行为方面也发挥了重要作用。从这个角度上说，国际性非政府组织制定的文件是国际卫生法的补充。

第四节　卫生法律关系

一、卫生法律关系的概念

法律关系是指法律所调整的人与人之间的权利义务关系。每一部法律都调整着特定方面的社会关系，卫生法作为一个独立的法律，同样调整着一定范围的社会关系。卫生法律关系是指卫生法所调整的、在卫生管理和医药卫生预防保健服务过程中国家机关、企事业单位、社会团体或者公民之间的权利与义务关系。卫生法律关系和卫生关系既有联系又有区别，卫生关系是一种未经卫生法调整的社会关系，这种关系一旦被纳入卫生法调整的范围就成为卫生法律关系，并受到卫生法的保护。在实际生活中，卫生关系往往同时也是卫生法律关系。

二、卫生法律关系的特征

由于卫生法的调整对象主要为卫生管理关系和医药卫生服务关系，因此卫生法律关系除了具备一般法律关系的共同特征外，还具有其自身的特征。

（一）卫生法律关系是基于保障和维护人的健康而结成的法律关系，具有特定的目的

卫生法律关系是以保障和维护人的健康为目的的。没有健康问题，也就没有卫生法律关系。其他法律关系均不以保障人的健康为特定目的，也不是在卫生管理和医药卫生预防服务这一特定活动中形成，这是卫生法律关系与其他法律关系的根本差异。

（二）卫生法律关系是由卫生法调整和确认的法律关系，具有特定的范围

卫生法律关系必须以相应的卫生法律规范的存在为前提。国家为了确保公共卫生安全和人的健康，通过卫生立法对那些直接关系人的健康的卫生关系加以具体规定，保护其不受非法行为的侵害。在实践中，当这些卫生关系为卫生法所确认和保护时，就上升为卫生法律关系，具有了卫生法律的形式。卫生法律关系是卫生法调整健康利益的实质内容和卫生法律形式的统一，因此卫生法律关系的范围取决于卫生法调整对象的范围。

（三）卫生法律关系是一种纵横交错的法律关系

所谓纵横交错是指卫生法律关系是一种既存在于平等主体之间，又存在于不平等主体之间的法律关系。其中既有国家管理活动中的领导和从属关系，又有各个法律关系主体之间的平等的权利义务关系。卫生法律关系的这一特点，是由卫生法所调整的卫生行政部门与卫生机构、其他行政相对人的不平等性和医疗卫生机构等在提供卫生服务或保证卫生服务的过程中与接受服务者之间关系的平等性所决定的。其中，纵向的卫生法律关系，是指国家有关机关在卫生管理监督过程中，与企事业单位、社会组织和公民之间发生的行政法律关系；横向的卫生法律关系，是指医药卫生预防保健单位及医药企业同国家机关、企事业单位、社会组织和公民之间，在提供医药卫生服务与商品的过程中所发生的民事权利义务关系。

（四）卫生法律关系的主体具有特殊性

卫生法是一门专业性很强的法律体系，这就决定了卫生法律关系主体的特殊身份，即通常是从事卫生工作的组织和个人。在纵向的卫生法律关系中，必定有一方当事人是医药卫生管理机关，如卫生行政部门、卫生监督机构等；在横向的卫生法律关系中，必定有一方当事人是医药预防保健机构或个人。

三、卫生法律关系的构成要素

卫生法律关系的构成要素是指构成每一个具体的卫生法律关系所必须具备的因素。卫生法律关系同其他法律关系一样，都是由主体、内容和客体3个方面的要素构成。这3个要素必须同时具备，缺一不可，如果缺乏其中任何一要素，该卫生法律关系就无法形成或继续存在。

（一）卫生法律关系的主体

卫生法律关系的主体是指参加卫生法律关系，并在其中享有卫生权利、承担卫生义务的人，一般称为当事人。在我国，卫生法律关系的主体包括卫生行政机关、医疗卫生机构、企事业单位、社会团体和公民。

此外，居住在我国的外国人和无国籍人，如果参与到我国的卫生法律关系中，也可以成为我国卫生法律关系的主体，如在国境卫生检疫法律关系中接受我国国境卫生检疫机关检疫查验的外国入境人员。

（二）卫生法律关系的内容

卫生法律关系的内容是指卫生法律关系的主体依法享有的权利和应承担的义务。卫生法律关系主体的权利，可以分为国家卫生行政机关的职权（严格意义上应称之为"权力"）和公民的卫生权利。其中，卫生权利指由卫生法规定的，卫生法律关系主体根据自己的意愿实现某种利益的可能性。它包含3层含义：①权利主体有权在卫生法规定的范围内，根据自己的意愿为一定行为或者不为一定行为；②权利主体有权在卫生法规定的范围内，要求义务主体为一定行为或者不为一定行为，以便实现自己的某种利益；③权利主体有权在自己的卫生权利遭受侵害或者义务主体不履行卫生义务时，请求人民法院给予法律保护。

卫生义务是指依照卫生法的规定，卫生法律关系中的义务主体，为了满足权利主体的某种利益而为一定行为或者不为一定行为的必要性。它也包含3层含义：①义务主体应当依据卫生法的规定，为一定行为或者不为一定行为，以便实现权利主体的某种利益；②义务主体负有的义务是在卫生法规定的范围内为一定行为或者不为一定行为，对于权利主体超出法定范围的要求，义务主体不承担义务；③卫生义务是一种法定义务，受到国家强制力的约束，如果义务主体不履行或者不适当履行义务，就要承担相应的法律责任。

卫生权利和卫生义务是卫生法律关系的两个不同方面，二者相互依存、密不可分。当义务人拒不履行义务或不依法履行义务时，权利人可以依法请求司法机关或卫生行政机关采取必要的强制措施，以保障其权利的享有；当权利人的权利受到对方的侵害时，受害人可以依法请求司法机关或卫生行政部门给予法律保护，要求依法追究对方的民事责任、行政责任或刑事责任。

（三）卫生法律关系的客体

卫生法律关系的客体，是指卫生法律关系主体的权利和义务所共同指向的对象。卫生法的目的是保障公共卫生安全和人的健康，其调整范围涉及与人的健康相关的各个领域，因此卫生法律关系的客体具有广泛性和多层次性。卫生法律关系的客体大致可分为公民的生命健康利益、行为、物、人身和智力成果5类。

1. 公民的生命健康利益　它是人身利益的一部分，包括公民的生命、身体、生理功能等。

2. 行为　是指卫生法律关系中的主体行使权利和履行义务的活动。如卫生审批、申请许可等。行为包括合法行为和违法行为两种形式。

3. 物　是指现实存在的，能够被人所支配、利用，具有一定价值和使用价值的物质财富，包括进行各种医疗服务和卫生管理活动中所需要的生产资料和生活资料。如食品、药品、化妆品、保健品、医疗器械等。

4. 人身　人身是由各种生理器官组成的有机体。它是人的物质形态，也是人的生命健康利益的载体。随着现代科技和医学科学的不断发展，器官移植、输血、人工生殖、植皮等医学技术和成果在临床中大量应用，角膜、血液、骨髓、脏器等人体器官成为可供捐献的对象，由此产生了一系列的法律问题，人身不再只是传统意义上的法律关系主体，而是在一定范围内、一定条件下可以成为法律关系客体。当然，有生命的人的身体不是法律上的"物"，不能成为物权、债权等某些法律权利的客体，法律禁止任何人将他人或本人的整个身体作为民法上的"物"进行转让或买卖。

5. 智力成果　智力成果是无体物，又称精神财富，是指人们的智力活动所创造的成果。如医学著作或论文、发明的医疗仪器、发明的新药等。

四、卫生法律关系的产生、变更和消灭

在实际生活中，各种各样的卫生法律关系不是自然产生、永恒不变的，而是处于不断产生、变更和消灭的运行过程中。产生，指在卫生法律关系主体之间形成某种权利和义务的联系；变更，指卫生法律关系主体、客体及内容发生变化；消灭，指主体之间权利义务关系的终止。卫生法律关系只有在一定条件下才能产生、变更和消灭，这种条件就是法律事实的实现。

所谓法律事实，是指法律规定的能够引起法律关系产生、变更和消灭的事件和行为。它包括法律行为和法律事件。其中，法律关系当事人以其主观意愿表现出来的法律事实，

称法律行为；不以法律关系当事人的主观意志为转移的法律事实，称法律事件。

（一）法律行为

法律行为分为合法行为和违法行为，是卫生法律关系产生、变更和消灭的最普遍的法律事实。合法行为是指卫生法律关系主体实施的符合卫生法律规范，能够产生行为人预期后果的行为，如卫生行政机关依法对相对人进行行政处罚等。合法行为受到法律的确认和保护。违法行为是指卫生法律关系主体实施的为卫生法所禁止的、侵犯他人合法权益从而引起某种卫生法律关系的产生、变更和消灭的行为，如制售假药、劣药的行为。违法行为不能产生行为人预期的法律后果，是无效行为，为法律所禁止，必须承担相应的法律责任。

（二）法律事件

法律事件分为两类：一类是自然事件，如作为卫生行政相对人的企事业单位因地震、失火等自然灾害而被迫停业，患者因非医疗因素死亡而终止医患法律关系；另一类是社会事件，如医药卫生政策的重大调整、卫生法律的重大修改、地方政府卫生行政措施的颁布实施等。

五、卫生法与卫生法学

卫生法与卫生法学是两个性质不同的概念，前者指卫生法律规范的总称，是我国法律体系的一个部门；后者指以卫生法为研究对象的学科，是法学的一门分支学科。

卫生法按其表现形式，可以分为形式意义上的卫生法和实质意义上的卫生法。所谓形式意义上的卫生法是指国家立法机关制定的以"卫生法"或"卫生法典"命名的法律。所谓实质意义上的卫生法则是指调整卫生社会关系的法律规范的总称，是国家法律体系的一个法律部门。我国目前还没有以"卫生法"命名的法律形式意义上的卫生法，但却存在大量的调整卫生社会关系、不以"卫生法"命名的单行法律、行政法规、司法解释、部门规章等实质意义上的卫生法律规范。制定一部以"卫生法"命名的法律，一直是卫生系统或者说是卫生法学界的一个强烈愿望；同时，借鉴国外经验，收集、整理、改造我国现行的散见于单行法律、行政法规、司法解释、部门规章等文件中的卫生法规范，编纂一部卫生法典，也是我国卫生法进一步发展、完善的必由之路。因此，本书所称的卫生法，如无特别说明，皆指实质意义上的卫生法。

卫生法学是以卫生法为研究对象的学科，是法学的一门分支学科。卫生法学有狭义与广义之分。狭义的卫生法学是指以实质意义上的卫生法作为研究对象的卫生法学，既包括研究以"卫生法"或者"卫生法典"等形式表现出来的卫生法规范，也包括以单行法律、行政法规、司法解释、部门规章等形式表现出来的卫生法规范。在学术界，也有人把狭义的卫生法学称为卫生法规范学或卫生法解释学。广义的卫生法学，除了上述的狭义卫生法学外，还包括卫生法哲学、卫生法社会学、卫生法史学、卫生法伦理学和比较卫生法学等。卫生法学的表现形式是多种多样的，可以是专著、学术论文，也可以是教科书、条文注释等。

卫生法是由国家强制力保证实施的，而卫生法学只是一种学科，不具有国家强制力。但是，卫生法学能影响卫生立法，在许多情况下，卫生法学对卫生立法起着先导作用。

卫生法学的研究对象，具体包括以下内容。

（1）卫生法的产生、发展及其规律。

（2）卫生法的内容、形式与本质。

（3）卫生社会关系。

（4）卫生法的理论基础。

第五节　卫生法的基本原则

一、卫生法的基本原则的概念

卫生法的基本原则，是指反映卫生法立法精神、适用于卫生法律关系的基本原则。卫生法以增进个人和社会健康、均衡个人和公共健康利益为宗旨，以发展卫生事业、保护患者权利、提高国民健康素质为己任。因此，卫生法的基本原则是卫生立法的指导思想和基本依据，是卫生法所确认的卫生社会关系主体及其卫生活动必须遵循的基本准则，在卫生司法活动中起指导和制约作用。

二、卫生法的基本原则

（一）卫生保护原则

健康是一项基本人权。卫生保护是实现人的健康权利的保证，也是卫生保健制度的重要基础。概括地说，卫生保护原则有两方面的内容：第一，人人有获得卫生保护的权利；第二，人人有获得有质量的卫生保护的权利。

（二）预防为主原则

卫生法实行预防为主原则，这是由卫生工作的性质所决定的。预防为主原则有以下几个基本含义。①任何卫生工作都必须立足于防，无论是制定卫生政策，采取卫生措施，还是考虑卫生投入，都应当把预防放在优先地位上。②强调预防，并不是轻视医疗。预防与医疗不是相互矛盾的两个个体，也不是分散的、互不通连的、彼此独立的两个系统，而是一个相辅相成的有机整体。③预防和医疗都是保护人的健康的方法和手段。无病防病，有病治病，防治结合，是预防为主原则总的要求。

（三）公平原则

所谓公平原则就是以利益均衡作为价值判断标准来配置卫生资源，协调卫生保健活动，以便社会成员普遍能得到卫生保健。它是伦理道德在卫生法上的反映，是社会进步、文明的体现。公平原则的基本要求是合理配置可使用的卫生资源。

（四）保护社会健康原则

保护社会健康原则，本质上是协调个人利益与社会健康利益的关系，它是世界各国卫生法公认的目标。人具有社会性，要参与社会的分工和合作，所以，就要对社会承担一定的义务。这个义务就是个人在行使自己的权利时不得损害社会健康利益。这是个人对公众的责任。社会健康利益是一种涉及个人利益但又不专属于任何个人的社会整体利益。

（五）患者自主原则

保护患者权利的观念是卫生法的基础，而患者自主原则是患者权利的核心。所谓患者自主原则，是指患者经过深思熟虑就有关自己疾病的医疗问题做出合理的、理智的、并表示负责的自我决定权。它包括：①有权自主选择医疗机构、医生及医疗服务的方式；②除法律、法规另有规定外，有权自主决定接受或者不接受某一项医疗服务；③有权拒绝非医疗性服务等。一般认为，在卫生服务中，对患者做出各种限制是不可避免的，但这些限制原则上必须经患者同意，并尽可能地减少至最低程度，而且这些限制应当具有法律基础。我国目前还没有专门的患者权利保护法，但我国现行的卫生法律、行政法规都从不同角度对患者权利，如医疗权、知情权、同意权、选择权、参与权、隐私权、申诉权、赔偿请求权等，做出了明确、具体的规定。

第六节　卫生法的作用

卫生法在社会生活中的作用是多方面的，归纳起来，可以概括为以下 3 个方面：①维护社会卫生秩序；②保障公共卫生利益；③规范卫生行政行为。

卫生法作为我国行政法的一个分支，其除了具有我国行政法的一般作用和功能外，还具有其自身的作用和功能。这些作用和功能主要表现在以下几点。

1. 通过卫生立法确保国家卫生政策的有效实施和卫生事业的发展　国家政策即国策，是指国家根据一定时期的政治经济任务和总体规划、长远目标以及国内外形势的要求，为实现国家对社会的政治领导和处理国内外事务而制定的行动方针、路线和准则。我国的政策分为国家政策和共产党的政策。在我国，政策是国家一切活动的依据，包括立法活动。但是，政策只有以法的形式表现出来，才能凭借国家强制力来保证实施。所以，一个国家对新形势下的一些新问题，总是先以政策的形式出现，经过一段时间的实践的检验获得经验后，再加以改进、修订和完善，然后再通过立法的程序将其上升为国家法律。在卫生事业的建设方面，国家也是根据一定时期的国内、国际政治经济形式的需要，经常性地制定一些调整相应卫生活动的政策，以推动卫生事业的稳定、有序、健康发展。但是，制定了政策，只是做了初步工作，更大量的工作是如何保证这些政策有效落实。一般地说，国家政策和国家法律在本质上是一致的。但政策和法律毕竟又有区别。首先，政策和法律是由国家两个不同的部门制定的，政策是由国家行政机关制定的，法律是由国家立法机关制定的。其次，政策不一定对全体公民有约束力，法律则对全体社会成员都有约束力。再次，政策一般比较灵活、多变，具有一般号召力；而法律则比较具体、稳定，对全体社会成员的行为具有严格的规定性，具有普遍约束力。最后，政策的实施主要靠号召、宣传、教育来落实；而法律则主要靠国家的强制力来保证实施。只要实际需要和条件成熟，政策就可能会上升为国家法律。

我国已经制定了一系列的有关医疗卫生、医药、卫生检疫等方面的法律法规，保证了我国卫生事业运行、发展的需要。可以说，我国卫生法的建立、健全和发展，也是首先依靠国家制定政策。在政策运行一段时间后、在实际需要和条件成熟时，才在政策的基础上制定卫生法。实际上，国家通过卫生立法确保了国家卫生政策的有效实施和卫生事业的健康、有序、稳定的发展。

2. 规范卫生行政行为　卫生行政立法在卫生行政管理方面的作用，主要表现在它规定了卫生行政机关在管理医疗卫生、医药、卫生检疫等方面的义务或职责，以及与其职责相适应的职权。以保证卫生行政管理坚持依法履行（义务）职责、行使职权，真正做到有序化、科学化。任何国家要想对卫生事业进行有效的服务与管理，都必须把国家的卫生行政管理置于牢固的法制化的基础上，使卫生行政机关转变职能、发挥作用，具体表现在明确卫生行政的管理者。

国家通过卫生立法实现卫生行政管理的有序化、科学化，明确卫生行政的管理者，也就是说，明确哪个部门负责哪些工作。在我国，卫生方面的立法明确了卫生事业的各个方面的管理者，使之在法律规定的范围内依法履行义务（职责）、行使职权。例如，我国的卫生管理体制，实际上实行的是"多线并行""垂直领导""分级交叉管理"。所谓"多线并行""分级交叉管理"，是指我国把卫生事业的事项（卫生检疫、医疗卫生、医药管理、计划生育、职业病防治、卫生知识教育、核设施放射卫生防护等）分到多个部门管理或者共同（交叉）管理。所谓"垂直领导"，是指我国的卫生事业管理由国家卫生部全面负责，县级以上各级卫生行政部门在自己所辖的行政区域内各负其责；县级以上卫生行政机关受当地政府和上级卫生行政部门双重领导，向上级卫生行政部门报告工作。在发生疫情时或特殊时期，县级以上卫生行政部门应当按照法律法规的规定和上级卫生行政部门的政策，负责本辖区的卫生防疫、医疗卫生等工作，并按最新政策向上级报告。

第二章　卫生法的制定、实施与行政执法

卫生法的制定是指有权的国家机关依照法定的权限和程序，制定、认可、修改、补充或废止规范性卫生法律文件的活动。卫生法的实施是指通过一定的方式使卫生法律规范在社会实际生活中贯彻与实现的活动。违反卫生法的相关规定，必须承担相应的法律责任。本章主要阐述了卫生法的制定与实施、卫生法律责任、卫生行政执法、卫生行政监督等内容。

第一节　卫生法的制定

一、卫生法制定的概念和特征

卫生法的制定又称卫生立法活动，是指有权的国家机关依照法定的权限和程序，制定、认可、修改、补充或废止规范性卫生法律文件的活动。

卫生法的制定有广义和狭义之分。狭义的卫生法的制定，专指全国人大及其常委会制定卫生法律的活动。广义的卫生法的制定，不仅包括全国人大及其常委会制定卫生法律的活动，还包括国家行政机关、地方权力机关等制定卫生法规、规章和其他相关规范性文件的活动。

卫生法的制定是卫生执法、卫生司法和卫生守法的前提和基础，在国家卫生法制建设中具有重要的地位。我国的宪法、立法法、全国人大组织法、国务院组织法、行政法规制定程序暂行规定、地方组织法等法律、法规都对有关立法制度做出了明确规定。

卫生法的制定具有如下特点。①权威性。卫生立法是国家的一项专门活动，只能由享有卫生立法权的国家机关进行，其他任何国家机关、社会组织和公民个人均不得进行卫生立法活动。②职权性。享有卫生立法权的国家机关只能在其特定的权限范围内进行与其职权相适应的卫生立法活动。③程序性。卫生立法活动必须依照法定程序进行。④综合性。卫生立法活动不仅包括制定新的规范性卫生法律文件的活动，还包括认可、修改、补充或废止等一系列卫生立法活动。⑤特定性。卫生立法特定于卫生领域，即有关公共卫生、公民健康保护、防病治病等方面的法律。

二、卫生法制定的依据

（一）宪法是卫生立法的法律依据

宪法是国家的根本大法，具有最高的法律效力，是制定其他法律、法规的依据。任何法律的制定都必须依据宪法，不得与宪法抵触。因此，宪法中有关卫生的规定，如国家发展医疗卫生事业，发展现代医药和我国传统医药，鼓励和支持农村集体经济组织、国家企事业组织和街道组织举办各种医疗卫生设施，开展群众性的卫生活动，保护人民健康，是我国卫生立法的来源和法律依据。卫生立法是对宪法相关内容的具体化。

（二）保护人民健康是卫生立法的思想依据

健康是人类生存与发展的基本条件，人民的健康状况和卫生发展水平是衡量一个国家或地区的发展水平和文明程度的重要标志。法律赋予公民的权利是极其广泛的。其中生命健康权是公民最根本的权益，是行使其他权利的前提和基础。失去了生命和健康，一切权利都将成为空谈。

（三）医药卫生科学是卫生立法的自然科学依据

卫生法是法学与医学、卫生学、药物学等自然科学相结合的产物，其许多具体内容是依据基础医学、临床医学、预防医学和药物学、生物学的基本原理、研究成果而制定的，因此卫生立法工作在遵循法律科学的基础上，必须遵循卫生工作的客观规律，也就是必须把医学、卫生学、药物学、生物学等自然科学的基本规律作为卫生法制定的科学依据，使法学和医药卫生科学紧密联系在一起，促进医学科学的进步和卫生事业的发展。

（四）我国现阶段的社会经济条件是卫生立法的物质依据

立法是为了执行，立法的根本目的是让社会生活中的方方面面能够有条不紊地进行。卫生法的制定必须着眼于我国的实际，实事求是，正确处理好卫生立法与现实条件、经济发展之间的关系，以适应社会主义市场经济和卫生事业改革的需要，实现保护人民健康的目的。

（五）卫生方针、卫生政策是卫生立法的政策依据

党的卫生政策是卫生法制定的依据之一，卫生立法离不开党的方针、政策。卫生政策是党领导国家卫生工作的基本方法和手段，它正确反映医药卫生科学的客观规律和社会经济与卫生事业发展的客观要求，是对人民共同意志和卫生权益的高度概括和集中体现。政策的执行必须依靠法律。通过法律将政策的内容定型化、具体化，变得具有可执行性，政策的具体内容才能够得以贯彻实施。卫生立法以卫生政策为指导，使卫生法反映社会发展的要求，充分体现人民意志，使卫生法能够在现实生活中得到普遍遵守和贯彻，最终形成良好的卫生法律秩序，保障人民群众卫生权益的实现。

此外，在卫生立法过程中，我们应当体现和履行我国已参加的国际卫生条约、惯例的有关规定。同时还要借鉴外国优秀的卫生法律、立法经验及立法技术，以促进卫生立法水平的提高。

三、卫生法制定的基本原则

卫生法的基本原则，即卫生行政法的基本原则和行政法制原则，是指贯穿于卫生行政法律规范和卫生行政关系当中，指导和制约卫生行政立法与实施的卫生法制的基本精神和准则。

和其他法律法规一样，卫生行政法须遵循的原则很多，但根据不同的层次，大致可分为以下几类。

（一）政治原则和宪法原则

四项基本原则是我国卫生行政法的最高原则，它规定了卫生行政法的发展方向、道

路和根本性质。

（二）国际法原则

在我国没有加入 WTO 前，国际法只是我们应当遵循的一种国家行为准则，对我国的立法与执法影响力不是太大；我国加入 WTO 后，由于 WTO 规则对各成员国立法、执法的约束，国际法原则特别是 WTO 规则原则也成为我国卫生行政立法、执法的一项基本原则。

（三）卫生行政法的基本原则

卫生行政法的基本原则，是位于政治原则和宪法原则、国际法原则之下的，产生于卫生行政法，指导卫生行政法的创立、实施并贯穿于卫生法律规范和卫生行政关系当中，指导和制约卫生行政立法与实施的卫生法制的基本精神和准则。卫生法的基本原则，主要有"'义务本位'原则""合法性原则""合理性原则""应急性原则"等。

（四）卫生行政法的其他原则

在此重点介绍我国卫生法的基本原则。我国卫生法的基本原则如下。

1. "义务本位"原则 所谓"义务本位"，是指"义务"是人（国家、国家机关、社会组织）与生（设立）俱来的一种"责任"（即"天赋的义务"），是根本性的、第一位的（即"本位"）；"权利"或"权力"，只不过是为人们"履行义务"服务的，是保障人们"履行义务"的手段或者工具。"义务本位"思想与西方资产阶级学者推崇的"天赋人权论"是相对对立的。"义务本位"思想与我国的"权利（权力）义务相一致（统一）"的法制原则也是不同的。我国的"权利（权力）义务相一致（统一）"的法制原则，虽然没有明确"谁是本位"，但从大多数法律规定来分析，其是将"权利（权力）"确定为本位的，与"义务"不是"统一"的；而"义务本位"思想是把"义务"确定为"本位"的。

卫生法中的"义务本位"原则，是指"义务本位"的思想和原则，是我国的卫生行政机关和卫生法律关系主体的一切行为的准则。其具体要求是：卫生行政机关和卫生法律关系的主体，应把"履行义务""为人民服务"作为自己所在岗位的第一位的、义不容辞的职责或责任，"义务"是根本性的，是本位。而依法行政或行使权利则是为自己履行义务服务的，是保障自己"履行义务"的手段和工具。

"义务本位"思想和原则，贯穿于我国现有卫生法律体系中的法律法规和有关政策中。例如，我国的《突发公共卫生事件应急条例》第一条规定："为了有效预防、及时控制和消除突发公共卫生事件的危害，保障公众身体健康与生命安全，维护正常的社会秩序，制定本条例。"该条例第三十九条规定："医疗卫生机构应当对突发事件致病的人员提供医疗救护和现场救援，对就诊患者必须接诊治疗，并书写详细、完整的病历记录；对需要转送的患者，应当按照规定将患者及其病历记录的复印件转送至接诊的或者指定的医疗机构。"再如，我国的《中华人民共和国执业医师法》第三条规定："医师应当具备良好的职业道德和医疗执业水平，发扬人道主义精神，履行防病治病、救死扶伤、保护人民健康的神圣职责。"以及《中华人民共和国医务人员医德规范及实施办法》对医务人员医德规范的具体规定，充分体现了"义务本位"原则的基本要求。此外，卫生法规定的"依法行使职权"等，也都体现了"义务本位"原则的基本要求。

可见，根据我国医疗卫生事业的性质和大多数主体的基本职责，"义务本位"原则不可辩驳地应是我国卫生法的一项基本原则。在具体工作中，我们应坚决落实、深入宣传"义务本位"原则；应当在学校特别是医学类学校中广泛开展"义务本位"教育，使"义务本位"思想在中华民族全体成员特别是青少年的思想意识中深深扎根，并开花结果；应当使中华民族全体成员都自觉以"履行义务"为荣、以"不履行义务"为耻，从而从根本上消除"官僚主义""霸权主义""土皇帝"等腐朽思想！

"义务本位"思想与西方资产阶级学者推崇的"天赋人权"论，有着根本的区别。

"天赋人权"论，是以英国的洛克、法国的卢梭为代表的西方资产阶级启蒙思想家于 17~18 世纪提出的一种理论，其主要观点是：人生而具有生存、自由、平等的权利，和追求幸福、财产以至反抗暴政的权利。美国的《独立宣言》和法国的《人权宣言》就是以"天赋人权"论作为理论基础的。

"义务本位"思想与西方资产阶级学者推崇的"天赋人权"论的主要区别在于："义务本位"思想尊崇"义务"是人（国家、国家机关、社会组织）与生（设立）俱来的一种"责任"，即"天赋的义务"。意在"从灵魂上"改变人的"以我为中心""个人权利为中心""本位主义""追崇权利（权力）"思想意识，培养以"履行义务"为荣、以"不履行义务"为耻的"服务型"的"人才""政府""国家"；而"天赋人权"论，则是主张以"个人权利""国家权利（权力）"为中心，使人们（政府部门、国家）产生"个人（本政府部门、国家）权利（权力）第一"的思想，将人们（政府部门、国家）"造就"成"权利（权力）的崇拜物""个人主义者""霸权主义者（国家）"。"天赋人权"论的根本错误在于它忽视了"纯粹的权利（权力）是不存在的"，而且不"履行义务"就得不到、也不享有"权利（权力）"这一最基本的常识！

2. 合法性原则　所谓合法性原则，即行政合法性原则，是指行政权的存在、行使必须依据法律，符合法律规定，不得与宪法和法律相抵触。我国卫生法是国家行政法体系的组成部分，行政合法性原则当然也是卫生行政法原则。合法性原则在卫生法中具有不可替代的地位和作用，是国家卫生法律制度的重要原则。在具体工作中贯彻卫生行政合法性原则，要求我国的卫生行政机关在立法时要遵循宪法和法律、行政法规、地方性法规，在实行行政管理时不仅要遵循宪法、法律，还要遵循行政法规、地方性法规、行政规章、自治条例、单行条例等，同时，还必须遵从法定程序。

对卫生行政合法性原则的具体内容，我们可以从以下几个方面理解。

（1）卫生行政权或职责是基于宪法和法律的授权才存在的。卫生行政合法性原则要求行政主体在其法定的权限内行使职权（责），没有法律根据的职权是不存在的。例如，公安机关从事卫生行政机关的卫生管理活动，则违反合法性原则。此外，法定权限是不允许非法超越的，"超越职权"等于违法。行政机关的行为"是否超越职权"，是司法审查的一个重要内容。

（2）卫生行政权必须依法行使。依据法律行使职权，是行政合法性原则为行政主体设定的一项"义务"或者"职责"，职权和职责是统一的，职责是职权的基础，是本位，职权是为职责服务的。卫生行政机关的管理活动，对于卫生行政相对人来说是在"行使职权"；但对于国家、社会和人类来讲，其是在"履行义务"。卫生行政合法性原则要求卫生行政主体行使职权时既不能违反卫生行政实体法的规定，也不能违反卫生行政程序法的规定，更不能怠于或者拖延行使法定职责（履行义务），否则要负相应的法律责任。

（3）卫生行政授权、卫生行政委托必须有法律依据，符合法律要旨。在一般情况下，卫生行政职权是由国家法律明文规定的卫生行政机关行使的，但是，由于现代社会事务

十分复杂，新的疾病层出不穷，有时由其他组织代为执行法律可以节约大量社会资源，可以更好地处理一些技术性问题。在这种情况下，法律往往规定可以授权其他组织代为行使职权，即将应由自己行使的职权的一部分或全部委托给其他组织或个人行使。但是，卫生行政机关的授权必须有法律依据，并且必须按程序进行，不得违反法律的要旨。

卫生行政合法性原则的三方面内容是有机的统一体，我们应当全面理解、认真贯彻执行。

3. 合理性原则　卫生行政合理性原则，是指卫生行政机关的行政行为的内容，应当客观、适度、合乎情理。合理性原则，是对卫生行政自由裁量权的限制。

卫生行政自由裁量权，是指在法律法规没有规定的情况下，卫生行政机关根据合理的判断，决定作为或不作为以及如何作为的权力。主要表现在如下几方面。

（1）在法律没有规定限制条件的情况下，卫生行政机关在不违反宪法和法律的前提下，采取的必要措施。

（2）法律只规定了模糊的标准，没有明确规定范围和方式的，卫生行政机关根据实际情况和对法律的合理解释，采取具体措施。

（3）法律明确规定了范围和方式的，由卫生行政机关根据具体情况自由选择。

卫生行政合理性原则的具体内容，主要包括：①行政行为应符合立法的目的；②行政行为应建立在正当考虑的基础上，不能考虑不相关因素；③平等地适用法律法规，不得对相同的事实予以不同对待；④符合自然规律，符合社会公德。

4. 应急性原则　卫生行政应急性原则，是现代行政法制的重要内容，是指在某些特殊的紧急情况下，出于国家安全、社会秩序、人民生命安全或其他公共利益的需要，卫生行政机关可以采取没有法律依据的或与法律相抵触的具体措施。

国家和社会在运转过程中，不可避免地会发生一些紧急情况，如战争、重要疫情、新型疾病的流行等。这些情况的发生，可能威胁国家的安全、公民的人身安全和良好的社会秩序。在正常的宪政、法律体制难以运转的情况下，卫生行政机关采取的必要的应急措施，即使没有法律规定或与法律相抵触，也应视为有效。

卫生行政应急性原则是合法性原则的例外，但是，不受任何限制的行政应急权是不存在的，卫生行政应急性原则也并非排除任何法律的控制。一般地讲，卫生行政应急权的行使应符合以下几个条件。

（1）社会存在明确无误的紧急危险。

（2）卫生行政机关做出应急行为前和行使应急行为过程中，应受到有权机关的监督。

（3）应急权力的行使应当适当，应将负面损害控制在最小的程度和范围内（我们认为，应以足以有效控制住紧急危险为限）。

（4）非法定机关行使紧急权力后，必须由有权机关予以追认，否则无效。

卫生行政应急性原则是合法性原则的例外，是一项非常原则。其没有脱离卫生行政法制原则，是卫生行政法制原则的特殊的、重要的内容。

四、卫生立法机关

我国的立法机关及其权限是由宪法、立法法及其他相关立法制度严格规定的。我国的主要卫生立法机关如下。

（1）全国人民代表大会有权制定宪法和法律，全国人民代表大会常务委员会有权制定和修改除应当由全国人民代表大会制定的法律以外的其他法律。

（2）国务院有权根据宪法和法律，制定卫生行政法规，改变或者撤销各部、各委员会发布的不适当的命令、指示和规章，改变或者撤销地方各级卫生行政机关的不适当的决定和命令。

（3）国务院各部、各委员会根据法律和国务院的行政法规、决定、命令，在本部门的权限内，制定卫生行政规章。

（4）省、自治区、直辖市、省会所在地，以及国务院批准的较大的市的人大及其常委会，在不与宪法、法律、法规相抵触的前提下，制定和公布地方性卫生法规。民族自治地方的人民代表大会有权依照当地的民族特点，制定有关卫生方面的自治条例和单行条例、卫生法立法程序。

（5）省、自治区、直辖市、省会所在地，以及国务院批准的较大的市的人民政府，有权依据宪法、法律、行政法规和本辖区内的地方性法规，制定地方性政府卫生规章。

五、卫生法制定的程序

立法法分别对全国人大和全国人大常委会的立法程序做了明确的规定，对行政法规、地方性法规和规章的立法程序做了原则性规定。卫生立法并无特别的程序。依照上述规定，卫生立法程序也包括4个环节：法律案的提出、审议、表决和公布。

（一）卫生法律的制定程序

1. 卫生立法的准备　主要包括：编制卫生立法规划、做出卫生立法决策、起草卫生法律案等。根据立法法的规定，全国人大教科文卫委员会和国务院可以向全国人大常委会提出制定卫生法律案。

2. 卫生法律案的提出和审议　主要包括：列入全国人大常委会会议议程的卫生法律案，由有关的专门委员会进行审议，提出审议意见，印发人大常委会会议。对于重要的卫生法律案，经委员长会议决定，可以将卫生法律草案公布，向社会征求意见。卫生法律案一般应当经3次人大常委会会议审议后再交付表决。

3. 卫生法律案的表决、通过　卫生法律案经过全国人大常委会审议，形成卫生法律草案修改稿。经人大常委会分组会议审议后，由法律委员会根据常委会组成人员的审议意见对法律草案修改稿做进一步修改，形成法律草案表决稿，交付常委会全体会议投票表决，以全体组成人员的过半数通过。

4. 卫生法律的公布施行　全国人大常委会通过的卫生法律，由中华人民共和国主席签署主席令予以公布。

（二）卫生行政法规的制定程序

1. 编制立法规划　国家卫生健康委员会（简称"卫健委"）、国家药品监督管理局、国家中医药管理局、国家出入境检验检疫局等卫生行政部门根据社会发展状况，认为需要制定卫生行政法规的，应当向国务院报请立项，由国务院法制局编制立法计划，报请国务院批准。

2. 法规起草　卫生行政法规由国务院组织起草。具体起草工作由相关卫生行政部门分别负责。起草法规内容涉及两个以上部门时，应以一个部（局）为主起草，必要时成立专门的起草小组起草。在拟定好起草提纲及内容后，应当广泛征求意见，进行论证与调研。

3. 草案报送和审查　卫生行政法规起草工作完成后，起草单位应当将草案及其说

明、各方面对草案主要问题的不同意见和其他有关资料送国务院法制办公室进行审查。

4. 法规的通过　国务院法制办公室对卫生行政法规草案审查完毕后，向国务院提出审查报告和草案修改稿，提请国务院审议，由国务院常务会议或全体会议讨论通过或者总理批准。

5. 法规的公布　卫生行政法规由国务院总理签署国务院令公布或经国务院批准由全国人大常委会发布。

6. 备案　卫生行政法规公布后30日内报全国人大常委会备案。

（三）地方性卫生法规、卫生自治条例和单行条例的制定程序

1. 立法规划和计划的编制。

2. 议案的提出　享有地方立法权的地方人大召开时的主席团、常委会、教科文卫委员会、本级人民政府以及10名以上代表联名可以提出议案。

3. 议案的审议　由主席团将议案提请地方人民代表大会讨论，或先交付议案审查委员会审查后提请地方人民代表大会讨论。

4. 议案的表决和公布　地方性卫生法规案经地方人大、常委会表决，以全体代表、常委会全体组成人员的过半数通过，由地方人大常委会公布施行。省、自治区的人民政府所在地的市和国务院批准的较大的市的人大及其常委会制定的地方性法规，须报省、自治区的人大常委会批准后施行。

5. 备案　通过后的地方性卫生法规须在30日内报全国人大常委会和国务院备案。

（四）卫生行政规章的制定程序

1. 立法规划。

2. 规章的起草　卫生部门规章案的起草工作以国务院医药卫生部门的职能司为主，卫生法制与监督司或政策法规司参与配合。卫生行政法规规定由卫生行政部门等制定实施细则的，应在制定起草行政法规的同时进行起草实施细则的工作。其起草程序与行政法规起草程序相同。

3. 草案的审查　卫生部门规章案送卫生法制与监督司或政策法规司审核后，提交部、委（局）常务会议讨论通过。

4. 规章的公布　部门规章由部长、委员会主任或局长签署命令后予以公布。

5. 备案　已经通过的规章，应当在30日内向国务院或法律规定的其他机关报送备案。每年1月底以前，卫健委、国家药品监督管理局、国家中医药管理局、国家出入境检验检疫局的卫生法制与监督司或政策法规司将上一年度制定的规章目录报国务院法制办公室备查。

（五）地方性卫生规章的制定程序

1. 起草　政府卫生规章案由享有政府卫生规章制定权的地方卫生行政部门负责起草。涉及其他职能部门的，由有关职能部门予以配合。

2. 审查　政府卫生规章案由地方卫生行政部门在其职责范围内提出，送地方人民政府法制局审核后，提交政府常务会议或者全体会议讨论通过。

3. 公布　政府卫生规章由省长、自治区主席或者市长签署命令予以公布。

4. 备案　已经通过的政府卫生规章，须在30日内报送国务院卫生行政部门备案存查。

第二节 卫生法的实施

一、卫生法实施的概念

卫生法的实施是指通过一定的方式使卫生法律规范在社会实际生活中贯彻与实现的活动。它包括卫生执法、卫生司法、卫生守法和卫生法律监督4个方面。

卫生执法又称卫生法的适用。它有广义和狭义之分。广义的卫生法的适用，是指国家机关和法律、法规授权的社会组织依照法定的职权和程序，行使国家权力，将卫生法律规范创造性地运用到具体人或组织，用来解决具体问题的一种专门活动。它包括卫生行政部门以及法律、法规授权的组织依法进行的卫生执法活动和司法机关依法处理有关卫生违法和犯罪案件的司法活动。狭义的卫生法的适用仅指司法活动。这里指的是广义的卫生法的适用。

卫生司法也是卫生法的适用的一种重要形式，是指人民法院依照卫生法审理卫生行政诉讼案件的活动。

卫生守法即卫生法的遵守，是指全体公民和法人自觉遵守卫生法律规范，行使卫生权利，履行卫生义务的行为。

卫生法律监督是指国家机关、党政团体、企事业单位、新闻媒体、社会舆论及公民等依照法律规定和法定程序，对卫生法律在实施过程中的情况进行监察与督促的活动。

二、卫生法的适用

在卫生法的适用要遵守正确、合法、及时这3个基本原则。"正确"是指在适用卫生法律时，事实要清楚，证据要确实，定性要准确，处理要适当；"合法"是指在处理违反卫生规范案件时，必须在法律授权范围内行事，既要符合实体法的要求，又不能违反程序法的规定；"及时"则是指在正确、合法的前提下，在法定的期限内办理完案件。以上3个基本原则，在卫生法的适用中相互联系，缺一不可。

卫生法的适用是一种国家活动，不同于一般公民、法人和其他组织实现卫生法律规范的活动。它具有以下特点。

（一）目的的特定性

卫生法的适用的根本目的是保护公民的生命健康权。这是卫生法保护人体健康的宗旨所决定的。

（二）权威性

卫生法的适用是享有法定职权的国家机关以及法律、法规授权的组织，在其法定或被授予的权限范围内，依法实施卫生法律规范的专门活动，其他任何国家机关、社会组织和公民个人都不得从事此项活动。

（三）合法性

卫生行政机关及法律法规授权的组织对卫生管理事务或案件的处理，应当有相应的法律依据。否则处理无效，甚至还须承担相应的法律责任。

（四）程序性

卫生行政机关及法律法规授权的组织适用卫生法的活动必须依照法定程序进行。

（五）国家强制性

卫生法的适用是以国家强制力为后盾实施卫生法的活动，对依卫生行政机关及法律法规授权的组织法做出的决定，任何当事人都必须执行，不得违反。

（六）要式性

卫生法的适用要求必须有表明适用结果的法律文书的制定。如卫生许可证、罚款决定书、判决书等。

三、卫生法的效力范围

卫生法的效力范围是指卫生法的生效范围和适用范围，即卫生法在什么时间、什么地方和对什么人适用，包括卫生法的时间效力、空间效力、对人的效力3个方面。

（一）卫生法的时间效力

卫生法的时间效力指卫生法生效的时间范围，包括生效时间、失效时间，以及对法律颁布以前的事件和行为该法律是否有效，即法的溯及力问题。

1. 卫生法的生效时间　我国卫生法生效时间指在法律、法规和规章的条文中明确规定其颁布后的某一具体时间，或公布之日。卫生法律公布后，一种情况是先予以试行或者暂行，而后由立法机关加以补充修改，再通过为正式法律，公布施行；还有一种情况是在试行期间也具有法律效力。

2. 卫生法的失效时间　我国卫生法的失效有以下几种情况：①新法颁布施行后，相应的旧法即自行废止；②新法取代旧法，在新法条文中明确宣布旧法废止；③立法机关通过发布专门的决议、通令，对某些适用期已过，同现行政策不符的卫生法律、法规、规章，明令废止；④由于形势发展变化，原来的某项法律已因调整的社会关系不复存在或完成了历史任务而失去了存在的条件从而自行失效。

3. 卫生法的溯及力　卫生法的溯及力也称卫生法溯及既往的效力，是指某一法规对它生效以前的事件和行为是否适用。如果适用，就具有溯及力，反之就没有溯及力。除法律另有规定外，我国卫生法原则上没有溯及力，即采取法不溯及既往的原则。

（二）卫生法的空间效力

卫生法的空间效力是指卫生法生效的地域范围，即卫生法在哪些地方具有拘束力。它依立法机关的不同而有区别。①全国人大及其常委会制定的卫生法律，国务院及其各部门发布的卫生行政法规、规章等规范性文件，在全国范围内有效。包括领土、领海、领空以及领土的延伸部分，包括我国驻外使、领馆以及航行或停泊于境外的我国船舶和飞机。②地方人大及其常委会、民族自治机关颁布的地方性卫生法规、自治条例、单行条例，以及地方人民政府制定的政府卫生规章，只在其行政管辖区域范围内有效。③中央国家机关制定的卫生法律、法规，明确规定了特定的适用范围的，在其规定的范围内有效。

（三）卫生法对人的效力

卫生法对人的效力是指卫生法律、法规、规章适用于哪些人，或者说对哪些人有效。

我国卫生法对人的效力，有以下几种情况：①在我国领域内的中华人民共和国公民，一律适用我国卫生法；②在我国领域内的外国人、无国籍人，也都适用我国的卫生法，一律不享有豁免权；③在我国领域以外的中华人民共和国公民，原则上适用我国的卫生法，法律有特别规定的例外；④在我国领域外的外国人、无国籍人，如果侵害了我国国家或公民、法人的权益，或者与我国公民、法人发生卫生法律关系，也可以适用我国卫生法。

四、卫生法的解释

卫生法的解释是指有关国家机关、组织或个人，为适用或遵守卫生法，根据立法原意对现行的卫生法律规范的含义、内容、概念、术语以及适用的条件等所做的分析、说明和解答。卫生法的解释是完备卫生立法和正确实施卫生法所必需的。按照解释的主体和解释的法律效力的不同，卫生法的解释可以分为正式解释和非正式解释。

（一）正式解释

正式解释又称法定解释、官方解释、有权解释。它是指特定的国家机关依据宪法和法律所赋予的职权，对卫生法有关的法律条文所进行的解释，它具有法律上的效力。正式解释是一种创造性的活动，是立法活动的继续，是对立法意图的进一步说明，具有填补法的漏洞的作用，正式解释在我国主要有以下几种。

1. 立法解释　是指依法有权制定卫生法律、法规和规章的立法机关，对有关卫生法律规范条文所做的进一步解释。包括全国人大常委会对宪法和卫生法律的解释，国务院对其制定的卫生行政法规的解释，地方人大及其常委会对地方性卫生法规的解释，国家授权其他国家机关的解释。

2. 司法解释　是指司法机关依法对卫生法的适用工作中的问题如何具体应用法律所做的解释。包括最高人民法院做出的审判解释，最高人民检察院做出的检察解释，以及最高人民法院和最高人民检察院联合做出的解释。

3. 行政解释　是指国家行政机关在依法行使职权时，对有关卫生法律规范如何具体应用问题所做的解释。包括国务院及其所属各部门、地方人民政府行使职权时，对如何具体应用卫生法律的问题所做的解释。这种解释仅在所辖区内生效。

（二）非正式解释

非正式解释也称无权解释、无效解释或非官方解释，是指社会团体或公民对卫生法所做的解释。可分为学理性解释和任意解释。非正式解释虽不具有法律效力，不能直接引用，但对法律的实际适用有参考价值。

1. 学理性解释　是指教学、科研以及法制宣传活动对卫生法所进行的理论性、知识性和常识性解释。

2. 任意解释　是指一般公民、当事人、辩护人、代理人对法律所做的理解和说明。

五、卫生法的遵守

卫生法的遵守，又称卫生守法，是指一切国家机关、政党、社会团体、企事业单位和全体公民都必须恪守卫生法的规定，严格依法办事。它是卫生法实施的一种重要形式，也是法治的基本内容和要求。

（一）卫生法的遵守的主体

卫生法的遵守的主体，包括一切国家机关、社会组织和全体中国公民，以及在中国

领域内活动的国际组织、外国组织、外国人和无国籍人。

（二）卫生法的遵守的范围

卫生法的遵守的范围极其广泛。不仅包括广义上的卫生法律，而且包括在卫生法的适用过程中，有关国家机关依法做出的、具有法律效力的决定书，如人民法院的判决书、调解书，卫生行政部门的卫生许可证、卫生行政处罚决定书等非规范性文件。此外，公共卫生秩序、居民卫生公约、卫生公德等也属于卫生法的遵守的范围。

（三）卫生法的遵守的内容

卫生法的遵守不是消极、被动的，其内容包括依法行使权利和履行义务两个方面。它要求国家机关、社会组织和公民依法承担和履行卫生义务（职责），守法主体依法享有权利、行使权利。

第三节　卫生法律责任

一、卫生法律责任的概念和特点

卫生法律责任是指卫生法律关系主体由于违反卫生法律规范规定的义务或约定的义务，所应承担的带有强制性的法律后果。卫生法律责任主要有以下特点。

1. 卫生法律责任是违反卫生法律规范的后果　这是行为人承担卫生法律责任的前提条件。所谓卫生违法是法律关系主体实施的一切违反卫生法律规范的行为。卫生违法必须符合以下4个条件。①行为人在客观方面实施了违反卫生法律、法规的行为。它的基本表现形式可以分为两种，一是作为，即积极地实施卫生法所禁止的行为；二是不作为，即消极地不实施卫生法要求的行为。②卫生违法行为具有一定的社会危害性，侵害了卫生法所保护的社会关系和社会秩序。这种危害性包括两种情况，一是卫生违法行为已经给法律保护的社会关系和社会秩序造成了实际的损害结果；二是虽然尚未造成实际的损害，但已经使卫生法所保护的社会关系和社会秩序处于某种危险之中，即使其可能受到损害。③违法行为的主体在主观方面必须有过错。过错包括故意和过失两种形式。如果卫生违法行为不是因为当事人主观有过错，而是因为不可抗力造成或者是由无民事行为能力人造成的，则不能构成卫生违法。④卫生违法的主体，必须是具有法定责任能力的公民、法人或其他组织。如果违法主体未达到法定责任年龄或不具有法定责任能力，不能控制和辨认自己的行为，则不构成卫生违法。

2. 卫生法律责任必须有卫生法律明文规定　卫生违法行为有很多，但不是所有的违法行为都应负法律责任。只有卫生法律、法规、规章在设定权限范围内做了某些明确规定，行为主体才承担某种相应的法律责任。

3. 卫生法律责任具有国家强制性，以国家强制力作为后盾　如果违法者拒绝承担其应承担的法律责任时，国家强制力将强制其承担。

4. 卫生法律责任必须由国家授权的专门机关在法定职权范围内依法予以追究　其他任何组织或个人都不得行使这种职权。

二、卫生法律责任的种类

根据行为人违反卫生法律规范的性质和社会危害程度的不同，卫生法律责任可以分为行政责任、民事责任和刑事责任3种。

（一）卫生行政责任

卫生行政责任是指卫生行政法律关系主体实施了违反卫生法的行为，但尚未构成犯罪所应承担的法律后果。根据我国现行卫生法的规定，卫生行政责任主要包括卫生行政处罚和卫生行政处分两种。

1. 卫生行政处罚　这是指卫生行政机关或者法律法规授权的组织，在职权范围内对违反卫生法而尚未构成犯罪的行政相对人（公民、法人或其他组织），所实施的卫生行政制裁。

卫生行政处罚有下列主要特征：①卫生行政处罚是由特定的行政主体做出的；②卫生行政处罚是行政主体针对行政相对人做出的，属于行政主体依法实施的一种外部行为；③卫生行政处罚是对行政相对人违反卫生行政管理秩序行为的处罚，来源于卫生法的规定；④卫生行政处罚是一种法律制裁，具有鲜明的惩戒性，并由国家强制力做保证。

根据行政处罚法和我国现行卫生法律、法规和规章的规定，卫生行政处罚的种类主要有警告、通报、罚款、没收非法财物、没收违法所得、责令停产停业、暂扣或吊销有关许可证等。卫生行政处罚一般由卫生行政、药品监督管理等部门决定，其中有的还须报请同级人民政府批准。

2. 卫生行政处分　卫生行政处分是指有管辖权的国家机关或企事业单位的行政领导依据行政隶属关系，对违法失职人员给予的一种行政制裁。卫生行政处分主要是对卫生行政机关或有关机关内部的执法人员、公务人员以及医疗卫生机构内部的医疗卫生人员违反卫生行政管理秩序所给予的一种制裁。行政处分的种类主要有警告、记过、记大过、降级、降职、撤职、开除留用查看、开除8种。

行政处罚与行政处分虽然都属于行政责任，但它们是两个不同的概念和两种不同的法律制度，其主要区别如下。①主体不同。行政处罚由行政执法机关实施，处罚的是行政相对人违反行政法律规范的行为；行政处分一般由国家机关、企事业单位或医疗卫生机构的行政领导做出决定，针对的是其内部所属人员的违法失职行为。②性质不同。处罚是外部行为，多属违法；处分属内部行为，多为失职。③制裁方式不同。④法律救济不同。对行政处罚不服，可以提起行政复议和行政诉讼；对行政处分不服只适用内部申诉途径。

（二）卫生民事责任

卫生民事责任是指医疗机构和卫生工作人员或从事与卫生事业有关的机构违反法律规定侵害公民的健康权利时，应向受害人承担损害赔偿的责任。民事责任的特点是：①民事责任主要是一种财产性质的责任；②承担民事责任的方式是给予经济赔偿，以补偿受害人的损失；③在法律允许的条件下，民事责任可以由当事人自愿协商解决。

民法通则规定的承担民事责任的方式有停止损害，排除障碍，消除危险，返还财产，恢复原状，修理、重做、更换，赔偿损失，支付违约金，消除影响、恢复名誉，赔礼道歉10种。卫生法所涉及的民事责任以赔偿损失为主要形式。

（三）卫生刑事责任

卫生刑事责任是指行政机关的工作人员、医疗卫生工作人员及健康相关产品的生产、经营者违反卫生法律法规，实施了刑法所禁止的犯罪行为而应承担的法律后果。卫生法律规范中对刑事责任的规定是直接引用刑法中的有关条款。构成违反卫生法的刑事责任必须以卫生刑事犯罪为前提。刑事责任有以下特征：①刑事责任是基于行为人实施了刑法明文规定的犯罪行为而产生的；②其确立的依据是行为人实施的行为符合犯罪的构成要件；③刑事责任实现的方式是刑法规定的各类以剥夺行为人自由和生命为主的刑罚，是最为严厉的强制手段。

根据我国刑法规定，实现刑事责任的方式是刑罚。刑罚是国家审判机构依照刑法的规定，剥夺犯罪分子某种权益甚至生命的一种强制处分，包括主刑和附加刑。主刑有管制、拘役、有期徒刑、无期徒刑、死刑，它们只能单独适用。附加刑有罚金、剥夺政治权利、没收财产，它们可以附加适用，也可以独立适用。对于犯罪的外国人，还可以独立适用或附加适用驱逐出境。

《中华人民共和国刑法》对违反卫生法的犯罪行为的刑事责任做了明确规定，规定了二十余项与违反卫生法有关的罪名，如生产销售假药罪，生产销售劣药罪，生产销售不符合卫生标准的食品罪，生产销售有害食品罪，生产销售不符合标准的医用器材罪，生产销售不符合标准的化妆品罪，违反规定引起甲类传染病传播罪，非法经营罪（如非法经营麻醉药品、精神药品等特殊药品），传播性病罪，妨害传染病防治罪，妨害国境卫生检疫罪，非法组织卖血罪，强迫卖血罪，非法采集血液、制作供应血液制品罪，医疗事故罪，非法行医罪，破坏节育手术罪等。

第四节　卫生行政执法

一、卫生行政执法概述

（一）卫生行政执法的概念

卫生行政执法是指国家卫生行政机关，法律、法规授权的组织依照卫生法律、法规和规章的规定，执行、适用法律，实施国家卫生管理的活动。

卫生行政执法包括了以下含义。①执法主体是卫生行政机关或授权组织。②执法依据是国家现行的卫生法律、法规、规章以及上级卫生行政机关的措施、发布的决定、命令、指示等。③执法对象是特定的对象或事件，卫生行政执法即指具体卫生行政行为。本节重点讨论具体卫生行政执法行为，该行政执法行为将直接和具体地影响相对人一方的权利和义务。④执法内容是执法机关依照有关法律法规规定，通过各种形式对个人或组织是否依法正常行使权力和履行义务的情况进行监督检查，同时对违法者依法做出处理决定。

（二）卫生行政执法的特征

1. 合法性　卫生行政执法必须是合法的。包括主体合法、内容合法、程序合法。主体合法是指卫生行政执法的主体必须是卫生法律、法规规定的机关或授权组织，其他任何单位和个人都不得从事卫生行政执法活动；内容合法是要求卫生行政执法必须符合卫生法律规范的规定；程序合法是指卫生行政执法必须严格遵守和执行法律的方式、步骤、顺序、期限等。

2. 主动性　在卫生行政执法过程中，执法主体与相对人之间所形成的卫生行政法律关系，是领导与被领导、管理与被管理的行政隶属关系。卫生行政执法主体仅依自己一方的意思即可成立，大多数情况下无须征得相对人的同意就可以做出一定法律后果的行为。

3. 国家强制性　卫生行政执法是执法主体代表国家进行卫生管理的活动，是行使职权的活动，即行政主体在行政管理过程中，处理行政事务的职责权力。因此，它体现国家意志，具有国家强制性，是卫生行政执法的根本保证。同时，执法主体只能在法律规定的职权范围内履行其责任，不得超越职权或者滥用职权。

（三）卫生行政执法的原则

卫生行政执法与其他行政执法一样，都应遵循以下基本原则。

1. 依法行政　卫生行政执法过程中的每个具体行政行为都要符合法律法规的规定，否则就构成行政违法，应承担相应的法律后果。

2. 公正公开　卫生行政执法应当坚持依法办事，遵循法定的程序，执法时要接受社会监督，增加透明度，不得随心所欲，以权谋私。

3. 实事求是　卫生行政执法要遵循实事求是的原则，坚持以事实为依据，科学取证，准确裁断。

（四）卫生行政执法的效力

卫生执法行为是卫生执法机关代表国家并以国家的名义依法实施的具体行政行为，该行为具有法律效力——确定力、拘束力、执行力。

1. 确定力　是指执法行为一经生效，就不得更改。执法机关本身及其他国家机关非依法不得变更与撤销，相对人更无权变更。超出行政复议期或行政诉讼期后不得再提出行政复议或提起行政诉讼。确定力是维护卫生执法机关权威性及法律严肃性的重要保障。

2. 拘束力　是指卫生行政执法行为实施后具有的约束和限制的效力。这种拘束力对执法机关及相对人是等同的。执法机关不能随意变动，相对人必须完全履行。

3. 执行力　是指卫生行政执法机关依法采取一定手段使执法内容得以完全实现的效力。相对人不执行时，卫生执法机关可依法采取一定的强制执行手段；在行政复议期或行政诉讼期间，执法行为原则上不停止执行。

二、卫生行政执法主体

（一）卫生行政执法主体的概念

卫生行政执法主体是指国家依法设立，并代表国家行使卫生行政权，实施卫生法律法规，管理国家各项卫生行政事务并承担由此引起的法律责任的组织。

卫生行政执法的主体是组织而非个人。尽管具体的执法行为是由行政机关的工作人员来行使，但其工作人员不是卫生行政执法主体。在有些情况下，卫生行政机关可依法委托其他单位或组织行使执法权，但受委托的单位或组织并不以自己的名义进行执法，执法后果也仍然由卫生行政机关承担，因此，受委托的单位或组织不是卫生行政执法

主体。

（二）卫生行政执法主体的分类

根据执法主体资格取得的法律依据，卫生行政执法主体可以分为职权性执法主体和授权性执法主体两种。

职权性执法主体是指根据宪法和行政组织法的规定，在依法成立时就拥有相应行政职权并同时获得行政主体资格的行政组织。也就是说，职权性执法主体资格的获得是以宪法和有关的组织法为依据的，它是国家设立的专门履行行政职能的国家行政组织，以完成一定的国家行政职能为设立要素。职权性执法主体只能是国家行政机关，包括各级人民政府及其职能部门以及县级以上地方政府的派出机关。

授权性执法主体是指根据宪法和行政组织法以外的单行法律、法规的授权规定而获得行政执法资格的组织。被授权组织虽享有规定的权利和承担行政法律责任的资格，但仍不具备国家机关的地位。其职权的内容、范围和方式是专项的、单一的、具体的，必须按照授权规范所规定的职权标准去行使。授权组织经法律法规授权后，该组织享有与行政机关相同的执法主体地位，因此被授权组织可以以自己的名义行使法律法规规定的权利，但同时本身也应对外承担法律责任。

具体地讲，我国卫生行政执法主体主要有以下几种。

1. 卫生行政机关　卫生行政机关是依据宪法和行政组织法规定而设立的履行卫生行政职能的国家行政组织，是最主要的卫生行政执法主体。卫生行政机关包括国务院卫生行政主管部门，即卫健委和地方卫生行政机关，如省、自治区、直辖市卫健委，地（市）卫健委，县（县级市、旗）卫健委。卫健委在国务院领导下主持全国卫生行政工作，地方卫生行政机关在本级人民政府和上级卫生行政机关的双重领导下主管本辖区的卫生行政工作。

根据我国宪法和法律的规定，各级卫生行政机关的职能主要有：①在法定的职能范围内制定相关的规范性文件、政策、标准、规范；②依法对辖区范围内的社会公共卫生、与健康相关的产品及其生产经营活动、医疗机构及人员进行监督检查；③依法对与健康相关的产品、与健康相关的社会活动进行审查、审批，颁发有关卫生许可证，依法对医疗事故、药品食品中毒事故、职业中毒事故，其他与卫生和健康有关的事件进行调查处理；④依法对卫生先进单位和个人给予奖励，对各类卫生违法行为实施行政处罚等。

2. 法律、法规授权的卫生执法组织　目前，我国法律、法规授权的卫生执法组织主要是指各级卫生防疫机构。根据法律、法规的授权，县级以上卫生防疫机构承担重要的卫生执法活动，依法享有独立的监督检查权、处罚权等。例如，依据有关的法律、法规授权，各级卫生防疫机构可以对公共场所实施卫生监督检查并处罚。

3. 联合执法主体　联合执法主体又称共同执法主体，根据有关单行法律、法规规定，卫生部门会同其他部门如公安机关、工商管理机关等共同进行卫生行政执法时，这些部门、机关就成为联合执法主体。

（三）卫生行政执法人员

根据法律、法规的规定，卫生行政执法权赋予执法机关而不赋予个人，因此卫生执法人员不是卫生行政执法的主体，但是任何一个具体的卫生行政行为都是通过卫生执法人员实施的，因此，卫生执法人员是卫生执法机关的重要组成部分，是执法职能的承担者，执法职能最终由执法人员的活动来实现。

卫生行政执法人员，即卫生监督员，是指具有卫生行政执法机关组成人员资格，依法履行一定法律手续，并以国家名义具体承担卫生法律法规实施任务的特定公民。国家赋予执法人员的权利有：执行公务权、职位保障权、培训权、批评建议权、申诉控告权、工资福利权等。所承担的义务有：依法办事，忠于职守、职业道德，严守纪律，接受监督，接受领导，服从指挥等。同时，法律规定卫生行政执法人员在执行公务时要有必要的标志。

在因执法违法或执法不当而引起的行政复议或行政诉讼活动中，卫生执法人员既不能当原告也不能当被告，执法个人不直接向相对人承担赔偿责任而由行政执法机关进行赔偿。但执法人员与执法机关之间存在着内部法律关系，因此执法人员对违法行政存在故意或重大过失的，卫生行政机关在对外承担赔偿责任后可以对其追偿。

三、卫生行政执法行为

从不同的角度，可以对卫生行政执法行为进行不同的分类。从执法行为的直接法律功能出发，卫生行政执法行为可以分为行政赋权行为、行政限权行为、行政确认行为、行政裁决行为和行政救济行为。行政赋权行为，就是创制权利，赋予行政相对人一定的权利和利益，主要有行政许可、行政认可、行政奖励、行政救助等。行政限权行为，就是剥夺与限制权利，即赋予行政相对人一定的义务，限制或者剥夺其一定的权利和利益，包括行政处罚、行政强制执行、行政命令等。行政确认行为，就是证明事实和法律关系，从性质上说它是一种中性行为，对行政相对人可能有利，也可能不利，主要有行政证明、行政鉴定等。行政裁决行为，就是行政主体以中间人的身份裁定一定范围内的行政纠纷和民事纠纷，从性质上说这是一种准司法行为，对相对人来说也是一种中性行为。行政救济行为，就是行政主体对已经做出的行政行为本身以及行政行为的后果进行补救。在性质上属于中性行为。主要有行政复议、行政赔偿等。

四、卫生行政监督检查

（一）卫生行政监督检查的概念和范围

卫生行政监督检查是指卫生行政执法主体为实现行政管理职能，对个人、组织是否遵守卫生法律规范和具体卫生行政处理决定所进行的监督检查。监督检查一般不直接影响个人或组织的实体权利和义务，只有发现和确定个人或组织有违法行为，并予以行政处罚时才影响相对人的实体权益。卫生行政监督检查是行政执法的主要手段之一，具有以下特征。

1. 卫生行政监督检查是对相对人守法情况的监督检查　主要是对两种情况的监督检查。一种情况是相对人是否遵守卫生法律、法规；另一种情况是相对人是否履行卫生行政机关依法做出的行政决定。

2. 卫生行政监督检查并不直接影响相对人的实体性权利义务　卫生行政监督检查只是监督相对人是否正确行使或者履行卫生法规定的权利义务或者卫生行政决定所规定的权利义务，如果发现相对人不正确行使权利或不依法履行义务，需要另行做出相应的制裁性行政决定或采取某种强制执行措施。

3. 卫生行政监督检查具有强制性　卫生行政监督检查是卫生行政机关的一项重要管理活动，是依法进行的职权行为，被检查者必须接受并配合检查。如果被检查者拒绝监

督检查，卫生行政机关可以强行检查。

4. 卫生行政监督检查是专业性很强的具体工作　卫生法本身就具有较强的专业技术性特点。卫生执法人员依法对相对人遵守法律情况进行监督检查时，不仅要求执法人员具有法律知识，还要求其具有某一方面的专业知识，否则是不能胜任执法工作的。

卫生监督属于国家监督的重要组成部分之一，卫生行政监督检查是卫生行政执法的重要手段，个人和组织是否遵守有关法律、法规，是否执行法律行政决定，要靠监督检查来查证。同时，卫生行政监督检查也是正确做出行政处理（处罚）或强制执行的前提与条件，卫生行政机关通过卫生监督检查，发现个人、组织不履行法律规定的义务，或者没有履行卫生行政决定时，应当依法对相对人做出行政处罚或者行政强制执行。因此可以说，卫生行政监督检查是卫生行政执法的第一步。

（二）卫生行政监督检查的分类

卫生行政监督检查主要包括预防性卫生监督检查和经常性卫生监督检查，也可以分为定期卫生监督检查和不定期卫生监督检查。

1. 预防性卫生监督检查和经常性卫生监督检查　预防性卫生监督检查是指卫生行政执法机关依法对城乡规划、基本建设、工程项目（工矿企业、公共场所、学校、射线装置等）的卫生防护设备设施所进行的卫生检查与卫生预评价活动，即在正式投产、经营之前所进行的卫生监督检查活动。包括对设计图纸的审查、对施工过程的审查、在试生产（经营）时进行的审查。以上三部分内容，通称"三同时"审查，即要求卫生防护设施设备要与主体工程同时设计、同时施工、同时投产。经常性卫生监督检查是指卫生行政执法机关依法对管理相对人的卫生状况及是否履行有关卫生法律法规规定的义务的情况所进行的监督检查活动。如实地察看、采样或抽样与送样（食品）进行化验检测等。经常性卫生监督检查的技术性很强，监督检查的内容更多、更复杂、更具体。

2. 定期卫生监督检查和不定期卫生监督检查　定期卫生监督检查是指按照法律规定或卫生监督工作计划的要求，在一定时期内，有规律地进行若干次监督检查。法律对这类监督的方式、种类、频率、技术要求等都有明确的规定。不定期卫生监督检查是指没有固定的时间间隔的卫生监督检查。不定期卫生监督检查无规律性，使相对人无法有准备地应付检查，因而所获得的情况更具客观性和真实性。

五、卫生行政许可

（一）卫生行政许可的概念和特征

卫生行政许可，是指卫生行政执法机关根据相对人的申请，依法进行审查并对符合法定手续和技术规范要求的赋予相对人相应的权利或资格的行政行为。卫生行政许可具有以下法律特征。

1. 卫生行政许可是一种行政赋权行为　是行政主体依法直接赋予特定的行为相对人，拥有可以从事法律允许的权利资格的法律行为。例如，许可某企业可以生产某种药品，就是直接赋予该企业从事某种药品生产的权利和资格，这种权利法律禁止一般人随意行为，对于符合特定条件者解除禁止就是许可。

2. 卫生行政许可是依据相对人的申请而做出的行为　申请是卫生许可的必要条件。符合一定条件的相对人申请后，经过卫生行政机关审查考核，符合条件的给予许可。

3. 卫生行政许可通常是要式法律行为　行政许可是行为人获得某种权利和权益的根

据，因此法律规定一般要采用许可证等书面形式。如药品生产企业许可证、食品安全许可证等。取得许可证就意味着得到了国家法律上的承认，取得了法律的保障，任何人都不得侵犯许可证持有人的合法权益。

（二）卫生行政许可的种类

根据许可的严格程度和范围，卫生行政许可可以分为一般许可和特别许可。

1. 一般许可　大多数卫生行政许可都属于一般许可。其许可的条件相对特别许可而言，没有后者严格，一般都可以达到，许可数量也没有限制。如食品生产经营、公共场所经营等。

2. 特别许可　特别许可通常具有排他性，其许可的条件是严格的，数量是有限的，要进行数量控制，如特种食品添加剂的生产许可。

（三）卫生行政许可的程序

申请人向卫生行政机关申请卫生行政许可后，相应的卫生行政机关应当按照法律规定的步骤、程序、时间、方式等，审查申请人的特定条件。向申请人颁发许可证，或者告知不予颁发许可证的决定及理由。

1. 行政许可的申请　申请人必须向有权颁发申请事项许可证的卫生行政机关提出申请，这是行政许可的前提。申请要求以书面形式提出，并附有其他资料。某些申请还需单位主管部门审核批准后才能提出。

2. 对申请的审核　卫生执法机关在接到申请之日起，在规定时间内进行审核，依法对申请许可的事项是否符合法定形式、法定条件等进行审核。该审核内容包括：书面审核，申请书的内容是否齐全正确，附件材料与正文材料是否相符。同时还要实地考察与调查，必要时加以测定结果并做出许可或不许可的决定，对不符合规定条件之处提出整改意见。

3. 许可证的颁发　卫生行政主体审核后，认为符合法定条件的，在法定的期限内依法颁发许可证；对不符合法定条件的，应当在法定的期限内予以答复，拒绝颁发许可证并说明理由。

六、卫生行政处罚

（一）卫生行政处罚的概念

卫生行政处罚是指卫生行政机关依据卫生法律规定，对违反卫生法的相对人所实施的一种行政法律制裁。例如，食品安全行政处罚、药品监督管理行政处罚、传染病监督管理行政处罚等。卫生行政处罚既是一种具体的卫生行政行为，也是一种广泛应用的卫生监督执法手段和步骤。

为了规范行政处罚的设立和实施，保障和监督行政机关有效实施行政管理，维护公共利益和社会秩序，保护公民、法人或者其他组织的合法权益，1996年3月17日第八届全国人大常委会第四次会议通过了《中华人民共和国行政处罚法》。1997年6月19日卫生部还发布了《卫生行政处罚程序》，这两部法律法规是卫生行政处罚的依据。

（二）卫生行政处罚的原则

根据行政处罚法和卫生行政处罚程序的规定，卫生行政机关在卫生行政处罚过程中，必须坚持以下基本原则，依法做出卫生行政处罚。

1. 处罚决定与处罚执行分离 即卫生行政执法机关对处罚决定和执行应有合理的内部分工,决定权和执行权应由不同的人员行使。

2. 合法、适当、公正、公开 行政处罚要遵循法定的程序,对相对人的处罚类别与程度,应与违法情节相适应,不能倚轻或倚重。在同等情况下所做处罚应当公平相等,除涉及国家机密、商业秘密或者个人隐私外,一律公开进行。此外,对重要案件还应举行听证会,广泛听取当事人的意见并接受社会的监督。

3. 一事不再罚 对同一违法行为不应以同一法律法规再做处罚;同时,对同一违法行为,不同执法机关也不应以同一法律法规都去进行处罚。

4. 处罚与教育相结合 处罚的目的在于教育违法者改正不法行为。一味地处罚不教育达不到最终目的,经过反复教育仍不改正的,要从重处罚。构成犯罪的,要依法追究刑事责任,不能姑息迁就。

(三)卫生行政处罚的种类

行政处罚种类,是指行政处罚外在的具体表现形式。根据《中华人民共和国行政处罚法》第八条的规定,行政处罚有以下7种。

1. 警告 是国家对行政违法行为人的谴责和告诫,是国家对行为人违法行为所做的正式否定评价。从国家方面说,警告是国家行政机关的正式意思表示,会对被处罚一方产生不利影响;对被处罚人来说,警告的制裁作用,主要是对当事人形成心理压力、不利的社会舆论环境。适用警告处罚的重要目的,是使被处罚人认识其行为的违法性和对社会的危害,纠正违法行为并不再继续违法。

2. 罚款 是行政机关对行政违法行为人强制收取一定数量金钱,剥夺一定财产权利的制裁方法。适用于对多种行政违法行为的制裁。

3. 没收违法所得、没收非法财物 没收违法所得,是行政机关将行政违法行为人占有的,通过违法途径和方法取得的财产收归国有的制裁方法;没收非法财物,是行政机关将行政违法行为人非法占有的财产和物品收归国有的制裁方法。

4. 责令停产停业 是行政机关强制命令行政违法行为人暂时或永久地停止生产经营和其他业务活动的制裁方法。

5. 暂扣或者吊销许可证,暂扣或者吊销执照 是行政机关暂时或者永久地撤销行政违法行为人拥有的国家准许其享有某些权利或从事某些活动资格的文件,使其丧失权利和活动资格的制裁方法。

6. 行政拘留 是治安行政管理机关(公安机关)对违反治安管理的人短期剥夺其人身自由的制裁方法。

7. 法律、行政法规规定的其他行政处罚。

(1)人身自由罚:包括行政拘留和劳动教养。

(2)行为罚:主要形式有责令停产停业,吊销许可证、执照等。

(3)财产罚:主要形式有罚款、没收财物(没收非法财物和违法所得)。

(4)声誉罚:主要形式有警告、责令具结悔过、通报批评等。

卫生行政处罚的种类主要包括警告、罚款、责令停产停业、行政拘留、吊销职业资格证、通报批评、责令具结悔过等。对有些医疗卫生机构或者个人以医疗卫生机构的名义开展的相应行政违法行为,医疗卫生监管部门是有权利在法律允许的范围内做出行政处罚的。

（四）卫生行政处罚的管辖

卫生行政处罚的管辖，一般按违法行为发生地进行属地管辖。若有争议应报请共同的上一级行政机关进行指定。具体来讲，县级以上卫生行政机关负责查处所辖区范围内的违反卫生法律、法规、规章的案件；省级卫生行政机关可依据卫生法律、法规、规章和本地区的实际情况，规定所辖区内管辖的具体分工；卫健委负责查处重大复杂的案件。

两个以上卫生行政机关，在管辖权发生争议时，报请共同的上级卫生机关指定管辖。

（五）卫生行政处罚的程序

卫生行政处罚的程序包括一般程序、简易程序和听证程序。

1. 一般程序　也称普通程序，是卫生行政机关实施行政处罚的基本工作程序。包括以下几个步骤。

（1）受理和立案。发现有明确的违法行为人或危害后果的；有来源可靠的事实依据；属于卫生行政处罚的范围。属于本机关管辖的条件时，卫生行政机关应在 7 日内立案，并同时确定两名以上卫生执法人员为承办人。

（2）调查取证。根据具体行政行为要"先取证，后裁决"的规定，卫生行政机关立案后，在做出具体的处罚决定之前，必须先依法调查取证。调查时，应有两名以上卫生执法人员参加，并出示有关证件。卫生执法人员与当事人有利害关系的应当回避。执法人员可以依法索取查阅现场资料，实地取证并制作现场检查笔录，经核对无误后，执法人员和被检查人员应在笔录上签名。被检查人员拒绝签名的，应有两名执法人员在笔录上签名并注明。调查取证应是原件、原物；调查取证原件、原物确有困难的，可由提交证据的单位或个人在复制品、照片等物件上签章，并注明"与原件（物）相同"字样或文字说明。书证、物证、视听资料、证人证言、当事人陈述、鉴定结论、勘验笔录、现场检查笔录等，经卫生执法人员审查或调查属实，为卫生行政处罚证据。卫生行政机关在收集证据时，在证据可能灭失或者以后难以取得的情况下，经卫生行政机关负责人批准，可以先行登记保存。执法人员应向当事人出具由卫生行政机关负责人签发的保存证据通知书。

（3）处理决定。调查终结后，执法人员应写出调查报告，其内容应包括案由、案情、违法事实，所违反法律、法规或规章的具体款项等；并对违法行为的事实、性质、情节以及社会危害程度进行合议并做好记录，必要时还应召开听证会，然后分别做出处理意见。确有应当受行政处罚的违法行为的，依法提出卫生行政处罚的意见；违法行为轻微的，依法提出不予卫生行政处罚的意见；违法事实不能成立的，依法提出不予处罚的意见；违法行为不属于本机关管辖的，应当移送有管辖权的机关处理；违法行为构成犯罪需要追究刑事责任的，应当移送司法机关。同时应当予以行政处罚的，还应依法提出卫生行政处罚的意见。处罚或者不处罚的决定应在受理之日起 7 日内做出，法律法规另有规定的除外。

（4）执行或补救措施。卫生行政处罚决定做出后，当事人应当在规定期限内予以履行；对决定不服的可以申请行政复议或提起诉讼。复议或诉讼期间，行政处罚不停止执行（法律另有规定的除外）。

当事人在法定时间内不申请行政复议或不提起诉讼又不执行的，卫生行政机关可以申请人民法院强制执行。对到期不交纳罚款的，每日按罚款数额的 3% 加处罚款。

卫生行政处罚决定履行或者执行后，执法人员应制作结案报告，并将有关的案件材

料进行整理装订，加盖案件承办人印章，归档保存。卫生行政机关应当将适用听证程序的行政处罚案件在结案后 1 个月内报上级机关法制机构备案。

2. 简易程序 又称当场处罚程序，是对一些违法事实清楚、证据确凿、处罚较轻的案件实行现场处罚的程序。

简易程序适用于 3 种情况：①依法应当予以警告的行政处罚；②对公民处以 50 元以下罚款的行政处罚；③对法人或其他组织处以 1000 元以下罚款的行政处罚。

执法人员当场进行处罚时，也应出示证件，填写预定格式和编号的处罚决定书，并当场交给当事人。处罚决定书应载明当事人的违法事实，处罚依据，罚款数额、时间、地点，行政机关名称及执法人员的签章。现场处罚必须向所属行政机关备案。当事人对当场处罚决定不服的，也可以在法定期限内申请行政复议和提起行政诉讼。

3. 听证程序 听证程序是行政处罚法规定的一种特殊的行政处罚程序，是指卫生行政机关在做出某些行政处罚决定前，由该机关中相对独立的机构和工作人员主持，由该机关调查取证人员和行为人作为双方当事人参加，对案件有关问题进行质证、辩论、听取意见、获取证据，进一步查明事实的法定程序。

卫生行政机关在做出责令停产停业、吊销许可证或较大罚款等行政处罚决定前，应当告知当事人有要求举行听证的权利。当事人要求听证的，卫生行政机关应当组织听证，由卫生行政机关内部的法制机构或主管法制工作的综合机构负责。国境卫生检疫机关对 2 万元以上的罚款实行听证。

听证应遵循公正、公开的原则，除涉及国家秘密、商业秘密或个人隐私外，听证应当以公开的方式进行。听证实行告知、回避制度，依法保证当事人的陈述权和申辩权。当事人不承担听证费用。

（1）听证告知书的送达 卫生行政机关对于适用听证程序的卫生处罚案件，应当在做出处罚决定前，向当事人送达听证告知书。告知书上应当载明当事人姓名或者名称、当事人的行政违法行为、行政处罚的理由、依据和拟做出的行政处罚决定，告知当事人有要求听证的权利，告知当事人提出听证要求的期限和听证组织机关。听证通知书在举行听证的 7 日前送达当事人。

（2）听证 当事人接到听证通知书后，应当按期出席听证会。因故不能如期参加听证的，应当事先告知主持听证的卫生行政机关，并获得批准。无正当理由不按期参加听证的，视为放弃听证要求，卫生行政机关给予书面记载。在听证举行过程中，当事人放弃申辩和退出听证的，卫生行政机关可以宣布听证终止，并记入听证笔录。

举行听证时，对案件调查人提出的当事人违法事实、证据和适用听证程序的行政处罚建议，当事人有权进行陈述和申辩。

（3）处罚决定 听证结束后，听证主持人应依据听证情况提出书面意见。卫生行政机关根据听证情况进行复核。违法事实清楚的，依法做出行政处罚决定；违法事实与原认定事实有出入的可以调查核实，经查实后做出行政处罚决定。

七、卫生行政强制措施

（一）卫生行政强制措施的概念和特征

卫生行政强制措施是卫生行政执法主体为了预防、制止危害社会行为的产生而采取的限制个人或组织的行为。其主要特征如下。

1. 具体性 卫生行政强制措施是卫生行政主体为实现特定目的，针对特定的行政相对人或者特定的物，就特定的事项做出的具体行政行为。

2. 强制性 为了预防或者制止正在发生的或者可能发生的违法行为，保护社会秩序和公民的安全健康，卫生行政机关对于符合条件的违法者可以采取强制性行为，不需要相对人主动申请或者自觉接受。

3. 临时性 一旦采取强制措施的法定事由已经排除，卫生行政强制措施就得解除。如一旦确诊某人不是甲类传染患者，就不能再继续强制隔离。

4. 非制裁性 强制措施不是以制裁违法为直接目的，而只是以实现某一行政目标为目的，不是终结性的结果而是过程中的措施。

（二）卫生行政强制措施的分类和适用条件

卫生行政强制措施按照对象的不同，可以分为限制人身自由行政强制措施和对财产予以查封、扣押、冻结等行政强制措施。按照性质的不同，可以分为行政处置和行政强制执行。行政处置是在紧急情况下采取的强制措施，如强制隔离；行政强制执行是在行政相对人拒不履行义务时采取的强制措施，如强行划拨。

由于行政强制措施要临时地对人身自由或者财产予以强制限制，而且运用时多在紧急情况下，适用不当会给相对人带来不必要的损害，故实施行政强制措施时一定要严格按照法律规定适度地进行。具体的条件如下。

（1）实施主体必须是具有法定强制权的卫生行政机关或授权组织，其他任何单位或个人都无权行使。

（2）被强制对象必须符合法定条件。卫生行政机关只有在有足够的证据证明对象符合法定条件时，才可以采取强制措施，强制措施的适用要符合法定的要求和种类，不可随意滥用并且一定要适度，尽量减少对相对人权益的限制以及财物的损害，采用强制措施以达到特定的目的为限，不能超过必要的限度，当危害得到制止或消除后，卫生行政强制措施必须立即停止。

（3）采取强制措施时要严格依照法定程序进行，必须办理必要的手续，符合规定的期限。

第五节 卫生行政法制监督

一、卫生行政法制监督的概念和特征

（一）卫生行政法制监督的概念

卫生行政法制监督是指有权机关、社会团体和公民个人等，依法对卫生行政机关及其执法人员的行政执法活动是否合法、合理进行监督的法律制度。卫生行政法制监督有广义和狭义之分。广义的卫生行政法制监督是指国家机关、政党、企事业单位、社会团体和公民个人等依照法律规定和法定程序，对卫生法在社会中的实施情况所进行的监察与督促。狭义的卫生行政法制监督则是专指具有法定监督权的国家机关依照法定职权和程序对卫生法的实施所实行的监察与督促。卫生行政法制监督在现实中多采用广义的概念。

（二）卫生行政法制监督的特征

1. 监督主体的广泛性 广义的执法监督主体相当广泛，不仅包括特定的国家权力机关、行政机关、司法机关，也包括社会团体和公民个人。

2. 监督对象的确定性 卫生行政执法监督的对象专指卫生行政执法机关和执法人员。

3. 监督内容的完整性、法定性 监督主体对卫生执法主体及执法人员行使职权、履行职责的一切执法活动都实行监督，对执法行为的合法性、合理性、公正性等也都进行监督。

二、卫生行政法制监督的体系

（一）国家的法制监督

国家对卫生行政法制的监督包括权力机关的监督、行政机关的监督和司法机关的监督。

1. 权力机关的监督 权力机关的监督又称立法监督，是指各级人民代表大会及其常务委员会对卫生行政执法主体及其工作人员在卫生法的适用过程中是否依法办事进行的监督。根据宪法和有关法律的规定，权力机关监督的方式主要有：①审查和批准财政预决算；②视察和检查卫生行政机关的执法活动；③对经选举产生的或任命的卫生行政机关的领导人的违法行为进行调查、处理，依情况予以罢免或撤职；④听取和审议卫生行政部门卫生监督情况的工作报告；⑤受理申诉、控告和检举，督促卫生行政机关采取措施，对申诉、控告、检举的问题予以纠正和解决。

2. 行政机关的监督 行政机关的监督是卫生行政机关内部所进行的有关卫生行政法律、法规执行情况的法律监督。卫生行政机关内部的监督是经常、直接的监督。它包括专门行政机关的监督和一般行政机关的监督两种。专门行政机关的监督是指由国家行政机关中专门化的行政监督机构——监察部、厅、局、处所进行的法律监督。一般行政机关的监督是指各级卫生行政机关上下级之间、同级之间，在行政执法活动中所进行的相互监督。

3. 司法机关的监督 司法机关的监督是指国家司法机关依照法定程序，对卫生行政机关及其工作人员是否在执法中违法所进行的监督。包括人民检察院的检察监督和人民法院的司法判决。检察机关的监督主要是对卫生行政机关的工作人员职务违法犯罪行为进行监督；人民法院的监督主要是通过对行政诉讼案件的审判，对卫生行政机关的执法活动进行监督。

（二）社会的法律监督

社会对卫生行政执法的监督包括政党监督、社会团体监督、社会舆论监督、企事业单位及公民个人的监督。

1. 党的法律监督 中国共产党对卫生行政法制的监督主要体现在组织上的监督。

2. 社会团体的法律监督 主要包括政协、民主党派、工会、共青团、妇联、学术团体等的监督。这种法律监督主要是通过两种方式得以实现的：一是通过政治协商会议实施监督；二是通过法律诉讼程序进行诉讼监督。

3. 社会舆论的法律监督 报纸、电视、广播、互联网等方式的监督在社会生活中具有重大的意义，它往往起到其他的社会监督方式所不及的效果。执法机关也可以通过舆论了解社会民众的意向，更切实地服务于民众。

4. 企事业单位及公民的法律监督　企事业单位和公民是卫生行政执法中的管理相对人，卫生行政执法是否合法，直接影响其自身的权利。他们的监督形式主要有：①向卫生行政机关提出建议、批评、检举；②对违法的具体行政行为有权向司法机关提出诉讼和控告。

三、卫生行政法制监督的内容

卫生行政法制监督的内容就是法制监督主体之间的权利和义务。具体包括：①对各级国家权力机关所制定的卫生法律、法规的合法性和合理性进行监督；②对各级卫生行政机关、授权组织实施卫生法的具体行为的合法性和适当性进行监督；③对执法人员的执法活动等情况进行监督。监督主体对卫生行政执法人员在执法过程中是否行政失职、行政越权和滥用职权等进行监督。

第三章　卫生行政救济法律制度

第一节　卫生行政救济

一、卫生行政救济的概念

卫生行政救济，是指公民、法人或者其他组织认为卫生行政机关的行政行为对自己合法权益造成了损害，请求有关国家机关给予补济的法律制度的总称，包括对违法或不当的行政行为加以纠正，以及对于因行政行为而遭受的财产损失给予弥补等多项内容。其主要特征是：①卫生行政救济是对权利所进行的救济；②卫生行政救济是对行政所实施的救济；③卫生行政救济一般应在法律上形成某种制度；④卫生行政救济一般是事后的救济。

二、卫生行政救济的途径

卫生行政救济的途径，是指通过何种途径实现行政救济的问题，即相对人在受到卫生行政机关的行政行为侵害时，通过何种程序、何种路径实现救济的问题。我国现有的卫生行政救济途径主要是卫生行政复议、卫生行政诉讼。

从我国的法律规定来看，行政复议与行政诉讼相比，有以下区别。

（一）性质不同

行政复议是行政机关的行政行为，属于行政机关系统内部所设置的对于行政管理相对人实施救济的制度；行政诉讼是人民法院的司法行为，属于在行政机关外部设置的对行政管理相对人实施救济的制度。

（二）程序不同

行政复议适用行政程序；行政诉讼适用司法程序。

（三）审查范围不同

行政复议对具体行政行为既审查其合法性又审查其合理性；行政诉讼主要审查具体行政行为的合法性。

（四）法律效果不同

行政复议以后仍可提起诉讼；行政诉讼是两审终审。因此，一般情况下，发生行政争议后，行政复议是最为直接有效的解决途径，而行政诉讼是最为客观公正的解决途径。

第二节 卫生行政复议

一、卫生行政复议的概念

卫生行政复议，是指公民、法人或者其他组织认为卫生行政机关的具体行政行为侵犯其合法权益，按照法定的程序和条件向做出该具体行政行为的上一级卫生行政机关提出申请，受理申请的行政机关对该具体行政行为进行复查，并做出复议决定的活动。

卫生行政复议包括以下几层含义。①卫生行政复议只能由作为行政相对人的公民、法人或者其他组织提起，除此以外，任何其他主体不得提起行政复议。②卫生行政复议权只能由做出具体行政行为的行政机关的上一级行政机关或者法律授权的组织行使。③卫生行政复议对于公民、法人和其他组织是维护其合法权益的一种程序性权利，不得被非法剥夺，但公民、法人或者其他组织可以自主处分自己的程序性权利，既可以提起行政复议，也可以放弃行政复议的权利。④卫生行政复议的对象原则上只能是卫生行政机关做出的具体行政行为。

卫生行政复议是一种具有行政与司法双重性的活动，即行政复议以准司法的方式来审理特定的行政争议。行政复议既不完全等同于行政行为，又不完全等同于司法活动。其特性主要表现在以下几方面。

（一）行政复议是具有一定司法性的行政行为

这是指有行政复议权的行政机关借用法院审理案件的某些方式来审查行政争议，即行政复议机关作为第三人对行政机关和行政相对人之间的行政争议进行审查并做出裁决。

（二）卫生行政复议是行政机关内部纠错机制

卫生行政复议是行政系统内部的行政机关对下级或所属的行政机关做出的违法或不当的具体行政行为实施的一种纠错行为，不同于法院通过行政诉讼审查行政机关具体行政行为合法性的司法审查制度。

二、卫生行政复议的原则

卫生行政复议的原则，是指由宪法和法律规定的，反映行政复议的基本特点，贯穿于《中华人民共和国行政复议法》及行政复议活动并具有普遍指导意义的原则。行政复议的基本原则主要有以下几种。

（一）合法原则

合法原则，是指复议机关在行使复议权时必须合法。具体要求包括：①复议机关和复议机构主体必须合法；②审理复议案件的依据应当合法；③审理复议案件的程序应当合法。

（二）公正原则

公正原则，是指复议机关在行使复议权时应当公正地对待复议双方的当事人，不能有所偏袒。

（三）公开原则

公开原则，是指行政复议活动应当公开进行，复议案件的受理、调查、审理、决定等一切活动，都应该尽可能地向当事人、公众及社会舆论公开，使社会各界了解行政复议活动的基本情况。

（四）及时原则

及时原则在行政复议中的地位尤其重要。在保证公正、效率的前提下，应当在尽可能短的时间内给相对人一个答复，以减少当事人在行政诉讼之前的负担。具体要求包括：①受理复议申请应当及时；②复议案件要按审理期限审结；③做出复议决定应当及时；④对复议当事人不履行复议决定的情况，复议机关应当及时处理。

（五）便民原则

便民原则，是指复议机关在复议的一切环节和步骤上尽最大可能使行政复议制度真正成为人们日常生活中保护自己合法权益的经济、实用、卓有成效的救济手段。

（六）有错必纠原则

有错必纠原则，是指行政复议机关对被申请复议的行政行为进行全面的审查，不论是违法，还是不当，也不论申请人有否请求，只要是有错，必予以纠正。

（七）诉讼终局原则

诉讼终局原则，是指行政复议机关的复议决定不是最终发生法律效力的决定，复议当事人对该决定不服的，可以在法定期限内向人民法院提起行政诉讼，人民法院经审理后做出的终审决定才是发生法律效力的终局决定。

三、卫生行政复议的受案范围

有下列情形之一的，公民、法人或者其他组织可以依照本法申请行政复议。

（1）对行政机关做出的警告、罚款、没收违法所得、没收非法财物、责令停产停业、暂扣或者吊销许可证、暂扣或者吊销执照、行政拘留等行政处罚决定不服的。

（2）对行政机关做出的限制人身自由或者查封、扣押、冻结财产等行政强制措施决定不服的。

（3）对行政机关做出的有关许可证、执照、资质证、资格证等证书变更、中止、撤销的决定不服的。

（4）对行政机关做出的关于确认土地、矿藏、水流、森林、山岭、草原、荒地、滩涂、海域等自然资源的所有权或者使用权的决定不服的。

（5）认为行政机关侵犯合法的经营自主权的。

（6）认为行政机关变更或者废止农业承包合同，侵犯其合法权益的。

（7）认为行政机关违法集资、征收财物、摊派费用或者违法要求履行其他义务的。

（8）认为符合法定条件，申请行政机关颁发许可证、执照、资质证、资格证等证书，或者申请行政机关审批、登记有关事项，行政机关没有依法办理的。

（9）申请行政机关履行保护人身权利、财产权利、受教育权利的法定职责，行政机关没有依法履行的。

（10）申请行政机关依法发放抚恤金、社会保险金或者最低生活保障费，行政机关没有依法发放的。

（11）认为行政机关的其他具体行政行为侵犯其合法权益的。

四、卫生行政复议程序

（一）申请期限

公民、法人或者其他组织认为卫生行政机关的具体行政行为侵犯其合法权益的，可以自知道该具体行政行为之日起60日内提出行政复议申请；但是法律规定的申请期限超过60日的除外。因不可抗力或者其他正当理由耽误法定申请期限的，申请期限自障碍消除之日起继续计算。

（二）申请人

依照《中华人民共和国行政复议法》规定，申请行政复议的公民、法人或者其他组织是申请人。

（三）管辖

卫生行政复议的管辖有以下几种：①对县级以上卫生行政机关的具体行政行为不服的，申请人可以向该卫生行政机关的本级人民政府申请行政复议，也可以向上一级卫生行政机关申请行政复议；②对卫生行政机关依法设立的派出机构依照法律、法规或者规章规定，以自己的名义做出的具体行政行为不服的，向设立该派出机构的卫生行政机关或者该机关的本级人民政府申请行政复议；③对法律、法规授权的组织的具体行政行为不服的，可向直接管理该组织的卫生行政机关申请行政复议；④对两个卫生行政机关或卫生行政机关与其他行政机关共同做出的行政行为不服的，向其共同上一级行政机关申请行政复议。

（四）受理

卫生行政复议机关收到行政复议申请后，应当在5日内进行审查，对不符合法律规定的行政复议申请，决定不予受理，并书面告知申请人。法律、法规规定应当先向卫生行政复议机关申请行政复议、对行政复议决定不服再向人民法院提起行政诉讼的，卫生行政复议机关不予受理或者受理后超过行政复议期限不做答复的，公民、法人或者其他组织可以自收到不予受理决定书之日起或者行政复议期满之日起15日内，依法向人民法院提起行政诉讼。

卫生行政复议期间具体行政行为不停止执行，但是在下列情况下可以停止执行：①被申请人认为需要停止执行的；②行政复议机关认为需要停止执行的；③申请人申请停止执行，行政复议机关认为其要求合理，决定停止执行的；④法律规定停止执行的。

（五）决定

卫生行政复议原则上采取书面审查的办法，但是申请人提出要求或者行政复议机关认为必要时，可以向有关组织和人员调查情况。在行政复议过程中，被申请人不得自行向申请人和其他有关组织或者个人收集证据。

卫生行政复议机关应当自受理申请之日起60日内做出行政复议决定，但是法律规定行政复议期限少于60日的除外。情况复杂，不能在规定期限内做出行政复议决定的，经批准可延长期限，但是最多不超过30日。

复议机关经审理，应当按不同情况依法做出决定，并制作复议决定书。复议决定书一经送达，即具有法律效力。常见复议决定如下。①具体行政行为认定事实清楚、证据确凿、适用依据正确、程序合法、内容适当的，决定维持。②被申请人不履行法定职责的，决定其在一定期限内履行。③具体行政行为有下列情形之一的，决定撤销、变更或者确认该具体行政行为违法：主要事实不清，证据不足的；适用依据错误的；违反法定程序的；超越或者滥用职权的；具体行政行为明显不当的。决定撤销或者确认该具体行政行为违法的，可以责令被申请人在一定期限内重新做出具体行政行为。卫生行政复议机关责令被申请人重新做出具体行政行为的，被申请人不得以同一事实和理由做出与原具体行政行为相同或者基本相同的具体行政行为。

被申请人不履行或者无正当理由拖延履行行政复议决定的，行政复议机关或者有关上级卫生行政机关应当责令其限期履行。申请人逾期不起诉又不履行行政复议决定的，或者不履行最终裁决的行政复议决定的，由卫生行政机关强制执行，或者申请人民法院强制履行。

（六）法律责任

行政复议机关违反本法规定，无正当理由不予受理依法提出的行政复议申请或者不按照规定转送行政复议申请的，或者在法定期限内不做出行政复议决定的，对直接负责的主管人员和其他直接责任人员依法给予警告、记过、记大过的行政处分；经责令受理仍不受理或者不按照规定转送行政复议申请，造成严重后果的，依法给予降级、撤职、开除的行政处分。

行政复议机关工作人员在行政复议活动中，徇私舞弊或者有其他渎职、失职行为的，依法给予警告、记过、记大过的行政处分；情节严重的，依法给予降级、撤职、开除的行政处分；构成犯罪的，依法追究刑事责任。

被申请人违反本法规定，不提出书面答复或者不提交做出具体行政行为的证据、依据和其他有关材料，或者阻挠、变相阻挠公民、法人或者其他组织依法申请行政复议的，对直接负责的主管人员和其他直接责任人员依法给予警告、记过、记大过的行政处分；进行报复陷害的，依法给予降级、撤职、开除的行政处分；构成犯罪的，依法追究刑事责任。

被申请人不履行或者无正当理由拖延履行行政复议决定的，对直接负责的主管人员和其他直接责任人员依法给予警告、记过、记大过的行政处分；经责令履行仍拒不履行的，依法给予降级、撤职、开除的行政处分。

行政复议机关负责法制工作的机构发现有无正当理由不予受理行政复议申请、不按照规定期限做出行政复议决定、徇私舞弊、对申请人打击报复或者不履行行政复议决定等情形的，应当向有关行政机关提出建议，有关行政机关应当依照本法和有关法律、行政法规的规定做出处理。

第三节　卫生行政诉讼

一、卫生行政诉讼的概念

卫生行政诉讼，是指公民、法人或者其他组织认为卫生行政机关的具体行政行为侵犯了自己的合法权益，依法向人民法院起诉，人民法院在双方当事人和其他诉讼参与人参加下，审理和解决行政案件的活动。

卫生行政诉讼具有以下特点：①是通过审判方式进行的一种司法活动；②是通过审查行政行为合法性的方式解决行政争议的活动；③是解决特定范围内行政争议的活动；④卫生行政争议当事人地位具有特殊性。

二、卫生行政诉讼的构成要件

卫生行政诉讼的构成要件主要有：①原告是认为具体行政行为侵犯其合法权益的公民、法人或者其他组织；②被告是行使卫生管理职权的行政机关或法律、法规授权组织；③有具体的诉讼请求和事实依据；④被诉讼的客体，必须是法律规定可以向人民法院起诉的行政机关的具体行政行为；⑤必须在法定的期限内向人民法院起诉，并由人民法院受理，依法审理，做出裁决。

三、卫生行政诉讼的基本制度

卫生行政诉讼除要遵循诉讼制度的共同原则外，还有其特有的基本制度，其特有的基本制度主要有以下几项。

（一）行政诉讼期间，具体行政行为不停止执行

这是指在卫生行政诉讼中，原卫生行政机关的具体行政行为不因为原告的起诉和人民法院的审理而停止执行的制度。也就是说，卫生行政机关的具体行政行为一旦做出，就假设是符合法律的规定，是合法的行政行为，对行政机关本身和行政管理相对人具有约束力，必须遵守执行。任何人不得以自己的判断否定行政行为的约束力。利害关系人对具体行政行为不服起诉到法院后，在未经人民法院变更、撤销以前，具体行政行为要继续执行。

（二）审查具体行政行为的合法性

在卫生行政诉讼中，人民法院只对卫生行政机关具体行政行为的合法性进行审查，一般不进行合理性审查。在一般的情况下，人民法院也不能直接变更具体行政行为的内容，只有在具体行政行为明显不当的情况下，才能变更行政机关的具体行政行为。

（三）被告负举证责任

举证责任，是指承担责任的当事人必须对自己主张的事实举出证据证明其确实存在，否则就要承担败诉后果。在民事诉讼中，是谁主张谁举证；而在行政诉讼中，则要求卫生行政机关负举证责任，必须提供做出具体行政行为的事实依据和法律依据，否则要承担败诉的结果。

（四）不适用调解

在卫生行政诉讼中，人民法院审理卫生行政案件不能适用调解的审理方式和结案方式，而是由人民法院在查明事实、分清是非的基础上依法做出公正判决。但在涉及行政赔偿的问题上，可以通过调解解决。

（五）相对人选择复议

相对人选择复议是指对卫生行政机关的具体行政行为不服时，相对人既可以先向行

政机关申请行政复议，对复议裁决不服再向人民法院提起行政诉讼；也可以不经复议而直接向人民法院提起行政诉讼。采取哪种救济方法，由相对人自由选择。

四、卫生行政诉讼的受案范围

卫生行政诉讼的受案范围，是指人民法院受理或主管一定范围内卫生行政争议案件的权限，或者说哪些卫生行政案件相对人才有权向人民法院提起卫生行政诉讼。

依据《中华人民共和国行政诉讼法》的规定并结合卫生行政诉讼的实际，卫生行政诉讼的受案范围主要包括：①不服卫生行政机关做出的行政处罚的案件；②不服卫生行政机关采取的行政强制措施的案件；③不服卫生行政机关对医疗事故的行政处理的案件；④认为卫生行政机关违法要求履行义务的案件；⑤认为卫生行政机关不履行法定职责的案件；⑥认为卫生行政机关的行政行为侵害其财产权利、人身权利的案件；⑦认为卫生行政机关的其他具体行政行为侵犯其合法权益的案件。

五、卫生行政诉讼程序

（一）起诉和受理

起诉，是指公民、法人或其他组织，认为卫生行政机关的具体行政行为侵犯了其合法权益，向人民法院提出诉讼请求，要求人民法院行使审判权，依法对其合法权益予以保护的诉讼行为。起诉分为两种情况：一种是当事人对具体行政行为不服，可以不经过复议，在知道做出具体行政行为之日起3个月内直接向人民法院起诉（法律另有规定的除外）；另一种是对卫生行政机关的具体行政行为不服，只能向卫生行政机关申请行政复议，经复议后才能向人民法院起诉。原告起诉后，人民法院经审查认为符合条件，应当在接到起诉书7日内，决定是否应当立案受理。

（二）审理和判决

我国行政诉讼实行两审终审制，当事人不服一审人民法院裁判的，可以上诉。第二审人民法院的裁判是终审裁判，当事人如不服可以进行申诉，但二审裁判必须执行。

人民法院受理行政案件采取合议制，开庭审理，除涉及国家秘密、个人隐私和法律另有规定外，一般实行公开审理，由合议庭进行法庭调查和双方当事人辩论，在辩论终结后依法裁判。依据《中华人民共和国行政诉讼法》的规定，人民法院可做出如下判决。

（1）具体行政行为证据确凿，适用法律、法规正确，符合法定程序，应当判决维持卫生行政机关的具体行政行为。

（2）具体行政行为有下列情形之一的，判决撤销或者部分撤销卫生行政机关原具体行政行为，并可以判决被告重新做出具体行政行为：①具体行政行为主要证据不足；②适用法律错误；③违反法定程序；④超越权限；⑤滥用职权。

（3）被告行政机关不履行或者拖延履行法定职责的，判决其在一定期限内履行。

（4）行政机关所做出的行政处罚显失公正的，可以判决变更。

（三）执行

人民法院和卫生行政机关依照法定程序，对拒不履行法院做出的已经生效的法律文书的当事人，可以采取强制措施强制其履行义务。人民法院对卫生行政案件的执行主要有两种情况：一是人民法院判决生效后，当事人不执行生效判决，卫生行政机关可以向一审人民法院申请强制执行；二是卫生行政机关做出的具体行政行为超过复议及起诉期限，当事人既不申请复议和起诉又不履行义务时，卫生行政机关可以向人民法院申请强制执行。

第四节　卫生行政赔偿

一、卫生行政赔偿的概念

卫生行政赔偿，是指卫生行政机关及其工作人员违法行使职权，侵犯公民、法人或者其他组织的合法权益并造成损害，由国家承担赔偿责任的制度。

构成卫生行政赔偿必须具备以下要件。

（一）侵权主体必须是卫生行政机关

侵害权利的主体必须是行使国家卫生管理职权的卫生行政机关，法律、法规授权组织，以及受委托行使行政职权的组织及其工作人员。

（二）有损害事实存在

国家承担行政赔偿责任以有损害事实的存在为前提，无损害就无所谓赔偿。

（三）具体卫生行政行为违法

这里的违法既包括程序上的违法，也包括实体上的违法；既包括形式上的违法，也包括内容上的违法；既包括作为的违法，也包括不作为的违法。

（四）行政违法行为与损害事实之间有因果关系

损害事实是由行政违法行为引起的，二者具有客观联系。

（五）必须有明确的法律规定

致害行为必须是法律明确规定应当承担侵权赔偿责任的行为。如果致害行为是法律规定可以免责的行为，则受害人不能请求赔偿，如国防、外交等国家行为，制定规章等抽象行政行为。

二、卫生行政赔偿范围

卫生行政赔偿范围，是指国家对卫生行政机关及其工作人员在行使行政职权时，侵犯公民、法人或者其他组织合法权益造成的损害给予赔偿的范围。

根据《中华人民共和国国家赔偿法》的规定，卫生行政赔偿的范围包括：①卫生行政机关及其工作人员在行使职权时违法实施行政处罚的；②违法采取行政强制措施的；③违反国家规定征收财物、摊派费用的；④非法剥夺公民人身自由的；⑤对公民或其他组织人身权、财产权造成其他损害的。

属于下列情形之一的，卫生行政机关不承担赔偿责任：①卫生行政机关工作人员与行使职权无关的个人行为；②因公民、法人或者其他组织自己的行为致使损害发生的；③法律规定的其他情形。

三、卫生行政赔偿程序

卫生行政赔偿程序，是指赔偿请求人请求赔偿以及行政机关和人民法院处理赔偿案件的整个过程。

行政赔偿程序有两种类型：一是单独请求行政赔偿的程序，即赔偿请求人没有提出其他行政诉讼的请求，单独就行政赔偿提出请求和诉讼；二是附带请求行政赔偿的程序，即行政相对人在提起行政复议和行政诉讼的同时一并提出行政赔偿请求。后者完全适用行政复议和行政诉讼程序。单独要求卫生行政机关赔偿的，赔偿请求人必须先向卫生行政赔偿义务机关提出，并按照法律规定递交行政赔偿申请书，卫生行政赔偿义务机关应当自收到赔偿请求人提交的行政赔偿申请书之日起 2 个月内依法做出给予行政赔偿或不予行政赔偿的决定。赔偿义务机关逾期不予赔偿或者请求人对赔偿数额有异议，赔偿请求人可以在期限届满之日起 3 个月内向人民法院提起诉讼，由人民法院按行政诉讼程序审理。

四、卫生行政赔偿的方式和标准

根据《中华人民共和国国家赔偿法》的规定，国家赔偿以支付赔偿金为主要方式。对能够返还财产或者恢复原状的，予以返还财产或者恢复原状。造成受害人名誉权、荣誉权损害的，应当在侵害行为影响的范围内，为受害人消除影响，恢复名誉，赔礼道歉。

行政赔偿的计算标准是国家行政赔偿立法所确立的根据损害程度确定赔偿金额的准则，是行政侵权的受害人获得实际赔偿的重要前提。

《中华人民共和国国家赔偿法》对不同类型的损害规定了不同的赔偿标准。

1. 侵犯公民人身自由的赔偿计算标准 《中华人民共和国国家赔偿法》第二十六条规定："侵犯公民人身自由的，每日的赔偿金按照国家上年度职工日平均工资计算。"据此，对侵犯公民人身自由的赔偿，具体标准是按日支付赔偿金。每日的赔偿金按照国家上年度职工日平均工资计算，即公民应得的赔偿金等于该公民因行政机关及其工作人员行使职权时违法拘留、拘禁的天数乘以上年度职工日平均工资，对受害者给予一次性赔偿。国家上年度职工日平均工资数额，应当按职工年平均工资除以全年法定工作日数的方法计算。年平均工资以国家统计局公布的数字为准。

2. 侵犯公民生命健康权的赔偿计算标准 根据《中华人民共和国国家赔偿法》第二十七条的规定，侵犯公民生命健康权的，赔偿金按照规定计算，并且从造成身体伤害、致残和造成死亡 3 个方面分别规定了赔偿标准。

（1）造成身体伤害的，应当支付医疗费以及赔偿因误工减少的收入。减少的收入每日的赔偿金按照国家上年度职工日平均工资计算，最高额为国家上年度职工年平均工资的 5 倍。

（2）造成部分或者全部丧失劳动能力的，应当支付医疗费以及残疾赔偿金。残疾赔偿金根据丧失劳动能力的程度确定，部分丧失劳动能力的最高额为国家上年度职工年平均工资的 10 倍，全部丧失劳动能力的最高额为国家上年度职工年平均工资的 20 倍。造成全部丧失劳动能力的，对其扶养的无劳动能力的人，还应当支付生活费。

（3）造成死亡的，应当支付死亡赔偿金、丧葬费，总额为国家上年度职工年平均工资的 20 倍。对死者生前扶养的无劳动能力的人，还应当支付生活费。

生活费的发放标准参照当地民政部门有关生活救济的规定办理。被扶养的人是未成年人的，生活费给付至18周岁止。其他无劳动能力的人，生活费给付至死亡时止。

3. 侵犯财产权的计算标准　根据《中华人民共和国国家赔偿法》第二十八条的规定："侵犯公民、法人和其他组织的财产权造成损害的，按照不同情形分别处理。"

（1）处罚款、罚金、追缴、没收财产或者违反国家规定征收财物、摊派费用的，返还财产。

（2）查封、扣押、冻结财产的，解除对财产的查封、扣押、冻结，造成财产损坏或者灭失的，按照（3）（4）项的规定赔偿。

（3）应当返还的财产损坏的，能够恢复原状的恢复原状，不能恢复原状的，按照损害程度给付相应的赔偿金。

（4）应当返还的财产灭失的，给付相应的赔偿金。

（5）财产已经拍卖的，给付拍卖所得的价款。

（6）吊销许可证和执照、责令停产停业的，赔偿停产停业期间必要的经常性费用开支。

（7）对财产权造成其他损害的，按照直接损失给予赔偿。

第二篇　各论

第四章 医疗机构管理法律制度

第一节 概 述

一、医疗机构的概念

医疗机构是依法定程序设立的从事疾病诊断、治疗活动的卫生机构的总称。医疗机构以救死扶伤、防病治病、为人民的健康服务为宗旨，其依法从事的诊疗活动受法律保护。医疗机构的这一概念有以下几层含义。

1. 医疗机构是依法成立的卫生机构 依法成立是指依据国务院《医疗机构管理条例》及《医疗机构管理条例实施细则》的规定进行设置和登记。只有依法取得设置医疗机构的批准书，并履行登记手续，领取了《医疗机构执业许可证》的单位或者个人才能开展相应的诊断、治疗活动。

2. 医疗机构是从事疾病诊断、治疗活动的卫生机构 根据设立卫生机构目的的不同，我国将卫生机构分为医疗机构和防疫机构等。前者主要以开展疾病诊断、治疗活动为主，后者主要以开展疾病预防控制活动为主。卫生机构是一个广义的概念，它还包括其他与卫生工作密切相关的机构。

3. 医疗机构是从事疾病诊断、治疗活动的卫生机构的总称 医院、社区卫生服务中心（站）、卫生院是我国医疗机构的主要形式，此外，还有疗养院、门诊部、诊所、卫生所（室）以及急救站等，这些卫生机构共同构成了我国的医疗机构。

二、医疗机构的管理立法

在中华人民共和国成立后，国家十分重视卫生事业，1951 年 1 月 3 日当时的政务院批准颁布了我国第一个医疗机构管理方面的行政法规《医院诊所管理暂行条例》。随后国务院及卫生部等又陆续制定了一系列有关医疗机构管理的行政法规和部门规章。

国务院于 1994 年 2 月 26 日发布了《医疗机构管理条例》，自同年 9 月 1 日起施行。为了配合该条例的实施，1994 年 8 月 29 日，卫生部发布了《医疗机构管理条例实施细则》《医疗机构监督管理行政处罚程序》《医疗机构设置规划指导原则》《医疗机构基本标准（试行）》《医疗机构评审委员会章程》等。

随着社会主义市场经济体制下的卫生改革的深入和社会需要，国家先后制定了《关于城镇医疗机构分类管理的实施意见》《关于城镇医药卫生体制改革的指导意见》《关于医疗卫生机构有关税收政策的通知》《医院财会制度》和《医院会计制度》。

为促进医疗机构的发展，鼓励以多种形式创建医疗机构，卫生部、对外贸易经济合作部 1988 年联合颁布了《关于开办外宾华侨医院、诊所和外籍医生来华执业行医的几条规定》，对外贸易经济合作部 1997 年颁布了《关于设立外商投资医疗机构的补充规定》，

2000 年 5 月卫生部、对外贸易经济合作部联合发布了《中外合资、合作医疗机构暂行管理办法》等规章。

2002 年，根据《中共中央、国务院关于进一步加强农村卫生工作的决定》的精神，卫生部、国家计委、财政部、人事部、国家中医药管理局发布《关于农村卫生机构改革与管理的意见》，为建立和完善社会主义市场经济体制下的农村卫生服务体系，满足农村居民多层次、多样化的卫生服务需求等做出了规定。

为了保护医疗机构、医务人员、患者各方合法权益，2002 年 4 月，国务院发布了《医疗事故处理条例》，这一行政法规于 2002 年 9 月 1 日生效实施。为了加强医疗机构病历管理，根据《医疗事故处理条例》，卫生部和国家中医药管理局制定了《医疗机构病历管理规定》，该规定于 2002 年 9 月 1 日起施行。

我国对各级各类医疗机构的管理逐步走上了法制化轨道。

三、医疗机构的类别

（一）按医疗机构的功能、任务、规模划分

①综合医院、中医医院、中西医结合医院、民族医医院、专科医院、康复医院；②妇幼保健院；③社区卫生服务中心、社区卫生服务站；④中心卫生院、乡（镇）卫生院、街道卫生院；⑤疗养院；⑥综合门诊部、专科门诊部、中医门诊部、中西医结合门诊部、民族医门诊部；⑦诊所、中医诊所、民族医诊所、卫生所、医务室、卫生保健所、卫生站；⑧村卫生室（所）；⑨急救中心、急救站；⑩临床检验中心；⑪专科疾病防治院、专科疾病防治所、专科疾病防治站；⑫护理院、护理站；⑬其他诊疗机构。

（二）按医疗机构的社会性质、社会功能及其承担的任务等划分

非营利性医疗机构和营利性医疗机构。

（三）按投资主体划分

1. 内资医疗机构　即投资主体成分不含有外资成分，全部由中国公民或法人、国家授权的投资部门投资设立。

2. 中外合资、合作医疗机构　即外国医疗机构、公司、企业和其他经济组织，按照平等互利的原则，经中国政府主管部门批准，在中国境内（香港、澳门及台湾地区除外）与中国的医疗机构、公司、企业和其他经济组织以合资或者合作形式设立的医疗机构。为促进卫生领域的对外交流与合作，我国允许开办中外合资、合作医疗机构。

（四）按所有制性质划分

1. 全民所有制医疗机构　是指由国家出资，全部资产属于国家所有的医疗机构。
2. 集体所有制医疗机构　是指全部资产归劳动群众集体所有的医疗机构。
3. 私人所有制医疗机构　是指资产归私人所有的医疗机构。
4. 混合所有制医疗机构　是指资产由不同所有制成分构成的医疗机构。

（五）按法律形态划分

1. 独资医疗机构　是指由单个投资主体出资经营的医疗机构。它一般具有以下特征。

（1）出资者仅有一人。

（2）出资者对医疗机构的债务承担无限责任。

（3）不具有独立的法人资格。

在我国，独资医疗机构中最多的表现形式就是个体诊所，它的规模一般都很小。我国不允许外商来华创办独资医疗机构。

2. 合伙医疗机构　是由两个或两个以上的投资主体以合伙协议相互约定出资，共同经营，共享收益，共担风险，对医院机构债务承担无限连带责任的医疗机构。它一般具有以下特征。

（1）必须有两个以上的合伙人。

（2）必须有书面合伙协议。

（3）合伙人对合伙医疗机构的债务承担无限连带责任。

（4）不具有独立的法人资格。

中外合作医疗机构必须具有法人资格，因此，目前我国没有合伙型的中外合作医疗机构。

3. 股权制医疗机构　是由两个或两个以上的投资者共同投资组建的具有法人资格的医疗机构，投资者按其在医疗机构中拥有的股权比例享受权利和承担责任，医疗机构则以其全部财产对其债务承担有限责任。它一般具有以下特征。

（1）具有独立的法人资格。

（2）投资者须为两人以上。

（3）投资者对公司债务以出资额为限承担有限责任。

就目前我国现有的营利性医疗机构而言，股权制医疗机构一般有股份制医疗机构和中外合作医疗机构。股份制医疗机构又可分为改建的股份制医疗机构和民办股份制医疗机构，改建的股份制医疗机构一般是由全民所有制或集体所有制医疗机构改建而来。民办股份制医疗机构就是由私人投资创办的股份制医疗机构。

4. 股份合作制医疗机构　是指其全部资本分为等额股份并以职工股份或职工股份为主组成，股东按照劳动合作与资本合作相结合的原则享有权利和承担义务，医疗机构以其全部资产对其债务承担责任的医疗机构。它一般具有以下特征。

（1）具有独立的法人资格。股份合作制医疗机构实行独立核算、自主经营、自负盈亏、自担风险、依法取得法人资格，以其全部财产独立承担民事责任。

（2）职工持有或以职工持有为主的股份结构。职工持股为主应当包括两方面含义：一是大多数职工均有持股，二是股份的大多数由职工持有。职工股包括职工个人股和职工集体股。职工个人股和职工集体股加在一起，在医疗机构的股本中应处于控股地位，一般应超过医疗机构股本总数的50%。

（3）职工股份转让的限制性。职工股东的股份一般只能在本医疗机构内部转让。职工离开医疗机构时，其持有的股份不能带走，只能转让给本医疗机构的其他职工。暂时转让不出去的，可由医疗机构收购，然后出售给本医疗机构的其他职工。如果职工股东将其股份转让给医疗机构以外的个人或法人，不得导致本医疗机构职工持股总额低于股本总额50%的结果。

（4）按劳分配与按资分配相结合的分配原则。按劳分配包括两部分，一部分是职工股东的工资、奖金，进入医疗机构成本；另一部分是在医疗机构可分配利润中提留一定比例，用于按职工贡献大小进行分配。职工股东作为投资者，按照其投资额，享有可分配利润中提留一定比例用于按劳分配后剩余部分按资分红的分配权。该原则体现了股份制医疗机构的独有的人合和资合的特征。

第二节　医疗机构的设置

一、医疗机构的设置规划

医疗机构设置规划是区域卫生规划的重要组成部分，是卫生行政部门审批医疗机构的依据。医疗机构的设置必须符合当地的医疗机构设置规划和国家医疗机构基本标准，由县级以上地方人民政府卫生行政部门根据其行政区域内的人口、医疗资源、医疗需求和现有医疗机构的分布状况等制定，报同级人民政府批准后实施。

（一）医疗机构设置规划的制定

县级以上地方人民政府卫生行政部门根据本行政区域内的人口、医疗资源、医疗需要和现有医疗机构的分布状况，依据《医疗机构设置规划指导原则》，制定本行政区域的医疗机构设置规划，经上一级卫生行政部门审核，报同级人民政府批准，在本行政区域发布实施。机关、企业和事业单位可以根据需要设置医疗机构，并纳入当地医疗机构的设置规划。

省级和县级的医疗机构设置规划都要以设区的市级所制定的医疗机构设置规划为基础。县级卫生行政部门制定医疗机构设置规划的重点是100张床以下的医疗机构的具体配置和布局，省级卫生行政部门制定医疗机构设置规划的重点是500张床以上的综合医院、重点专科医院、急救中心、临床检验中心等医疗机构的配置。

（二）医疗机构设置规划应遵循的原则

医疗机构设置规划应遵循：①公平性原则；②整体效益原则；③可及性原则；④分级管理原则；⑤公有制主导原则；⑥中西医并重原则。

二、医疗机构的名称

医疗机构的名称由通用名称和识别名称依次组成。

1. 医疗机构的命名原则

（1）医疗机构的通用名称以如下名称为限：医院、中心卫生院、卫生院、疗养院、妇幼保健院、门诊部、诊所、卫生所、卫生站、卫生室、医务室、卫生保健所、急救中心、急救站、临床检验中心、防治院、防治所、防治站、护理院、护理站、中心以及卫健委规定或者认可的其他名称。

（2）医疗机构可以下列名称作为识别名称：地名、单位名称、个人姓名、医学学科名称、医学专业和专科名称、诊疗科目名称和核准机关批准使用的名称。医疗机构的识别名称可以合并使用。

（3）名称必须名副其实，名称必须与医疗机构类别或者诊疗科目相适应。

（4）各级地方人民政府设置的医疗机构的识别名称中应当含有省、市、县、区、街道、乡、镇、村等行政区划名称，其他医疗机构的识别名称中不得含有行政区划名称。

（5）国家机关、企业和事业单位、社会团体或者个人设置的医疗机构的名称中应当含有设置单位名称或者个人的姓名。

2. 医疗机构禁用名称

（1）有损于国家、社会或者公共利益的名称。

（2）侵犯他人利益的名称。

（3）以外文字母、汉语拼音组成的名称。

（4）以医疗仪器、药品、医用产品命名的名称。

（5）含有"疑难病""专治""专家""名医"或者同类含义文字的名称以及其他宣传或者暗示诊疗效果的名称。

（6）超出登记的诊疗科目范围的名称。

（7）省级以上卫生行政部门规定不得使用的名称。

3. 须核准的特殊名称 以下医疗机构名称由卫健委核准，属于中医、中西医结合和民族医医疗机构的，由国家中医药管理局核准。

（1）含有外国国家（地区）名称及其简称、国际组织名称的。

（2）含有"中国""全国""中华""国家"等字样以及跨省地域名称的。

（3）各级地方人民政府设置的医疗机构的识别名称中不含有行政区划名称的。

以"中心"作为医疗机构通用名称的医疗机构名称，由省级以上卫生行政部门核准；在识别名称中含有"中心"字样的医疗机构名称的核准，由省级卫生行政部门规定。含有"中心"字样的医疗机构名称必须同时含有行政区划名称或者地名。

除专科疾病防治机构以外，医疗机构不得以具体疾病名称作为识别名称，确有需要的由省级卫生行政部门核准。

医疗机构名称经核准登记，领取《医疗机构执业许可证》后方可使用，在核准机关管辖范围内享有专用权。医疗机构只准使用一个名称。确有需要者，经核准机关核准，可以使用两个或者两个以上名称，但必须确定一个第一名称。医疗机构名称不得买卖、出借。未经核准机关许可，医疗机构名称不得转让。

卫生行政部门有权纠正已经核准登记的不适宜的医疗机构名称，上级卫生行政部门有权纠正下级卫生行政部门已经核准登记的不适宜的医疗机构名称。两个以上申请人向同一核准机关申请相同的医疗机构名称时，核准机关依照申请在先原则核定。属于同一天申请的，应当由申请人双方协商解决；协商不成的，由核准机关做出裁决。两个以上医疗机构因已经核准登记的医疗机构名称相同发生争议时，核准机关依照登记在先原则处理。属于同一天登记的，应当由双方协商解决；协商不成的，由核准机关报上一级卫生行政部门做出裁决。

三、医疗机构的设置申请与审批

（一）申请

1. 申请设置医疗机构的条件 医疗机构不分类别、所有制形式、隶属关系、服务对象，其设置必须符合当地医疗机构设置规划。任何单位和个人申请设置医疗机构，都要按照规定的程序和要求向县级以上地方人民政府卫生行政部门提交设置申请书、设置可行性研究报告、选址报告和建筑设计平面图等。经卫生行政部门审查批准，取得设置医疗机构批准书，方可向有关部门办理其他手续。

单位或者个人设置医疗机构，不设床位或者床位不满 100 张的，向所在地的县级人民政府卫生行政部门申请；床位在 100 张以上的医疗机构和专科医院，按照省级人民政府卫生行政部门的规定申请。

地方各级人民政府设置医疗机构，由政府指定或者任命的拟设医疗机构的筹建负责人申请；法人或者其他组织设置医疗机构，由其代表人申请；个人设置医疗机构，由设置人申请；两人以上合伙设置医疗机构，由合伙人共同申请。

由两个以上法人或者其他组织共同申请设置医疗机构以及由两人以上合伙申请设置医疗机构的，除提交可行性研究报告和选址报告外，还必须提交由各方共同签署的协议书。

在城市设置诊所的个人，必须同时具备下列条件。

（1）经医师执业技术考核合格，取得医师执业证书。

（2）取得医师执业证书或者医师职称后，从事5年以上同一专业的临床工作。

（3）省级卫生行政部门规定的其他条件。

在乡镇和村设置诊所的个人的条件，由省级卫生行政部门规定。

卫生防疫、国境卫生检疫、医学科研和教学等机构在本机构业务范围之外开展诊疗活动以及美容服务机构开展医疗美容业务的，必须依据《医疗机构管理条例》及《医疗机构管理条件实施细则》申请设置相应类别的医疗机构。中国人民解放军和中国人民武装警察部队编制外的医疗机构，由地方卫生行政部门按照《医疗机构管理条例》及《医疗机构管理条例实施细则》管理。

法人和其他组织设置的为内部职工服务的门诊部、诊所、卫生所（室），由设置单位在该医疗机构执业登记前，向当地县级卫生行政部门备案，并提交：①设置单位或者其主管部门设置医疗机构的决定；②《设置医疗机构备案书》。

变更《设置医疗机构批准书》中核准的医疗机构的类别、规模、选址和诊疗科目，必须重新申请办理设置审批手续。

2. 有下列情形之一者不得申请设置医疗机构

（1）不能独立承担民事责任的单位。

（2）正在服刑或者不具有完全民事行为能力的个人。

（3）医疗机构在职、因病退职或者停薪留职的医务人员。

（4）发生二级以上医疗事故未满5年的医务人员。

（5）因违反有关法律、法规和规章已被吊销执业证书的医务人员。

（6）被吊销医疗机构执业许可证的医疗机构法定代表人或者主要负责人。

（7）省级卫生行政部门规定的其他情形。

（二）审批

卫生行政部门对设置医疗机构申请，应当自受理之日起30日内，依据当地医疗机构设置规划进行审批，对符合医疗机构设置规划和卫健委制定的标准的，发给设置医疗机构批准证书；对不予批准的，要以书面形式告知理由。

床位在100张以上的综合医院、中医医院、中西医结合医院、民族医医院以及专科医院、疗养院、康复医院、妇幼保健院、急救中心、临床检验中心和专科疾病防治机构的设置审批权限的划分，由省、自治区、直辖市卫生行政部门规定。其他医疗机构的设置，由县级卫生行政部门负责审批。

申请设置医疗机构有下列情形之一的，不予批准：①不符合当地医疗机构设置规划；②设置人不符合规定的条件；③不能提供满足投资总额的资信证明；④投资总额不能满足各项预算开支；⑤医疗机构选址不合理；⑥污水、污物、粪便处理方案不合理；⑦省、自治区、直辖市卫生行政部门规定的其他情形。

第三节 医疗机构的登记和校验

一、医疗机构的执业登记

医疗机构执业必须进行登记，领取《医疗机构执业许可证》。

1. 申请医疗机构执业登记的条件 应当具备下列条件：①有设置医疗机构批准书；②符合医疗机构的基本标准；③有适合的名称、组织机构和场所；④有与其开展的业务相适应的经费、设施和专业卫生技术人员；⑤有相应的规章制度；⑥能够独立承担民事责任。

申请医疗机构执业登记必须填写《医疗机构申请执业登记注册书》，并向登记机关提交下列材料：①《设置医疗机构批准书》或者《设置医疗机构备案回执》；②医疗机构用房产权证明或者使用证明；③医疗机构建筑设计平面图；④验资证明、资产评估报告；⑤医疗机构规章制度；⑥医疗机构法定代表人或者主要负责人以及各科室负责人名录和有关资格证书、执业证书复印件；⑦卫生行政部门规定提交的其他材料。

申请门诊部、诊所、卫生所、医务室、卫生保健所和卫生站登记的，还应当提交附设药房（柜）的药品种类清单、卫生技术人员名录及其有关资格证书、执业证书复印件以及卫生行政部门规定提交的其他材料。

2. 医疗机构执业登记的事项 医疗机构执业登记的事项有：①类别、名称、地址、法定代表人或者主要负责人；②所有制形式；③注册资金（资本）；④服务方式；⑤诊疗科目；⑥房屋建筑面积、床位（牙椅）；⑦服务对象；⑧职工人数；⑨执业许可证登记号（医疗机构代码）；⑩省级卫生行政部门规定的其他登记事项。

门诊部、诊所、卫生所、医务室、卫生保健所、卫生站除登记前款所列事项外，还应当核准登记附设药房（柜）的药品种类清单。

3. 有下列情形之一者，申请医疗机构执业不予登记

（1）不符合《设置医疗机构批准书》核准的事项。

（2）中外合资、合作医疗机构不符合《医疗机构基本标准》。

（3）投资不到位。

（4）医疗机构用房不能满足诊疗服务功能。

（5）通讯、供电、上下水道等公共设施不能满足医疗机构正常运转。

（6）医疗机构规章制度不符合要求。

（7）消毒、隔离和无菌操作等基本知识和技能的现场抽查考核不合格。

（8）省级卫生行政部门规定的其他情形。

医疗机构的执业登记，由所在地的省级人民政府卫生行政部门办理。机关、企业和事业单位设置的为内部职工服务的门诊部、诊所、卫生所（室）的执业登记，由所在地的县级人民政府卫生行政部门办理。卫生行政部门受理执业登记申请后，应当自申请人提供规定的全部材料之日起 45 日内审核申请是否具备规定的条件，是否符合医疗机构基本标准，并进行考察、核实，对有关执业人员还应进行消毒、隔离和无菌操作等基本知

识和技能的现场抽查考核。经审核合格的，予以登记，发给《医疗机构执业许可证》；审核不合格的，应将审核结果和不予批准的理由以书面形式通知申请人。《医疗机构执业许可证》不得伪造、涂改、出卖、转让、出借。若遗失，应当及时申明并向原登记机关申请补发。

医疗机构变更名称、地址、法定代表人或者主要负责人、所有制形式、注册资金（资本）、服务方式、诊疗科目、床位（牙椅）、服务对象，应当向卫生行政部门申请办理变更登记。机关、企业和事业单位设置的为内部职工服务的医疗机构向社会开放，应当按规定申请办理变更登记。

因分立或者合并而保留的医疗机构应当申请变更登记；因分立或者合并而新设置的医疗机构应当申请设置许可和执业登记；因合并而终止的医疗机构应当申请注销登记。医疗机构歇业，必须向原登记机关办理注销登记。经登记机关核准后，收缴医疗机构执业许可证。医疗机构非因改建、扩建、迁建原因停业超过 1 年的，视为歇业。医疗机构停业，必须经登记机关批准。除改建、扩建、迁建原因外，医疗机构停业不得超过 1 年。

医疗机构在原登记机关管辖权限范围内变更登记事项的，由原登记机关办理变更登记；变更登记超出原登记机关管辖权限的，由有管辖权的卫生行政部门办理变更登记。在原登记机关管辖区域内迁移的，由原登记机关办理变更登记；向原登记机关管辖区域外迁移的，应当在取得迁移目的地的卫生行政部门发给的《设置医疗机构批准书》，并经原登记机关核准办理注销登记后，再向迁移目的地的卫生行政部门申请办理执业登记。

二、医疗机构执业登记的校验

床位不满 100 张的医疗机构，其医疗机构执业许可证每年校验 1 次；床位在 100 张以上的医疗机构，其医疗机构执业许可证每 3 年校验 1 次。校验由原登记机关办理。医疗机构应当于校验期满前 3 个月向登记的卫生行政部门申请办理校验手续，并提交《医疗机构校验申请书》《医疗机构执业许可证》副本等。卫生行政部门应当在受理校验申请后 30 日内完成校验。

医疗机构有下列情形之一的，登记机关可以根据情况，给予 1~6 月的暂缓校验期。

（1）不符合《医疗机构基本标准》。

（2）限期改正期间。

（3）省级卫生行政部门规定的其他情形。

暂缓校验期满仍不能通过校验的，由登记机关注销其医疗机构执业许可证。不设床位的医疗机构在暂缓校验期内不得执业。

第四节　医疗机构的执业

一、开展诊疗活动的执业条件

医疗机构执业应当进行登记，领取《医疗机构执业许可证》。任何单位或者个人，未取得《医疗机构执业许可证》，不得开展诊疗活动。为内部职工服务的医疗机构未经许可和变更登记不得向社会开放。医疗机构被吊销或者注销执业许可证后，不得继续开展诊疗活动。

二、开展诊疗活动的规则

（1）医疗机构执业，必须遵守有关法律、法规和医疗技术规范。医疗机构必须按照核准登记的诊疗科目开展诊疗活动。

（2）医疗机构必须将《医疗机构执业许可证》、诊疗科目、诊疗时间和收费标准悬挂于明显处所。医疗机构的印章、银行账户、牌匾以及医疗文件中使用的名称应当与核准登记的医疗机构名称相同；使用两个以上名称的，应当与第一名称相同。标有医疗机构标识的票据和病历本册以及处方笺、各种检查的申请单、报告单、证明文书单、药品分装袋、制剂标签等不得买卖、出借和转让。

（3）医疗机构应当加强对医务人员的医德教育。医疗机构应当组织医务人员学习医德规范和有关教材，督促医务人员恪守职业道德。医疗机构应当定期检查、考核各项规章制度和各级各类人员岗位责任制的执行和落实情况。医疗机构应当经常对医务人员进行基础理论、基本知识、基本技能的训练与考核，把"严格要求、严密组织，严谨态度"落实到各项工作中，医疗机构工作人员上岗工作，必须佩戴载有本人姓名、职务或者职称的标牌。医疗机构不得使用非卫生技术人员从事医疗卫生技术工作。

（4）医疗机构应当按照卫生行政部门的有关规定、标准加强医疗质量管理，实施医疗质量保证方案，确保医疗安全和服务质量，不断提高服务水平。医疗机构应当严格执行无菌消毒、隔离制度，采取科学有效的措施处理污水和废弃物，预防和减少医院感染。医疗机构发生医疗事故的，按照国家有关规定处理。

（5）医疗机构必须按照有关药品管理的法律、法规，加强药品管理。医疗机构不得使用假劣药品、过期和失效药品以及违禁药品。门诊部、诊所、卫生所、医务室、卫生保健所和卫生站附设药房（柜）的药品种类清单由登记机关核定，具体办法由省、自治区、直辖市卫生行政部门规定。

（6）医疗机构对危重患者应当立即抢救。对限于设备或者技术条件不能诊治的患者，应当及时转诊。医疗机构对传染病、精神病、职业病等患者的特殊诊治和处理，应当按照国家有关法律、法规的规定办理。医疗机构施行手术、特殊检查或者特殊治疗时，必须征得患者同意，并应当取得患者家属或者关系人同意并签字；无法取得患者意见时，应当取得患者家属或者关系人同意并签字；无法取得患者意见又无家属或者关系人在场，或者遇到其他特殊情况时，经治医师应当提出医疗处置方案，在取得医疗机构负责人或者被授权负责人员的批准后实施。医疗机构在诊疗活动中，应当对患者实行保护性医疗措施，并取得患者家属和有关人员的配合。医疗机构应当尊重患者对自己的病情、诊断、治疗的知情权利。在实施手术、特殊检查、特殊治疗时，应当向患者做必要的解释。因实施保护性医疗措施不宜向患者说明情况的，应当将有关情况通知患者家属。

（7）未经医师（士）亲自诊查患者，医疗机构不得出具疾病诊断书、健康证明书或者死亡证明书等证明文件；未经医师（士）、助产人员亲自接产，医疗机构不得出具出生证明书或者死产报告书。医疗机构为死因不明者出具的《死亡医学证明书》，只能作为是否死亡的诊断，不能作为死亡原因的诊断。如有关方面要求进行死亡原因诊断的，医疗机构必须指派医生对尸体进行解剖和有关死因检查后方能做出死因诊断。医疗机构的门诊病历的保存期不得少于15年；住院病历的保存期不得少于30年。

（8）医疗机构必须承担相应的预防保健工作，承担县级以上人民政府卫生行政部门委托的支援农村、指导基层医疗卫生工作等任务。发生重大灾害、事故、疾病流行或其他意外情况时，医疗机构及其卫生技术人员必须服从县级以上人民政府卫生行政部门的调遣。根据《互联网医疗卫生信息服务管理办法》，利用互联网开展的远程医疗会诊服务属于医疗行为，必须遵守《关于加强远程医疗会诊管理的通知》等有关规定，只能在具有医疗机构执业许可证的医疗机构之间进行。

（9）病历是指医务人员在医疗活动过程中形成的文字、符号、图表、影像、切片等资料的总和，包括门（急）诊病历和住院病历。医疗机构应当建立病历管理制度，保证病历资料客观、真实、完整，设置专门部门或者配备专（兼）职人员，具体负责本机构病历和病案的保存与管理工作。医疗机构应当建立门（急）诊病历和住院病历编号制度。门（急）诊病历和住院病历应当标注页码。医疗机构建有门（急）诊病历档案的，其门（急）诊病历由医疗机构负责保管；医疗机构没有建立门（急）诊病历档案的，其门（急）诊病历由患者负责保管。住院病历由医疗机构负责保管。严禁任何人涂改、伪造、隐匿、销毁、抢夺、窃取病历，除涉及对患者实施医疗活动的医务人员及医疗服务质量监控人员外，其他任何机构和个人不得擅自查阅该患者的病历。因科研、教学需要查阅病历的，需经患者就诊的医疗机构有关部门同意后查阅，阅后应当立即归还，不得泄露患者隐私。医疗机构应当受理患者本人或其代理人、死亡患者近亲属或其代理人、保险机构复印或者复制病历资料的申请。

（10）医疗机构不得冒用标有其他医疗机构标识的票据和病历本册以及处方笺、各种检查的申请单、报告单、证明文书单、药品分装袋、制剂标签等。医疗机构必须按照人民政府或者物价部门的有关规定收取医疗费用，详列细项，并出具收据。无论是营利性医疗机构，还是非营利性医疗机构，只要在购买药品或者其他医疗用品中收受回扣的，都按照《中华人民共和国反不正当竞争法》的规定承担法律责任。

第五节　医疗机构的监督管理

一、医疗机构的评审

国家实行医疗机构评审制度，医疗机构评审委员会由医院管理、医学教育、医疗、医技、护理和财务等有关专家组成，成员由县级以上地方人民政府卫生行政部门聘任。评审委员会按照卫健委制定的医疗机构评审办法和评审标准，对医疗机构的基本标准、服务质量、技术水平、管理水平等进行综合评价。卫生行政部门根据评审委员会的评审意见，对达到评审标准的医疗机构，发给评审合格证书；对未达到评审标准的医疗机构，提出处理意见。医疗机构评审包括周期性评审、不定期重点检查。

县级以上中医（药）行政管理部门成立医疗机构评审委员会，负责中医、中西医结合和民族医医疗机构的评审。

二、医疗机构的监督管理

国务院卫生行政部门负责全国医疗机构的监督管理工作。卫生行政部门依法独立行使监督管理职权，不受任何单位和个人干涉。县级以上地方人民政府卫生行政部门负责本行政区域内医疗机构的监督管理工作。中国人民解放军卫生主管部门依照国家有关规定，对军队的医疗机构实施监督管理。

县级以上人民政府卫生行政部门行使下列监督管理职权：①负责医疗机构的设置审批、执业登记和校验；②对医疗机构的执业活动进行检查指导；③负责组织对医疗机构的评审；④对违反《医疗机构管理条例》的行为给予处罚。

卫生行政部门对医疗机构的执业活动检查、指导主要包括：①执行国家有关法律、法规、规章和标准情况；②执行医疗机构内部各项规章制度和各级各类人员岗位责任制情况；③医德医风情况；④服务质量和服务水平情况；⑤执行医疗收费标准情况；⑥组织管理情况；⑦人员任用情况；⑧省、自治区、直辖市卫生行政部门规定的其他检查、指导项目。

卫生行政部门设立医疗机构监督管理办公室在同级卫生行政部门的领导下开展工作；卫生行政部门设医疗机构监督员，履行规定的监督管理职责，有权对医疗机构进行现场检查，无偿索取有关资料，医疗机构不得拒绝、隐匿或者隐瞒。

三、中外合资、合作医疗机构的监督管理

（一）设置条件

（1）中外合资、合作医疗机构的设置与发展必须符合当地区域卫生规划和医疗机构设置规划，并执行卫健委制定的《医疗机构基本标准》。

（2）申请设立中外合资、合作医疗机构的中外双方应是能够独立承担民事责任的法人。合资、合作的中外双方应当具有直接或间接从事医疗卫生投资与管理的经验，并符合下列要求之一。

1）能够提供国际先进的医疗机构管理经验、管理模式和服务模式。

2）能够提供具有国际领先水平的医学技术和设备。

3）可以补充或改善当地在医疗服务能力、医疗技术、资金和医疗设施方面的不足。

（3）设置的中外合资、合作医疗机构应当符合以下条件。

1）必须是独立的法人。

2）投资总额不得低于2000万元人民币。

3）合资、合作中方在中外合资、合作医疗机构中所占的股权比例或权益不得低于30%。

4）合资、合作期限不超过20年。

5）省级以上卫生行政部门规定的其他条件。

（4）设置中外合资、合作医疗机构时，中方以国有资产参与投资（包括作价出资或作为合作条件），应当经相应主管部门批准，并按国有资产评估管理有关规定，由国有资产管理部门确认的评估机构对拟投入国有资产进行评估。经省级以上国有资产管理部门确认的评估结果，可以作为拟投入的国有资产的作价依据。

（二）设置审批与登记

（1）设置中外合资、合作医疗机构，应先向所在地设区的市级卫生行政部门提出申请，并提交以下材料。

1）《设置医疗机构申请书》。

2）合资、合作双方法人代表签署的项目建议书及中外合资、合作医疗机构设置的可行性研究报告。

3）合资、合作双方各自的注册登记证明（复印件）、法定代表人身份证明（复印

件）和银行资信证明。

4）国有资产管理部门对拟投入国有资产的评估报告确认文件。

设区的市级卫生行政部门对申请人提交的材料进行初审，并根据区域卫生规划和医疗机构设置规划提出初审意见，与申请材料、当地区域卫生规划和医疗机构设置规划一起报所在地省级卫生行政部门审核。

（2）省级卫生行政部门对申请材料及设区的市级卫生行政部门初审意见进行审核后报卫健委审批。

报请审批，需由省级卫生行政部门向卫健委提交以下材料。

1）申请人设置申请材料。

2）设置地设区的市级人民政府批准发布实施的《医疗机构设置规划》及设置地设区的市级和省级卫生行政部门关于拟设置中外合资、合作医疗机构是否符合当地区域卫生规划和医疗机构设置规划的审核意见。

3）省级卫生行政管理部门关于设置该中外合资、合作医疗机构的审核意见，其中包括对拟设置中外合资、合作医疗机构的名称、选址、规模（床位、牙椅）、诊疗科目和经营期限等的意见。

4）法律、法规和卫健委规定的其他材料。

卫健委应当自受理之日起 45 个工作日内，做出批准或者不批准的书面决定。

（3）申请设置中外合资、合作中医医疗机构（含中外合资、合作中西医结合医疗机构和中外合资、合作民族医医疗机构）的，按本办法第十条和第十一条要求，经所在地设区的市级卫生行政部门初审和所在地的省级卫生行政部门审核，报国家中医药管理局审核后转报卫健委审批。

（4）申请人在获得卫健委设置许可后，按照有关法律、法规向外经贸部提出申请，并提交以下材料。

1）设置申请申报材料及批准文件。

2）由中外合资、合作各方的法定代表人或其授权的代表签署的中外合资、合作医疗机构的合同、章程。

3）拟设立中外合资、合作医疗机构董事会成员名单及合资、合作各方董事委派书。

4）工商行政管理部门出具的机构名称预先核准通知书。

5）法律、法规和外经贸部规定的其他材料。外经贸部应当自受理申请之日起 45 个工作日内，做出批准或者不批准的书面决定；予以批准的，发给《外商投资企业批准证书》。

获得批准设立的中外合资、合作医疗机构，应自收到外经贸部颁发的《外商投资企业批准证书》之日起 1 个月内，凭此证书到国家工商行政管理部门办理注册登记手续。

（5）申请在我国中西部地区或老、少、边、穷地区设置中外合资、合作医疗机构或申请设置的中外合资、合作医疗机构所提供的医疗服务范围和内容属于国家鼓励的服务领域，可适当放宽第七条、第八条规定的条件。

（6）获准设立的中外合资、合作医疗机构，应当按《医疗机构管理条例》和《医疗机构管理条例实施细则》关于医疗机构执业登记所规定的程序和要求，向所在地省级卫生行政部门规定的卫生行政部门申请执业登记，领取《医疗机构执业许可证》。

省级卫生行政部门根据中外合资、合作医疗机构的类别和规模，确定省级卫生行政部门或设区的市级卫生行政部门受理中外合资、合作医疗机构执业登记申请。

（7）中外合资、合作医疗机构命名应当遵循《医疗机构管理条例实施细则》的规定。中外合资、合作医疗机构的名称由所在地地名、识别名和通用名依次组成。

（8）中外合资、合作医疗机构不得设置分支机构。

（三）变更、延期和终止

（1）已设立的中外合资、合作医疗机构变更机构规模（床位、牙椅）、诊疗科目，合资、合作期限等，应按本办法规定的审批程序，经原审批机关审批后，到原登记机关办理相应的变更登记手续。

中外合资、合作医疗机构涉及合同、章程有关条款的变更，由所在地外经贸部门转报外经贸部批准。

（2）中外合资、合作医疗机构合资、合作期20年届满，因特殊情况确需延长合资、合作期限的，合资、合作双方可以申请延长合资、合作期限，并应当在合资、合作期限届满的90天前申请延期。延期申请经省级卫生行政部门和外经贸行政部门审核同意后，报请卫健委和外经贸部审批。审批机关自接到申请之日起45个工作日内，做出批准或者不予批准的书面决定。

（3）经批准设置的中外合资、合作医疗机构，应当在审批机关规定的期限内办理完有关登记注册手续；逾期未能完成的，经审批机关核准后，撤销该合资、合作项目。

（四）执业

（1）中外合资、合作医疗机构作为独立法人实体，自负盈亏，独立核算，独立承担民事责任。

（2）中外合资、合作医疗机构应当执行《医疗机构管理条例》及《医疗机构管理条例实施细则》关于医疗机构执业的规定。

（3）中外合资、合作医疗机构必须执行医疗技术准入规范和临床诊疗技术规范，遵守新技术、新设备及大型医用设备临床应用的有关规定。

（4）中外合资、合作医疗机构发生医疗事故时，依照我国有关法律、法规处理。

（5）中外合资、合作医疗机构聘请外籍医师、护士，按照《中华人民共和国执业医师法》和《中华人民共和国护士管理办法》等有关规定办理。

（6）发生重大灾害、事故、疾病流行或者其他意外情况时，中外合资、合作医疗机构及其卫生技术人员要服从我国卫生行政部门的调遣。

（7）中外合资、合作医疗机构发布的本机构医疗广告，按照《中华人民共和国广告法》《医疗广告管理办法》办理。

（8）中外合资、合作医疗机构的医疗收费价格按照我国有关规定执行。

（9）中外合资、合作医疗机构的税收政策按照我国有关规定执行。

（五）监督

（1）县级以上地方各级卫生行政部门负责本行政区域内中外合资、合作医疗机构的日常监督管理工作。

中外合资、合作医疗机构的《医疗机构执业许可证》每年校验一次，《医疗机构执业许可证》的校验由医疗机构执业登记机关办理。

（2）中外合资、合作医疗机构应当按照我国对外商投资企业的有关规定，接受我国有关部门的监督。

（3）中外合资、合作医疗机构违反国家有关法律、法规和规章，则由有关主管部门依法查处。对于违反本办法的中外合资、合作医疗机构，县级以上卫生行政部门和外经贸部门可依据相关法律、法规和规章予以处罚。

（4）地方卫生行政部门和地方外经贸行政部门违反本办法规定，擅自批准中外合资、合作医疗机构的设置和变更的，依法追究有关负责人的责任。

中外各方未经我国卫健委和外经贸部批准，成立中外合资、合作医疗机构并开展医疗活动或以合同方式经营诊疗项目的，视同非法行医，按《医疗机构管理条例》和《医疗机构管理条例实施细则》及有关规定进行处罚。

（六）其他

（1）香港特别行政区、澳门特别行政区、台湾地区的投资者在大陆投资举办合资、合作医疗机构的，参照本办法执行。

（2）申请在中国境内设立外商独资医疗机构的，不予以批准。

（3）各省、自治区、直辖市卫生、外经贸行政部门可依据本办法，结合本地实际制订具体规定。

第六节　法律责任

县级以上卫生行政部门负责查处违反医疗机构监督管理法规的行为，对违反条例的单位和个人进行行政处罚。

县级卫生行政部门负责查处发生在所辖区域内的违反条例的一般违法行为。设区的市级卫生行政部门负责查处发生在所辖区域内的违反条例的重大、复杂的违法行为。省、自治区、直辖市卫生行政部门负责查处发生在所辖区域内的违反条例的重大、复杂的违法行为。卫健委负责查处全国范围内违反条例的重大、复杂的违法行为。

卫生行政部门受理下列来源的案件。

（1）在医疗机构监督管理中发现的。

（2）上级部门交办或者有关单位移送的。

（3）举报有据的。

医疗机构违反《医疗机构管理条例》时，医疗机构本身及其直接责任人员都应当承担一定的法律责任。

（1）对未取得《医疗机构执业许可证》擅自执业的，责令其停止执业活动，没收非法所得和药品、器械并处以 3000 元以下的罚款。有下列情形之一的，责令其停止执业活动，没收非法所得和药品、器械并处以 3000 元以上 1 万元以下的罚款。

1）因擅自执业曾受过卫生行政部门处罚。

2）擅自执业的人员为非卫生技术专业人员。

3）擅自执业时间在 3 个月以上。

4）给患者造成伤害。

5）使用假药、劣药蒙骗患者。

6）以行医为名骗取患者钱物。

7）省级卫生行政部门规定的其他情形。

（2）对不按期办理校验《医疗机构执业许可证》又不停止诊疗活动的，由卫生行政部门责令其限期补办校验手续；在限期内仍不办理校验的，吊销其《医疗机构执业许可证》。

（3）转让、出借《医疗机构执业许可证》的，没收其非法所得，并处以 3000 元以下的罚款。有下列情形之一的，没收其非法所得，处以 3000 元以上 5000 元以下的罚款，并吊销其《医疗机构执业许可证》。

1）出售《医疗机构执业许可证》。

2）以营利为目的转让或者出借《医疗机构执业许可证》。

3）受让方或者承借方给患者造成伤害。

4）转让、出借《医疗机构执业许可证》给非卫生技术人员。

5）省级卫生行政部门规定的其他情形。

（4）除急诊和急救外，医疗机构诊疗活动超出登记的诊疗科目范围，情节轻微的，处以警告。超出登记的诊疗科目范围的诊疗活动累计收入在 3000 元以下或者给患者造成伤害的，责令其限期改正，并可处以 3000 元以下罚款。有下列情形之一的，处以 3000 元罚款，并吊销《医疗机构执业许可证》。

1）超出登记的诊疗科目范围的诊疗活动累计收入在 3000 元以上。

2）给患者造成伤害。

3）省级卫生行政部门规定的其他情形。

（5）任用非卫生技术人员从事医疗卫生技术工作的，责令其立即改正，并可处以 3000 元以下的罚款。有下列情形之一的，处以 3000 元以上 5000 元以下罚款，并可以吊销其《医疗机构执业许可证》，医疗机构使用卫生技术人员从事本专业以外的诊疗活动的，按使用非卫生技术人员处理。

1）任用两名以上非卫生技术人员从事诊疗活动。

2）任用的非卫生技术人员给患者造成伤害。

（6）出具虚假证明文件，情节轻微的，给予警告，并可处以 500 元以下的罚款。有下列情形之一的，处以 500 元以上 1000 元以下的罚款，对直接责任人员由所在单位或者上级机关给予行政处分。

1）出具虚假证明文件造成延误诊治的。

2）出具虚假证明文件给患者精神造成伤害的。

3）造成其他危害后果的。

（7）医疗机构有下列情形之一的，登记机关可以责令其限期改正。

1）发生重大医疗事故。

2）连续发生同类医疗事故，不采取有效防范措施。

3）连续发生原因不明的同类患者死亡事件，同时存在管理不善因素。

4）管理混乱，有严重事故隐患，可能直接影响医疗安全。

5）省级卫生行政部门规定的其他情形。

当事人对行政处罚决定不服的，可以在接到行政处罚决定通知书之日起 15 日内向做出行政处罚决定的上一级卫生行政部门申请复议，也可以在接到行政处罚决定通知书之日起 15 日内直接向人民法院提起行政诉讼。逾期不申请复议、不起诉又不履行行政处罚决定的，由做出行政处罚决定的卫生行政部门填写《行政处罚强制执行申请书》，向人民法院申请强制执行。

第五章 卫生技术人员执业法律制度

第一节 概 述

一、卫生技术人员的概念

卫生技术人员，是指按照国家有关法律、法规和规章的规定取得卫生技术人员资格或者职称的人员。卫生技术人员应当接受过高等或中等卫生教育或培训，掌握相关的医药卫生知识和技能。卫生技术人员通过政府行政部门的考试或考核并进行职业登记注册，取得职业权利，从事医疗、预防、药剂、护理等方面的工作。

二、卫生技术人员的分类

根据《卫生技术人员职务试行条例》，我国的卫生技术人员分为医疗、预防、保健人员，中药、西药人员，护理人员和其他卫生技术人员4类（简称医、药、护、技）。

（一）医疗防疫人员

是指从事医疗、卫生防疫、寄生虫及地方病防治、工业卫生、妇幼保健、计划生育等专业工作中的中医（含民族医）、西医、中西结合医等人员。

（二）药剂人员

是指从事药剂、药检人员，包括从事中药和西药专业的技术人员。

（三）护理人员

是指在医院、门诊部和其他医疗预防机构内担任各种护理工作，在医师指导下执行治疗或在负责地段内担任一般医疗处理和卫生防疫等工作的人员。

（四）其他卫生技术人员

是指从事卫生监督、检验检疫的专业技术人员和在医疗机构中从事理疗、病理、口腔、同位素、放射、营养等技术操作，器械维修以及生物制品研制等的专业技术人员。

三、卫生技术人员管理立法

为了加强卫生技术人员管理，全国人大常委会于1998年6月颁布了《中华人民共和国执业医师法》；国务院颁布了《乡村医生从业管理条例》《护士条例》；卫生部先后制定了《卫生技术人员职称及晋升条例（试行）》《医院工作人员职责》《卫生技术人员职务试行条例》《医师外出会诊管理暂行规定》《医务人员医德规范及实施办法》以及《外国医师来华短期行医暂行管理办法》；国家食品药品监督管理局制定了《执业药师资格制度暂行规定》等规章。

第二节 医师执业的法律规定

一、医师的概念

医师，是指取得执业医师或执业助理医师资格，经注册后，在医疗、预防、保健及计划生育技术服务等专业机构中从业的卫生技术人员。

我国的医师分为执业医师和执业助理医师。执业医师，是指依法取得执业医师资格并经注册，在医疗、预防、保健机构中，按照其注册的执业类别和范围，独立从事相应的医疗工作的人员。执业助理医师，是指依法取得执业医师资格并经注册，在医疗、预防、保健机构中执业医师的指导下，按照其注册的执业类别和范围执业的人员。

早在西周时代，《周礼》就有对医师进行管理的记载，如年终考核以定其报酬。以后历代的法典如《唐律》《大明会典》等都有规范医师执业行为的律条，20世纪20年代开始，我国出现了对医师执业管理的单行法律，如于1929年颁布的《医师暂行条例》、1943年颁布的《医师法》。

中华人民共和国成立后，经当时的政务院批准，卫生部于1951年颁布了《医师暂行条例》《中医师暂行条例》等。党的十一届三中全会以后，卫生部制定发布了一系列规范性文件，如《卫生技术人员职称及晋升条例（试行）》（1979年），《医院工作人员职责》（1982年），《医师、中医师个体开业暂行管理办法》（1988年），《外国医师来华短期行医暂行管理办法》（1993年）等，使医师执业管理法律法规逐步完善。

1998年6月26日，第九届全国人大常委会第三次会议通过了《中华人民共和国执业医师法》（以下简称《执业医师法》），自1999年5月1日起施行。《执业医师法》的适用范围即调整对象，是依法取得执业医师资格或者执业助理医师资格，经注册在医疗、预防、保健机构中执业的专业医务人员。对乡村医生、境外来华行医的医师、军队医师，由于其特殊性，则在遵循《执业医师法》所确立的基本原则的基础上，依照相关具体法律规范文件进行管理。

为了贯彻实施执业医师法，1999年卫生部成立了国家医师资格考试委员会。卫生部相继发布了《医师资格考试暂行办法》《医师执业注册暂行办法》《关于医师执业注册中执业范围的暂行规定》《医师外出会诊管理暂行规定》《处方管理办法》等配套规章。

二、医师资格考试制度

（一）医师资格考试的种类与条件

国家实行医师资格考试制度。医师资格考试是评价申请医师资格者是否具备执业所必需的专业知识与技能的考试。医师资格考试分执业医师考试和执业助理医师考试，实行国家统一考试，每年举行一次。考试类别分为临床、中医（包括中医、民族医、中西医结合）、口腔、公共卫生4类。考试方式分为实践技能考试和医学综合笔试。

1. 执业医师考试条件 《执业医师法》规定，具有下列条件之一的，可以参加执业医师资格考试：①具有高等学校医学专业本科以上学历（是指国务院教育行政部门认可的各类高等学校医学专业本科以上学历），在执业医师指导下，在医疗、预防、保健机构中试用期满 1 年；②取得执业助理医师执业证书后，具有高等学校医学专科学历（是指省级以上教育行政部门认可的各类高等学校医学专业专科学历），在医疗、预防、保健机构中工作满 2 年；③具有中等专业学校医学专业学历（是指经省级以上教育行政部门认可的各类中等专业学校医学专业中专学历），在医疗、预防、保健机构中工作满 5 年；④以师承方式学习传统医学满 3 年或者经多年实践医术确有专长的，经县级以上人民政府卫生行政部门确定的传统医学专业组织或者医疗、预防、保健机构考核合格并推荐；⑤在 1998 年 6 月 26 日前获得医士专业技术职务资格，后又取得执业助理医师资格，医士从业时间和取得执业助理医师执业证书后执业时间累计满 5 年；⑥7 年制临床医学、口腔医学、中医学的临床硕士生和 8 年制毕业生在学习期间有相当于大学本科的 1 年生产实习和 1 年以上严格的临床实践训练，可在毕业当年参加医师资格考试。

2. 执业助理医师考试条件　《执业医师法》规定，具有下列条件之一的，可以参加执业助理医师资格考试：①具有高等学校医学专业专科学历或者中等专业学校医学专业学历，在执业医师指导下，在医疗、预防、保健机构中试用期满 1 年；②以师承方式学习传统医学满 3 年或者经多年实践医术确有专长的，经县级以上人民政府卫生行政部门确定的传统医学专业组织或者医疗、预防、保健机构考核合格并推荐。

（二）考试的组织与管理

卫健委成立医师资格考试委员会，负责全国医师资格考试工作。各省、自治区、直辖市卫生行政部门牵头成立医师资格考试领导小组，负责本辖区的医师资格考试工作。具体考务的组织与管理由国家医学考试中心、考区、考点三级分别负责。

（三）报考程序

申请参加医师资格考试的人员，应当在规定期限内，到户籍所在地的考点办公室报名，并提交下列材料：①2 寸免冠正面半身照片两张；②本人身份证明；③毕业证书复印件；④试用机构出具的试用期满 1 年并考核合格的证明；⑤执业助理医师申报执业医师资格考试的，还应当提交《医师资格证书》复印件、《医师执业证书》复印件、执业时间和考核合格证明；⑥报考所需的其他材料。

（四）资格取得

医师资格考试成绩合格，取得执业医师资格或者执业助理医师资格。

三、医师执业注册制度

（一）注册条件与管理

1. 注册条件　国家实行医师执业注册制度。医师经注册取得《医师执业证书》后，方可按照注册的执业地点、执业类别、执业范围，从事相应的医疗、预防、保健活动。未经注册取得《医师执业证书》者，不得从事医疗、预防、保健活动。

《执业医师法》规定，凡取得执业医师资格或者执业助理医师资格，在医疗、预防、保健机构执业的医师、助理医师（包括在计划生育技术服务机构中的医师），均可向所在地县级以上人民政府卫生行政部门申请注册，注册内容包括执业人姓名、执业机构、执业地点、执业资格、执业类别、执业范围等。

2. 不予注册　《执业医师法》规定，有下列情形之一的，不予注册：①不具有完全民事行为能力的；②因受刑事处罚，自刑罚执行完毕之日起至申请注册之日止不满 2 年的；③受吊销医师执业证书行政处罚，自处罚决定之日起至申请注册之日止不满2年的；④甲类、乙类传染病传染期、精神病发病期以及身体残疾等健康状况不适宜或者不能胜任医疗、预防、保健业务工作的；⑤重新申请注册，经卫生行政部门指定机构或组织考核不合格的；⑥有国务院卫生行政部门规定不宜从事医疗、预防、保健业务的其他情形的。

3. 注册管理　卫健委负责全国医师执业注册监督管理工作。县级以上地方卫生行政部门是医师执业注册的主管部门，负责本行政区域内的医师执业注册监督管理工作。中医（包括中医、民族医、中西医结合）医疗机构的医师执业注册管理由中医（药）主管部门负责。

县级以上地方人民政府卫生行政部门应当将准予注册和注销注册的人员名单予以公告，并由省级人民政府卫生行政部门汇总，报国务院卫生行政部门备案。

《医师执业证书》应妥善保管，不得出借、出租、抵押、转让、涂改和毁损。如发生损坏或者遗失的，当事人应当及时向原发证部门申请补发或换领。损坏的《医师执业证书》，应当交回原发证部门。《医师执业证书》遗失的，原持证人应当于15日内在当地指定报刊上予以公告。

（二）注册程序

1. 申请　医师执业的具体注册机关为省、市、县卫生行政部门，申请注册人上岗医疗机构的《医疗机构执业许可证》原发证机关。计划生育技术服务部门、血办、血站、防疫站、口岸检验检疫部门到所辖卫生行政部门注册。拟在医疗、保健机构中执业的人员，应当向批准该机构执业的卫生行政部门申请注册。拟在预防机构中执业的人员，应当向该机构的同级卫生行政部门申请注册。拟在机关、企业和事业单位的医疗机构中执业的人员，应当向核发该机构《医疗机构执业许可证》的卫生行政部门申请。

执业助理医师取得执业医师资格后，继续在医疗、预防、保健机构中执业的，应当按照有关规定，申请执业医师注册。申请人除提交以上材料外，还应当提交原《医师执业证书》。注册主管部门在办理执业注册手续时，应当收回原《医师执业证书》，核发新的《医师执业证书》。

获得执业医师资格或执业助理医师资格后2年内未注册者，申请注册时，还应提交在省级以上卫生行政部门指定的机构接受3~6个月的培训，并经考核合格的证明。医疗、预防、保健机构可以为本机构中的医师集体办理注册手续。

2. 重新申请　有下列情形之一的，应当重新申请注册：①中止医师执业活动2年以上的；②规定不予注册的情形消失的。重新申请注册的人员，应当首先到县级以上卫生行政部门指定的医疗、预防、保健机构或组织，接受3~6个月的培训，并经考核合格，方可依照有关规定重新申请执业注册。

3. 审核　注册主管部门应当自收到注册申请之日起30日内，对申请人提交的申请材料进行审核。审核合格的，予以注册，并发给卫健委统一印制的《医师执业证书》。对不符合注册条件的，注册主管部门应当自收到注册申请之日起30日内，书面通知申请人，并说明理由。申请人如有异议的，可以依法申请行政复议或者向人民法院提起行政诉讼。

（三）注册的变更与注销

1. 注册的变更　医师变更执业地点、执业类别、执业范围等注册事项的，应当到注册主管部门办理变更注册手续，并提交医师变更执业注册申请审核表、《医师资格证书》《医师执业证书》以及省级以上卫生行政部门规定提交的其他材料。但经医疗、预防、保健机构批准的卫生支农、会诊、进修、学术交流、承担政府交办的任务和卫生行政部门批准的义诊等除外。

医师申请变更执业注册事项属于原注册主管部门管辖的，申请人应到原注册主管部门申请变更手续；医师申请变更执业注册事项不属于原注册主管部门管辖的，申请人应当先到原注册主管部门申请办理变更注册事项和医师执业证书编码，然后到拟执业地点注册主管部门申请办理变更执业注册手续。

跨省、自治区、直辖市变更执业注册事项的，除依照前款规定办理有关手续外，新的执业地点注册主管部门在办理执业注册手续时，应收回原《医师执业证书》，并发给新的《医师执业证书》。

注册主管部门应当自收到变更注册申请之日起30日内办理变更注册手续。对因不符合变更注册条件不予变更的，应当自收到变更注册申请之日起30日内书面通知申请人，并说明理由。申请人如有异议的，可以依法申请行政复议或者向人民法院提起诉讼。

医师在办理变更注册手续过程中，在《医师执业证书》原注册事项已被变更，未完成新的变更事项许可前，不得从事执业活动。

2. 注册的注销　医师注册后有下列情形之一的，其所在的医疗、预防、保健机构应当在30日内报告准予注册的卫生行政部门，卫生行政部门应当注销注册，收回《医师执业证书》：①死亡或者被宣告失踪的；②受刑事处罚的；③受吊销《医师执业证书》行政处罚的；④因考核不合格，暂停执业活动期满，经培训后再次考核仍不合格的；⑤中止医师执业活动满2年的；⑥身体健康状况不适宜继续执业的；⑦有出借、出租、抵押、转让、涂改《医师执业证书》行为的；⑧有国务院卫生行政部门规定不宜从事医疗、预防、保健业务的其他情形的。

医师注册后有下列情况之一的，其所在的医疗、预防、保健机构应当在30日内报注册主管部门备案：①调离、退休、退职；②被辞退、开除；③省级以上卫生行政部门规定的其他情形。

申请个体行医的执业医师，须经注册后在医疗、预防、保健机构中执业满5年，并按照国家有关规定办理审批手续；未经批准，不得行医。执业助理医师不得申请个体行医、设置个体诊所。县级以上地方人民政府卫生行政部门对个体行医的医师，应当按照国务院卫生行政部门的规定，经常监督检查，凡发现有《执业医师法》第十六条规定的情形的，应当及时注销注册，收回《医师执业证书》。

被注销注册的当事人有异议的，可以自收到注销注册通知之日起15日内，依法申请行政复议或者向人民法院提起诉讼。

3. 建立相关档案　医师执业注册主管部门，应当对《医师执业证书》的准予注册、发放、注销注册和变更注册等，建立统计制度和档案制度。县级以上地方卫生行政部门应当对准予注册、注销注册或变更注册的人员名单予以公告，并由省级卫生行政部门汇总，报卫健委备案。

四、医师执业规则

（一）医疗行为

医疗行为，有狭义和广义的理解。狭义医疗行为，是指以治疗、矫正或预防人体疾

病、伤害残缺为直接目的所实施的诊察、诊断及治疗或基于诊察、诊断结果，以治疗为目的所实施的处方或用药等行为之一部或全部的总称，也可称为治疗性医疗行为。

广义医疗行为不仅包括上述治疗性医疗行为，还包括以下几种。①不具治疗性医疗行为。随着医疗技术的发展，许多医疗领域的发展范围，已大大超越仅以诊疗为目的。例如，针对无并发症孕妇提供分娩服务；仅以美容为目的的整形手术、变性手术。②实验性医疗行为。也称人体临床试验，是指以开发、改善医疗技术及增进医学新知，而对人体进行医疗技术、药品或医疗器械试验研究的行为。③侵袭性医疗行为。由于人类对疾病认识的局限性，使得医疗行为有时会对人类造成一定不可预见的危险。许多过去被用于治疗疾病的药物、检查或手术方法，随着经验及知识的积累，被发现对人体并不都是有利的。所以，医疗本身带有某种程度的侵害性质，这也已为医学界所接受。如果此侵害性质超过诊疗所能产生的利益，则这种行为就属于侵袭性医疗行为。

为了规范医疗行为，《执业医师法》规定，医师应当具备良好的职业道德，发扬人道主义精神，履行防病治病、救死扶伤、保护人民健康的神圣职责。

（二）医师应在执业范围内执业

《执业医师法》规定，医师应按照注册的执业地点、执业类别、执业范围，从事相应的医疗、预防、保健活动。

1. 执业地点　是指医师执业的医疗、预防、保健机构及其登记注册的地址。根据《处方管理办法》的规定，经注册的执业医师在执业地点取得相应的处方权。经注册的执业助理医师在医疗机构开具的处方，应当经所在执业地点执业医师签名或加盖专用签章后方有效。经注册的执业助理医师在乡、民族乡、镇、村的医疗机构独立从事一般的执业活动，可以在注册的执业地点取得相应的处方权。

（1）关于教学、科研与义诊的特别规定：在经医疗、预防、保健机构批准的卫生支农、会诊、进修、学术交流、承担政府交办的任务和卫生行政部门批准义诊的情况下，医师可以不变更注册地点执业。药品零售企业单独或与其他机构、组织共同发起的"义诊""医疗咨询"活动必须按规定获得批准后方可进行。执业医师要严格按注册的执业地点和核准的执业范围进行执业活动，参加"义诊""医疗咨询"的，必须按有关规定履行相应的手续。

（2）关于医师外出会诊的特别规定：医师外出会诊，是指医师经所在医疗机构批准，为其他医疗机构特定的患者开展执业范围内的诊疗活动。根据《医师外出会诊管理暂行规定》的规定，医师未经所在医疗机构批准，不得擅自外出会诊。医疗机构在诊疗过程中，根据患者的病情需要或者患者要求等原因，需要邀请其他医疗机构的医师会诊时，经治科室应当向患者说明会诊、费用等情况，征得患者同意后，报本单位医务管理部门批准。

邀请会诊的医疗机构拟邀请其他医疗机构的医师会诊，需向会诊医疗机构发出书面会诊邀请函。有下列情形之一的，医疗机构不得提出会诊邀请：①会诊邀请超出本单位诊疗科目或者本单位不具备相应资质的；②本单位的技术力量、设备、设施不能为会诊提供必要的医疗安全保障的；③会诊邀请超出被邀请医师执业范围的；④省级卫生行政部门规定的其他情形。

会诊医疗机构接到会诊邀请后，在不影响本单位正常业务工作和医疗安全的前提下，医务管理部门应当及时安排医师外出会诊。有下列情形之一的，医疗机构不得派出医师外出会诊：①会诊邀请超出本单位诊疗科目或者本单位不具备相应资质的；②会诊邀请超出被邀请医师执业范围的；③邀请医疗机构不具备相应医疗救治条件的；④省级卫生行政部门规定的其他情形。

2. 执业类别　是指临床、中医（包括中医、民族医和中西医结合）、口腔、公共卫生。医师进行执业注册的类别必须以取得医师资格的类别为依据。

医师依法取得两个或两个类别以上医师资格的，除以下两种情况之外，只能选择一个类别及其中一个相应的专业作为执业范围进行注册，从事执业活动：①在县及县级以下医疗机构（主要是乡镇卫生院和社区卫生服务机构）执业的临床医师，从事基层医疗卫生服务工作，确因工作需要，经县级卫生行政部门考核批准，报设区的市级卫生行政部门备案，可申请同一类别至多3个专业作为执业范围进行注册。②在乡镇卫生院和社区卫生服务机构中执业的临床医师因工作需要，通过国家医师资格考试取得公共卫生类医师资格，可申请增加公共卫生类别专业作为执业范围进行注册；在乡镇卫生院和社区卫生服务机构中执业的公共卫生医师因工作需要，通过国家医师资格考试取得临床类医师资格，可申请增加临床类别相关专业作为执业范围进行注册。医师不得从事执业注册范围以外其他专业的执业活动。

在计划生育技术服务机构中执业的临床医师，其执业范围为计划生育技术服务专业。在医疗机构中执业的临床医师以妇产科专业作为执业范围进行注册的，其范围含计划生育技术服务专业。

取得全科医学专业技术职务任职资格者，方可申请注册全科医学专业作为执业范围。

3. 不属于超范围执业的情形　医师注册后有下列情况之一的，不属于超范围执业：①对患者实施紧急医疗救护的；②临床医师依据《住院医师规范化培训规定》和《全科医师规范化培训试行办法》等，进行临床转科的；③依据国家有关规定，经医疗、预防、保健机构批准的卫生支农、会诊、进修、学术交流、承担政府交办的任务（例如，突发公共卫生事件中提供医疗服务）和卫生行政部门批准的义诊等；④符合《医师外出会诊管理暂行规定》的；⑤省级以上卫生行政部门规定的其他情形。

（三）医师的权利

《执业医师法》规定，医师在执业活动中享有下列权利：①在注册的执业范围内，进行医学诊查、疾病调查、医学处置、出具相应的医学证明文件，选择合理的医疗、预防、保健方案；②按照国务院卫生行政部门规定的标准，获得与本人执业活动相当的医疗设备基本条件；③从事医学研究、学术交流，加入医师协会和专业学术团体；④参加专业培训，接受医学继续教育；⑤在执业活动中，人格尊严、人身安全不受侵犯；⑥获取工资报酬和津贴，享受国家规定的福利待遇；⑦对所在机构的医疗、预防、保健工作和卫生行政部门的工作提出意见和建议，依法参与所在机构的民主管理。

（四）医师的义务

《执业医师法》规定，医师在执业活动中应当履行下列义务：①遵守法律、法规，遵守技术操作规范；②树立敬业精神，遵守职业道德，履行医师职责，尽职尽责为患者服务；③关心、爱护、尊重患者，保护患者的隐私；④努力钻研业务，更新知识，提高专业技术水平；⑤宣传卫生保健知识，对患者进行健康教育。

随着医学科学的发展，人们道德观念和价值观念的变化，参与意识、法律意识和权利意识的日益增强，患者权利实现的关键在于医师是否了解患者权利的内容，是否履行

应尽的各项义务。

1. 患者的权利　医师服务的对象是人，是"权利"的集合体，因此医师必须尊重患者的权利，即作为患者应该行使的权利和享受的利益，就是患者能够做出或者不做出一定行为，以及要求他人相应做出或不做出一定行为的许可与保障。

（1）生命权：《世界人权宣言》中明确指出："人人有权享有生命、自由与人身安全""个体患病、残疾或衰老时，有权享受保障""健康权是一种基本的人权"。我国《民法通则》第九十八条规定，公民享有生命健康权。从法学角度理解，生命健康权包含生命权和健康权两方面内容。生命权，是指自然人的生命安全不受侵犯的权利。公民的生命非经司法程序，任何人不得随意剥夺。健康权，是指自然人以其器官乃至整体功能利益为内容的人格权，包含躯体和心理健康两个方面。

（2）身体权：是指自然人对其肢体、器官、其他组织或尸体的支配权。身体权与健康权既相互联系，又有严格的区别：①身体权以身体为客体，健康权以健康为客体；②身体权侧重强调身体组织的完整性，健康权则侧重于身体功能的完整性；③身体权是公民对自己身体组成部分的支配权，健康权则没有明显的支配性质。

（3）知情同意权：知情同意是创伤性医疗行为排除违法性的过程和依据，是指患者有权知晓自己的病情；并可以对医务人员所采取的防治医疗措施决定取舍的权利。知情同意必须包括同意的能力、信息的告知、信息的理解、自由的同意4个要素。

（4）自主决定权：是指具有行为能力并处于医疗法律关系中的被服务对象，在寻求服务的过程中，经过自主思考，就关于自己医疗问题做出的合乎理性和价值观的决定，并根据决定采取负责的行动。自主决定权是被服务对象权利中一种最基本的权利，是保障其生存与健康的基本条件，是服务活动中权利制衡、防止医师滥用权利的重要因素，也是人道主义的重要内容之一。

（5）隐私权：是指患者不妨碍他人与社会利益，而在个人内心和身体中存在不愿别人知晓的秘密的权利。最高人民法院《关于审理名誉权案件若干问题的解释》中规定，医疗卫生单位的工作人员擅自公开患者患有淋病、梅毒、麻风病、艾滋病等病情，致使患者名誉受到损害的，应当认定为侵害患者名誉权。由此可见，我国诸多的司法解释把隐私权归属于名誉权，将侵害隐私权的行为均视为侵害名誉权行为给予处理。

（6）名誉权：是指患者就其自身属性和价值所获得的社会评价，而依法享有的保有、维护并不受他人侵犯的权利。

（7）赔偿请求权：是指由于医疗机构及其医务人员的过失行为导致患者人身损害的，患者有权向医疗机构提出过失所致的损害赔偿。

2. 患者的义务　主要有：①保持和恢复健康的义务；②遵守医院规章制度的义务；③尊重医务人员人格与工作的义务；④与医务人员合作，积极配合诊疗的义务；⑤签署同意书的义务；⑥接受强制治疗的义务；⑦支持医学科学研究的义务；⑧交纳治疗费用的义务。

（五）医师执业规则的具体规定

《执业医师法》规定，医师在执业活动中应当遵守下列规则。

（1）医师实施医疗、预防、保健措施，签署有关医学证明文件，必须亲自诊查、调查，并按照规定及时填写医学文书，不得隐匿、伪造或者销毁医学文书及有关资料。

（2）医师不得出具与自己执业范围无关或者执业类别不相符的医学证明文件。

（3）对急危患者，医师应当采取紧急措施进行诊治；不得拒绝急救处置。

（4）医师应当使用经国家有关部门批准使用的药品、消毒药剂和医疗器械。除正当诊断治疗外，不得使用麻醉药品、医疗用毒性药品、精神药品和放射性药品。

（5）医师应当如实向患者或家属介绍病情，但应注意避免对患者产生不利后果。医师进行实验性临床医疗，应当经医院批准并征得患者本人或者家属同意。

（6）医师不得利用职务之便，索取、非法收受患者财物或者牟取其他不正当利益。

（7）遇有自然灾害、传染病流行、突发重大伤亡事故及其他严重威胁人民生命健康的紧急情况时，医师应当服从县级以上人民政府卫生行政部门的调遣。

（8）医师发生医疗事故，或发现传染病疫情、患者涉嫌伤害事件、非正常死亡时，都应当及时向所在机构或政府有关部门报告。

五、医师的考核和培训

（一）考核

县级以上人民政府卫生行政部门负责指导、检查和监督医师考核工作。根据卫健委《医师定期考核管理办法》，受县级以上人民政府卫生行政部门委托的机构或组织，应当按照医师执业标准，对医师的业务水平、工作成绩和职业道德状况进行定期考核。医师考核的结果，考核机构应当报告准予注册的卫生行政部门备案，并作为医师晋升相应技术职务的条件。对考核不合格的医师，县级以上人民政府卫生行政部门可以责令其暂停执业活动3～6个月，并接受培训和继续医学教育，经考核仍不合格的，则注销注册，收回《医师执业证书》。

（二）培训

县级以上人民政府卫生行政部门应当制订医师培训计划，对医师进行多种形式的培训，为医师接受继续医学教育提供条件。应当采取有力措施，对在农村和少数民族地区从事医疗、预防、保健业务的医务人员实施培训。医疗、预防、保健机构应当按照规定和计划保证本机构医师的培训和继续医学教育。县级以上人民政府卫生行政部门委托的承担医师考核任务的医疗卫生机构，应当为医师的培训和接受继续医学教育提供和创造条件。

六、法律责任

（一）行政责任

（1）以不正当手段取得医师执业证书的，卫生行政部门予以吊销；对负有直接责任的主管人员和其他直接责任人员，依法给予行政处分。

（2）医师在执业活动中，有下列行为之一的，由县级以上地方人民政府卫生行政部门给予警告或者责令暂停6个月以上1年以下执业活动，情节严重的，吊销执业证书：①违反卫生行政规章制度或技术操作规范，造成严重后果的；②由于不负责任延误急危患者的抢救和诊治，造成严重后果的；③造成医疗责任事故的；④未经亲自诊查、调查，签署诊断、治疗、流行病学等证明文件或有关出生、死亡等证明文件的；⑤隐匿、伪造或者擅自销毁医学文书及有关资料的；⑥使用未经批准使用的药品、消毒药剂和医疗器械的；⑦不按照规定使用麻醉药品、医疗用毒性药品、精神药品和放射性药品的；⑧未经患者或其家属同意，对患者进行实验性临床医疗的；⑨泄露患者隐私，造成严重后果的；⑩利用职务之便，索取、非法收受患者财物或牟取其他不正当利益的；⑪发生自然灾害、传染病流行、突发重大伤亡事故以及其他严重威胁人民生命健康的紧急情况时，不服从卫生行政部门调遣的；⑫发生医疗事故或发现传染病疫情及患者涉嫌伤害事件或非正常死亡时，不按照规定报告的。

（3）未经批准擅自开办医疗机构行医或非医师行医的，予以取缔，没收其非法所得及其药品、器械，并处 10 万元以下的罚款；对医师吊销医师执业证书。

（4）阻碍医师依法执业，侮辱、诽谤、威胁、殴打医师或侵犯医师人身自由，干扰其正常工作和生活尚未构成犯罪的，依照《治安管理处罚法》的规定处罚。

（5）医疗、预防保健机构未依照《执业医师法》的有关规定履行报告职责，导致严重后果的，由县级以上人民政府卫生行政部门给予警告，并对该机构的行政负责人依法给予行政处分。

（6）卫生行政部门或者医疗、预防、保健机构的负责人或工作人员违反《执业医师法》有关规定，弄虚作假，玩忽职守，滥用职权，徇私舞弊，尚不构成犯罪的，由卫生行政部门或所在机构依法给予行政处分。

（二）民事责任

《执业医师法》规定，医师在医疗、预防、保健工作中造成事故的，依照法律或国家有关规定处理。未经批准擅自开办医疗机构行医或非医师行医，给患者造成损害的，依法承担赔偿责任。

（三）刑事责任

《刑法》第三百三十五条规定，医务人员由于严重不负责任，造成就诊人死亡或者严重损害就诊人身体健康的，处 3 年以下有期徒刑或者拘役。

《刑法》第三百三十六条规定，未取得医师执业资格的人非法行医，情节严重的，处 3 年以下有期徒刑、拘役或者管制，并处或者单处罚金；严重损害就诊人身体健康的，处 3 年以上 10 年以下有期徒刑，并处罚金；造成就诊人死亡的，处 10 年以上有期徒刑，并处罚金。

未取得医师执业资格的人擅自为他人进行节育复通手术、假节育手术、终止妊娠手术或者摘取宫内节育器，情节严重的，处 3 年以下有期徒刑、拘役或者管制，并处或者单处罚金；严重损害就诊人身体健康的，处 3 年以上 10 年以下有期徒刑，并处罚金；造成就诊人死亡的，处 10 年以上有期徒刑，并处罚金。

《执业医师法》规定，阻碍医师依法执业，侮辱、诽谤、威胁、殴打医师或侵犯医师人身自由，干扰其正常工作、生活，构成犯罪的，依法追究刑事责任。

第三节 护士执业的法律规定

一、护士的概念

护士，是指经执业注册取得护士执业证书，依照规定从事护理活动，履行保护生命、减轻痛苦、增进健康职责的卫生技术人员。

护士是医疗卫生专业队伍的重要组成部分，护理工作直接关系医疗安全和人体健康，1993年卫生部制定了《中华人民共和国护士管理办法》。为了维护护士的合法权益，规范护理行为，促进护理事业发展，保障医疗安全和人体健康，2008年1月31日国务院发布了《护士条例》，自2008年5月12日起施行。

《护士条例》规定，护士人格尊严、人身安全不受侵犯。护士依法履行职责，受法律保护。国务院有关部门、县级以上地方人民政府及其有关部门以及乡（镇）人民政府应当采取措施，改善护士的工作条件，保障护士待遇，加强护士队伍建设，促进护理事业健康发展。国务院有关部门和县级以上地方人民政府应当采取措施，鼓励护士到农村、基层医疗卫生机构工作。

国务院卫生主管部门负责全国的护士监督管理工作。县级以上地方人民政府卫生主管部门负责本行政区域的护士监督管理工作。

二、护士执业注册

（一）申请护士执业注册的条件

《护士条例》规定，护士执业，应当经执业注册取得护士执业证书。申请护士执业注册，应当具备下列条件：①具有完全民事行为能力；②在中等职业学校、高等学校完成国务院教育主管部门和国务院卫生主管部门规定的普通全日制3年以上的护理、助产专业课程学习，包括在教学、综合医院完成8个月以上护理临床实习，并取得相应学历证书；③通过国务院卫生主管部门组织的护士执业资格考试；④符合国务院卫生主管部门规定的健康标准。

护士执业注册申请，应当自通过护士执业资格考试之日起3年内提出；逾期提出申请的，除应当具备规定条件外，还应当在符合国务院卫生主管部门规定条件的医疗卫生机构接受3个月临床护理培训并考核合格。

（二）护士执业注册管理机关

申请护士执业注册的，应当向拟执业地省、自治区、直辖市人民政府卫生主管部门提出申请。收到申请的卫生主管部门应当自收到申请之日起20个工作日内做出决定，对具备《护士条例》规定条件的，准予注册，并发给护士执业证书；对不具备规定条件的，不予注册，并书面说明理由。护士执业注册有效期为5年。

（三）护士执业注册的变更、延续和注销

护士在其执业注册有效期内变更执业地点的，应当向拟执业地省、自治区、直辖市人民政府卫生主管部门报告。收到报告的卫生主管部门应当自收到报告之日起7个工作日内为其办理变更手续。护士跨省、自治区、直辖市变更执业地点的，收到报告的卫生主管部门还应当向其原执业地省、自治区、直辖市人民政府卫生主管部门通报。护士执业注册有效期届满需要继续执业的，应当在护士执业注册有效期届满前30日向执业地省、自治区、直辖市人民政府卫生主管部门申请延续注册。收到申请的卫生主管部门对具备《护士条例》规定条件的，准予延续，延续执业注册有效期为5年；对不具备规定条件的，不予延续，并书面说明理由。护士有行政许可法规定的应当予以注销执业注册情形的，原注册部门应当依照行政许可法的规定注销其执业注册。

三、护士执业权利和义务

（一）护士执业权利

护士执业权利主要是：①有按照国家有关规定获取工资报酬、享受福利待遇、参加社会保险的权利。任何单位或者个人不得克扣护士工资，降低或者取消护士福利待遇。②有获得与其所从事的护理工作相适应的卫生防护、医疗保健服务的权利。从事直接接触有毒有害物质、有感染传染病危险工作的护士，有依照有关法律、行政法规的规定接受职业健康监护的权利；患职业病的，有依照有关法律、行政法规的规定获得赔偿的权利。③有按照国家有关规定获得与本人业务能力和学术水平相应的专业技术职务、职称的权利；有参加专业培训、从事学术研究和交流、参加行业协会和专业学术团体的权利。④有获得疾病诊疗、护理相关信息的权利和其他与履行护理职责相关的权利，可以对医疗卫生机构和卫生主管部门的工作提出意见和建议。

（二）护士执业义务

护士执业义务主要是：①应当遵守法律、法规、规章和诊疗技术规范的规定。②在执业活动中，发现患者病情危急，应当立即通知医师；在紧急情况下为抢救垂危患者生命，应当先行实施必要的紧急救护。护士发现医嘱违反法律、法规、规章或者诊疗技术规范规定的，应当及时向开具医嘱的医师提出；必要时，应当向该医师所在科室的负责人或者医疗卫生机构负责医疗服务管理的人员报告。③应当尊重、关心、爱护患者，保护患者的隐私。④有义务参与公共卫生和疾病预防控制工作。发生自然灾害、公共卫生事件等严重威胁公众生命健康的突发事件，护士应当服从县级以上人民政府卫生主管部门或者所在医疗卫生机构的安排，参加医疗救护。

四、医疗卫生机构的职责

（一）按标准配备护士数量

《护士条例》规定，医疗卫生机构配备护士的数量不得低于国务院卫生主管部门规定的护士配备标准。《护士条例》施行前，尚未达到护士配备标准的医疗卫生机构，应当按照国务院卫生主管部门规定的实施步骤，自条例施行之日起3年内达到护士配备标准。

（二）建立护士岗位责任制

医疗卫生机构应当建立护士岗位责任制并进行监督检查；应当按照国务院卫生主管部门的规定，设置专门机构或者配备专（兼）职人员负责护理管理工作。

医疗卫生机构不得允许下列人员在本机构从事诊疗技术规范规定的护理活动：①未取得护士执业证书的人员；②未依照规定办理执业地点变更手续的护士；③护士执业注册有效期届满未延续执业注册的护士。在教学、综合医院进行护理临床实习的人员应当在护士指导下开展有关工作。

（三）执行国家福利待遇规定

医疗卫生机构应当为护士提供卫生防护用品，并采取有效的卫生防护措施和医疗保健措施；应当执行国家有关工资、福利待遇等规定，按照国家有关规定为在本机构从事护理工作的护士足额缴纳社会保险费用，保障护士的合法权益；对在艰苦边远地区工作，或者从事直接接触有毒有害物质、有感染传染病危险工作的护士，所在医疗卫生机构应当按照国家有关规定给予津贴。

（四）加强护士培训

医疗卫生机构应当制订、实施本机构护士在职培训计划，并保证护士接受培训。护士培训应当注重新知识、新技术的应用；根据临床专科护理发展和专科护理岗位的需要，开展对护士的专科护理培训。

五、法律责任

（一）卫生主管部门工作人员的法律责任

卫生主管部门的工作人员未依照规定履行职责，在护士监督管理工作中滥用职权、徇私舞弊，或者有其他失职、渎职行为的，依法给予处分；构成犯罪的，依法追究刑事责任。

（二）医疗卫生机构的法律责任

（1）医疗卫生机构有下列情形之一的，由县级以上地方人民政府卫生主管部门依据职责分工责令限期改正，给予警告；逾期不改正的，根据国务院卫生主管部门规定的护士配备标准和在医疗卫生机构合法执业的护士数量核减其诊疗科目，或者暂停其6个月以上1年以下执业活动；国家举办的医疗卫生机构有下列情形之一、情节严重的，还应当对负有责任的主管人员和其他直接责任人员依法给予处分：①护士的配备数量低于国务院卫生主管部门规定的护士配备标准的；②允许未取得护士执业证书的人员或者允许未依照规定办理执业地点变更手续、延续执业注册有效期的护士在本机构从事诊疗技术规范规定的护理活动的。

（2）医疗卫生机构有下列情形之一的，依照有关法律、行政法规的规定给予处罚；国家举办的医疗卫生机构有下列情形之一、情节严重的，还应当对负有责任的主管人员和其他直接责任人员依法给予处分：①未执行国家有关工资、福利待遇等规定的；②对在本机构从事护理工作的护士，未按照国家有关规定足额缴纳社会保险费用的；③未为护士提供卫生防护用品，或者未采取有效的卫生防护措施、医疗保健措施的；④对在艰苦边远地区工作，或者从事直接接触有毒有害物质、有感染传染病危险工作的护士，未按照国家有关规定给予津贴的。

（3）医疗卫生机构有下列情形之一的，由县级以上地方人民政府卫生主管部门依据职责分工责令限期改正，给予警告：①未制订、实施本机构护士在职培训计划或者未保证护士接受培训的；②未依照规定履行护士管理职责的。

（三）护士的法律责任

护士在执业活动中有下列情形之一的，由县级以上地方人民政府卫生主管部门依据职责分工责令改正，给予警告；情节严重的，暂停其6个月以上1年以下执业活动，直至原发证部门吊销其护士执业证书：①发现患者病情危急未立即通知医师的；②发现医嘱违反法律、法规、规章或者诊疗技术规范的规定，未依照规定提出或者报告的；③泄露患者隐私的；④发生自然灾害、公共卫生事件等严重威胁公众生命健康的突发事件，不服从安排参加医疗救护的。护士在执业活动中造成医疗事故的，依照医疗事故处理的

有关规定承担法律责任。

护士被吊销执业证书的，自执业证书被吊销之日起 2 年内不得申请执业注册。

（四）阻碍护士依法执业的法律责任

扰乱医疗秩序，阻碍护士依法开展执业活动，侮辱、威胁、殴打护士，或者有其他侵犯护士合法权益行为的，由公安机关依照治安管理处罚法的规定给予处罚；构成犯罪的，依法追究刑事责任。

第四节　药师执业的法律规定

一、药师的概念

药师，是指经全国统一考试合格，取得《中华人民共和国执业药师资格证书》（以下简称《执业药师资格证书》），并经注册登记，在药品生产、经营、使用单位执业的药学技术人员。

20 世纪 20 年代，我国就有了对药师执业管理的单行法律法规，如于 1929 年颁布的《药师暂行条例》，1944 年颁布的《药师法》。中华人民共和国成立后，卫生行政部门相继颁布了《药师暂行条例》《医院药剂工作条例》《卫生技术人员职称及晋升条例（试行）》《医院工作人员职责》等。1984 年颁布了《药品管理法》，其中对药师的地位和执业做了规定。1994 年我国开始实施执业药师资格制度，对药学技术人员的职业实行准入控制，纳入全国专业技术人员执业资格制度范围。1999 年国家人事部、国家食品药品监督管理局重新修订颁布了《执业药师资格制度暂行规定》《执业药师资格考试实施办法》《执业药师注册管理暂行办法》。

二、执业药师考试

执业药师资格考试属于职业资格准入考试，实行全国统一大纲、统一命题、统一组织的考试制度。一般每年举行一次。

（一）考试条件

参加执业药师考试必须具备以下条件：①中华人民共和国公民和获准在我国境内就业的其他国籍的人员。②学历和从事药学、中药工作的时间应符合以下要求：取得药学、中药学或相关专业博士学位者；取得药学、中药学或相关专业第二学士学位、研究生班毕业或取得硕士学位，从事药学或中药学专业工作满 1 年者；取得药学、中药学或相关专业大学本科学历，从事药学或中药学专业工作满 3 年者；取得药学、中药学或相关专业大专学历，从事药学或中药学专业工作满 5 年者；取得药学、中药学或相关专业中专学历，从事药学或中药学专业工作满 7 年者。

（二）考试科目

执业药师考试科目是：药学（或中药学）专业知识（一）、药学（或中药学）专业知识（二）、药事管理与法规、综合知识与技能 4 个科目。

执业药师资格考试合格者发给《执业药师资格证书》，该证书在全国范围内有效。

三、执业药师注册

执业药师实行注册制度。国务院药品监督管理部门为全国执业药师注册管理机构，省级药品监督管理部门为本辖区执业药师注册机构。

执业药师按照执业类别、执业范围、执业地区注册。执业类别分为药学类、中药类；执业范围分为药品生产、药品经营、药品使用；执业地区为省、自治区、直辖市。执业药师只能在一个执业药师注册机构注册，在一个执业单位按注册的执业类别、执业范围执业。

（一）申请注册

1. 申请注册条件　申请人必须同时具备以下条件：①取得《执业药师资格证书》；②遵纪守法，遵守职业道德；③身体健康，能坚持在执业药师岗位工作；④经执业单位同意。

2. 不予注册　有下列情况之一者不予注册：①不具有完全民事行为之一者；②因受刑事处罚，自处罚执行完毕之日到申请之日不满2年的；③受过取消执业药师资格处分不满2年的；④国家规定的不宜从事执业药师业务的其他情形。

3. 注册程序　首次申请时申请人应填写《执业药师首次注册申请表》，并按规定提交有关材料；注册机构在收到申请30日内，对符合条件者根据专业类别进行注册；在《执业药师资格证书》中的注册情况栏内加盖注册专用印章；发给国家食品药品监督管理部门统一印制的《执业药师注册证》。

（二）再次注册

执业药师注册有效期为3年，有效期满前3个月，持证者须到原注册机构申请办理再次注册。再次注册必须提交执业药师继续教育学分证明。

（三）变更注册

执业药师在同一执业地区变更执业单位或范围的，以及变更执业地区的，均须依法变更注册。

（四）注销注册

有下列情况之一的，予以注销注册：①死亡或被宣告失踪的；②受刑事处罚的；③被吊销《执业药师资格证书》的；④受开除行政处分的；⑤因健康或其他原因不能从事执业药师业务的。

四、执业药师的权利和义务

执业药师必须遵守职业道德，忠于职守，以对药品质量负责，保证人民用药安全有效为基本准则。执业药师必须严格执行《药品管理法》及相关法规、政策，对违法行为或决定，有责任提出劝告制止、拒绝执行或向上级报告。执业药师在执业范围内负责对药品质量的监督和管理，参与制定、实施药品全面质量管理及对本单位违反规定的处理。执业药师负责处方的审核及监督调配，提供用药咨询与信息，指导合理用药，开展药物治疗的监测及药品疗效的评价等临床药学工作。

五、执业药师的继续教育

为了使执业药师始终能以较高的专业水平为人们的健康服务,《执业药师资格制度暂行规定》明确将执业药师继续教育纳入法制化管理范畴,规定执业药师必须接受继续教育。

执业药师继续教育,是以提高业务水平和素质为目的的各种教育和训练活动。继续教育内容要适应各类别、各执业范围执业药师的需要,具有科学性、先进性、实用性和针对性,应以现代药学科学发展中的新理论、新知识、新方法为重点。

执业药师继续教育实行学分制、项目制和登记制度。继续教育项目分为必修、选修和自修3类,包括:培训、研修、学术会议、学术讲座、专题研讨会、专题调研和考察、撰写论文和专著等。执业药师继续教育由各省级药品监督管理部门组织实施,由批准的执业药师培训机构承担。执业药师接受继续教育经考核合格后,由培训机构出具学分证明,以此作为再次注册的依据。

六、法律责任

单位和执业药师违反《药品管理法》和《执业药师资格制度暂行规定》的,必须承担相应的行政责任、民事责任或刑事责任。

(1)对未按规定配备执业药师的单位,应限期配备,逾期将追究单位负责人的责任。

(2)对已在应由执业药师担任的工作岗位,但尚未通过资格考试的人员,要进行强化培训,限期达到要求。对经过培训仍不能通过考试者,必须调离岗位。

(3)对涂改、伪造或以虚假和不正当手段获取《执业药师资格证书》或《执业药师注册证》的人员,发证机构应收回证书,取消其执业药师资格,注销注册,并对直接责任者给予行政处分,直到追究法律责任。

执业药师有违反《执业药师资格制度暂行规定》的,所在单位须如实上报,由药品监督管理部门根据情况给予处分。注册机构对执业药师所受处分,应及时记录在其《执业药师资格证书》的"执业情况记录"中。执业药师在执业期间违反《药品管理法》及其他法律法规构成犯罪的,由司法机关依法追究其刑事责任。

第五节 乡村医生执业的法律规定

一、乡村医生的概念

乡村医生,是指取得当地卫生行政部门颁发的乡村医生证书,并在村卫生室从事医疗卫生工作的人员,而卫生员则指没有取得乡村医生证书的人员。

为了提高乡村医生的职业道德和职业素质,加强乡村医生从业管理,保护乡村医生的合法权益,保障村民获得初级卫生保健服务,2003年8月5日,国务院公布了《乡村医生从业管理条例》,并自2004年1月1日起施行。尚未取得执业医师资格或者执业助理医师资格,经注册在村医疗卫生机构从事预防、保健和一般医疗服务的乡村医生均适用《乡村医生从业管理条例》,而村医疗卫生机构中的执业医师或者执业助理医师,依照执业医师法的规定管理,不适用《乡村医生从业管理条例》。

国家鼓励乡村医生学习中医药基本知识，运用中医药技能防治疾病；鼓励乡村医生通过医学教育取得医学专业学历，鼓励符合条件的乡村医生申请参加国家医师资格考试；鼓励取得执业医师资格或者执业助理医师资格的人员，开办村医疗卫生机构，或者在村医疗卫生机构向村民提供预防、保健和医疗服务。

国务院卫生行政主管部门负责全国乡村医生的管理工作；县级以上地方政府卫生行政主管部门负责本行政区域内乡村医生的管理工作。

二、乡村医生执业注册

《乡村医生从业管理条例》规定，国家实行乡村医生执业注册制度。县级人民政府卫生行政主管部门负责乡村医生执业注册工作。

（一）注册条件

注册条件是：①已经取得中等以上医学专业学历的；②在村医疗卫生机构连续工作20年以上的；③按照省、自治区、直辖市人民政府卫生行政主管部门制订的培训规划，接受培训取得合格证书的。

（二）不予注册的情形

乡村医生有下列情形之一的，不予注册：①不具有完全民事行为能力的；②受刑事处罚，自刑罚执行完毕之日起至申请执业注册之日止不满2年的；③受吊销乡村医生执业证书行政处罚，自处罚决定之日起至申请执业注册之日止不满2年的。

（三）注销注册的情形

乡村医生有下列情形之一的，由原注册的卫生行政主管部门注销执业注册，收回乡村医生执业证书：①死亡或者被宣告失踪的；②受刑事处罚的；③中止执业活动满2年的；④考核不合格，逾期未提出再次考核申请或者经再次考核仍不合格的。

（四）证书的更换

乡村医生执业证书有效期为5年。有效期满需要继续执业的，应当在期满前3个月申请再注册。

三、乡村医生执业规则

（一）乡村医生在执业活动中享有的权利

主要是：①进行一般医学处置，出具相应的医学证明；②参与医学经验交流，参加专业学术团体；③参加业务培训和教育；④在执业活动中，人格尊严、人身安全不受侵犯；⑤获取报酬；⑥对当地的预防、保健、医疗工作和卫生行政主管部门的工作提出意见和建议。

（二）乡村医生在执业活动中应当履行的义务

主要是：①遵守法律、法规、规章和诊疗护理技术规范、常规；②树立敬业精神，遵守职业道德，履行乡村医生职责，为村民健康服务；③关心、爱护、尊重患者，保护患者的隐私；④努力钻研业务，更新知识，提高专业技术水平；⑤向村民宣传卫生保健知识，对患者进行健康教育。

（三）执业规则

（1）乡村医生应当协助有关部门做好初级卫生保健服务工作；按照规定及时报告传染病疫情和中毒事件，如实填写并上报有关卫生统计报表，妥善保管有关资料。

（2）乡村医生在执业活动中，不得重复使用一次性医疗器械和卫生材料。对使用过的一次性医疗器械和卫生材料，应当按照规定处置。

（3）乡村医生应当如实向患者或者其家属介绍病情，对超出一般医疗服务范围或者限于医疗条件和技术水平不能诊治的患者，应当及时转诊；情况紧急不能转诊的，应当先行抢救并及时向有抢救条件的医疗卫生机构求助。

（4）乡村医生不得出具与执业范围无关或者与执业范围不相符的医学证明，不得进行实验性临床医疗活动。

（5）省、自治区、直辖市人民政府卫生行政主管部门应当按照乡村医生一般医疗服务范围，制定乡村医生基本用药目录。乡村医生应当在乡村医生基本用药目录规定的范围内用药。

四、乡村医生执业培训与考核

（一）培训

省级政府组织制订乡村医生培训规划，保证乡村医生至少每2年接受一次培训。县级人民政府根据培训规划制订本地区乡村医生培训计划。对承担国家规定的预防、保健等公共卫生服务的乡村医生，其培训所需经费列入县级财政预算。对边远贫困地区，设区的市级以上地方人民政府应当给予适当经费支持。同时国家鼓励社会组织和个人支持乡村医生培训工作。

县级人民政府卫生行政主管部门根据乡村医生培训计划，负责组织乡村医生的培训工作，并每2年组织一次对乡村医生的考核，对乡村医生的考核应当客观、公正，充分听取医疗卫生机构、乡村医生本人、所在村村民委员会和村民的意见。

乡、镇人民政府以及村民委员会应当为乡村医生开展工作和学习提供条件，保证乡村医生接受培训和继续教育。

（二）考核

乡村医生经考核合格的，可以继续执业；经考核不合格的，在6个月之内可以申请进行再次考核。逾期未提出再次考核申请或者经再次考核仍不合格的乡村医生，原注册部门应当注销其执业注册，并收回乡村医生执业证书。

五、法律责任

（一）乡村医生的法律责任

（1）乡村医生在执业活动中，违反规定，有下列行为之一的，由县级人民政府卫生行政主管部门责令限期改正，给予警告；逾期不改正的，责令暂停3个月以上6个月以下执业活动；情节严重的，由原发证部门暂扣乡村医生执业证书：①执业活动超出规定的执业范围，或者未按照规定进行转诊的；②违反规定使用乡村医生基本用药目录以外的处方药品的；③违反规定出具医学证明，或者伪造卫生统计资料的；④发现传染病疫情、中毒事件不按规定报告的。

（2）乡村医生在执业活动中，违反规定进行实验性临床医疗活动，或者重复使用一次性医疗器械和卫生材料的，由县级人民政府卫生行政主管部门责令停止违法行为，给予警告，可以并处 1000 元以下的罚款；情节严重的，由原发证部门暂扣或者吊销乡村医生执业证书。

（3）以不正当手段取得乡村医生执业证书的，由发证部门收缴乡村医生执业证书；造成患者人身损害的，依法承担民事赔偿责任；构成犯罪的，依法追究刑事责任。

（4）未经注册在村医疗卫生机构从事医疗活动的，由县级以上地方人民政府卫生行政主管部门予以取缔，没收其违法所得以及药品、医疗器械，违法所得 5000 元以上的，并处违法所得 1 倍以上 3 倍以下的罚款；没有违法所得或者违法所得不足 5000 元的，并处 1000 元以上 3000 元以下的罚款；造成患者人身损害的，依法承担民事赔偿责任；构成犯罪的，依法追究刑事责任。

（二）卫生行政部门的法律责任

（1）县级人民政府卫生行政主管部门未按照乡村医生培训规划、计划组织乡村医生培训的，由本级人民政府或者上一级人民政府卫生行政主管部门责令改正；情节严重的，对直接负责的主管人员和其他直接责任人员依法给予行政处分。

（2）县级人民政府卫生行政主管部门，对不符合《乡村医生从业管理条例》规定条件的人员发给乡村医生执业证书，或者对符合条件的人员不发给乡村医生执业证书的，由本级人民政府或者上一级人民政府卫生行政主管部门责令改正，收回或者补发乡村医生执业证书，并对直接负责的主管人员和其他直接责任人员依法给予行政处分。

（3）县级人民政府卫生行政主管部门对乡村医生执业注册或者再注册申请，未在规定时间内完成审核工作的，或者未按照规定将准予执业注册、再注册和注销注册的人员名单向村民予以公告的，由本级人民政府或者上一级人民政府卫生行政主管部门责令限期改正；逾期不改正的，对直接负责的主管人员和其他直接责任人员依法给予行政处分。

（4）卫生行政主管部门对村民和乡村医生反映的办理乡村医生执业注册、再注册、注销注册的违法活动未及时核实、调查处理或者未公布调查处理结果的，由本级人民政府或者上一级人民政府卫生行政主管部门责令限期改正；逾期不改正的，对直接负责的主管人员和其他直接责任人员依法给予行政处分。

（三）其他法律责任

寻衅滋事、阻碍乡村医生依法执业，侮辱、诽谤、威胁、殴打乡村医生，构成违反治安管理行为的，由公安机关依法予以处罚；构成犯罪的，依法追究刑事责任。

第六节　处方管理的法律规定

一、处方的概念和管理立法

处方，是指由注册的执业医师和执业助理医师在诊疗活动中为患者开具的、由药学专业技术人员审核、调配、核对，并作为发药凭证的医疗用药的医疗文书。

为加强处方开具、调剂、使用、保存的规范化管理，提高处方质量，促进合理用药，保障患者用药安全，2004 年 8 月 10 日，依据《执业医师法》《药品管理法》《医疗机构管理条例》等有关法律、法规，卫生部和国家中医药管理局制定并公布了《处方管理办法（试行）》，自 2004 年 9 月 1 日起施行。

二、处方管理办法的调整对象

本办法所调整的对象包括开具、审核、调剂、保管处方的相应机构和人员。开具处方的人员是指医师和助理医师。审核和调剂人员是指药学专业技术人员，药学专业技术人员包括医疗、预防、保健机构和药品零售企业的、具有相应药学专业技术职务任职资格和资质的人员。保管处方的机构和人员指调剂、出售处方药品的医疗、预防、保健机构或药品零售企业。

三、处方管理的原则和制度

（一）基本原则

医师处方和药学专业技术人员调剂处方应当遵循安全、有效、经济的原则，并注意保护患者的隐私权。

（二）医师处方管理法律规定

1. 处方权 ①经注册的执业医师在执业地点取得相应的处方权。经注册的执业助理医师开具的处方须经所在执业地点执业医师签字或加盖专用签章后方有效。②经注册的执业助理医师在乡、民族乡、镇的医疗、预防、保健机构执业，在注册的执业地点取得相应的处方权。③试用期的医师开具处方，须经所在医疗、预防、保健机构有处方权的执业医师审核并签名或加盖专用签章后方有效。④医师须在注册的医疗、预防、保健机构签名留样及专用签章备案后方可开具处方。⑤医师被责令暂停执业、被责令离岗、培训期间或被注销、吊销执业证书后，其处方权即被取消。⑥医师应当根据医疗、预防、保健需要，按照诊疗规范、药品说明书中的药品适应证、药理作用、用法、用量、禁忌、不良反应和注意事项等开具处方。⑦开具麻醉药品、精神药品、医疗用毒性药品、放射性药品的处方须严格遵守有关法律、法规和规章的规定。

处方权是医生的一种特殊权利。由于药品不是一般商品，俗话讲"是药三分毒"，药品既具有治疗疾病的作用，又有一定的毒副作用，而且不同药物之间的作用还会产生一些不良反应，加剧对人体的危害。所以，只有具备专业知识和执业资格，并经过卫生管理部门批准备案的医生才享有处方权。

2. 处方格式 处方格式由三部分组成。①前记：包括医疗、预防、保健机构名称，处方编号，费别、患者姓名、性别、年龄、门诊或住院病历号，科别或病室和床位号、临床诊断、开具日期等，并可添列专科要求的项目。②正文：以 Rp 或 R（拉丁文 Recipe "请取"的缩写）标示，分列药品名称、规格、数量、用法、用量。③后记：医师签名和（或）加盖专用签章，药品金额以及审核、调配、核对、发药的药学专业技术人员签名。

3. 处方颜色 处方由各医疗机构按规定的格式统一印制。麻醉药品处方、急诊处方、儿科处方、普通处方的印刷用纸应分别为淡红色、淡黄色、淡绿色、白色。并在处方右上角以文字注明。

4. 处方书写
（1）处方记载的患者一般项目应清晰、完整，并与病历记载相一致。

（2）每张处方只限于一名患者的用药。

（3）处方字迹应当清楚，不得涂改。如有修改，必须在修改处签名及注明修改日期。

（4）处方一律用规范的中文或英文名称书写。医疗、预防、保健机构或医师、药师不得自行编制药品缩写名或用代号。药品名称以《中华人民共和国药典》收载或药典委员会公布的中国药品通用名称或经国家批准的专利药品名为准。如无收载，可采用通用名或商品名。药名简写或缩写必须为国内通用写法。中成药和医院制剂品名的书写应当与正式批准的名称一致。书写药品名称、剂量、规格、用法、用量要准确规范，不得使用"遵医嘱""自用"等含糊不清字句。

（5）年龄必须写实足年龄，婴幼儿写日、月龄。必要时，婴幼儿要注明体重。西药、中成药、中药饮片要分别开具处方。

（6）西药、中成药处方，每一种药品须另起一行。每张处方不得超过5种药品。

（7）中药饮片处方的书写，可按君、臣、佐、使的顺序排列；药物调剂、煎煮的特殊要求注明在药品之后上方，并加括号，如布包、先煎、后下等；对药物的产地、炮制有特殊要求，应在药名之前写出。

（8）用量。一般应按照药品说明书中的常用剂量使用，特殊情况需超剂量使用时，应注明原因并再次签名。药品剂量与数量一律用阿拉伯数字书写。剂量应当使用公制单位：质量以克（g）、毫克（mg）、微克（μg）、纳克（ng）为单位；容量以升（L）、毫升（ml）为单位；国际单位（IU）、单位（U）计算。片剂、丸剂、胶囊剂、冲剂分别以片、丸、粒、袋为单位；溶液剂以支、瓶为单位；软膏及霜剂以支、盒为单位；注射剂以支、瓶为单位，应注明含量；饮片以剂为单位。

处方一般不得超过7天用量；急诊处方一般不得超过3天用量；对于某些慢性病、老年病或特殊情况，处方用量可适当延长，但医师必须注明理由。

麻醉药品、精神药品、医疗用毒性药品、放射性药品的处方用量应当严格执行国家有关规定。开具麻醉药品处方时，应有病历记录。

（9）为便于药学专业技术人员审核处方，医师开具处方时，除特殊情况外必须注明临床诊断。医师利用计算机开具普通处方时，需同时打印纸质处方，其格式与手写处方一致，打印的处方经签名后有效。药学专业技术人员核发药品时，必须核对打印处方无误后发给药品，并将打印处方收存备查。

（10）开具处方后的空白处应画一斜线，以示处方完毕。处方为开具当日有效。特殊情况下需延长有效期的，由开具处方的医师注明有效期限，但有效期最长不得超过3天。

（11）处方医师的签名式样和专用签章必须与在药学部门留样备查的式样相一致，不得任意改动，否则应重新登记留样备案。

5. 处方保存　处方由调剂、出售处方药品的医疗、预防、保健机构或药品零售企业妥善保存。普通处方、急诊处方、儿科处方保存1年，医疗用毒性药品、精神药品及戒毒药品处方保留2年，麻醉药品处方保留3年。

处方保存期满后，经医疗、预防、保健机构或药品零售企业主管领导批准、登记备案，方可销毁。

四、药学专业技术人员处方管理的法律规定

（一）处置处方权的法律规定

（1）取得药学专业技术资格人员方可从事处方调剂、调配工作。非药学专业技术人

员不得从事处方调剂、调配工作。处方药必须凭医师处方销售、调剂和使用。

（2）具有药师以上药学专业技术职务任职资格的人员负责处方审核、评估、核对、发药以及安全用药指导。药士从事处方调配工作；确因工作需要，经培训考核合格后，也可以承担相应的药品调剂工作。

（3）药学专业技术人员须凭医师处方调剂处方药品，非经医师处方不得调剂。

（4）药学专业技术人员签名式样应在本机构药学部门或药品零售企业留样备查。

（5）药学专业技术人员停止在医疗、预防、保健机构或药品零售企业执业时，其处方调剂权即被取消。

（二）处方管理的法律规定

（1）药学专业技术人员应按操作规程调剂处方药品，认真审核处方，准确调配药品，正确书写药袋或粘贴标签，包装；向患者交付处方药品时，应当对患者进行用药交待与指导。

（2）药学专业技术人员应当认真逐项检查处方前记、正文和后记书写是否清晰、完整，并确认处方的合法性。处方药必须凭医师处方销售、调剂和使用。药学专业技术人员对于不规范处方或不能判定其合法性的处方，不得调剂。

（3）药学专业技术人员应当对处方用药适宜性进行审核。包括下列内容：①对规定必须做过敏试验的药物，处方医师是否注明过敏试验及结果的判定；②处方用药与临床诊断的相符性；③剂量、用法；④剂型与给药途径；⑤是否有重复给药现象；⑥是否有潜在临床意义的药物相互作用和配伍禁忌。

（4）药学专业技术人员经处方审核后，认为存在用药安全问题时，应告知处方医师，请其确认或重新开具处方，并记录在处方调剂问题专用记录表上，经办药学专业技术人员应当签名，同时注明时间。

（5）药学专业技术人员发现药品滥用和用药失误，应拒绝调剂，并及时告知处方医师，但不得擅自更改或者配发代用药品。

（6）药学专业技术人员调剂处方时必须做到"四查十对"。查处方，对科别、姓名、年龄；查药品，对药名、规格、数量、标签；查配伍禁忌，对药品性状、用法用量；查用药合理性，对临床诊断。发出的药品应注明患者姓名和药品名称、用法、用量。发出药品时应按药品说明书或处方医嘱，向患者或其家属进行相应的用药交待与指导，包括每种药品的用法、用量、注意事项等。

（7）药学专业技术人员在完成处方调剂后，应当在处方上签名。药学专业技术人员签名式样应在本机构药学部门或药品零售企业留样备查。

（8）除医疗用毒性药品、精神药品、麻醉药品及戒毒药品外，任何医疗、预防、保健机构不得限制就诊人员持处方到其他医疗、预防、保健机构或药品零售企业购药。

第六章 食品安全法律制度

第一节 概　述

一、食品安全法的概念

食品安全法是调整食品生产经营和食品安全监督管理活动中产生的各种社会关系的法律规范的总称。

食品，是指各种供人食用或者饮用的成品和原料，以及按照传统既是食品又是药品的物品，但是不包括以治疗为目的的物品。为了保证食品安全，保护人体健康，食品安全管理既采用食品危险性分析的科学技术手段，也运用规范食品生产经营行为的法律手段，把食品安全纳入法制化管理。

二、食品安全立法

1995 年 10 月 30 日，第八届全国人大常委会第十六次会议审议通过了经过修订的《中华人民共和国食品卫生法》（以下简称《食品卫生法》），自公布之日起施行。《食品卫生法》进一步明确了各级人民政府卫生行政机关是食品安全监督的执法主体，强化了行政机关的执法责任，加大了对违法行为的处罚力度；明确了保健食品的监督管理，加强了对食物中毒的控制措施。现在，我国已经基本形成了由食品安全法、食品安全法规和规章、食品安全标准和技术规范以及与食品安全有关的其他法律规范所组成的食品安全法律体系。

为了深入贯彻《食品卫生法》，充分保障食品安全，卫生部于 2003 年 8 月制定了《食品安全行动计划》。其总目标是控制食品污染，减少食源性疾病，保障消费者健康，促进经济发展。具体内容是：①完善食品安全法律法规与标准体系；②建立食品污染物监测与信息系统；③建立和完善食源性疾病的预警与控制系统；④加强食品生产经营企业自身管理的食品安全监管模式；⑤建立有效保证食品安全的卫生监督体制和技术支撑体系。

2004 年 9 月 1 日，国务院发出《关于进一步加强食品安全工作的决定》，指出根据食品安全的形势，为恢复和提高我国食品信誉，确保人民身体健康和生命安全，必须采取切实有效的措施，进一步加强食品安全工作。

2007 年 10 月 31 日，国务院常务会议讨论并原则通过《中华人民共和国食品安全法（草案）》。在现行食品安全法基础上拟订的《中华人民共和国食品安全法（草案）》，针对我国食品安全监管中的薄弱环节，对食品安全制度做了重要的补充和完善。2007 年 12 月，第十届全国人大常委会第三十一次会议初次审议了《中华人民共和国食品安全法（草案）》。

2009 年 2 月 28 日第十一届全国人民代表大会常务委员会第七次会议通过，2015 年 4 月 24 日第十二届全国人民代表大会常务委员会第十四次会议修订，根据 2018 年 12 月 29 日第十三届全国人民代表大会常务委员会第七次会议《关于修改〈中华人民共和国食品安全法〉等五部法律的决定》第一次修正，根据 2021 年 4 月 29 日第十三届全国人民代表大会常务委员会第二十八次会议《关于修改〈中华人民共和国食品安全法〉等八部法律的决定》第二次修正。

三、食品安全法的适用范围

（1）在中华人民共和国境内从事下列活动，应当遵守本法。

1）食品生产和加工（以下称食品生产），食品销售和餐饮服务（以下称食品经营）。

2）食品添加剂的生产经营。

3）用于食品的包装材料、容器、洗涤剂、消毒剂和用于食品生产经营的工具、设备（以下称食品相关产品）的生产经营。

4）食品生产经营者使用食品添加剂、食品相关产品。

5）食品的贮存和运输。

6）对食品、食品添加剂、食品相关产品的安全管理。

（2）供食用的源于农业的初级产品（以下称食用农产品）的质量安全管理，遵守《中华人民共和国农产品质量安全法》的规定。但是，食用农产品的市场销售、有关质量安全标准的制定、有关安全信息的公布和本法对农业投入品做出规定的，应当遵守本法的规定。

第二节 食品安全风险监测和评估

国家建立食品安全风险监测制度，对食源性疾病、食品污染以及食品中的有害因素进行监测。国务院卫生行政部门会同国务院食品安全监督管理等部门，制订、实施国家食品安全风险监测计划。

国务院食品安全监督管理部门和其他有关部门获知有关食品安全风险信息后，应当立即核实并向国务院卫生行政部门通报。对有关部门通报的食品安全风险信息以及医疗机构报告的食源性疾病等有关疾病信息，国务院卫生行政部门应当会同国务院有关部门分析研究，认为必要的，及时调整国家食品安全风险监测计划。

省、自治区、直辖市人民政府卫生行政部门会同同级食品安全监督管理等部门，根据国家食品安全风险监测计划，结合本行政区域的具体情况，制订、调整本行政区域的食品安全风险监测方案，报国务院卫生行政部门备案并实施。

承担食品安全风险监测工作的技术机构应当根据食品安全风险监测计划和监测方案开展监测工作，保证监测数据真实、准确，并按照食品安全风险监测计划和监测方案的要求报送监测数据和分析结果。

食品安全风险监测工作人员有权进入相关食用农产品种植养殖、食品生产经营场所采集样品、收集相关数据。采集样品应当按照市场价格支付费用。食品安全风险评估不得向生产经营者收取费用，采集样品应当按照市场价格支付费用。

食品安全风险监测结果表明可能存在食品安全隐患的，县级以上人民政府卫生行政部门应当及时将相关信息通报同级食品安全监督管理等部门，并报告本级人民政府和上级人民政府卫生行政部门。食品安全监督管理等部门应当组织开展进一步调查。

国家建立食品安全风险评估制度，运用科学方法，根据食品安全风险监测信息、科学数据以及有关信息，对食品、食品添加剂、食品相关产品中的生物性、化学性和物理性危害因素进行风险评估。

国务院卫生行政部门负责组织食品安全风险评估工作，成立由医学、农业、食品、营养、生物、环境等方面的专家组成的食品安全风险评估专家委员会进行食品安全风险评估。食品安全风险评估结果由国务院卫生行政部门公布。

对农药、肥料、兽药、饲料和饲料添加剂等的安全性评估，应当有食品安全风险评估专家委员会的专家参加。

有下列情形之一的，应当进行食品安全风险评估。

（1）通过食品安全风险监测或者接到举报发现食品、食品添加剂、食品相关产品可能存在安全隐患的。

（2）为制定或者修订食品安全国家标准提供科学依据需要进行风险评估的。

（3）为确定监督管理的重点领域、重点品种需要进行风险评估的。

（4）发现新的可能危害食品安全因素的。

（5）需要判断某一因素是否构成食品安全隐患的。

（6）国务院卫生行政部门认为需要进行风险评估的其他情形。

食品安全风险评估结果是制定、修订食品安全标准和实施食品安全监督管理的科学依据。经食品安全风险评估，得出食品、食品添加剂、食品相关产品不安全结论的，国务院食品安全监督管理等部门应当依据各自职责立即向社会公告，告知消费者停止食用或者使用，并采取相应措施，确保该食品、食品添加剂、食品相关产品停止生产经营；需要制定、修订相关食品安全国家标准的，国务院卫生行政部门应当会同国务院食品安全监督管理部门立即制定、修订。

第三节　食品安全标准

制定食品安全标准，应当以保障公众身体健康为宗旨，做到科学合理、安全可靠。食品安全标准是强制执行的标准。除食品安全标准外，不得制定其他食品强制性标准。

一、食品安全标准的内容

食品安全标准应当包括下列内容。

（1）食品、食品添加剂、食品相关产品中的致病性微生物，农药残留、兽药残留、生物毒素、重金属等污染物质以及其他危害人体健康物质的限量规定。

（2）食品添加剂的品种、使用范围、用量。

（3）专供婴幼儿和其他特定人群的主辅食品的营养成分要求。

（4）对与卫生、营养等食品安全要求有关的标签、标志、说明书的要求。

（5）食品生产经营过程的卫生要求。

（6）与食品安全有关的质量要求。

（7）与食品安全有关的食品检验方法与规程。

（8）其他需要制定为食品安全标准的内容。

二、食品安全标准制定

食品安全国家标准由国务院卫生行政部门会同国务院食品安全监督管理部门制定、公布，国务院标准化行政部门提供国家标准编号。

食品中农药残留、兽药残留的限量规定及其检验方法与规程由国务院卫生行政部门、国务院农业行政部门会同国务院食品安全监督管理部门制定。

屠宰畜、禽的检验规程由国务院农业行政部门会同国务院卫生行政部门制定。

制定食品安全国家标准，应当依据食品安全风险评估结果并充分考虑食用农产品安全风险评估结果，参照相关的国际标准和国际食品安全风险评估结果，并将食品安全国家标准草案向社会公布，广泛听取食品生产经营者、消费者、有关部门等方面的意见。

食品安全国家标准应当经国务院卫生行政部门组织的食品安全国家标准审评委员会审查通过。食品安全国家标准审评委员会由医学、农业、食品、营养、生物、环境等方面的专家以及国务院有关部门、食品行业协会、消费者协会的代表组成，对食品安全国家标准草案的科学性和实用性等进行审查。

对地方特色食品，没有食品安全国家标准的，省、自治区、直辖市人民政府卫生行政部门可以制定并公布食品安全地方标准，报国务院卫生行政部门备案。食品安全国家标准制定后，该地方标准即行废止。

国家鼓励食品生产企业制定严于食品安全国家标准或者地方标准的企业标准，在本企业适用，并报省、自治区、直辖市人民政府卫生行政部门备案。

第四节　食品生产经营

一、一般规定

食品生产经营应当符合食品安全标准，并符合下列要求。

（1）具有与生产经营的食品品种、数量相适应的食品原料处理和食品加工、包装、贮存等场所，保持该场所环境整洁，并与有毒、有害场所以及其他污染源保持规定的距离。

（2）具有与生产经营的食品品种、数量相适应的生产经营设备或者设施，有相应的消毒、更衣、盥洗、采光、照明、通风、防腐、防尘、防蝇、防鼠、防虫、洗涤以及处理废水、存放垃圾和废弃物的设备或者设施。

（3）有专职或者兼职的食品安全专业技术人员、食品安全管理人员和保证食品安全的规章制度。

（4）具有合理的设备布局和工艺流程，防止待加工食品与直接入口食品、原料与成品交叉污染，避免食品接触有毒物、不洁物。

（5）餐具、饮具和盛放直接入口食品的容器，使用前应当洗净、消毒，炊具、用具用后应当洗净，保持清洁。

（6）贮存、运输和装卸食品的容器、工具和设备应当安全、无害，保持清洁，防止食品污染，并符合保证食品安全所需的温度、湿度等特殊要求，不得将食品与有毒、有害物品一同贮存、运输。

（7）直接入口的食品应当使用无毒、清洁的包装材料、餐具、饮具和容器。

（8）食品生产经营人员应当保持个人卫生，生产经营食品时，应当将手洗净，穿戴清洁的工作衣、帽等；销售无包装的直接入口食品时，应当使用无毒、清洁的容器、售货工具和设备。

（9）用水应当符合国家规定的生活饮用水卫生标准。

（10）使用的洗涤剂、消毒剂应当对人体安全、无害。

（11）法律、法规规定的其他要求。

非食品生产经营者从事食品贮存、运输和装卸的，应当符合前款第六项的规定。

二、禁止生产经营的品种

禁止生产经营下列食品、食品添加剂、食品相关产品。

（1）用非食品原料生产的食品或者添加食品添加剂以外的化学物质和其他可能危害人体健康物质的食品，或者用回收食品作为原料生产的食品。

（2）致病性微生物，农药残留、兽药残留、生物毒素、重金属等污染物质以及其他危害人体健康的物质含量超过食品安全标准限量的食品、食品添加剂、食品相关产品。

（3）用超过保质期的食品原料、食品添加剂生产的食品、食品添加剂。

（4）超范围、超限量使用食品添加剂的食品。

（5）营养成分不符合食品安全标准的专供婴幼儿和其他特定人群的主辅食品。

（6）腐败变质、油脂酸败、霉变生虫、污秽不洁、混有异物、掺假掺杂或者感官性状异常的食品、食品添加剂。

（7）病死、毒死或者死因不明的禽、畜、兽、水产动物肉类及其制品。

（8）未按规定进行检疫或者检疫不合格的肉类，或者未经检验或者检验不合格的肉类制品。

（9）被包装材料、容器、运输工具等污染的食品、食品添加剂。

（10）标注虚假生产日期、保质期或者超过保质期的食品、食品添加剂。

（11）无标签的预包装食品、食品添加剂。

（12）国家为防病等特殊需要明令禁止生产经营的食品。

（13）其他不符合法律、法规或者食品安全标准的食品、食品添加剂、食品相关产品。

三、国家对食品生产经营实行许可制度

从事食品生产、食品销售、餐饮服务，应当依法取得许可。但是，销售食用农产品和仅销售预包装食品的，不需要取得许可。仅销售预包装食品的，应当报所在地县级以上地方人民政府食品安全监督管理部门备案。

县级以上地方人民政府食品安全监督管理部门应当依照《中华人民共和国行政许可法》的规定，必要时对申请人的生产经营场所进行现场核查；对符合规定条件的，准予许可；对不符合规定条件的，不予许可并书面说明理由。

食品生产加工小作坊和食品摊贩等从事食品生产经营活动，应当符合本法规定的与其生产经营规模、条件相适应的食品安全要求，保证所生产经营的食品卫生、无毒、无害，食品安全监督管理部门应当对其加强监督管理。

县级以上地方人民政府应当对食品生产加工小作坊、食品摊贩等进行综合治理，加强服务和统一规划，改善其生产经营环境，鼓励和支持其改进生产经营条件，进入集中交易市场、店铺等固定场所经营，或者在指定的临时经营区域、时段经营。

食品生产加工小作坊和食品摊贩等的具体管理办法由省、自治区、直辖市制定。

四、食品添加剂的管理

利用新的食品原料生产食品，或者生产食品添加剂新品种、食品相关产品新品种，应当向国务院卫生行政部门提交相关产品的安全性评估材料。国务院卫生行政部门应当自收到申请之日起六十日内组织审查；对符合食品安全要求的，准予许可并公布；对不符合食品安全要求的，不予许可并书面说明理由。

生产经营的食品中不得添加药品，但是可以添加按照传统既是食品又是中药材的物质。按照传统既是食品又是中药材的物质目录由国务院卫生行政部门会同国务院食品安全监督管理部门制定、公布。

国家对食品添加剂生产实行许可制度。从事食品添加剂生产，应当具有与所生产食品添加剂品种相适应的场所、生产设备或者设施、专业技术人员和管理制度，并依照规定的程序，取得食品添加剂生产许可。

生产食品添加剂应当符合法律、法规和食品安全国家标准。

食品添加剂应当在技术上确有必要且经过风险评估证明安全可靠，方可列入允许使用的范围；有关食品安全国家标准应当根据技术必要性和食品安全风险评估结果及时修订。

食品生产经营者应当按照食品安全国家标准使用食品添加剂。

生产食品相关产品应当符合法律、法规和食品安全国家标准。对直接接触食品的包装材料等具有较高风险的食品相关产品，按照国家有关工业产品生产许可证管理的规定实施生产许可。食品安全监督管理部门应当加强对食品相关产品生产活动的监督管理。

五、国家建立食品安全全程追溯制度

食品生产经营者应当依照本法的规定，建立食品安全追溯体系，保证食品可追溯。国家鼓励食品生产经营者采用信息化手段采集、留存生产经营信息，建立食品安全追溯体系。

国务院食品安全监督管理部门会同国务院农业行政等有关部门建立食品安全全程追溯协作机制。

地方各级人民政府应当采取措施鼓励食品规模化生产和连锁经营、配送。

六、生产经营过程控制

（一）食品生产经营管理

食品生产经营企业应当建立健全食品安全管理制度，对职工进行食品安全知识培训，加强食品检验工作，依法从事生产经营活动。

食品生产经营企业的主要负责人应当落实企业食品安全管理制度，对本企业的食品安全工作全面负责。

食品生产经营企业应当配备食品安全管理人员，加强对其培训和考核。经考核不具

备食品安全管理能力的，不得上岗。食品安全监督管理部门应当对企业食品安全管理人员随机进行监督抽查考核并公布考核情况。监督抽查考核不得收取费用。

食品生产经营者应当建立并执行从业人员健康管理制度。患有国务院卫生行政部门规定的有碍食品安全疾病的人员，不得从事接触直接入口食品的工作。

从事接触直接入口食品工作的食品生产经营人员应当每年进行健康检查，取得健康证明后方可上岗工作。

食品生产企业应当就下列事项制定并实施控制要求，保证所生产的食品符合食品安全标准。

（1）原料采购、原料验收、投料等原料控制。

（2）生产工序、设备、贮存、包装等生产关键环节控制。

（3）原料检验、半成品检验、成品出厂检验等检验控制。

（4）运输和交付控制。

食品生产经营者应当建立食品安全自查制度，定期对食品安全状况进行检查评价。生产经营条件发生变化，不再符合食品安全要求的，食品生产经营者应当立即采取整改措施；有发生食品安全事故潜在风险的，应当立即停止食品生产经营活动，并向所在地县级人民政府食品安全监督管理部门报告。

国家鼓励食品生产经营企业符合良好生产规范要求，实施危害分析与关键控制点体系，提高食品安全管理水平。

对通过良好生产规范、危害分析与关键控制点体系认证的食品生产经营企业，认证机构应当依法实施跟踪调查；对不再符合认证要求的企业，应当依法撤销认证，及时向县级以上人民政府食品安全监督管理部门通报，并向社会公布。认证机构实施跟踪调查不得收取费用。

食用农产品生产者应当按照食品安全标准和国家有关规定使用农药、肥料、兽药、饲料和饲料添加剂等农业投入品，严格执行农业投入品使用安全间隔期或者休药期的规定，不得使用国家明令禁止的农业投入品。禁止将剧毒、高毒农药用于蔬菜、瓜果、茶叶和中草药材等国家规定的农作物。

食用农产品的生产企业和农民专业合作经济组织应当建立农业投入品使用记录制度。

食品生产者采购食品原料、食品添加剂、食品相关产品，应当查验供货者的许可证和产品合格证明；对无法提供合格证明的食品原料，应当按照食品安全标准进行检验；不得采购或者使用不符合食品安全标准的食品原料、食品添加剂、食品相关产品。

食品生产企业应当建立食品原料、食品添加剂、食品相关产品进货查验记录制度，如实记录食品原料、食品添加剂、食品相关产品的名称、规格、数量、生产日期或者生产批号、保质期、进货日期以及供货者名称、地址、联系方式等内容，并保存相关凭证。记录和凭证保存期限不得少于产品保质期满后六个月；没有明确保质期的，保存期限不得少于二年。

食品生产企业应当建立食品出厂检验记录制度，查验出厂食品的检验合格证和安全状况，如实记录食品的名称、规格、数量、生产日期或者生产批号、保质期、检验合格证号、销售日期，以及购货者的名称、地址、联系方式等内容，并保存相关凭证。记录和凭证保存期限应当符合规定。

食品、食品添加剂、食品相关产品的生产者，应当按照食品安全标准对所生产的食品、食品添加剂、食品相关产品进行检验，检验合格后方可出厂或者销售。

（二）食品经营管理

食品经营者采购食品，应当查验供货者的许可证和食品出厂检验合格证或者其他合格证明（以下称合格证明文件）。

食品经营企业应当建立食品进货查验记录制度，如实记录食品的名称、规格、数量、生产日期或者生产批号、保质期、进货日期，以及供货者的名称、地址、联系方式等内容，并保存相关凭证。记录和凭证保存期限应当符合规定。

实行统一配送经营方式的食品经营企业，可以由企业总部统一查验供货者的许可证和食品合格证明文件，进行食品进货查验记录。

从事食品批发业务的经营企业应当建立食品销售记录制度，如实记录批发食品的名称、规格、数量、生产日期或者生产批号、保质期、销售日期，以及购货者的名称、地址、联系方式等内容，并保存相关凭证。记录和凭证保存期限应当符合规定。

食品经营者应当按照保证食品安全的要求贮存食品，定期检查库存食品，及时清理变质或者超过保质期的食品。

食品经营者贮存散装食品，应当在贮存位置标明食品的名称、生产日期或者生产批号、保质期、生产者名称及联系方式等内容。

（三）餐饮服务业管理

餐饮服务提供者应当制定并实施原料控制要求，不得采购不符合食品安全标准的食品原料。倡导餐饮服务提供者公开加工过程，公示食品原料及其来源等信息。餐饮服务提供者在加工过程中应当检查待加工的食品及原料，发现有不符合规定情形的，不得加工或者使用。

餐饮服务提供者应当定期维护食品加工、贮存、陈列等设施、设备；定期清洗、校验保温设施及冷藏、冷冻设施。

餐饮服务提供者应当按照要求对餐具、饮具进行清洗消毒，不得使用未经清洗消毒的餐具、饮具；餐饮服务提供者委托清洗消毒餐具、饮具的，应当委托符合本法规定条件的餐具、饮具集中消毒服务单位。

学校、托幼机构、养老机构、建筑工地等集中用餐单位的食堂应当严格遵守法律、法规和食品安全标准；从供餐单位订餐的，应当从取得食品生产经营许可的企业订购，并按照要求对订购的食品进行查验。供餐单位应当严格遵守法律、法规和食品安全标准，当餐加工，确保食品安全。

学校、托幼机构、养老机构、建筑工地等集中用餐单位的主管部门应当加强对集中用餐单位的食品安全教育和日常管理，降低食品安全风险，及时消除食品安全隐患。

餐具、饮具集中消毒服务单位应当具备相应的作业场所、清洗消毒设备或者设施，用水和使用的洗涤剂、消毒剂应当符合相关食品安全国家标准和其他国家标准、卫生规范。

餐具、饮具集中消毒服务单位应当对消毒餐具、饮具进行逐批检验，检验合格后方可出厂，并应当随附消毒合格证明。消毒后的餐具、饮具应当在独立包装上标注单位名称、地址、联系方式、消毒日期以及使用期限等内容。

（四）食品添加剂生产者管理

食品添加剂生产者应当建立食品添加剂出厂检验记录制度，查验出厂产品的检验合格证和安全状况，如实记录食品添加剂的名称、规格、数量、生产日期或者生产批号、保质期、检验合格证号、销售日期，以及购货者的名称、地址、联系方式等相关内容，并保存相关凭证。记录和凭证保存期限应当符合有关规定。

食品添加剂经营者采购食品添加剂，应当依法查验供货者的许可证和产品合格证明文件，如实记录食品添加剂的名称、规格、数量、生产日期或者生产批号、保质期、进货日期，以及供货者的名称、地址、联系方式等内容，并保存相关凭证。记录和凭证保存期限应当符合有关规定。

（五）食品交易管理

集中交易市场的开办者、柜台出租者和展销会举办者，应当依法审查入场食品经营者的许可证，明确其食品安全管理责任，定期对其经营环境和条件进行检查，发现其有违反《食品安全法》规定行为的，应当及时制止并立即报告所在地县级人民政府食品安全监督管理部门。

网络食品交易第三方平台提供者应当对入网食品经营者进行实名登记，明确其食品安全管理责任；依法应当取得许可证的，还应当审查其许可证。

网络食品交易第三方平台提供者发现入网食品经营者有违反《食品安全法》规定行为的，应当及时制止并立即报告所在地县级人民政府食品安全监督管理部门；发现严重违法行为的，应当立即停止提供网络交易平台服务。

（六）不合格食品管理

国家建立食品召回制度。食品生产者发现其生产的食品不符合食品安全标准或者有证据证明可能危害人体健康的，应当立即停止生产，召回已经上市销售的食品，通知相关生产经营者和消费者，并记录召回和通知情况。

食品经营者发现其经营的食品有前款规定情形的，应当立即停止经营，通知相关生产经营者和消费者，并记录停止经营和通知情况。食品生产者认为应当召回的，应当立即召回。由于食品经营者的原因造成其经营的食品有前款规定情形的，食品经营者应当召回。

食品生产经营者应当对召回的食品采取无害化处理、销毁等措施，防止其再次流入市场。但是，对因标签、标志或者说明书不符合食品安全标准而被召回的食品，食品生产者在采取补救措施且能保证食品安全的情况下可以继续销售；销售时应当向消费者明示补救措施。

食品生产经营者应当将食品召回和处理情况向所在地县级人民政府食品安全监督管理部门报告；需要对召回的食品进行无害化处理、销毁的，应当提前报告时间、地点。食品安全监督管理部门认为必要的，可以实施现场监督。

食品生产经营者未依照本条规定召回或者停止经营的，县级以上人民政府食品安全监督管理部门可以责令其召回或者停止经营。

（七）食用农产品管理

食用农产品批发市场应当配备检验设备和检验人员或者委托符合《食品安全法》规定的食品检验机构，对进入该批发市场销售的食用农产品进行抽样检验；发现不符合食品安全标准的，应当要求销售者立即停止销售，并向食品安全监督管理部门报告。

食用农产品销售者应当建立食用农产品进货查验记录制度，如实记录食用农产品的名称、数量、进货日期，以及供货者的名称、地址、联系方式等内容，并保存相关凭证。

记录和凭证保存期限不得少于六个月。

进入市场销售的食用农产品在包装、保鲜、贮存、运输中使用保鲜剂、防腐剂等食品添加剂和包装材料等食品相关产品，应当符合食品安全国家标准。

（八）食品标签、说明书和广告

预包装食品的包装上应当有标签。标签应当标明下列事项。

（1）名称、规格、净含量、生产日期。

（2）成分或者配料表。

（3）生产者的名称、地址、联系方式。

（4）保质期。

（5）产品标准代号。

（6）贮存条件。

（7）所使用的食品添加剂在国家标准中的通用名称。

（8）生产许可证编号。

（9）法律、法规或者食品安全标准规定应当标明的其他事项。

专供婴幼儿和其他特定人群的主辅食品，其标签还应当标明主要营养成分及其含量。

食品安全国家标准对标签标注事项另有规定的，从其规定。

食品经营者销售散装食品，应当在散装食品的容器、外包装上标明食品的名称、生产日期或者生产批号、保质期，以及生产经营者的名称、地址、联系方式等内容。

生产经营转基因食品应当按照规定显著标示。

食品添加剂应当有标签、说明书和包装。标签、说明书应当载明有关规定的事项，以及食品添加剂的使用范围、用量、使用方法，并在标签上载明"食品添加剂"字样。

食品和食品添加剂的标签、说明书，不得含有虚假内容，不得涉及疾病预防、治疗功能。生产经营者对其提供的标签、说明书的内容负责。

食品和食品添加剂的标签、说明书应当清楚、明显，生产日期、保质期等事项应当显著标注，容易辨识。

食品和食品添加剂与其标签、说明书的内容不符的，不得上市销售。

食品经营者应当按照食品标签标示的警示标志、警示说明或者注意事项的要求销售食品。

食品广告的内容应当真实合法，不得含有虚假内容，不得涉及疾病预防、治疗功能。食品生产经营者对食品广告内容的真实性、合法性负责。

县级以上人民政府食品安全监督管理部门和其他有关部门以及食品检验机构、食品行业协会不得以广告或者其他形式向消费者推荐食品。消费者组织不得以收取费用或者其他牟取利益的方式向消费者推荐食品。

（九）特殊食品

国家对保健食品、特殊医学用途配方食品和婴幼儿配方食品等特殊食品实行严格监督管理。

保健食品、特殊医学用途配方食品、婴幼儿配方乳粉的注册人或者备案人应当对其提交材料的真实性负责。

省级以上人民政府食品安全监督管理部门应当及时公布注册或者备案的保健食品、特殊医学用途配方食品、婴幼儿配方乳粉目录，并对注册或者备案中获知的企业商业秘密予以保密。

保健食品、特殊医学用途配方食品、婴幼儿配方乳粉生产企业应当按照注册或者备案的产品配方、生产工艺等技术要求组织生产。

生产保健食品、特殊医学用途配方食品、婴幼儿配方食品和其他专供特定人群的主辅食品的企业，应当按照良好生产规范的要求建立与所生产食品相适应的生产质量管理体系，定期对该体系的运行情况进行自查，保证其有效运行，并向所在地县级人民政府食品安全监督管理部门提交自查报告。

1. 保健食品管理

保健食品声称保健功能，应当具有科学依据，不得对人体产生急性、亚急性或者慢性危害。

保健食品原料目录和允许保健食品声称的保健功能目录，由国务院食品安全监督管理部门会同国务院卫生行政部门、国家中医药管理部门制定、调整并公布。

保健食品原料目录应当包括原料名称、用量及其对应的功效；列入保健食品原料目录的原料只能用于保健食品生产，不得用于其他食品生产。

使用保健食品原料目录以外原料的保健食品和首次进口的保健食品应当经国务院食品安全监督管理部门注册。但是，首次进口的保健食品中属于补充维生素、矿物质等营养物质的，应当报国务院食品安全监督管理部门备案。其他保健食品应当报省、自治区、直辖市人民政府食品安全监督管理部门备案。

进口的保健食品应当是出口国（地区）主管部门准许上市销售的产品。

依法应当注册的保健食品，注册时应当提交保健食品的研发报告、产品配方、生产工艺、安全性和保健功能评价、标签、说明书等材料及样品，并提供相关证明文件。国务院食品安全监督管理部门经组织技术审评，对符合安全和功能声称要求的，准予注册；对不符合要求的，不予注册并书面说明理由。对使用保健食品原料目录以外原料的保健食品做出准予注册决定的，应当及时将该原料纳入保健食品原料目录。

依法应当备案的保健食品，备案时应当提交产品配方、生产工艺、标签、说明书以及表明产品安全性和保健功能的材料。

保健食品的标签、说明书不得涉及疾病预防、治疗功能，内容应当真实，与注册或者备案的内容相一致，载明适宜人群、不适宜人群、功效成分或者标志性成分及其含量等，并声明"本品不能代替药物"。保健食品的功能和成分应当与标签、说明书相一致。

保健食品广告除应当符合有关规定外，还应当声明"本品不能代替药物"；其内容应当经生产企业所在地省、自治区、直辖市人民政府食品安全监督管理部门审查批准，取得保健食品广告批准文件。省、自治区、直辖市人民政府食品安全监督管理部门应当公布并及时更新已经批准的保健食品广告目录以及批准的广告内容。

2. 特殊医学用途配方食品管理

特殊医学用途配方食品应当经国务院食品安全监督管理部门注册。注册时，应当提交产品配方、生产工艺、标签、说明书以及表明产品安全性、营养充足性和特殊医学用途临床效果的材料。

特殊医学用途配方食品广告适用《中华人民共和国广告法》和其他法律、行政法规关于药品广告管理的规定。

3. 婴幼儿配方食品管理

婴幼儿配方食品生产企业应当实施从原料进厂到成品出厂的全过程质量控制，对出

厂的婴幼儿配方食品实施逐批检验，保证食品安全。

生产婴幼儿配方食品使用的生鲜乳、辅料等食品原料、食品添加剂等，应当符合法律、行政法规的规定和食品安全国家标准，保证婴幼儿生长发育所需的营养成分。

婴幼儿配方食品生产企业应当将食品原料、食品添加剂、产品配方及标签等事项向省、自治区、直辖市人民政府食品安全监督管理部门备案。

婴幼儿配方乳粉的产品配方应当经国务院食品安全监督管理部门注册。注册时，应当提交配方研发报告和其他表明配方科学性、安全性的材料。

不得以分装方式生产婴幼儿配方乳粉，同一企业不得用同一配方生产不同品牌的婴幼儿配方乳粉。

第五节 食品检验

食品检验机构按照国家有关认证认可的规定取得资质认定后，方可从事食品检验活动。但是，法律另有规定的除外。食品检验机构的资质认定条件和检验规范，由国务院食品安全监督管理部门规定。

符合规定的食品检验机构出具的检验报告具有同等效力。县级以上人民政府应当整合食品检验资源，实现资源共享。

食品检验由食品检验机构指定的检验人独立进行。检验人应当依照有关法律、法规的规定，并按照食品安全标准和检验规范对食品进行检验，尊重科学，恪守职业道德，保证出具的检验数据和结论客观、公正，不得出具虚假检验报告。食品检验实行食品检验机构与检验人负责制。食品检验报告应当加盖食品检验机构公章，并有检验人的签名或者盖章。食品检验机构和检验人对出具的食品检验报告负责。

县级以上人民政府食品安全监督管理部门应当对食品进行定期或者不定期的抽样检验，并依据有关规定公布检验结果，不得免检。进行抽样检验，应当购买抽取的样品，委托符合本法规定的食品检验机构进行检验，并支付相关费用；不得向食品生产经营者收取检验费和其他费用。

对依照规定实施的检验结论有异议的，食品生产经营者可以自收到检验结论之日起七个工作日内向实施抽样检验的食品安全监督管理部门或者其上一级食品安全监督管理部门提出复检申请，由受理复检申请的食品安全监督管理部门在公布的复检机构名录中随机确定复检机构进行复检。复检机构出具的复检结论为最终检验结论。复检机构与初检机构不得为同一机构。复检机构名录由国务院认证认可监督管理、食品安全监督管理、卫生行政、农业行政等部门共同公布。

采用国家规定的快速检测方法对食用农产品进行抽查检测，被抽查人对检测结果有异议的，可以自收到检测结果时起四小时内申请复检。复检不得采用快速检测方法。

食品生产企业可以自行对所生产的食品进行检验，也可以委托符合本法规定的食品检验机构进行检验。

食品行业协会和消费者协会等组织、消费者需要委托食品检验机构对食品进行检验的，应当委托符合本法规定的食品检验机构进行。食品添加剂的检验，适用有关食品检验的规定。

第六节　食品进出口管理

一、进口食品管理

国家出入境检验检疫部门对进出口食品安全实施监督管理。进口的食品、食品添加剂、食品相关产品应当符合我国食品安全国家标准。进口的食品、食品添加剂应当经出入境检验检疫机构依照进出口商品检验相关法律、行政法规的规定检验合格。进口的食品、食品添加剂应当按照国家出入境检验检疫部门的要求随附合格证明材料。

进口尚无食品安全国家标准的食品，由境外出口商、境外生产企业或者其委托的进口商向国务院卫生行政部门提交所执行的相关国家（地区）标准或者国际标准。国务院卫生行政部门对相关标准进行审查，认为符合食品安全要求的，决定暂予适用，并及时制定相应的食品安全国家标准。进口利用新的食品原料生产的食品或者进口食品添加剂新品种、食品相关产品新品种，依照规定办理。

出入境检验检疫机构按照国务院卫生行政部门的要求，对前款规定的食品、食品添加剂、食品相关产品进行检验。检验结果应当公开。境外出口商、境外生产企业应当保证向我国出口的食品、食品添加剂、食品相关产品符合《食品安全法》以及我国其他有关法律、行政法规的规定和食品安全国家标准的要求，并对标签、说明书的内容负责。进口商应当建立境外出口商、境外生产企业审核制度，重点审核前款规定的内容；审核不合格的，不得进口。发现进口食品不符合我国食品安全国家标准或者有证据证明可能危害人体健康的，进口商应当立即停止进口，并依照规定召回。

境外发生的食品安全事件可能对我国境内造成影响，或者在进口食品、食品添加剂、食品相关产品中发现严重食品安全问题的，国家出入境检验检疫部门应当及时采取风险预警或者控制措施，并向国务院食品安全监督管理、卫生行政、农业行政部门通报。接到通报的部门应当及时采取相应措施。

县级以上人民政府食品安全监督管理部门对国内市场上销售的进口食品、食品添加剂实施监督管理。发现存在严重食品安全问题的，国务院食品安全监督管理部门应当及时向国家出入境检验检疫部门通报。国家出入境检验检疫部门应当及时采取相应措施。

向我国境内出口食品的境外出口商或者代理商、进口食品的进口商应当向国家出入境检验检疫部门备案。向我国境内出口食品的境外食品生产企业应当经国家出入境检验检疫部门注册。已经注册的境外食品生产企业提供虚假材料，或者因其自身的原因致使进口食品发生重大食品安全事故的，国家出入境检验检疫部门应当撤销注册并公告。

国家出入境检验检疫部门应当定期公布已经备案的境外出口商、代理商、进口商和已经注册的境外食品生产企业名单。

进口的预包装食品、食品添加剂应当有中文标签；依法应当有说明书的，还应当有中文说明书。标签、说明书应当符合《食品安全法》以及我国其他有关法律、行政法规的规定和食品安全国家标准的要求，并载明食品的原产地以及境内代理商的名称、地址、联系方式。预包装食品没有中文标签、中文说明书或者标签、说明书不符合本条规定的，不得进口。

进口商应当建立食品、食品添加剂进口和销售记录制度，如实记录食品、食品添加剂的名称、规格、数量、生产日期、生产或者进口批号、保质期，以及境外出口商和购货者的名称、地址及联系方式、交货日期等内容，并保存相关凭证。记录和凭证保存期限应当符合规定。

二、出口食品管理

出口食品生产企业应当保证其出口食品符合进口国（地区）的标准或者合同要求。出口食品生产企业和出口食品原料种植、养殖场应当向国家出入境检验检疫部门备案。

国家出入境检验检疫部门应当收集、汇总下列进出口食品安全信息，并及时通报相关部门、机构和企业。

（1）出入境检验检疫机构对进出口食品实施检验检疫发现的食品安全信息。

（2）食品行业协会和消费者协会等组织、消费者反映的进口食品安全信息。

（3）国际组织、境外政府机构发布的风险预警信息及其他食品安全信息，以及境外食品行业协会等组织、消费者反映的食品安全信息。

（4）其他食品安全信息。

国家出入境检验检疫部门应当对进出口食品的进口商、出口商和出口食品生产企业实施信用管理，建立信用记录，并依法向社会公布。对有不良记录的进口商、出口商和出口食品生产企业，应当加强对其进出口食品的检验检疫。

第七节　食品安全事故处置

国务院组织制定国家食品安全事故应急预案。县级以上地方人民政府应当根据有关法律、法规的规定和上级人民政府的食品安全事故应急预案以及本行政区域的实际情况，制定本行政区域的食品安全事故应急预案，并报上一级人民政府备案。

食品安全事故应急预案应当对食品安全事故分级、事故处置组织指挥体系与职责、预防预警机制、处置程序、应急保障措施等做出规定。食品生产经营企业应当制定食品安全事故处置方案，定期检查本企业各项食品安全防范措施的落实情况，及时消除事故隐患。

发生食品安全事故的单位应当立即采取措施，防止事故扩大。事故单位和接收患者进行治疗的单位应当及时向事故发生地县级人民政府食品安全监督管理、卫生行政部门报告。

县级以上人民政府农业行政等部门在日常监督管理中发现食品安全事故或者接到事故举报，应当立即向同级食品安全监督管理部门通报。

发生食品安全事故，接到报告的县级人民政府食品安全监督管理部门应当按照应急预案的规定向本级人民政府和上级人民政府食品安全监督管理部门报告。县级人民政府和上级人民政府食品安全监督管理部门应当按照应急预案的规定上报。任何单位和个人不得对食品安全事故隐瞒、谎报、缓报，不得隐匿、伪造、毁灭有关证据。

医疗机构发现其接收的患者属于食源性疾病患者或者疑似患者的，应当按照规定及时将相关信息向所在地县级人民政府卫生行政部门报告。县级人民政府卫生行政部门认为与食品安全有关的，应当及时通报同级食品安全监督管理部门。县级以上人民政府卫生行政部门在调查处理传染病或者其他突发公共卫生事件中发现与食品安全相关的信息，应当及时通报同级食品安全监督管理部门。

县级以上人民政府食品安全监督管理部门接到食品安全事故的报告后，应当立即会同同级卫生行政、农业行政等部门进行调查处理，并采取下列措施，防止或者减轻社会危害。

（1）开展应急救援工作，组织救治因食品安全事故导致人身伤害的人员。

（2）封存可能导致食品安全事故的食品及其原料，并立即进行检验；对确认属于被污染的食品及其原料，责令食品生产经营者依照《食品安全法》第六十三条的规定召回或者停止经营。

（3）封存被污染的食品相关产品，并责令进行清洗消毒。

（4）做好信息发布工作，依法对食品安全事故及其处理情况进行发布，并对可能产生的危害加以解释、说明。

发生食品安全事故需要启动应急预案的，县级以上人民政府应当立即成立事故处置指挥机构，启动应急预案，依照前款和应急预案的规定进行处置。发生食品安全事故，县级以上疾病预防控制机构应当对事故现场进行卫生处理，并对与事故有关的因素开展流行病学调查，有关部门应当予以协助。县级以上疾病预防控制机构应当向同级食品安全监督管理、卫生行政部门提交流行病学调查报告。发生食品安全事故，设区的市级以上人民政府食品安全监督管理部门应当立即会同有关部门进行事故责任调查，督促有关部门履行职责，向本级人民政府和上级人民政府食品安全监督管理部门提出事故责任调查处理报告。涉及两个以上省、自治区、直辖市的重大食品安全事故由国务院食品安全监督管理部门依照前款规定组织事故责任调查。调查食品安全事故，应当坚持实事求是、尊重科学的原则，及时、准确查清事故性质和原因，认定事故责任，提出整改措施。调查食品安全事故，除了查明事故单位的责任，还应当查明有关监督管理部门、食品检验机构、认证机构及其工作人员的责任。食品安全事故调查部门有权向有关单位和个人了解与事故有关的情况，并要求提供相关资料和样品。有关单位和个人应当予以配合，按照要求提供相关资料和样品，不得拒绝。

任何单位和个人不得阻挠、干涉食品安全事故的调查处理。

第八节　监督管理

县级以上人民政府食品安全监督管理部门根据食品安全风险监测、风险评估结果和食品安全状况等，确定监督管理的重点、方式和频次，实施风险分级管理。县级以上地方人民政府组织本级食品安全监督管理、农业行政等部门制定本行政区域的食品安全年度监督管理计划，向社会公布并组织实施。

食品安全年度监督管理计划应当将下列事项作为监督管理的重点：①专供婴幼儿和其他特定人群的主辅食品；②保健食品生产过程中的添加行为和按照注册或者备案的技术要求组织生产的情况，保健食品标签、说明书以及宣传材料中有关功能宣传的情况；③发生食品安全事故风险较高的食品生产经营者；④食品安全风险监测结果表明可能存在食品安全隐患的事项。

县级以上人民政府食品安全监督管理部门履行食品安全监督管理职责，有权采取下列措施，对生产经营者遵守本法的情况进行监督检查：①进入生产经营场所实施现场检

查；②对生产经营的食品、食品添加剂、食品相关产品进行抽样检验；③查阅、复制有关合同、票据、账簿以及其他有关资料；④查封、扣押有证据证明不符合食品安全标准或者有证据证明存在安全隐患以及用于违法生产经营的食品、食品添加剂、食品相关产品；⑤查封违法从事生产经营活动的场所。

对食品安全风险评估结果证明食品存在安全隐患，需要制定、修订食品安全标准的，在制定、修订食品安全标准前，国务院卫生行政部门应当及时会同国务院有关部门规定食品中有害物质的临时限量值和临时检验方法，作为生产经营和监督管理的依据。

县级以上人民政府食品安全监督管理部门在食品安全监督管理工作中可以采用国家规定的快速检测方法对食品进行抽查检测。对抽查检测结果表明可能不符合食品安全标准的食品，应当依照规定进行检验。抽查检测结果确定有关食品不符合食品安全标准的，可以作为行政处罚的依据。

县级以上人民政府食品安全监督管理部门应当建立食品生产经营者食品安全信用档案，记录许可颁发、日常监督检查结果、违法行为查处等情况，依法向社会公布并实时更新；对有不良信用记录的食品生产经营者增加监督检查频次，对违法行为情节严重的食品生产经营者，可以通报投资主管部门、证券监督管理机构和有关的金融机构。

食品生产经营过程中存在食品安全隐患，未及时采取措施消除的，县级以上人民政府食品安全监督管理部门可以对食品生产经营者的法定代表人或者主要负责人进行责任约谈。食品生产经营者应当立即采取措施，进行整改，消除隐患。责任约谈情况和整改情况应当纳入食品生产经营者食品安全信用档案。

县级以上人民政府食品安全监督管理等部门应当公布本部门的电子邮件地址或者电话，接受咨询、投诉、举报。接到咨询、投诉、举报，对属于本部门职责的，应当受理并在法定期限内及时答复、核实、处理；对不属于本部门职责的，应当移交有权处理的部门并书面通知咨询、投诉、举报人。有权处理的部门应当在法定期限内及时处理，不得推诿。对查证属实的举报，给予举报人奖励。有关部门应当对举报人的信息予以保密，保护举报人的合法权益。举报人举报所在企业的，该企业不得以解除、变更劳动合同或者其他方式对举报人进行打击报复。

县级以上人民政府食品安全监督管理等部门应当加强对执法人员食品安全法律、法规、标准和专业知识与执法能力等的培训，并组织考核。不具备相应知识和能力的，不得从事食品安全执法工作。食品生产经营者、食品行业协会、消费者协会等发现食品安全执法人员在执法过程中有违反法律、法规规定的行为以及不规范执法行为的，可以向本级或者上级人民政府食品安全监督管理等部门或者监察机关投诉、举报。接到投诉、举报的部门或者机关应当进行核实，并将经核实的情况向食品安全执法人员所在部门通报；涉嫌违法违纪的，按照有关规定处理。

县级以上人民政府食品安全监督管理等部门未及时发现食品安全系统性风险，未及时消除监督管理区域内的食品安全隐患的，本级人民政府可以对其主要负责人进行责任约谈。地方人民政府未履行食品安全职责，未及时消除区域性重大食品安全隐患的，上级人民政府可以对其主要负责人进行责任约谈。被约谈的食品安全监督管理等部门、地方人民政府应当立即采取措施，对食品安全监督管理工作进行整改。责任约谈情况和整改情况应当纳入地方人民政府和有关部门食品安全监督管理工作评议、考核记录。

国家建立统一的食品安全信息平台，实行食品安全信息统一公布制度。国家食品安全总体情况、食品安全风险警示信息、重大食品安全事故及其调查处理信息和国务院确定需要统一公布的其他信息由国务院食品安全监督管理部门统一公布。食品安全风险警示信息和重大食品安全事故及其调查处理信息的影响限于特定区域的，也可以由有关省、自治区、直辖市人民政府食品安全监督管理部门公布。未经授权不得发布上述信息。

县级以上人民政府食品安全监督管理、农业行政部门依据各自职责公布食品安全日常监督管理信息。公布食品安全信息，应当做到准确、及时，并进行必要的解释说明，避免误导消费者和社会舆论。

县级以上地方人民政府食品安全监督管理、卫生行政、农业行政部门获知《食品安全法》规定需要统一公布的信息，应当向上级主管部门报告，由上级主管部门立即报告国务院食品安全监督管理部门；必要时，可以直接向国务院食品安全监督管理部门报告。县级以上人民政府食品安全监督管理、卫生行政、农业行政部门应当相互通报获知的食品安全信息。任何单位和个人不得编造、散布虚假食品安全信息。县级以上人民政府食品安全监督管理部门发现可能误导消费者和社会舆论的食品安全信息，应当立即组织有关部门、专业机构、相关食品生产经营者等进行核实、分析，并及时公布结果。

县级以上人民政府食品安全监督管理等部门发现涉嫌食品安全犯罪的，应当按照有关规定及时将案件移送公安机关。对移送的案件，公安机关应当及时审查；认为有犯罪事实需要追究刑事责任的，应当立案侦查。公安机关在食品安全犯罪案件侦查过程中认为没有犯罪事实，或者犯罪事实显著轻微，不需要追究刑事责任，但依法应当追究行政责任的，应当及时将案件移送食品安全监督管理等部门和监察机关，有关部门应当依法处理。公安机关商请食品安全监督管理、生态环境等部门提供检验结论、认定意见以及对涉案物品进行无害化处理等协助的，有关部门应当及时提供，予以协助。

第九节　法律责任

一、生产经营不符合卫生标准食品的法律责任

违反《食品安全法》规定，生产经营不符合卫生标准的食品，造成食物中毒事故或者其他食源性疾患的，责令停止生产经营，销毁导致食物中毒或者其他食源性疾患的食品，没收违法所得，并处以违法所得 1 倍以上 5 倍以下的罚款；没有违法所得的，处以1000 元以上 5 万元以下的罚款；生产经营不符合卫生标准的食品，造成严重食物中毒事故或者其他严重食源性疾患，对人体健康造成严重危害的，或者在生产经营的食品中掺入有毒、有害的非食品原料的，依法追究刑事责任。有上述所列行为之一的，吊销卫生许可证。

《刑法》第一百四十三条规定，生产、销售不符合卫生标准的食品，足以造成严重食物中毒事故或者其他严重食源性疾患的，处 3 年以下有期徒刑或者拘役，并处或者单处销售金额 50% 以上 2 倍以下罚金；对人体健康造成严重危害的，处 3 年以上 7 年以下有期徒刑，并处销售金额 50% 以上 2 倍以下罚金；后果特别严重的，处 7 年以上有期徒刑或者无期徒刑，并处销售金额 50% 以上 2 倍以下罚金或者没收财产。

《刑法》第一百四十四条规定，在生产、销售的食品中掺入有毒、有害的非食品原料的，或者销售明知掺有有毒、有害的非食品原料的食品的，处 5 年以下有期徒刑或者拘役，并处或者单处销售金额 50% 以上 2 倍以下罚金；造成严重食物中毒事故或者其他

严重食源性疾患，对人体健康造成严重危害的，处 5 年以上 10 年以下有期徒刑，并处销售金额 50% 以上 2 倍以下罚金；致人死亡或者对人体健康造成特别严重危害的，处 10 年以上有期徒刑、无期徒刑或者死刑，并处销售金额 50% 以上 2 倍以下罚金或者没收财产。

二、未取得卫生许可证从事食品生产经营活动的法律责任

违反《食品安全法》规定，未取得卫生许可证或者伪造卫生许可证从事食品生产经营活动的，予以取缔，没收违法所得，并处以违法所得 1 倍以上 5 倍以下的罚款；没有违法所得的，处以 500 元以上 3 万元以下的罚款。涂改、出借卫生许可证的，收缴卫生许可证，没收违法所得，并处以违法所得 1 倍以上 3 倍以下的罚款；没有违法所得的，处以 500 元以上 1 万元以下的罚款。

三、食品生产经营过程不符合规定的法律责任

违反《食品安全法》规定，食品生产经营过程不符合卫生要求的，责令改正，给予警告，可以处以 5000 元以下的罚款；拒不改正或者有其他严重情节的，吊销卫生许可证。

四、生产经营禁止生产经营的食品的法律责任

违反《食品安全法》规定，生产经营禁止生产经营的食品的，责令停止生产经营，立即公告收回已售出的食品，并销毁该食品，没收违法所得，并处以违法所得 1 倍以上 5 倍以下的罚款；没有违法所得的，处以 1000 元以上 5 万元以下的罚款。情节严重的，吊销卫生许可证。

五、生产经营不符合规定的专供婴幼儿的食品的法律责任

违反《食品安全法》规定，生产经营不符合营养、卫生标准的专供婴幼儿的主、辅食品的，责令停止生产经营，立即公告收回已售出的食品，并销毁该食品，没收违法所得，并处以违法所得 1 倍以上 5 倍以下的罚款；没有违法所得的，处以 1000 元以上 5 万元以下的罚款。情节严重的，吊销卫生许可证。

六、生产经营或者使用不符合规定的食品添加剂的法律责任

违反《食品安全法》规定，生产经营或者使用不符合卫生标准和卫生管理办法规定的食品添加剂、食品容器、包装材料和食品用工具、设备以及洗涤剂、消毒剂的，责令停止生产或者使用，没收违法所得，并处以违法所得 1 倍以上 3 倍以下的罚款；没有违法所得的，处以 5000 元以下的罚款。

七、未经批准生产经营特定保健功能食品的法律责任

违反《食品安全法》规定，未经国务院卫生行政部门审查批准而生产经营表明具有特定保健功能的食品的，或者该食品的产品说明书内容虚假的，责令停止生产经营，没收违法所得，并处以违法所得 1 倍以上 5 倍以下的罚款；没有违法所得的，处以 1000 元以上 5 万元以下的罚款。情节严重的，吊销卫生许可证。

八、违反包装标识或者产品说明书规定的法律责任

违反《食品安全法》规定，定型包装食品和食品添加剂的包装标识或者产品说明书上不标明或者虚假标注生产日期、保质期限等规定事项的，或者违反规定不标注中文标识的，责令改正，可以处以 500 元以上 1 万元以下的罚款。

九、未取得健康证明从事食品生产经营的法律责任

违反《食品安全法》规定，食品生产经营人员未取得健康证明而从事食品生产经营的，或者对患有疾病不得接触直接入口食品的生产经营人员，不按规定调离的，责令改正，可以处以 5000 元以下的罚款。

十、造成食物中毒事故的法律责任

违反《食品安全法》规定，造成食物中毒事故或者其他食源性疾患的，或者因其他违反《食品安全法》行为给他人造成损害的，应当依法承担民事赔偿责任。

十一、卫生行政部门违反规定的法律责任

卫生行政部门违反《食品安全法》规定，对不符合条件的生产经营者发放卫生许可证的，对直接责任人员给予行政处分；收受贿赂，构成犯罪的，依法追究刑事责任。

十二、食品安全监督人员违反规定的法律责任

食品安全监督管理人员滥用职权、玩忽职守、营私舞弊，造成重大事故，构成犯罪的，依法追究刑事责任；不构成犯罪的，依法给予行政处分。

十三、阻碍食品安全监督人员执行职务的法律责任

以暴力、威胁方法阻碍食品安全监督管理人员依法执行职务的，依法追究刑事责任；拒绝、阻碍食品安全监督管理人员依法执行职务未使用暴力、威胁方法的，由公安机关依照治安管理处罚的规定处罚。

《国务院关于加强食品等产品安全监督管理的特别规定》对生产经营者生产、销售不符合法定要求的产品；不再符合法定条件、要求，继续从事生产经营活动；依法应当取得许可证照而未取得许可证照从事生产经营活动的法律责任做了如下规定。

（1）生产经营者应当对其生产、销售的产品安全负责，不得生产、销售不符合法定要求的产品。依照法律、行政法规规定生产、销售产品需要取得许可证照或者需要经过认证的，应当按照法定条件、要求从事生产经营活动。不按照法定条件、要求从事生产经营活动或者生产、销售不符合法定要求产品的，由农业、卫生、质检、商务、工商、药品等监督管理部门依据各自职责，没收违法所得、产品和用于违法生产的工具、设备、原材料等物品，货值金额不足 5000 元的，并处 5 万元罚款；货值金额 5000 元以上 1 万元以下的，并处 10 万元罚款；货值金额 1 万元以上的，并处货值金额 10 倍以上 20 倍以下的罚款；造成严重后果的，由原发证部门吊销许可证照；构成非法经营罪或者生产、销售伪劣商品罪等犯罪的，依法追究刑事责任。

（2）生产经营者不再符合法定条件、要求，继续从事生产经营活动的，由原发证部门吊销许可证照，并在当地主要媒体上公告被吊销许可证照的生产经营者名单；构成非

法经营罪或者生产、销售伪劣商品罪等犯罪的，依法追究刑事责任。

（3）依法应当取得许可证照而未取得许可证照从事生产经营活动的，由农业、卫生、质检、商务、工商、药品等监督管理部门依据各自职责，没收违法所得、产品和用于违法生产的工具、设备、原材料等物品，货值金额不足 1 万元的，并处 10 万元罚款；货值金额 1 万元以上的，并处货值金额 10 倍以上 20 倍以下的罚款；构成非法经营罪的，依法追究刑事责任。

第七章 药品管理法律制度

第一节 概 述

一、药品管理法的概念

药品管理法是调整药品监督管理，确保药品质量，增进药品疗效，保障用药安全，维护人体健康活动中产生的各种社会关系的法律规范总和。

所称药品，是指用于预防、治疗、诊断人的疾病，有目的地调节人的生理功能并规定有适应证或者功能主治、用法和用量的物质，包括中药、化学药和生物制品等。药品作为一种商品，具有一般商品的共同属性。但是由于药品直接关系到每一个人的生命健康和社会共同利益，它又是一种特殊的商品，主要表现在以下几个方面。

（一）药品作用的双重性

药品的作用和功能在于预防和治疗疾病，维护人体健康，使病体恢复到健康状态，并进一步提高人抵抗疾病的能力。但是，多数药品在不同程度上具有毒副作用，因而对人体具有一定的侵袭性。

（二）药品使用的专属性

药品的用途具有专门性，即用于预防和治疗疾病，一般情况下不能用于非医疗途径。

（三）药品质量的严格性和重要性

由于药品直接关系到疾病治疗的效果，关系到患者的身体健康和生命安危。因此，药品必须符合质量标准要求。为此，国家制定了一系列的法律法规和技术标准，加强对药品质量的监督管理。

（四）药品鉴定的专业性和科学性

药品具有很强的专业性和技术性，对于药品的质量和疗效，一般消费者很难识别。必须由专门的技术人员和专门的机构，依照法定的标准和技术方法，才能做出鉴定或评价。

药品的上述特殊性要求国家必须强化药品管理立法，对药品的研制、生产、经营、使用和监督进行严格的管理。

二、药品管理立法

1950 年 11 月，卫生部颁布《麻醉药品管理暂行办法》，这是我国药品管理的第一个行政法规。1963 年经国务院批准，卫生部、化工部、商业部联合发布了我国药品管理的第一个综合性法规《关于加强药政管理的若干规定（草案）》，对药品的生产、经营、使

用和进出口管理起到了重要作用。

1984 年 9 月 10 日第六届全国人大常委会第七次会议通过了《中华人民共和国药品管理法》（以下简称《药品管理法》）。这是中华人民共和国成立以来我国第一部药品管理法律。2001 年 2 月 28 日，第九届全国人大常委会第二十次会议通过了修订后的《药品管理法》，并于 2001 年 12 月 1 日起施行。

2019 年 8 月 26 日，新修订的《中华人民共和国药品管理法》经十三届全国人大常委会第十二次会议表决通过，于 2019 年 12 月 1 日起施行。新修订的《药品管理法》全面贯彻落实党中央有关药品安全"四个最严"要求，明确了保护和促进公众健康的药品管理工作使命，确立了以人民健康为中心，坚持风险管理、全程管控、社会共治的基本原则，要求建立科学、严格的监督管理制度，全面提升药品质量，保障药品的安全、有效、可及。这些充分体现了《药品管理法》的修订，坚持以人为本，坚持问题导向，坚持尊重规律，坚持国际视野，坚持改革创新，坚持科学发展的鲜明立场、根本遵循和基本要求。

为了保证《药品管理法》的有效实施，国务院先后制定和颁布了《中华人民共和国药品管理法实施办法》《医疗用毒性药品管理办法》《放射性药品管理办法》《麻醉药品和精神药品管理条例》等行政法规。卫健委、原国家医药管理局、国家中医药管理局、国家食品与药品监督管理局等部门先后发布了《药品生产质量管理规范》《药品经营质量管理规范》《医院制剂注册管理办法》《药品注册管理办法》《药品说明书和标签管理规定》《药品流通监督管理办法》《药品广告审查发布标准》《药品广告审查办法》《药品注册管理办法》《药品召回管理办法》《中药注册管理补充规定》等诸多部门规章。同时，各省、自治区、直辖市也相应制定了一系列有关药品管理的地方性法规和规章，从而形成了比较完备的药品监督管理法律体系。

三、药品管理法的调整对象

《药品管理法》规定，在中华人民共和国境内从事药品的研制、生产、经营、使用和监督的单位或者个人，必须遵守《药品管理法》。所以《药品管理法》的调整对象是：一切从事药品的研制、生产、经营、使用活动的单位或者个人，包括有关的科研机构、各类企业、医疗机构及个人（需要指出的是，所谓药品的"使用"，主要是指医疗机构为临床治疗使用药品的活动，而不包括患者本身的直接用药行为，患者本身直接用药的行为不属于《药品管理法》调整范围）；对药品的研制、生产、经营、使用活动实施监督管理的政府药品管理部门和其他有关部门。新修订的《药品管理法》进一步明确药品安全工作应当遵循"风险管理、全程管控、社会共治"的基本原则，并以实施药品上市许可持有人制度为主线，进一步明确药品全生命周期质量安全责任，坚决守住公共安全底线。

四、药品管理的指导原则

药品管理应当以人民健康为中心，坚持风险管理、全程管控、社会共治的原则，建立科学、严格的监督管理制度，全面提升药品质量，保障药品的安全、有效、可及。

《药品管理法》规定，药品管理的基本指导原则是：①维护人民身体健康和用药的合法权益；②保证药品的质量；③保障人体用药安全；④加强药品监督管理。

国家对药品管理实行药品上市许可持有人制度。药品上市许可持有人依法对药品研制、生产、经营、使用全过程中药品的安全性、有效性和质量可控性负责。

第二节 药品注册及管理

一、药品标准

药品标准，是指国家对药品质量规格及检验方法所做的技术性规范，由一系列反映药品特征的参数和技术指标组成，是药品生产、经营、供应、使用、检验和管理部门必须共同遵循的法定依据。

《药品管理法》规定，列入国家药品标准的药品名称为药品通用名称。已经作为通用名称的，不得再作为药品商标使用。

二、药品注册

药品注册，是指国家食品药品监督管理局根据药品注册申请人的申请，依照法定程序，对拟上市销售的药品的安全性、有效性、质量可控性等进行系统评价，并决定是否同意其申请的审批过程。为保证药品的安全、有效和质量可控，规范药品注册行为，2007年7月国家食品药品监督管理局发布了《药品注册管理办法》，2008年1月又发布了《中药注册管理补充规定》。

国家支持以临床价值为导向、对人的疾病具有明确或者特殊疗效的药物创新，鼓励具有新的治疗机制、治疗严重危及生命的疾病或者罕见病、对人体具有多靶向系统性调节干预功能等的新药研制，推动药品技术进步。

国家鼓励运用现代科学技术和传统中药研究方法开展中药科学技术研究和药物开发，建立和完善符合中药特点的技术评价体系，促进中药传承创新。

国家采取有效措施，鼓励儿童用药品的研制和创新，支持开发符合儿童生理特征的儿童用药品新品种、剂型和规格，对儿童用药品予以优先审评审批。

（一）药品注册的原则和制度

《药品管理法》规定，国家鼓励研究和创制新药，保护公民、法人和其他组织研究、开发新药的合法权益。《药品注册管理办法》规定，药品注册工作应当遵循公开、公平、公正的原则。

《药品注册管理办法》规定，国家食品药品监督管理局对药品注册实行主审集体负责制、相关人员公示制和回避制、责任追究制，受理、检验、审评、审批、送达等环节接受社会监督。

在中国境内上市的药品，应当经国务院药品监督管理部门批准，取得药品注册证书；但是，未实施审批管理的中药材和中药饮片除外。实施审批管理的中药材、中药饮片品种目录由国务院药品监督管理部门会同国务院中医药主管部门制定。

申请药品注册，应当提供真实、充分、可靠的数据，资料和样品，证明药品的安全性、有效性和质量可控性。

对申请注册的药品，国务院药品监督管理部门应当组织药学、医学和其他技术人员进行审评，对药品的安全性、有效性和质量可控性以及申请人的质量管理、风险防控和

责任赔偿等能力进行审查；符合条件的，颁发药品注册证书。

国务院药品监督管理部门在审批药品时，对化学原料药一并审评审批，对相关辅料、直接接触药品的包装材料和容器一并审评，对药品的质量标准、生产工艺、标签和说明书一并核准。

所称辅料，是指生产药品和调配处方时所用的赋形剂和附加剂。

药品监督管理部门、相关单位以及参与药品注册工作的人员，对申请人提交的技术秘密和实验数据负有保密的义务。

（二）药品注册申请的内容

药品注册申请包括新药申请、仿制药申请、进口药品申请、补充申请和再注册申请。境内申请人申请药品注册按照新药申请、仿制药申请的程序和要求办理，境外申请人申请药品注册按照进口药品申请程序和要求办理。

三、新药、仿制药品管理

（一）新药

新药，是指未曾在我国境内上市销售的药品，已上市销售的药品改变剂型、改变给药途径、增加新的适应证或制成新的复方制剂亦按新药管理。

《药品注册管理办法》规定，新药注册申报与审批分为临床试验申报审批和生产上市申报审批两个阶段。两次申报与审批均由省级药品监督管理部门受理，最终由国家食品药品监督管理局审批。办法还对新药科技成果的权属和转让等做了规定。

从事药品研制活动，应当遵守药物非临床研究质量管理规范、药物临床试验质量管理规范，保证药品研制全过程持续符合法定要求。

药物非临床研究质量管理规范、药物临床试验质量管理规范由国务院药品监督管理部门会同国务院有关部门制定。

（二）仿制药品

仿制药品，是指仿制国家已经批准正式生产、并载于国家药品标准（包括《中国生物制品规程》）的品种。《药品注册管理办法》规定，申请生产仿制药的审批程序，与新药申报程序相似：①申报人填写《药品注册申请表》，向省级药品监督管理部门报送资料及生产现场检查申请；②省级药监局负责资料形式审查、研制情况和原始资料现场核查、生产现场检查，抽取连续3个批号样品，通知指定药检所检验，对符合规定的将申报资料及有关审查、核查意见、报告等上报国家食品药品监督管理局；③指定进行药品检验的药检所将检验结果报告国家食品药品监督管理局；④国家食品药品监督管理局对资料进行全面审查，合乎要求的批准进行临床研究，或者生产；批准临床研究的按新药审批程序进行，批准生产的发给药品生产批准文号。

四、药品进出口管理

（一）进口药品管理

药品进口，须经国务院药品监督管理部门组织审查，经审查确认符合质量标准，安全有效的，方可批准进口，并发给进口药品注册证书。禁止进口疗效不明确、不良反应大或者其他原因危害人体健康的药品。医疗单位临床急需或者个人自用进口的少量药品，按照国家有关规定办理进口手续。

国务院药品监督管理部门对下列药品在销售前或者进口时，指定药品检验机构进行检验；检验不合格的，不得销售或者进口：①国务院药品监督管理部门规定的生物制品；②首次在中国销售的药品；③国务院规定的其他药品。

药品必须从允许药品进口的口岸进口，并由进口药品的企业向口岸所在地药品监督管理部门登记备案。海关凭药品监督管理部门出具的《进口药品通关单》放行。无《进口药品通关单》的，海关不得放行。药品通关时，由口岸所在地药品监督管理部门通知药品检验机构按照国务院药品监督管理部门的规定进行抽查检验。检验不合格的不得进口。

（二）出口药品管理

为保证出口药品的质量，规范药品出口，凡我国制造销售的药品，经省级药品监督管理部门审查批准，并办理相关手续后才能出口。未经批准不得组织药品出口。对国内供应不足的药品，国务院有权限制或者禁止出口。进口、出口麻醉药品和国家规定范围的精神药品，必须持有国务院药品监督管理部门发给的《进口准许证》《出口准许证》。

五、药品审评

国务院药品监督管理部门应当完善药品审评审批工作制度，加强能力建设，建立健全沟通交流、专家咨询等机制，优化审评审批流程，提高审评审批效率。

批准上市药品的审评结论和依据应当依法公开，接受社会监督，对审评审批中知悉的商业秘密应当保密。

药品应当符合国家药品标准。经国务院药品监督管理部门核准的药品质量标准高于国家药品标准的，按照经核准的药品质量标准执行；没有国家药品标准的，应当符合经核准的药品质量标准。

国务院药品监督管理部门颁布的《中华人民共和国药典》和药品标准为国家药品标准。

国务院药品监督管理部门会同国务院卫生健康主管部门组织药典委员会，负责国家药品标准的制定和修订。

国务院药品监督管理部门设置或者指定的药品检验机构负责标定国家药品标准品、对照品。

列入国家药品标准的药品名称为药品通用名称。已经作为药品通用名称的，不得再作为药品商标使用。

六、处方药与非处方药分类管理

《药品管理法》规定，国家对药品实行处方药与非处方药分类管理制度。处方药，是指必须凭具有处方资格的医师开具的处方方可调配、购买和使用，并须在医务人员指导和监控下使用的药品。非处方药（over the counter，OTC），是指由国务院药品监督管理部门公布的，不需要凭执业医师和执业助理医师处方，消费者可以自行判断、购买和使用的药品。

国家药品监督管理局于 1999 年 6 月发布了《处方药与非处方药分类管理办法（试行）》，并按照"应用安全、疗效确切、质量稳定、使用方便"的原则，陆续公布国家非

处方药目录。

《处方药与非处方药分类管理办法（试行）》规定，处方药必须凭执业医师或执业助理医师处方才可调配、购买和使用。非处方药的说明书用语应当科学、易懂，便于消费者自行判断、选择和使用药品，并必须经国务院药品监督管理部门核准；非处方药的包装必须印有国家规定的非处方药专有标识。经批准的非处方药，在使用中发现不适合继续作为非处方药的，国务院药品监督管理部门可以将其转换为处方药。对处方药与非处方药进行分类管理，有助于保护药品消费者的权利和义务，有助于我国药品管理模式尽快与国际接轨。

根据《处方药与非处方药分类管理办法（试行）》规定，医疗机构根据医疗需要可以决定和推荐使用非处方药。处方药只准在专业性医药报刊上进行广告宣传，非处方药经审批可以在大众传播媒介进行广告宣传。非处方药分为甲、乙两类。经营处方药、非处方药的批发企业和经营处方药、甲类非处方药的零售企业，必须具有《药品经营企业许可证》。

经省级药品监督管理部门或其授权的药品监督管理部门批准的其他商业企业，可以零售乙类非处方药。

七、药品储备

《药品管理法》规定，国家实行药品储备制度。国内发生重大灾情、疫情及其他突发事件时，国务院规定的部门可以紧急调用企业药品。我国自 1997 年起，在中央统一策划、统一规划、统一组织实施的原则下，改革现行的国家药品储备体制，建立中央和地方两级医药储备制度，实行动态储备、有偿调用的体制。中央医药储备主要负责重大灾情、疫情及重大突发事故和战略储备所需的特种、专项药品；地方医药储备主要负责储备地区性或一般灾情、疫情及突发事件和地方常见病、多发病防治所需的药品。

八、禁止生产和销售假药与劣药

（一）假药

假药，是指药品所含成分与国家药品标准规定的成分不符，以及以非药品冒充药品或者以他种药品冒充此种药品的。有下列情形之一的，为假药。

（1）药品所含成分与国家药品标准规定的成分不符。

（2）以非药品冒充药品或者以他种药品冒充此种药品。

（3）变质的药品。

（4）药品所标明的适应证或者功能主治超出规定范围。

（二）劣药

劣药，是指药品成分含量不符合国家药品标准规定的药品。药品成分含量不符合国家药品标准的情形，虽不像药品所含成分与国家药品标准规定的成分不符那样危害严重，但它也同样会给使用者带来不安全的隐患。同样可能造成患者贻误治疗时机，甚至危及患者的生命安全的严重后果。因此，对劣药也要予以禁止。

有下列情形之一的，为劣药。

（1）药品成分的含量不符合国家药品标准。

（2）被污染的药品。

（3）未标明或者更改有效期的药品。

（4）未注明或者更改产品批号的药品。

（5）超过有效期的药品。

（6）擅自添加防腐剂、辅料的药品。

（7）其他不符合药品标准的药品。

禁止未取得药品批准证明文件生产、进口药品；禁止使用未按照规定审评、审批的原料药、包装材料和容器生产药品。

第三节　药品上市许可持有人管理

一、药品上市许可持有人概念

药品上市许可持有人是指取得药品注册证书的企业或者药品研制机构等。

药品上市许可持有人应当依照《药品管理法》规定，对药品的非临床研究、临床试验、生产经营、上市后研究、不良反应监测及报告与处理等承担责任。其他从事药品研制、生产、经营、储存、运输、使用等活动的单位和个人依法承担相应责任。

药品上市许可持有人的法定代表人、主要负责人对药品质量全面负责。

二、药品上市许可持有人管理办法

药品上市许可持有人应当建立药品质量保证体系，配备专门人员独立负责药品质量管理。

药品上市许可持有人应当对受托药品生产企业、药品经营企业的质量管理体系进行定期审核，监督其持续具备质量保证和控制能力。

药品上市许可持有人可以自行生产药品，也可以委托药品生产企业生产。

药品上市许可持有人自行生产药品的，应当依照《药品管理法》规定取得药品生产许可证；委托生产的，应当委托符合条件的药品生产企业。药品上市许可持有人和受托生产企业应当签订委托协议和质量协议，并严格履行协议约定的义务。

国务院药品监督管理部门制定药品委托生产质量协议指南，指导、监督药品上市许可持有人和受托生产企业履行药品质量保证义务。

血液制品、麻醉药品、精神药品、医疗用毒性药品、药品类易制毒化学品不得委托生产；但是，国务院药品监督管理部门另有规定的除外。

药品上市许可持有人应当建立药品上市放行规程，对药品生产企业出厂放行的药品进行审核，经质量授权人签字后方可放行。不符合国家药品标准的，不得放行。

药品上市许可持有人可以自行销售其取得药品注册证书的药品，也可以委托药品经营企业销售。药品上市许可持有人从事药品零售活动的，应当取得药品经营许可证。

药品上市许可持有人自行销售药品的，应当具备《药品管理法》第五十二条规定的条件；委托销售的，应当委托符合条件的药品经营企业。药品上市许可持有人和受托经营企业应当签订委托协议，并严格履行协议约定的义务。

药品上市许可持有人、药品生产企业、药品经营企业委托储存、运输药品的，应当对受托方的质量保证能力和风险管理能力进行评估，与其签订委托协议，约定药品质量

责任、操作规程等内容，并对受托方进行监督。

药品上市许可持有人、药品生产企业、药品经营企业和医疗机构应当建立并实施药品追溯制度，按照规定提供追溯信息，保证药品可追溯。

药品上市许可持有人应当建立年度报告制度，每年将药品生产销售、上市后研究、风险管理等情况按照规定向省、自治区、直辖市人民政府药品监督管理部门报告。

药品上市许可持有人为境外企业的，应当由其指定的在中国境内的企业法人履行药品上市许可持有人义务，与药品上市许可持有人承担连带责任。

中药饮片生产企业履行药品上市许可持有人的相关义务，对中药饮片生产、销售实行全过程管理，建立中药饮片追溯体系，保证中药饮片安全、有效、可追溯。

三、药品上市许可持有人监督管理

经国务院药品监督管理部门批准，药品上市许可持有人可以转让药品上市许可。受让方应当具备保障药品安全性、有效性和质量可控性的质量管理、风险防控和责任赔偿等能力，履行药品上市许可持有人义务。

第四节　药品生产管理

从事药品生产活动，应当经所在地省、自治区、直辖市人民政府药品监督管理部门批准，取得药品生产许可证。无药品生产许可证的，不得生产药品。药品生产许可证应当标明有效期和生产范围，到期重新审查发证。

一、药品生产具备的条件

从事药品生产活动，应当具备以下条件。

（1）有依法经过资格认定的药学技术人员、工程技术人员及相应的技术工人。

（2）有与药品生产相适应的厂房、设施和卫生环境。

（3）有能对所生产药品进行质量管理和质量检验的机构、人员及必要的仪器设备。

（4）有保证药品质量的规章制度，并符合国务院药品监督管理部门依据《药品管理法》制定的药品生产质量管理规范要求。

从事药品生产活动，应当遵守药品生产质量管理规范，建立健全药品生产质量管理体系，保证药品生产全过程持续符合法定要求。

药品生产企业的法定代表人、主要负责人对本企业的药品生产活动全面负责。

二、药品生产流程管理

药品应当按照国家药品标准和经药品监督管理部门核准的生产工艺进行生产。生产、检验记录应当完整准确，不得编造。

中药饮片应当按照国家药品标准炮制；国家药品标准没有规定的，应当按照省、自治区、直辖市人民政府药品监督管理部门制定的炮制规范炮制。省、自治区、直辖市人民政府药品监督管理部门制定的炮制规范应当报国务院药品监督管理部门备案。不符合国家药品标准或者不按照省、自治区、直辖市人民政府药品监督管理部门制定的炮制规范炮制的，不得出厂、销售。

三、生产药品所需的原料、辅料、包装要求

生产药品所需的原料、辅料，应当符合药用要求、药品生产质量管理规范的有关要求。

生产药品，应当按照规定对供应原料、辅料等的供应商进行审核，保证购进、使用的原料、辅料等符合前款规定要求。

直接接触药品的包装材料和容器，应当符合药用要求，符合保障人体健康、安全的标准。

对不合格的直接接触药品的包装材料和容器，由药品监督管理部门责令停止使用。

药品生产企业应当对药品进行质量检验。不符合国家药品标准的，不得出厂。

药品生产企业应当建立药品出厂放行规程，明确出厂放行的标准、条件。符合标准、条件的，经质量授权人签字后方可放行。

药品包装应当符合药品质量的要求，方便储存、运输和医疗使用。

发运中药材应当有包装。在每件包装上，应当注明品名、产地、日期、供货单位，并附有质量合格的标志。

药品包装应当按照规定印有或者贴有标签并附有说明书。

标签或者说明书应当注明药品的通用名称、成分、规格、上市许可持有人及其地址、生产企业及其地址、批准文号、产品批号、生产日期、有效期、适应证或者功能主治、用法、用量、禁忌、不良反应和注意事项。标签、说明书中的文字应当清晰，生产日期、有效期等事项应当显著标注，容易辨识。

麻醉药品、精神药品、医疗用毒性药品、放射性药品、外用药品和非处方药的标签、说明书，应当印有规定的标志。

药品上市许可持有人、药品生产企业、药品经营企业和医疗机构中直接接触药品的工作人员，应当每年进行健康检查。患有传染病或者其他可能污染药品的疾病的，不得从事直接接触药品的工作。

第五节 药品经营管理

从事药品批发活动，应当经所在地省、自治区、直辖市人民政府药品监督管理部门批准，取得药品经营许可证。从事药品零售活动，应当经所在地县级以上地方人民政府药品监督管理部门批准，取得药品经营许可证。无药品经营许可证的，不得经营药品。

药品经营许可证应当标明有效期和经营范围，到期重新审查发证。

药品监督管理部门实施药品经营许可，除依据本法第五十二条规定的条件外，还应当遵循方便群众购药的原则。

一、药品经营活动应具备的条件

从事药品经营活动应当具备以下条件。

（1）有依法经过资格认定的药师或者其他药学技术人员。

（2）有与所经营药品相适应的营业场所、设备、仓储设施和卫生环境。

（3）有与所经营药品相适应的质量管理机构或者人员。

（4）有保证药品质量的规章制度，并符合国务院药品监督管理部门依据本法制定的药品经营质量管理规范要求。

二、药品经营活动的管理

从事药品经营活动，应当遵守药品经营质量管理规范，建立健全药品经营质量管理体系，保证药品经营全过程持续符合法定要求。

国家鼓励、引导药品零售连锁经营。从事药品零售连锁经营活动的企业总部，应当建立统一的质量管理制度，对所属零售企业的经营活动履行管理责任。

药品经营企业的法定代表人、主要负责人对本企业的药品经营活动全面负责。

国家对药品实行处方药与非处方药分类管理制度。具体办法由国务院药品监督管理部门会同国务院卫生健康主管部门制定。

药品上市许可持有人、药品生产企业、药品经营企业和医疗机构应当从药品上市许可持有人或者具有药品生产、经营资格的企业购进药品；但是，购进未实施审批管理的中药材除外。

药品经营企业购进药品，应当建立并执行进货检查验收制度，验明药品合格证明和其他标识；不符合规定要求的，不得购进和销售。

药品经营企业购销药品，应当有真实、完整的购销记录。购销记录应当注明药品的通用名称、剂型、规格、产品批号、有效期、上市许可持有人、生产企业、购销单位、购销数量、购销价格、购销日期及国务院药品监督管理部门规定的其他内容。

药品经营企业零售药品应当准确无误，并正确说明用法、用量和注意事项；调配处方应当经过核对，对处方所列药品不得擅自更改或者代用。对有配伍禁忌或者超剂量的处方，应当拒绝调配；必要时，经处方医师更正或者重新签字，方可调配。

药品经营企业销售中药材，应当标明产地。

依法经过资格认定的药师或者其他药学技术人员负责本企业的药品管理、处方审核和调配、合理用药指导等工作。

药品经营企业应当制定和执行药品保管制度，采取必要的冷藏、防冻、防潮、防虫、防鼠等措施，保证药品质量。

药品入库和出库应当执行检查制度。

城乡集市贸易市场可以出售中药材，国务院另有规定的除外。

药品上市许可持有人、药品经营企业通过网络销售药品，应当遵守《药品管理法》药品经营的有关规定。具体管理办法由国务院药品监督管理部门会同国务院卫生健康主管部门等制定。

疫苗、血液制品、麻醉药品、精神药品、医疗用毒性药品、放射性药品、药品类易制毒化学品等国家实行特殊管理的药品不得在网络上销售。

药品网络交易第三方平台提供者应当按照国务院药品监督管理部门的规定，向所在地省、自治区、直辖市人民政府药品监督管理部门备案。

第三方平台提供者应当依法对申请进入平台经营的药品上市许可持有人、药品经营企业的资质等进行审核，保证其符合法定要求，并对发生在平台的药品经营行为进行管理。

第三方平台提供者发现进入平台经营的药品上市许可持有人、药品经营企业有违反《药品管理法》规定行为的，应当及时制止并立即报告所在地县级人民政府药品监督管理部门；发现严重违法行为的，应当立即停止提供网络交易平台服务。

三、药品进口经营管理

新发现和从境外引种的药材，经国务院药品监督管理部门批准后，方可销售。

药品应当从允许药品进口的口岸进口，并由进口药品的企业向口岸所在地药品监督管理部门备案。海关凭药品监督管理部门出具的进口药品通关单办理通关手续。无进口药品通关单的，海关不得放行。

口岸所在地药品监督管理部门应当通知药品检验机构按照国务院药品监督管理部门的规定对进口药品进行抽查检验。

允许药品进口的口岸由国务院药品监督管理部门会同海关总署提出，报国务院批准。

医疗机构因临床需要急需进口少量药品的，经国务院药品监督管理部门或者国务院授权的省、自治区、直辖市人民政府批准，可以进口。进口的药品应当在指定医疗机构内用于特定医疗目的。

个人自用携带入境少量药品，按照国家有关规定办理。

进口、出口麻醉药品和国家规定范围内的精神药品，应当持有国务院药品监督管理部门颁发的进口准许证、出口准许证。

禁止进口疗效不确切、不良反应大或者因其他原因危害人体健康的药品。

国务院药品监督管理部门对下列药品在销售前或者进口时，应当指定药品检验机构进行检验；未经检验或者检验不合格的，不得销售或者进口。

（1）首次在中国境内销售的药品。

（2）国务院药品监督管理部门规定的生物制品。

（3）国务院规定的其他药品。

四、药品上市后管理

药品上市许可持有人应当制定药品上市后风险管理计划，主动开展药品上市后研究，对药品的安全性、有效性和质量可控性进行进一步确证，加强对已上市药品的持续管理。

对附条件批准的药品，药品上市许可持有人应当采取相应的风险管理措施，并在规定期限内按照要求完成相关研究；逾期未按照要求完成研究或者不能证明其获益大于风险的，国务院药品监督管理部门应当依法处理，直至注销药品注册证书。

对药品生产过程中的变更，按照其对药品安全性、有效性和质量可控性的风险和产生影响的程度，实行分类管理。属于重大变更的，应当经国务院药品监督管理部门批准，其他变更应当按照国务院药品监督管理部门的规定备案或者报告。

药品上市许可持有人应当按照国务院药品监督管理部门的规定，全面评估、验证变更事项对药品安全性、有效性和质量可控性的影响。

药品上市许可持有人应当开展药品上市后的不良反应监测，主动收集、跟踪分析疑似药品不良反应信息，对已识别风险的药品及时采取风险控制措施。

药品上市许可持有人、药品生产企业、药品经营企业和医疗机构应当经常考察本单位所生产、经营、使用的药品质量、疗效和不良反应。发现疑似不良反应的，应当及时向药品监督管理部门和卫生健康主管部门报告。具体办法由国务院药品监督管理部门会同国务院卫生健康主管部门制定。

对已确认发生严重不良反应的药品，由国务院药品监督管理部门或者省、自治区、

直辖市人民政府药品监督管理部门根据实际情况采取停止生产、销售、使用等紧急控制措施，并应当在五日内组织鉴定，自鉴定结论做出之日起十五日内依法做出行政处理决定。

药品存在质量问题或者其他安全隐患的，药品上市许可持有人应当立即停止销售，告知相关药品经营企业和医疗机构停止销售和使用，召回已销售的药品，及时公开召回信息，必要时应当立即停止生产，并将药品召回和处理情况向省、自治区、直辖市人民政府药品监督管理部门和卫生健康主管部门报告。药品生产企业、药品经营企业和医疗机构应当配合。

药品上市许可持有人依法应当召回药品而未召回的，省、自治区、直辖市人民政府药品监督管理部门应当责令其召回。

药品上市许可持有人应当对已上市药品的安全性、有效性和质量可控性定期开展上市后评价。必要时，国务院药品监督管理部门可以责令药品上市许可持有人开展上市后评价或者直接组织开展上市后评价。

经评价，对疗效不确切、不良反应大或者因其他原因危害人体健康的药品，应当注销药品注册证书。

已被注销药品注册证书的药品，不得生产或者进口、销售和使用。

已被注销药品注册证书、超过有效期等的药品，应当由药品监督管理部门监督销毁或者依法采取其他无害化处理等措施。

五、药品价格和广告

国家完善药品采购管理制度，对药品价格进行监测，开展成本价格调查，加强药品价格监督检查，依法查处价格垄断、哄抬价格等药品价格违法行为，维护药品价格秩序。

依法实行市场调节价的药品，药品上市许可持有人、药品生产企业、药品经营企业和医疗机构应当按照公平、合理和诚实信用、质价相符的原则制定价格，为用药者提供价格合理的药品。

药品上市许可持有人、药品生产企业、药品经营企业和医疗机构应当遵守国务院药品价格主管部门关于药品价格管理的规定，制定和标明药品零售价格，禁止暴利、价格垄断和价格欺诈等行为。

药品上市许可持有人、药品生产企业、药品经营企业和医疗机构应当依法向药品价格主管部门提供其药品的实际购销价格和购销数量等资料。

医疗机构应当向患者提供所用药品的价格清单，按照规定如实公布其常用药品的价格，加强合理用药管理。具体办法由国务院卫生健康主管部门制定。

禁止药品上市许可持有人、药品生产企业、药品经营企业和医疗机构在药品购销中给予、收受回扣或者其他不正当利益。

禁止药品上市许可持有人、药品生产企业、药品经营企业或者代理人以任何名义给予使用其药品的医疗机构的负责人、药品采购人员、医师、药师等有关人员财物或者其他不正当利益。禁止医疗机构的负责人、药品采购人员、医师、药师等有关人员以任何名义收受药品上市许可持有人、药品生产企业、药品经营企业或者代理人给予的财物或者其他不正当利益。

药品广告应当经广告主所在地省、自治区、直辖市人民政府确定的广告审查机关批准；未经批准的，不得发布。

药品广告的内容应当真实、合法，以国务院药品监督管理部门核准的药品说明书为准，不得含有虚假的内容。

药品广告不得含有表示功效、安全性的断言或者保证；不得利用国家机关、科研单位、学术机构、行业协会或者专家、学者、医师、药师、患者等的名义或者形象做推荐、证明。

非药品广告不得有涉及药品的宣传。

药品价格和广告，《药品管理法》未做规定的，适用《中华人民共和国价格法》《中华人民共和国反垄断法》《中华人民共和国反不正当竞争法》《中华人民共和国广告法》等的规定。

第六节　特殊药品管理

一、麻醉药品和精神药品管理

（一）麻醉药品和精神药品的概念

麻醉药品和精神药品，是指列入麻醉药品目录、精神药品目录的药品和其他物质。

《药品管理法》规定，国家对麻醉药品、精神药品、医疗用毒性药品、放射性药品实行特殊管理，管理办法由国务院制定。精神药品分为第一类精神药品和第二类精神药品。麻醉药品目录、精神药品目录由国务院药品监督管理部门会同国务院公安部门、国务院卫生主管部门制定、调整并公布。

（二）麻醉药品和精神药品管理立法

麻醉药品和精神药品的管制是国际社会共同重视的问题。2000 年 2 月卫生部发布了《医疗机构麻醉药品、一类精神药品管理规定》。2005 年 8 月 3 日国务院发布了《麻醉药品和精神药品管理条例》，自 2005 年 11 月 1 日起施行。随后，国家食品药品监督管理局制定了《麻醉药品和精神药品生产管理办法（试行）》《麻醉药品和精神药品经营管理办法（试行）》《麻醉药品、精神药品处方管理规定》等规章。

（三）麻醉药品和精神药品的监督管理

1. 麻醉药品和精神药品的生产　国家根据麻醉药品和精神药品的医疗、国家储备和企业生产所需原料的需要确定需求总量，对麻醉药品药用原植物的种植、麻醉药品和精神药品的生产实行总量控制。国家对麻醉药品和精神药品实行定点生产制度。国务院药品监督管理部门根据麻醉药品和精神药品的需求总量，确定麻醉药品和精神药品定点生产企业的数量和布局。麻醉药品和精神药品的标签应当印有国务院药品监督管理部门规定的标志。

2. 麻醉药品和精神药品的供应　国家对麻醉药品和精神药品实行定点经营制度。药品经营企业不得经营麻醉药品原料药和第一类精神药品原料药。麻醉药品和第一类精神药品不得零售。第二类精神药品零售企业应当凭执业医师出具的处方，按规定剂量销售第二类精神药品，并将处方保存 2 年备查；禁止超剂量或者无处方销售第二类精神药品；不得向未成年人销售第二类精神药品。

3. 麻醉药品和精神药品的运输　托运、承运和自行运输麻醉药品和精神药品的，应当采取安全保障措施，防止麻醉药品和精神药品在运输过程中被盗、被抢、丢失。

4. 麻醉药品和精神药品的进出口　由国家对外经济贸易主管部门指定的单位按照国家有关外贸的规定办理，其他部门一律不得办理麻醉药品和精神药品的进出口业务。

5. 麻醉药品和精神药品的使用　医疗机构需要使用麻醉药品和第一类精神药品的，应当经所在地设区的市级人民政府卫生主管部门批准，取得麻醉药品、第一类精神药品购用印鉴卡。医疗机构应当按照国务院卫生主管部门的规定，对本单位执业医师进行有关麻醉药品和精神药品使用知识的培训、考核，经考核合格的，授予麻醉药品和第一类精神药品处方资格。医疗机构应当对麻醉药品和精神药品处方进行专册登记，加强管理。麻醉药品处方至少保存 3 年，精神药品处方至少保存 2 年。

医疗机构、戒毒机构以开展戒毒治疗为目的，可以使用美沙酮或者国家确定的其他用于戒毒治疗的麻醉药品和精神药品。具体管理办法由国务院药品监督管理部门、国务院公安部门和国务院卫生主管部门制定。

二、医疗用毒性药品管理

医疗用毒性药品，是指毒性剧烈、治疗剂量与中毒剂量相近，使用不当会致人中毒或死亡的药品。为加强医疗用毒性药品的管理，防止中毒或死亡事故的发生，1988 年 12 月 27 日国务院发布了《医疗用毒性药品管理办法》，自发布之日起施行。

《医疗用毒性药品管理办法》规定：①医疗用毒性药品年度生产、收购、供应和配制计划，由省、自治区、直辖市医药管理部门根据医疗需要制定；②医疗用毒性药品的收购、经营，由各级医药管理部门指定的药品经营单位负责；③医疗单位供应和调配毒性药品，凭医生签名的正式处方。国营药店供应和调配毒性药品，凭盖有医生所在的医疗单位公章的正式处方。每次处方剂量不得超过 2 日极量；医疗用毒性药品的收购、经营、加工、使用单位必须建立健全保管、验收、领发、核对等制度，严防收假、发错、与其他药品混杂。医疗用毒性药品的包装容器上必须印有规定的毒药标志，在运输毒性药品的过程中，应当采取有效措施，防止发生意外。

三、放射性药品管理

放射性药品，是指凡用于诊断、治疗、缓解疾病或身体失常的恢复，改正和变更人体有机功能并能提示出人体解剖形态的含有放射性核素或标记化合物的物质，亦指在分子内或制剂内含有放射性核素的药品。放射性药品与其他特殊药品的不同之处就在于其含有的放射性核素能放射出 α、β 和 γ 射线。为了加强放射性药品的管理，1989 年 1 月 13 日国务院发布了《放射性药品管理办法》，自发布之日起施行。

《放射性药品管理办法》规定，放射性药品的监督检查包括：①物理检查（查性状、放射性纯度及强度）；②化学检查（包括 pH、放射化学纯度、载体含量等）；③生物检查（要求无菌、无热原、进行生物学特殊实验）。放射性药品的保管制度主要是：①放射性药品应由专人负责保管；②做好放射性药品使用登记；③发现放射性药品丢失时，应立即追查去向，并报告上级机关。放射性药品用于患者前，应对其品种和用量进行严格的核对，特别是在同一时间给几个患者服药时，应仔细核对患者姓名及给药剂量。

四、戒毒药品管理

戒毒药品，是指控制并消除滥用阿片类药物的急剧戒断症状与体征的戒毒治疗药品和能减轻消除稽延性症状的戒毒治疗辅助药品。为了规范戒毒药品的管理，1999 年 6 月 26 日国家药品监督管理局颁布了《戒毒药品管理办法》。

《戒毒药品管理办法》规定，国家对戒毒药品的研究、生产、供应、使用和宣传实行严格监督，并禁止利用电视、广播、报纸、杂志等大众传播媒介进行广告宣传。

生产戒毒药品须由国家药品监督管理局指定的已取得药品 GMP 证书的药品生产企业进行生产。戒毒药品由国家药品监督管理局审核批准的指定单位供给。戒毒机构应按有关规定向药品经营单位购买戒毒药品。

《戒毒药品管理办法》规定，戒毒治疗药品按处方药管理，戒毒治疗辅助药品按非处方药管理。医生应根据阿片类成瘾者戒毒临床使用指导原则合理使用戒毒药品，严禁滥用。戒毒用美沙酮处方要留存 2 年备查。戒毒医疗机构购买戒毒用美沙酮只准在本单位使用，不得转售。

第七节　药品监督

一、药品监督管理机构及其职责

（一）药品监督管理机构

国家食品药品监督管理局主管全国药品监督管理工作，国务院有关部门在各自的职责范围内负责与药品有关的监督管理工作。

省、自治区、直辖市人民政府药品监督管理部门负责本行政区域内的药品监督管理工作。省、自治区、直辖市人民政府有关部门在各自的职责范围内负责与药品有关的监督管理工作。

（二）药品监督管理机构的职责

药品监督管理部门的主要职责是：①对开办药品生产、经营企业进行审批、发放许可证；②拟订 GLP、GCP 并监督实施，制定并监督实施 GMP 和 GSP；③审批新药、仿制药、进口药，并分别发放新药证书、生产批准文号、进口药品注册证；④审批医疗机构的制剂室并发放许可证和审批医疗机构制剂的品种；⑤对直接接触药品的包装材料实施监督管理；⑥负责药品广告的审批并发放批准文号；⑦负责对药品质量的监督检查，发布药品质量公告；⑧对可能危害人体健康的药品依法采取行政强制控制措施；⑨对违反《药品管理法》有关规定的行为依法实施行政处罚等。

二、药品检验机构及其职责

药品检验机构是执行国家对药品监督检验的法定专业机构。《药品管理法》规定，药品监督管理部门设置或者确定药品检验机构。

药品检验机构的主要职责是依法实施药品审批和药品质量监督检查所需的药品检验工作。包括药品审批时的药品检验、药品质量监督检查过程中的药品检验，如对药品监督管理部门抽查药品质量的检验，对生物制品、首次在中国销售的药品和国务院规定的其他药品在销售前或进口时进行的检验。

《药品管理法》规定，药品检验机构和确定的专业从事药品检验的机构不得参与药品生产经营活动，不得以其名义推荐或者监制、监销药品。

第八节 法律责任

违反《药品管理法》规定，构成犯罪的，依法追究刑事责任。

一、药品生产经营企业的法律责任

未取得药品生产许可证、药品经营许可证或者医疗机构制剂许可证生产、销售药品的，责令关闭，没收违法生产、销售的药品和违法所得，并处违法生产、销售的药品（包括已售出和未售出的药品，下同）货值金额十五倍以上三十倍以下的罚款；货值金额不足十万元的，按十万元计算。

生产、销售假药的，没收违法生产、销售的药品和违法所得，责令停产停业整顿，吊销药品批准证明文件，并处违法生产、销售的药品货值金额十五倍以上三十倍以下的罚款；货值金额不足十万元的，按十万元计算；情节严重的，吊销药品生产许可证、药品经营许可证或者医疗机构制剂许可证，十年内不受理其相应申请；药品上市许可持有人为境外企业的，十年内禁止其药品进口。

生产、销售劣药的，没收违法生产、销售的药品和违法所得，并处违法生产、销售的药品货值金额十倍以上二十倍以下的罚款；违法生产、批发的药品货值金额不足十万元的，按十万元计算，违法零售的药品货值金额不足一万元的，按一万元计算；情节严重的，责令停产停业整顿直至吊销药品批准证明文件、药品生产许可证、药品经营许可证或者医疗机构制剂许可证。

生产、销售的中药饮片不符合药品标准，尚不影响安全性、有效性的，责令限期改正，给予警告；可以处十万元以上五十万元以下的罚款。

生产、销售假药，或者生产、销售劣药且情节严重的，对法定代表人、主要负责人、直接负责的主管人员和其他责任人员，没收违法行为发生期间自本单位所获收入，并处所获收入百分之三十以上三倍以下的罚款，终身禁止从事药品生产经营活动，并可以由公安机关处五日以上十五日以下的拘留。

对生产者专门用于生产假药、劣药的原料、辅料、包装材料、生产设备予以没收。

二、药品使用单位的法律责任

药品使用单位使用假药、劣药的，按照销售假药、零售劣药的规定处罚；情节严重的，法定代表人、主要负责人、直接负责的主管人员和其他责任人员有医疗卫生人员执业证书的，还应当吊销执业证书。

知道或者应当知道属于假药、劣药，而为其提供储存、运输等便利条件的，没收全部储存、运输收入，并处违法收入一倍以上五倍以下的罚款；情节严重的，并处违法收入五倍以上十五倍以下的罚款；违法收入不足五万元的，按五万元计算。

对假药、劣药的处罚决定，应当依法载明药品检验机构的质量检验结论。

三、经营许可证有关法律责任

伪造、变造、出租、出借、非法买卖许可证或者药品批准证明文件的，没收违法所得，并处违法所得一倍以上五倍以下的罚款；情节严重的，并处违法所得五倍以上十五倍以下的罚款，吊销药品生产许可证、药品经营许可证、医疗机构制剂许可证或者药品批准证明文件，对法定代表人、主要负责人、直接负责的主管人员和其他责任人员，处二万元以上二十万元以下的罚款，十年内禁止从事药品生产经营活动，并可以由公安机关处五日以上十五日以下的拘留；违法所得不足十万元的，按十万元计算。

提供虚假的证明、数据、资料、样品或者采取其他手段骗取临床试验许可、药品生产许可、药品经营许可、医疗机构制剂许可或者药品注册等许可的，撤销相关许可，十年内不受理其相应申请，并处五十万元以上五百万元以下的罚款；情节严重的，对法定代表人、主要负责人、直接负责的主管人员和其他责任人员，处二万元以上二十万元以下的罚款，十年内禁止从事药品生产经营活动，并可以由公安机关处五日以上十五日以下的拘留。

四、药品生产行为法律责任

违反法律规定，有下列行为之一的，没收违法生产、进口、销售的药品和违法所得以及专门用于违法生产的原料、辅料、包装材料和生产设备，责令停产停业整顿，并处违法生产、进口、销售的药品货值金额十五倍以上三十倍以下的罚款；货值金额不足十万元的，按十万元计算；情节严重的，吊销药品批准证明文件直至吊销药品生产许可证、药品经营许可证或者医疗机构制剂许可证，对法定代表人、主要负责人、直接负责的主管人员和其他责任人员，没收违法行为发生期间自本单位所获收入，并处所获收入百分之三十以上三倍以下的罚款，十年直至终身禁止从事药品生产经营活动，并可以由公安机关处五日以上十五日以下的拘留。

（1）未取得药品批准证明文件生产、进口药品。

（2）使用采取欺骗手段取得的药品批准证明文件生产、进口药品。

（3）使用未经审评审批的原料药生产药品。

（4）应当检验而未经检验即销售药品。

（5）生产、销售国务院药品监督管理部门禁止使用的药品。

（6）编造生产、检验记录。

（7）未经批准在药品生产过程中进行重大变更。

销售前款第一项至第三项规定的药品，或者药品使用单位使用前款第一项至第五项规定的药品的，依照前款规定处罚；情节严重的，药品使用单位的法定代表人、主要负责人、直接负责的主管人员和其他责任人员有医疗卫生人员执业证书的，还应当吊销执业证书。

未经批准进口少量境外已合法上市的药品，情节较轻的，可以依法减轻或者免予处罚。

违反《药品管理法》规定，有下列行为之一的，没收违法生产、销售的药品和违法所得以及包装材料、容器，责令停产停业整顿，并处五十万元以上五百万元以下的罚款；情节严重的，吊销药品批准证明文件、药品生产许可证、药品经营许可证，对法定代表人、主要负责人、直接负责的主管人员和其他责任人员处二万元以上二十万元以下的罚

款，十年直至终身禁止从事药品生产经营活动。

（1）未经批准开展药物临床试验。

（2）使用未经审评的直接接触药品的包装材料或者容器生产药品，或者销售该类药品。

（3）使用未经核准的标签、说明书。

除《药品管理法》另有规定的情形外，药品上市许可持有人、药品生产企业、药品经营企业、药物非临床安全性评价研究机构、药物临床试验机构等未遵守药品生产质量管理规范、药品经营质量管理规范、药物非临床研究质量管理规范、药物临床试验质量管理规范等的，责令限期改正，给予警告；逾期不改正的，处十万元以上五十万元以下的罚款；情节严重的，处五十万元以上二百万元以下的罚款，责令停产停业整顿直至吊销药品批准证明文件、药品生产许可证、药品经营许可证等，药物非临床安全性评价研究机构、药物临床试验机构等五年内不得开展药物非临床安全性评价研究、药物临床试验，对法定代表人、主要负责人、直接负责的主管人员和其他责任人员，没收违法行为发生期间自本单位所获收入，并处所获收入百分之十以上百分之五十以下的罚款，十年直至终身禁止从事药品生产经营等活动。

违反《药品管理法》规定，有下列行为之一的，责令限期改正，给予警告；逾期不改正的，处十万元以上五十万元以下的罚款。

（1）开展生物等效性试验未备案。

（2）药物临床试验期间，发现存在安全性问题或者其他风险，临床试验申办者未及时调整临床试验方案、暂停或者终止临床试验，或者未向国务院药品监督管理部门报告。

（3）未按照规定建立并实施药品追溯制度。

（4）未按照规定提交年度报告。

（5）未按照规定对药品生产过程中的变更进行备案或者报告。

（6）未制定药品上市后风险管理计划。

（7）未按照规定开展药品上市后研究或者上市后评价。

除依法应当按照假药、劣药处罚的外，药品包装未按照规定印有、贴有标签或者附有说明书，标签、说明书未按照规定注明相关信息或者印有规定标志的，责令改正，给予警告；情节严重的，吊销药品注册证书。

违反《药品管理法》规定，药品上市许可持有人、药品生产企业、药品经营企业或者医疗机构未从药品上市许可持有人或者具有药品生产、经营资格的企业购进药品的，责令改正，没收违法购进的药品和违法所得，并处违法购进药品货值金额二倍以上十倍以下的罚款；情节严重的，并处货值金额十倍以上三十倍以下的罚款，吊销药品批准证明文件、药品生产许可证、药品经营许可证或者医疗机构执业许可证；货值金额不足五万元的，按五万元计算。

违反《药品管理法》规定，药品经营企业购销药品未按照规定进行记录，零售药品未正确说明用法、用量等事项，或者未按照规定调配处方的，责令改正，给予警告；情节严重的，吊销药品经营许可证。

违反《药品管理法》规定，药品网络交易第三方平台提供者未履行资质审核、报告、停止提供网络交易平台服务等义务的，责令改正，没收违法所得，并处二十万元以上二百万元以下的罚款；情节严重的，责令停业整顿，并处二百万元以上五百万元以下的罚款。

进口已获得药品注册证书的药品，未按照规定向允许药品进口的口岸所在地药品监督管理部门备案的，责令限期改正，给予警告；逾期不改正的，吊销药品注册证书。

违反《药品管理法》规定，医疗机构将其配制的制剂在市场上销售的，责令改正，没收违法销售的制剂和违法所得，并处违法销售制剂货值金额二倍以上五倍以下的罚款；情节严重的，并处货值金额五倍以上十五倍以下的罚款；货值金额不足五万元的，按五万元计算。

药品上市许可持有人未按照规定开展药品不良反应监测或者报告疑似药品不良反应的，责令限期改正，给予警告；逾期不改正的，责令停产停业整顿，并处十万元以上一百万元以下的罚款。

药品经营企业未按照规定报告疑似药品不良反应的，责令限期改正，给予警告；逾期不改正的，责令停产停业整顿，并处五万元以上五十万元以下的罚款。

医疗机构未按照规定报告疑似药品不良反应的，责令限期改正，给予警告；逾期不改正的，处五万元以上五十万元以下的罚款。

药品上市许可持有人在省、自治区、直辖市人民政府药品监督管理部门责令其召回后，拒不召回的，处应召回药品货值金额五倍以上十倍以下的罚款；货值金额不足十万元的，按十万元计算；情节严重的，吊销药品批准证明文件、药品生产许可证、药品经营许可证，对法定代表人、主要负责人、直接负责的主管人员和其他责任人员，处二万元以上二十万元以下的罚款。药品生产企业、药品经营企业、医疗机构拒不配合召回的，处十万元以上五十万元以下的罚款。

药品上市许可持有人为境外企业的，其指定的在中国境内的企业法人未依照《药品管理法》规定履行相关义务的，适用《药品管理法》有关药品上市许可持有人法律责任的规定。

药品上市许可持有人、药品生产企业、药品经营企业或者医疗机构违反《药品管理法》规定聘用人员的，由药品监督管理部门或者卫生健康主管部门责令解聘，处五万元以上二十万元以下的罚款。

药品上市许可持有人、药品生产企业、药品经营企业或者医疗机构在药品购销中给予、收受回扣或者其他不正当利益的，药品上市许可持有人、药品生产企业、药品经营企业或者代理人给予使用其药品的医疗机构的负责人、药品采购人员、医师、药师等有关人员财物或者其他不正当利益的，由市场监督管理部门没收违法所得，并处三十万元以上三百万元以下的罚款；情节严重的，吊销药品上市许可持有人、药品生产企业、药品经营企业营业执照，并由药品监督管理部门吊销药品批准证明文件、药品生产许可证、药品经营许可证。

药品上市许可持有人、药品生产企业、药品经营企业在药品研制、生产、经营中向国家工作人员行贿的，对法定代表人、主要负责人、直接负责的主管人员和其他责任人员终身禁止从事药品生产经营活动。

药品上市许可持有人、药品生产企业、药品经营企业的负责人、采购人员等有关人员在药品购销中收受其他药品上市许可持有人、药品生产企业、药品经营企业或者代理人给予的财物或者其他不正当利益的，没收违法所得，依法给予处罚；情节严重的，五年内禁止从事药品生产经营活动。

医疗机构的负责人、药品采购人员、医师、药师等有关人员收受药品上市许可持有人、药品生产企业、药品经营企业或者代理人给予的财物或者其他不正当利益的，由卫

生健康主管部门或者本单位给予处分，没收违法所得；情节严重的，还应当吊销其执业证书。

违反《药品管理法》规定，编造、散布虚假药品安全信息，构成违反治安管理行为的，由公安机关依法给予治安管理处罚。

药品上市许可持有人、药品生产企业、药品经营企业或者医疗机构违反《药品管理法》规定，给用药者造成损害的，依法承担赔偿责任。

因药品质量问题受到损害的，受害人可以向药品上市许可持有人、药品生产企业请求赔偿损失，也可以向药品经营企业、医疗机构请求赔偿损失。接到受害人赔偿请求的，应当实行首负责任制，先行赔付；先行赔付后，可以依法追偿。

生产假药、劣药或者明知是假药、劣药仍然销售、使用的，受害人或者其近亲属除请求赔偿损失外，还可以请求支付价款十倍或者损失三倍的赔偿金；增加赔偿的金额不足一千元的，按一千元计算。

五、药品监督管理部门的法律责任

药品监督管理部门或者其设置、指定的药品专业技术机构参与药品生产经营活动的，由其上级主管机关责令改正，没收违法收入；情节严重的，对直接负责的主管人员和其他直接责任人员依法给予处分。

药品监督管理部门或者其设置、指定的药品专业技术机构的工作人员参与药品生产经营活动的，依法给予处分。

药品监督管理部门或者其设置、指定的药品检验机构在药品监督检验中违法收取检验费用的，由政府有关部门责令退还，对直接负责的主管人员和其他直接责任人员依法给予处分；情节严重的，撤销其检验资格。

药品监督管理部门有下列行为之一的，应当撤销相关许可，对直接负责的主管人员和其他直接责任人员依法给予处分。

（1）不符合条件而批准进行药物临床试验。

（2）对不符合条件的药品颁发药品注册证书。

（3）对不符合条件的单位颁发药品生产许可证、药品经营许可证或者医疗机构制剂许可证。

药品监督管理等部门有下列行为之一的，对直接负责的主管人员和其他直接责任人员给予记过或者记大过处分；情节较重的，给予降级或者撤职处分；情节严重的，给予开除处分。

（1）瞒报、谎报、缓报、漏报药品安全事件。

（2）对发现的药品安全违法行为未及时查处。

（3）未及时发现药品安全系统性风险，或者未及时消除监督管理区域内药品安全隐患，造成严重影响。

（4）其他不履行药品监督管理职责，造成严重不良影响或者重大损失。

药品监督管理人员滥用职权、徇私舞弊、玩忽职守的，依法给予处分。

查处假药、劣药违法行为有失职、渎职行为的，对药品监督管理部门直接负责的主管人员和其他直接责任人员依法从重给予处分。

六、人民政府的法律责任

违反《药品管理法》规定，县级以上地方人民政府有下列行为之一的，对直接负责的主管人员和其他直接责任人员给予记过或者记大过处分；情节严重的，给予降级、撤职或者开除处分。

（1）瞒报、谎报、缓报、漏报药品安全事件。

（2）未及时消除区域性重大药品安全隐患，造成本行政区域内发生特别重大药品安全事件，或者连续发生重大药品安全事件。

（3）履行职责不力，造成严重不良影响或者重大损失。

七、药品检验机构的法律责任

药品检验机构出具虚假检验报告的，责令改正，给予警告，对单位并处二十万元以上一百万元以下的罚款；对直接负责的主管人员和其他直接责任人员依法给予降级、撤职、开除处分，没收违法所得，并处五万元以下的罚款；情节严重的，撤销其检验资格。药品检验机构出具的检验结果不实，造成损失的，应当承担相应的赔偿责任。

八、药品管理从重处罚的规定

有下列行为之一的，在《药品管理法》规定的处罚幅度内从重处罚。

（1）以麻醉药品、精神药品、医疗用毒性药品、放射性药品、药品类易制毒化学品冒充其他药品，或者以其他药品冒充上述药品。

（2）生产、销售以孕产妇、儿童为主要使用对象的假药、劣药。

（3）生产、销售的生物制品属于假药、劣药。

（4）生产、销售假药、劣药，造成人身伤害后果。

（5）生产、销售假药、劣药，经处理后再犯。

（6）拒绝、逃避监督检查，伪造、销毁、隐匿有关证据材料，或者擅自动用查封、扣押物品。

第八章　医疗器械监督管理法律制度

第一节　概　述

一、医疗器械的概念

医疗器械，是指单独或者组合使用于人体的仪器、设备、器具、材料或者其他物品，包括所需要的软件。医疗器械不仅是预防、诊断疾病，施行手术及研究病源必不可少的工具，有的还可直接用于治疗，对保护人体健康具有重要作用。

二、医疗器械监督管理立法

为了加强对医疗器械的监督管理，保证医疗器械的安全、有效，保障人体健康和生命安全，国务院于 2000 年 1 月 4 日发布了《医疗器械监督管理条例》，自同年 4 月 1 日起施行。国家食品药品监督管理局根据《医疗器械监督管理条例》相继发布了《医疗器械分类规则》《医疗器械新产品审批规定（试行）》《医疗器械生产企业质量体系考核办法》《一次性使用无菌医疗器械监督管理办法（暂行）》《医疗器械标准管理办法（试行）》《医疗器械临床试验规定》《医疗器械说明书、标签和包装标识管理规定》《医疗器械生产监督管理办法》《医疗器械经营企业许可证管理办法》《医疗器械注册管理办法》《国家医疗器械质量监督抽验管理规定（试行）》《违法药品医疗器械保健食品广告警示制度（暂行）》等规章，使医疗器械监督管理法律制度逐步完善。

三、医疗器械的分类

《医疗器械监督管理条例》规定，国家对医疗器械实行分类管理。

第一类：是指通过常规管理足以保证其安全性和有效性的医疗器械。

第二类：是指对其安全性、有效性必须严格控制的医疗器械。

第三类：是指植入人体；用于支持、维持生命；对人体具有潜在危险，对其安全性、有效性必须严格控制的医疗器械。

对医疗器械的分类，实际上是针对医疗器械产品的使用风险，即导致人体受伤害的危险发生的可能性及伤害的严重程度进行分类。

第二节　医疗器械新产品管理

一、医疗器械新产品的概念

医疗器械新产品，是指国内市场尚未出现过的或者产品安全性、有效性及产品机制未得到国内认可的全新的品种。《医疗器械监督管理条例》规定，国家鼓励研制医疗器械新产品。

二、医疗器械新产品的审批

《医疗器械新产品审批规定（试行）》规定，国家对医疗器械新产品实行审批制度。完成临床试用并通过国家食品药品监督管理局组织专家评审的医疗器械新产品，由国家食品药品监督管理局批准，并发给《医疗器械新产品证书》。国家食品药品监督管理局对批准的医疗器械新产品及时发布公告。

三、医疗器械的临床试验

医疗器械临床试验，是指获得医疗器械临床试验资格的医疗机构对申请注册的医疗器械在正常使用条件下的安全性和有效性按照规定进行试用或验证的过程。医疗器械临床试验的目的是评价受试产品是否具有预期的安全性和有效性。为了加强对医疗器械临床试验的管理，维护受试者权益，保证临床试验结果真实、可靠，国家食品药品监督管理局于2004年1月17日发布了《医疗器械临床试验规定》。

医疗器械临床试验分为医疗器械临床试用和医疗器械临床验证。医疗器械临床试用，是指通过临床使用来验证该医疗器械理论原理、基本结构、性能等要素能否保证安全性和有效性。医疗器械临床验证，是指通过临床使用来验证该医疗器械与已上市产品的主要结构、性能等要素是否实质性等同，是否具有同样的安全性、有效性。

第三节　医疗器械注册

一、医疗器械注册的概念

医疗器械注册，是指依照法定程序，对拟上市销售、使用的医疗器械的安全性、有效性进行系统评价，以决定是否同意其销售、使用的过程。

为了控制医疗器械产品的质量，确保医疗器械使用的安全性和有效性，《医疗器械监督管理条例》规定，国家对医疗器械实行产品生产注册制度；国家食品药品监督管理局于2004年8月9日发布的《医疗器械注册管理办法》规定，在中华人民共和国境内销售、使用的医疗器械均应当按照规定申请注册，未获准注册的医疗器械，不得销售、使用。

二、医疗器械分类注册管理

《医疗器械注册管理办法》规定，国家对医疗器械实行分类注册管理。境外医疗器械由国家食品药品监督管理局审查，批准后发给医疗器械注册证书。台湾、香港、澳门地区医疗器械的注册，除《医疗器械注册管理办法》另有规定外，参照境外医疗器械办理。

医疗器械的注册形式主要有：境内医疗器械注册形式为"准"字；境外医疗器械注册形式为"进"字；台湾、香港、澳门地区的医疗器械注册形式为"许"字。

三、医疗器械注册检测

《医疗器械注册管理办法》规定，第二类、第三类医疗器械由国家食品药品监督管理局会同国家质量监督检验检疫总局认可的医疗器械检测机构进行注册检测，经检测符合适用的产品标准后，方可用于临床试验或者申请注册。申请第二类、第三类医疗器械注册或者重新注册，同时满足《医疗器械注册管理办法》规定条件的，可以免予注册检测。

第四节　医疗器械使用和广告管理

一、医疗器械使用管理

《医疗器械监督管理条例》规定，医疗机构应当从取得《医疗器械生产企业许可证》的生产企业或取得《医疗器械经营企业许可证》的经营企业购进合格的医疗器械，并检验产品合格证明；不得使用未经注册、无合格证明、过期、失效或者淘汰的医疗器械。医疗机构对一次性使用的医疗器械不得重复使用；使用过的，应当按照国家有关规定销毁，并做记录。

二、一次性使用无菌医疗器械管理

一次性使用无菌医疗器械，是指无菌、无热原、经检验合格，在有效期内一次性直接使用的医疗器械。

《一次性使用无菌医疗器械管理办法》规定，生产无菌器械应执行国务院药品监督管理部门颁布的《无菌医疗器具生产管理规范》及无菌器械的生产实施细则。无菌器械必须严格按标准进行检验，未经检验或检验不合格的不得出厂。

经营企业应具有与其经营无菌器械相适应的营业场地和仓库；建立无菌器械质量跟踪制度，做到从采购到销售能追查到每批产品的质量情况，保存完整的无菌器械购销记录和有效证件，到产品有效期满后2年。

医疗机构应建立无菌器械采购、验收制度，严格执行并做好记录；建立无菌器械使用后销毁制度，使用过的无菌器械必须按规定销毁，零部件不再具有使用功能，经消毒无害化处理，做好记录；不得重复使用无菌器械；发现不合格无菌器械，应立即停止使用、封存，并及时报告所在地药品监督管理部门，不得擅自处理。

三、医疗器械广告管理

《医疗器械监督管理条例》规定，医疗器械广告应当经省级以上人民政府药品监督管理部门审查批准；未经批准的，不得刊登、播放、散发和张贴。《医疗器械广告审查办法》规定，医疗器械广告应真实、合法、科学。医疗器械广告应当与审查批准的产品市场准入说明书相符，不得任意扩大范围；推荐给个人使用的医疗器械，应当标明"请在医生指导下使用"；医疗器械广告中不得含有表示功效的断言或保证。

发布医疗器械广告应遵守广告法及国家有关医疗器械管理的规定，并符合医疗器械广告审查办法规定的程序。广告经营者对违反《医疗器械广告审查办法》的医疗器械广告不得设计、制作，广告发布者不得发布。

为了加强对违法发布医疗器械广告的监督管理，国家食品药品监督管理局于2006年9月建立了违法药品医疗器械保健食品广告警示制度。发布安全警示的内容包括：①广告中标示的产品名称和产品注册名称，广告中标示的广告主或产品生产企业；②违法事实的主要表现；③违反的法律、法规、规章或规范性文件规定的具体条款；④对警示的违法广告的处理（包括由药品监督管理部门移送工商行政管理部门查处）；⑤警示公众谨慎购买。

第五节　医疗器械监督

一、医疗器械监督管理机构及其职责

（一）医疗器械监督管理机构

1. 国家食品药品监督管理局　国家食品药品监督管理局负责全国的医疗器械监督管理工作，其主要职责是负责拟定、修订医疗器械监督管理法律法规；拟定、修订和颁布医疗器械、体外诊断试剂、卫生材料产品的法定标准，制定产品分类管理目录；注册进口医疗器械、临床试验基地；核发医疗器械产品注册证和生产许可证；负责医疗器械质量体系认证和产品安全认证工作；审核医疗器械广告。

医疗器械监督管理具体工作由医疗器械司负责，其工作职责包括：①起草有关国家标准，拟订和修订医疗器械、卫生材料产品的行业标准、生产质量管理规范并监督实施；②国务院卫生行政部门制定医疗器械产品分类管理目录；③负责医疗器械产品的注册和监督管理；④负责医疗器械生产企业许可的管理；⑤负责医疗器械不良事件监测和再评价；⑥认可医疗器械临床试验基地、检测机构、质量管理规范评审机构的资格；⑦负责医疗器械审评专家库的管理；⑧负责对医疗器械注册和质量相关问题的核实并提出处理意见等。

2. 县级以上地方人民政府药品监督管理部门　县级以上地方人民政府药品监督管理部门负责本行政区域内的医疗器械监督管理工作，其职责包括：对已经造成医疗器械质量事故的产品及有关资料，可以予以查封、扣押；对已被撤销产品注册证书的医疗器械负责监督处理。

（二）医疗器械监督员

县级以上人民政府的药品监督管理部门设医疗器械监督员。医疗器械监督员对本行政区域内的医疗器械生产企业、经营企业和医疗机构进行监督、检查；必要时，可以按照国务院药品监督管理部门的规定抽取样品和索取有关资料，有关单位、人员不得拒绝和隐瞒。监督员对所取得的样品、资料负有保密义务。

二、医疗器械检测机构及其职责

医疗器械检测机构是对医疗器械的质量进行检验和监测的专门机构。《医疗器械监督管理条例》规定，国家对医疗器械检测机构实行资格认可制度；经国家食品药品监督管理局会同国务院质量技术监督部门认可的检测机构，方可对医疗器械实施检测。

医疗器械检测机构及其人员对被检测单位的技术资料负有保密义务，并不得从事或者参与同检测有关的医疗器械的研制、生产、经营和技术咨询等活动。

第六节　法律责任

一、行政责任

（1）未取得医疗器械产品生产注册证书进行生产的，责令停止生产，没收违法生产的产品和违法所得，并处罚款；情节严重的，由省级药品监督管理部门吊销生产企业许可证。

（2）未取得医疗器械生产企业许可证生产第二类、第三类医疗器械的，责令停止生产，没收违法生产的产品和违法所得，并处罚款。

（3）生产不符合医疗器械国家标准或者行业标准的医疗器械的，予以警告，责令停止生产，没收违法生产的产品和违法所得，并处罚款；情节严重的，由原发证部门吊销产品生产注册证书。

（4）未取得医疗器械经营企业许可证经营第二类、第三类医疗器械的，责令停止经营，没收违法经营的产品和违法所得，并处罚款。

（5）经营无产品注册证书、无合格证明、过期、失效、淘汰的医疗器械的，或者从无医疗器械生产企业许可证、经营企业许可证的企业购进医疗器械的，责令停止经营、没收违法经营的产品和违法所得，并处罚款；情节严重的，由原发证部门吊销经营企业许可证。

（6）注册申报时，提供虚假证明、文件资料、样品，或者采取其他欺骗手段，骗取医疗器械产品注册证书的，由原发证部门吊销产品注册证书，2年内不受理其产品注册申请，并处罚款；对已经生产的，没收违法生产的产品和违法所得，并处罚款。

（7）医疗机构使用无产品注册证书、无合格证明、过期、失效、淘汰的医疗器械的，或者从无医疗器械生产企业许可证、经营企业许可证的企业购进医疗器械的，责令改正，给予警告，没收违法使用的产品和违法所得，并处罚款；对主管人员和其他直接责任人员给予纪律处分。

（8）医疗机构重复使用一次性使用的医疗器械，或者对应当销毁未进行销毁的，责令改正，给予警告、罚款；对主管人员和其他直接责任人员给予纪律处分。

（9）承担医疗器械临床试用或临床验证的医疗机构提供虚假报告的，由省级以上人民政府药品监督管理部门责令改正，给予警告、罚款；情节严重的，撤销其临床试用或临床验证资格；对主管人员和其他直接责任人员给予纪律处分。

（10）医疗器械检测机构及其人员从事或参与同检测有关的医疗器械的研制、生产、经营、技术咨询的，或出具虚假检测报告的，由省级以上人民政府药品监督管理部门责令改正，给予警告、罚款；情节严重的，由国家药品监督管理部门撤销其检测资格；对主管人员和其他直接责任人员给予纪律处分。

二、刑事责任

《医疗器械监督管理条例》规定，违反医疗器械监督管理条例有关规定，构成犯罪的，依法追究刑事责任。医疗器械监督管理人员滥用职权、徇私舞弊、玩忽职守，构成犯罪的，依法追究刑事责任；尚不构成犯罪的，依法给予行政处分。

《刑法》第一百四十五条规定，生产不符合保障人体健康的国家标准、行业标准的医疗器械、医用卫生材料，或者销售明知是不符合保障人体健康的国家标准、行业标准的医疗器械、医用卫生材料，对人体健康造成严重危害的，处 5 年以下有期徒刑，并处销售金额 50% 以上 2 倍以下罚金；后果特别严重的，处 5 年以上 10 年以下有期徒刑，并处销售金额 50% 以上 2 倍以下罚金；其中情节特别恶劣的，处 10 年以上有期徒刑或者无期徒刑，并处销售金额 50% 以上 2 倍以下罚金或者没收财产。

第九章　公共卫生法律制度

第一节　概　述

一、突发公共卫生事件的概念

突发公共卫生事件，是指突然发生的、造成或者可能造成社会公众健康严重损害的重大传染病疫情、群体性不明原因疾病、重大食物和职业中毒以及其他严重影响公众健康的事件。

突发公共卫生事件包括突如其来的、对人类身体健康和生活产生巨大威胁，并间接影响到国家和社会的经济进步和局势稳定的自然和人为灾害。对公众造成威胁的突发公共卫生事件在人类社会早期多表现为自然灾害，如地震、洪水等。然而，社会发展到今天，突发公共卫生事件除去原有的自然灾害事件之外，人类社会因为自身发展而带来的大量人为突发公共卫生事件却逐渐凸显出来，而且伤害程度逐渐大于自然灾害。

（一）重大传染病疫情

重大传染病疫情，是指传染病在集中的时间、地点发生，导致大量的传染病患者出现，其发病率远远超过平常的发病水平。这些传染病疫情包括：①鼠疫、肺炭疽和霍乱暴发；②动物间鼠疫、布氏菌病和炭疽等流行；③乙类、丙类传染病暴发或多例死亡；④发生罕见或已消灭的传染病；⑤发生新发传染病的疑似病例；⑥可能造成严重影响公众健康和社会稳定的传染病疫情，以及上级卫生行政部门临时规定的疫情等。

（二）群体性不明原因的疾病

群体性不明原因的疾病，是指在一定时间内，某个相对集中的区域内同时或者相继出现多个临床表现基本相似的患者，又暂时不能明确诊断的疾病。这种疾病可能是传染病，可能是群体性癔病，也可能是某种中毒。

（三）重大食物和职业中毒

中毒，是指由于吞服、吸入有毒物质，或有毒物质与人体接触所产生的有害影响。重大食物和职业中毒，是指由于食物和职业的原因而发生的人数众多或者伤亡较重的中毒事件。

1. 食物中毒事件　是指人食用了被生物性、化学性有毒有害物质污染的食品或者食用了含有毒有害物质的食品后出现的急性、亚急性食源性疾患的事件。

2. 职业中毒事件　是指劳动者因接触粉尘、放射性物质和其他有毒有害物质等因素所致的突发急性职业病危害事件。根据《职业病危害事故调查处理办法》规定，发生急性职业病10人以下的为一般职业病危害事故；发生急性职业病10人以上50人以下或者死亡 5 人以下，或者发生职业性炭疽 5 人以下的为重大职业病危害事故；发生急性职业病 50 人以上或者死亡 5 人以上，或者发生职业性炭疽 5 人以上的为特大职业病危害事故。

（四）其他严重影响公众健康的事件

其他严重影响公众健康的事件，主要包括：①有毒有害化学品、生物毒素等引起的集体性急性中毒事件；②有潜在威胁的传染病动物宿主、媒介生物发生异常；③医生感染暴发；④药品引起的群体性反应或死亡事件；⑤预防接种引起的群体性反应或死亡事件；⑥严重威胁或危害公众健康的水、环境、食品污染和放射性、有毒有害化学性物质丢失、泄漏等事件；⑦发生生物、化学、核和辐射等恐怖袭击事件；⑧上级卫生行政部门临时规定的其他重大公共卫生事件等。

突发公共卫生事件具有以下特征：①突发性：它是突如其来的，一般是不易预测的；②公共卫生属性：它针对的不是特定的人，而是不特定的社会群体；③严重性：它已经对社会公众健康造成严重损害，或者从发展的趋势看，可能对公众健康造成严重影响。

二、突发公共卫生事件应急管理立法

（一）国外突发公共卫生事件应急管理立法

20 世纪以来，世界范围内的突发公共卫生事件频频。为了应对突发公共卫生事件，发达国家加强了突发事件的系列法律法规建设，以建立起突发公共卫生事件应急体系并为之提供重要的保障。

1. 美国　1987 年制定《公共卫生服务突发事件反应指南》，把公共卫生服务作为突发事件反应的一项主要辅助功能。2000 年通过《公共卫生威胁和突发事件法案》。2001 年 "9·11" 事件和紧接着的炭疽热生物恐怖袭击后，通过了《公共卫生安全和反生物恐怖主义法案》。2002 年，《生物恐怖主义准备和反应法案》《生物恐怖主义准备法案》和《国内安全法案》相继通过。2003 年，美国国土安全部成立，全面负责国内突发事件的管理和协调，包括突发公共卫生事件。

2. 英国　1990 年，卫生部突发事件规划协调小组首次发布了国民医疗服务体系关于重大突发事件的国家手册，1996 年重新编制，1998 年修订再版。2000 年，卫生部颁布突发事件控制保障标准，为所有的卫生服务组织提供了一个最低服务标准。

3. 加拿大　1985 年联邦政府颁布《紧急状态法》，赋予联邦政府经过议会表决与各省的协商后，应对国家突发事件时采取的措施。1988 年，联邦《应急准备法》通过，主要目的在于和《紧急状态法》相配合，并督导《国民应急计划》的发展和实施。

4. 俄罗斯　突发事件管理活动主要依据 1995 年通过的《突发事件和救援服务以及救援者的地位法》和 1994 年通过的《自然和技术性突发事件中的人民和领地保护法》。1999 年通过了《联邦公民卫生流行病防疫法》。此外，在联邦安全会议的指导下组成突发事件管理多部门协调委员会，并制定了《突发事件管理法律保障计划》。俄罗斯联邦政府目前正在着手制订《国民防御和自然灾害法》。

5. 日本　1961 年制定了《灾害对策基本法》。1998 年和歌山辖区的咖喱砒霜事件后，厚生省采取措施建立了综合的公共卫生突发事件管理计划。1999 年 4 月，通过《感染症法》，提供了基于信息的预防管理机制建立的基础。美国 "9·11" 事件后，日本重新认识到了现代国家在恐怖袭击面前的脆弱性，因而进一步加快了国家危机管理的建设。

国外通过立法，已经建立起突发公共卫生事件管理的结构体系和功能体系两个既相互独立又密切相关的系统。①结构体系，主要是指国家突发公共卫生事件的内部运作体系，即应对突发事件本身所涉及的包括决策、信息、执行和保障等四大系统的处理机制。②功能体系，是结构体系的外显性表征，主要是指对应于突发公共卫生事件的周期性波动，指向不同阶段所进行的举措，包括预防、反应、扩散、恢复和总结等五方面内容。

（二）我国突发公共卫生事件应急管理立法

2003年5月7日，国务院第七次常务会议审议通过了《突发公共卫生事件应急条例》，5月12日公布，并自公布之日起施行。《突发公共卫生事件应急条例》依据《传染病防治法》和有关法律的规定，在总结前阶段防治SARS的经验教训的基础上，借鉴国外的先进经验和有益做法，对公共卫生突发事件的管理范畴和具体内容进行了制度性的建设，是中国社会危机管理制度史上具有标志性的重要篇章。此后，卫生部制定了《传染性非典型肺炎防治管理办法》等一系列规章、诊断标准和处理原则。《突发公共卫生事件应急条例》的实施，既有利于解决防治传染性非典型肺炎工作中的实际问题，又为今后及时有效地处理突发公共卫生事件建立起"信息畅通、反应快捷、指挥有力、责任明确"的法律制度，从而为我国经济发展、社会稳定和人民安居乐业提供一个安全、健康的环境。

三、突发公共卫生事件的处理方针和原则

根据《突发公共卫生事件应急条例》的规定，处理突发公共卫生事件应当遵循预防为主、常备不懈的方针。我国是一个欠发达国家，经济和社会发展水平还不高，特别是广大中西部地区和农村地区，人均收入水平较低，公共卫生设施较差。一旦发生突发公共卫生事件，必将给广大人民群众的身体健康和生命安全带来严重伤害，也会使国家经济遭受巨大损失。因此，坚持预防为主，是卫生工作的基本指导方针，也是突发公共卫生事件应急处理的方针。在这一方针的指导下，《突发公共卫生事件应急条例》规定处理突发公共卫生事件应当贯彻统一领导、分级负责、反应及时、措施果断、依靠科学、加强合作的原则。

（一）统一领导

统一领导，是指在突发公共卫生事件应急处理的各项工作中，必须坚持由各级人民政府统一领导，成立应急指挥部，对处理工作实行统一指挥。各有关部门都要在应急指挥部的领导下，根据部署和分工，开展各项应急处理工作。

（二）分级负责

分级负责，是指全国性的突发公共卫生事件或跨省、自治区、直辖市的突发公共卫生事件，由国务院设立全国突发公共卫生事件应急处理指挥部，负责统一领导和指挥全国的应急处理工作；地方性突发事件，由省级人民政府设立突发事件应急处理指挥部，负责统一领导和指挥本行政区域内的应急处理工作。

（三）反应及时、措施果断

反应及时、措施果断，是指突发公共卫生事件发生后，有关人民政府要成立应急处理指挥部，决定是否启动应急处理预案等。有关部门应当及时做出反应，搜集、报告疫情及有关情况，立即组织调查，组织医疗队伍，积极开展救治，并向政府提出处理建议，

采取果断措施，有效控制突发公共卫生事件的事态发展。

（四）依靠科学、加强合作

依靠科学、加强合作，是指突发公共卫生事件应急工作要尊重科学、依靠科学，各有关部门、学校、科研单位等要通力合作，实现资源共享，做到：①有效控制和消除突发公共卫生事件的危险源；②有效地减轻突发公共卫生事件的危害后果；③已经受到伤害的公民及时得到有效救治；④有效地防止类似事件在同一范围内重复发生。

四、突发公共卫生事件应急指挥部的设立、组成和职责

为了强化处理突发公共卫生事件的指挥系统，《突发公共卫生事件应急条例》明确了政府对突发公共卫生事件的应急管理职责，规定突发事件发生后，国务院和省、自治区、直辖市人民政府设立突发事件应急处理指挥部，负责对突发事件应急处理的统一领导、统一指挥。卫生行政主管部门和其他部门在各自职责范围内，做好突发事件应急处理的有关工作。全国突发事件应急处理指挥部对地方突发事件应急处理工作进行督察和指挥，地方各级人民政府及其有关部门应当予以配合。省、自治区、直辖市突发事件应急处理指挥部对本行政区域内突发事件应急处理工作进行督察和指导。

经中央编制委员会办公室批准，卫生部于2003年10月设立卫生应急办公室（突发公共卫生事件应急指挥中心）。其职责是：组建监测和预警系统，统一指挥和组织协调有关突发公共卫生事件应急处理工作；制定突发公共卫生事件应急预案，组织预案培训和演练，培训公共卫生和医疗救护专业人员，指导各地实施突发公共卫生事件应急预案，帮助和指导各地应对其他经常性突发事件的伤病救治工作。

第二节　预防与应急准备

一、突发事件应急预案的制定

突发事件应急预案是经一定程序制定的处置突发事件的事先方案。《突发公共卫生事件应急条例》规定，国务院卫生行政主管部门按照分类指导、快速反应的要求，制定全国突发事件应急预案，报请国务院批准。省、自治区、直辖市人民政府根据全国突发事件应急预案，结合本地实际情况，制定本行政区域的突发事件应急预案。所谓分类指导，是指对不同性质的突发事件制定不同的应急预案；所谓快速反应，是指一旦发生突发事件，应急预案马上可以启动，应急处理机制马上可以做出反应。

全国突发事件应急预案应当包括以下主要内容：①突发事件应急处理指挥部的组成和相关部门的职责；②突发事件的监测与预警；③突发事件信息的收集、分析、报告、通报制度；④突发事件应急处理技术和监测机构及其任务；⑤突发事件的分级和应急处理工作方案；⑥突发事件预防、现场控制，应急设施、设备、救治药品和医疗器械以及其他物资和技术的储备与调度；⑦突发事件应急处理专业队伍的建设和培训。

二、突发事件预防控制体系

《突发公共卫生事件应急条例》规定，国家建立统一的突发事件预防控制体系。

（一）突发事件应急知识教育

地方各级人民政府应当依照法律、行政法规的规定，做好传染病预防和其他公共卫生工作，防范突发事件的发生。县级以上各级人民政府卫生行政主管部门和其他有关部门，应当对公众开展突发事件应急知识的专门教育，增强全社会对突发事件的防范意识和应对能力。

（二）监测和预警

县级以上地方人民政府应当建立和完善突发事件监测和预警系统，并确保其保持正常运行状态，对早期发现的潜在隐患以及可能发生的突发事件，应当及时报告。监测和预警工作的具体要求是：①根据重大的传染病疫情、群体性不明原因疾病、重大食物和职业中毒等突发事件的类别进行；②监测计划的制定要根据突发事件的特点，有的放矢；③运用监测数据，进行科学分析，综合评估；④及时发现潜在的隐患；⑤按照规定的程序和时限报告。

（三）物资储备

国务院有关部门和县级以上地方人民政府及其有关部门，应当根据突发事件应急预案的要求，保证应急设施、设备、救治药品和医疗器械等物资储备。

（四）医疗急救服务网络

1. 提高医疗卫生机构应对各类突发事件的救治能力　县级以上各级人民政府应当加强急救医疗服务网络的建设，配备相应的医疗救治药物、技术、设备和人员，提高医疗卫生机构应对各类突发事件的救治能力。设区的市级以上地方人民政府应当设置与传染病防治工作需要相适应的传染病专科医院，或者指定具备传染病防治条件和能力的医疗机构承担传染病防治任务。

2. 开展突发事件应急处理相关知识、技能的培训　县级以上地方人民政府卫生行政主管部门，应当定期对医疗卫生机构和人员开展突发事件应急处理相关知识、技能的培训，定期组织医疗卫生机构进行突发事件应急演练，推广最新知识和先进技术。

第三节　报告与信息发布

一、突发事件应急报告

突发事件的应急报告是有关决策机关掌握突发事件发生、发展信息的重要渠道。只有建立起一套完整的突发事件应急报告制度，并保证其正常运转，才能保证信息的通畅。所以，建立突发事件应急报告制度是领导机关准确把握事件动态，正确进行决策；有关部门及时采取处理和控制措施的重要前提。《突发公共卫生事件应急条例》规定，国家建立突发事件应急报告制度。

（一）突发事件应急报告主体

1. 突发事件监测机构　这是由县级以上各级人民政府卫生主管部门指定的开展突发事件日常监测的机构。这类机构可能根据突发事件的类型不同，被指定在不同的卫生机构中或者卫生机构中的不同部门。由于其承担着对突发事件的监测，在发现有规定报告的情形时，应当向所在地县级人民政府卫生行政主管部门报告。

2. 医疗卫生机构　包括各级各类疾病控制、卫生监督、医疗、保健等与卫生有关的机构。上述机构在发现有规定报告的情形时，应当向所在地县级人民政府卫生行政主管部门报告。

3. 有关单位　包括突发事件的发生单位，与群众健康和卫生保健工作有密切关系的机构或者单位。有关单位在发现有规定报告的情形时，应当向所在地县级人民政府卫生行政主管部门报告。

4. 卫生行政主管部门　在接到突发事件监测机构、医疗卫生机构和有关单位的报告后，应当向本级人民政府报告，并同时向上级人民政府卫生行政主管部门和国务院卫生行政主管部门报告。国务院卫生行政主管部门对可能造成重大社会影响的突发事件，应当向国务院报告。

5. 县级以上地方人民政府　在接到突发事件报告后，应当向设区的市级人民政府或者上一级人民政府报告；设区的市级人民政府应当在接到报告后向省、自治区、直辖市人民政府报告。省、自治区、直辖市人民政府接到报告后，应当向国务院卫生行政部门报告突发事件。

（二）突发事件应急报告的内容

主要包括：①发生或者可能发生传染病暴发、流行的；②发生或者发现不明原因的群体性疾病的；③发生传染病菌种、毒种丢失的；④发生或者可能发生重大食物和职业中毒事件的。

（三）突发事件应急报告的时限

根据《突发公共卫生事件应急条例》规定，除省级人民政府向卫生部报告的时限为1小时外，其他每一个环节的报告时限为2小时。卫生部对可能造成重大社会影响的突发事件，应当立即向国务院报告。

二、突发事件通报

《突发公共卫生事件应急条例》规定，国务院卫生行政主管部门应当根据发生突发事件的情况，及时向国务院有关部门和各省、自治区、直辖市人民政府卫生行政主管部门以及军队有关部门通报。突发事件发生地的省、自治区、直辖市人民政府卫生行政主管部门，应当及时向毗邻省、自治区、直辖市人民政府卫生行政主管部门通报。

接到通报的省、自治区、直辖市人民政府卫生行政主管部门，必要时应当及时通知本行政区域内的医疗卫生机构。县级以上地方人民政府有关部门，在已经发生或者发现可能引起突发事件的情形时，应当及时向同级人民政府卫生行政主管部门通报。

三、突发事件信息发布

《突发公共卫生事件应急条例》规定，国家建立突发事件的信息发布制度。国务院卫生行政主管部门负责向社会发布突发事件的信息。必要时，可以授权省、自治区、直辖市人民政府卫生行政主管部门向社会发布本行政区域内突发事件的信息。信息发布应当及时、准确、全面。

及时、准确、全面地发布突发事件的信息，是政府对社会、对公众负责任的体现，

也是有效控制突发事件的一项积极主动的措施。其意义是：①有利于缓解社会的紧张，消除公众的恐惧；②有利于发挥信息主渠道的作用，稳定人心；③有利于动员社会各部门、各方面的力量和广大群众协同行动；④有利于国际间的信息交流和协作。

四、不得隐瞒、缓报、谎报突发事件

隐瞒、缓报、谎报或者授意他人隐瞒、缓报、谎报突发事件，不仅不能反映突发事件的真实情况，而且会失去处理和控制突发事件的最佳时机，导致事态的扩大，严重影响公众健康，对社会、经济秩序造成不良的后果。因此，《突发公共卫生事件应急条例》规定，任何单位和个人对突发事件，不得隐瞒、缓报、谎报或者授意他人隐瞒、缓报、谎报。隐瞒，是指为了某种目的和利益，明知突发事件的真实情况，故意不按照规定报告突发事件。缓报，是指为了某种目的和利益，明知突发事件的报告时限，故意不按照规定的时限报告突发事件。谎报，是指为了某种目的和利益，明知突发事件的真实情况，故意编造虚假的情况报告，或者不真实地报告突发事件的情况。隐瞒、缓报、谎报与传染病疫情报告中的漏报，其主要区别在于是否存在主观故意。授意，是指将自己的意图通过一定方式明示或者暗示他人，使其按照自己的意图从事某一活动。

五、举报制度

任何单位和个人有权向人民政府及其有关部门报告突发事件隐患，有权向上级人民政府及其有关部门举报地方人民政府及其有关部门不履行突发事件应急处理职责，或者不按照规定履行职责的情况。接到报告、举报的有关人民政府及其有关部门，应当立即组织对突发事件隐患、不履行或者不按照规定履行突发事件应急处理职责的情况进行调查处理。对举报突发事件有功的单位和个人，县级以上各级人民政府及其有关部门应当予以奖励。国家公布统一的突发公共卫生事件报告、举报电话。

第四节 应急处理

一、应急预案的启动

突发事件发生后，卫生行政主管部门应当组织专家对突发事件进行综合评估，初步判断突发事件的类型，提出是否启动突发事件应急预案的建议。在全国范围内或者跨省、自治区、直辖市范围内启动全国突发事件应急预案，由国务院卫生行政主管部门报国务院批准后实施。省、自治区、直辖市启动突发事件应急预案，由省、自治区、直辖市人民政府决定，并向国务院报告。

应急预案启动后，突发事件发生地的人民政府有关部门，应当根据预案规定的职责要求，服从突发事件应急处理指挥部的统一指挥，立即到达规定岗位，采取有关的控制措施。医疗卫生机构、监测机构和科学研究机构，应当服从突发事件应急处理指挥部的统一指挥，相互配合、协作，集中力量开展相关的科学研究工作。

二、应急处理措施

（一）突发事件的评价

省级以上人民政府卫生行政主管部门或者其他有关部门指定的突发事件应急处理专业技术机构，负责突发事件的技术调查、确证、处置、控制和评价工作。

国务院卫生行政主管部门或者其他有关部门指定的专业技术机构，有权进入突发事件现场进行调查、采样、技术分析和检验，对地方突发事件的应急处理工作进行技术指导，有关单位和个人应当予以配合；任何单位和个人不得以任何理由予以拒绝。对新发现的突发传染病、不明原因的群体性疾病、重大食物和职业中毒事件，国务院卫生行政主管部门应当尽快组织力量制定相关的技术标准、规范和控制措施。

（二）法定传染病的宣布

国务院卫生行政主管部门对新发现的突发传染病，根据危害程度、流行强度，依照《传染病防治法》的规定及时宣布为法定传染病；宣布为甲类传染病的，由国务院决定。

（三）应急物资的生产、供应和运送

突发公共卫生事件发生后，国务院有关部门和县级以上地方人民政府及其有关部门，应当保证突发公共卫生事件应急处理所需的医疗救护设备、救治药品、医疗器械等物资的生产、供应；铁路、交通、民用航空行政主管部门应当保证及时运送。

（四）人员和物资的调集

根据突发事件应急处理的需要，突发事件应急处理指挥部有权紧急调集人员、储备的物资、交通工具以及相关设施、设备。

（五）交通工具上传染病患者的处置

交通工具上发现根据国务院卫生行政主管部门的规定需要采取应急控制措施的传染病患者、疑似传染病患者，其负责人应当以最快的方式通知前方停靠点，并向交通工具的营运单位和县级以上地方人民政府卫生行政主管部门报告。卫生行政主管部门接到报告后，应当立即组织有关人员采取相应的医学处置措施。对于交通工具上的传染病患者密切接触者，由交通工具停靠点的县级以上各级人民政府卫生行政主管部门或者铁路、交通、民用航空行政主管部门，根据各自的职责，依照法律规定，采取控制措施。

涉及国境口岸和出入境的人员、交通工具、货物、集装箱、行李、邮包等需要采取传染病应急控制措施的，依照国境卫生检疫法律、行政法规的规定办理。

（六）人员和疫区的控制

突发公共卫生事件应急处理指挥部根据突发公共卫生事件应急处理的需要，可以对食物和水源采取控制措施；必要时，对人员进行疏散或者隔离，并可以依法对传染病疫区实行封锁。对传染病暴发、流行区域内流动人口，突发事件发生地的县级以上地方人民政府应当做好预防工作，落实有关卫生控制措施；对传染病患者和疑似传染病患者，应当采取就地隔离、就地观察、就地治疗的措施；对需要治疗和转诊的，应当依照有关规定执行。

县级以上地方人民政府卫生行政主管部门应当对突发公共卫生事件现场等采取控制措施，宣传突发公共卫生事件防治知识，及时对易受感染的人群和其他易受损害的人群

采取应急接种、预防性投药、群体防护等措施。

三、医疗卫生机构和有关单位的责任

（一）医疗卫生机构的责任

为了及时有效地救治传染病患者，防止相互推诿和交叉感染，切断传染源，《突发公共卫生事件应急条例》规定，县级以上各级人民政府应当提供必要资金，保障因突发事件致病、致残的人员得到及时、有效的救治；有关部门和医疗卫生机构应当对传染病做到早发现、早报告、早隔离、早治疗，切断传播途径，防止扩散。

医疗卫生机构的责任，主要包括：①医疗卫生机构应当对因突发事件致病的人员提供医疗救护和现场救援，对就诊患者必须接诊治疗，并书写详细、完整的病历记录；对需要转送的患者，应当按照规定将患者及其病历记录的复印件转送至接诊的或者指定的医疗机构。②医疗卫生机构内应当采取卫生防护措施，防止交叉感染和污染。③医疗卫生机构应当对传染病患者密切接触者采取医学观察措施，传染病患者密切接触者应当予以配合。④医疗机构收治传染病患者、疑似传染病患者，应当依法报告所在地的疾病预防控制机构。接到报告的疾病预防控制机构应当立即对可能受到危害的人员进行调查，根据需要采取必要的控制措施。

（二）街道、乡镇和居（村）民委员会的责任

传染病暴发、流行时，街道、乡镇以及居民委员会、村民委员会应当组织力量，团结协作，群防群治，协助卫生行政主管部门和其他有关部门、医疗卫生机构做好疫情信息的收集和报告、人员的分散隔离、公共卫生措施的落实工作，向居民、村民宣传传染病防治的相关知识。

（三）公民的责任

对患者、疑似患者和传染病患者密切接触者进行隔离治疗是切断病源与易感者之间的联系、切断传染源、保护健康人群的一项措施。所谓传染病患者密切接触者，是指与传染病的确诊或高度疑似病例有过共同生活或工作史，以及其他形式的直接接触者，或者根据流行病调查和现场情况，由卫生防疫人员综合评定的其他人员。《突发公共卫生事件应急条例》规定，在突发事件中需要接受隔离治疗和医学观察措施的患者、疑似患者及传染病患者密切接触者在卫生行政主管部门或者有关机构采取医学措施时应当予以配合；拒绝配合的，由公安机关依法协助强制执行。

四、表彰和奖励

县级以上各级人民政府及其卫生行政主管部门，应当：①对参加突发公共卫生事件应急处理的医疗卫生人员，给予适当补助和保健津贴，这既体现了政府对他们的关心和爱护，又有利于鼓励他们积极开展工作；②对参加突发公共卫生事件应急处理做出贡献的人员，给予表彰和奖励。这表明了政府对公民积极投身社会公益活动的肯定和鼓励，有利于树立"一方有难，八方支援"的良好社会风尚；③对因参与应急处理工作致病、致残、死亡的人员，按照国家有关规定，给予相应的补助和抚恤。这既是对他们的补偿，更是对他们工作的褒扬。

第五节　法律责任

一、《突发公共卫生事件应急条例》规定的法律责任

（一）隐瞒、缓报、谎报突发公共卫生事件的法律责任

（1）县级以上地方人民政府及其卫生行政主管部门未按规定履行报告职责，对突发公共卫生事件隐瞒、缓报、谎报或者授意他人隐瞒、缓报、谎报的，对政府主要领导人及其卫生行政主管部门主要负责人，依法给予降级或者撤职的行政处分；造成传染病传播、流行或者对社会公众健康造成其他严重危害后果的，依法给予开除的行政处分；构成犯罪的，依法追究刑事责任。

（2）医疗卫生机构隐瞒、缓报或者谎报的，由卫生行政主管部门责令改正、通报批评、给予警告；情节严重的，吊销医疗机构执业许可证；对主要负责人、负有责任的主管人员和其他直接责任人员依法给予降级或者撤职的纪律处分；造成传染病传播、流行或者对社会公众健康造成其他严重危害后果，构成犯罪的，依法追究刑事责任。

（3）在突发公共卫生事件应急处理工作中，有关单位和个人未按规定履行报告职责，隐瞒、缓报或者谎报的，对有关责任人员依法给予行政处分或者纪律处分；触犯治安管理处罚条例，构成违反治安管理行为的，由公安机关依法予以处罚；构成犯罪的，依法追究刑事责任。

（二）玩忽职守、失职、渎职的法律责任

（1）县级以上各级人民政府卫生行政主管部门和其他有关部门在突发公共卫生事件调查、控制、医疗救治工作中玩忽职守、失职、渎职的，由本级人民政府或者上级人民政府有关部门责令改正、通报批评、给予警告；对主要负责人、负有责任的主管人员和其他责任人员依法给予降级、撤职的行政处分；造成传染病传播、流行或者对社会公众健康造成其他严重危害后果的，依法给予开除的行政处分；构成犯罪的，依法追究刑事责任。

（2）国务院有关部门、县级以上地方人民政府及其有关部门未按规定，完成突发公共卫生事件应急处理所需要的设施、设备、药品和医疗器械等物资的生产、供应、运输和储备的，对政府主要领导人和政府部门主要负责人依法给予降级或者撤职的行政处分；造成传染病传播、流行或者对社会公众健康造成其他严重危害后果的，依法给予开除的行政处分；构成犯罪的，依法追究刑事责任。

（3）突发公共卫生事件发生后，县级以上地方人民政府及其有关部门对上级人民政府有关部门的调查不予配合，或者采取其他方式阻碍、干涉调查的，对政府主要领导人和政府部门主要负责人依法给予降级或者撤职的行政处分；构成犯罪的，依法追究刑事责任。

（4）县级以上各级人民政府有关部门拒不履行应急处理职责的，由同级人民政府或者上级人民政府有关部门责令改正、通报批评、给予警告；对主要负责人、负有责任的主管人员和其他责任人员依法给予降级、撤职的行政处分；造成传染病传播、流行或者对社会公众健康造成其他严重危害后果的，依法给予开除的行政处分；构成犯罪的，依

法追究刑事责任。

（5）医疗卫生机构未按规定及时采取控制措施的、未履行突发事件监测职责的、拒绝接诊患者的、拒不服从突发事件应急处理指挥部调度的，由卫生行政主管部门责令改正、通报批评、给予警告；情节严重的，吊销医疗机构执业许可证；对主要负责人、负有责任的主管人员和其他直接责任人员依法给予降级或者撤职的纪律处分；造成传染病传播、流行或者对社会公众健康造成其他严重危害后果，构成犯罪的，依法追究刑事责任。

（三）扰乱社会和市场秩序的法律责任

在突发事件发生期间，散布谣言、哄抬物价、欺骗消费者，扰乱社会秩序、市场秩序的，由公安机关或者工商行政管理部门依法给予行政处罚；构成犯罪的，依法追究刑事责任。

二、最高人民法院、最高人民检察院司法解释的规定

为依法惩治妨害预防、控制突发传染病疫情等灾害的犯罪活动，保障预防、控制突发传染病疫情等灾害工作的顺利进行，切实维护人民群众的身体健康和生命安全，最高人民法院、最高人民检察院根据《中华人民共和国刑法》等有关法律规定，于2003年5月14日公布了《关于办理妨害预防、控制突发传染病疫情等灾害的刑事案件具体应用法律若干问题的解释》，同年5月15日起施行。

"两高"的司法解释共涉及刑法的30个条文和30多个罪名，并对有关犯罪的界限与刑罚适用，做出了具体规定。主要包括以下几类案件：①传播传染病病毒危害公共安全的案件；②以防治传染病之名，非法行医，制售假冒伪劣产品、药品、医疗器械、防护用品等医用卫生材料，危害医务人员和人民群众身体健康的案件；③虚假广告、坑蒙拐骗、哄抬价格，扰乱市场经济秩序的案件；④在传染病防治期间趁火打劫，侵犯公民人身权利和公私财产，危害社会治安的案件；⑤编造、传播谣言或恐怖信息，危害国家政权或社会稳定的案件；⑥国家工作人员、企事业单位的工作人员，贪污、侵占、挪用防治传染病款物的案件；⑦有关国家机关工作人员、国有企事业单位工作人员，在防治传染病工作中渎职、失职，造成疫情传播等严重后果的案件；⑧妨害传染病防治公务的案件等。

第十章　国境卫生检疫法律制度

第一节　概　述

一、国境卫生检疫法的概念

国境卫生检疫法是调整防止传染病由国外传入或者由国内传出，实施国境检验、传染病监测和卫生监督等活动中产生的各种社会关系的法律规范的总称。

国境卫生检疫有以下特征：①国境卫生检疫对内是行政执法活动，对外是维护国家主权和尊严的国家行为；②国境卫生检疫的主体是法律、法规授权的国境卫生检疫机关；③国境卫生检疫是以国境口岸为依托进行的行政执法活动，国境口岸包括中华人民共和国国际通航的港口、机场以及陆地边境和国界江河的口岸；④国境卫生检疫是以医学等自然科学为主要手段的执法活动；⑤国境卫生检疫是防止传染病传入传出、保证食品和化妆品的卫生、保护人体健康的执法活动。

二、国境卫生检疫立法

我国的国境卫生检疫始于 1873 年。中华人民共和国成立后，为了控制传染病在国际间的传播，维护国家的主权和尊严，我国先后颁布了《交通检疫暂行办法》《民用航空检疫暂行办法》。1957 年，第一届全国人大常委会第八十八次会议通过了《中华人民共和国国境卫生检疫条例》。1986 年 12 月 2 日，第六届全国人大常委会第十八次会议通过了《中华人民共和国国境卫生检疫法》（以下简称《国境卫生检疫法》），该法自 1987 年 5 月 1 日起施行。《国境卫生检疫法》是我国参照《国际卫生条例》的有关条款以及各国检疫法规，并根据中华人民共和国成立以来的卫生检疫实践经验制定的。1989 年 3 月 6 日，经国务院批准，卫生部发布了《中华人民共和国国境卫生检疫法实施细则》。

2007 年 12 月 29 日第十届全国人大常委会第三十一次会议通过了关于修改《中华人民共和国国境卫生检疫法》的决定。2018 年 4 月 27 日第十三届全国人民代表大会常务委员会第二次会议《关于修改 < 中华人民共和国国境卫生检疫法 > 等六部法律的决定》第三次修正。

三、国境卫生检疫法与国际卫生条例

《国际卫生条例》是世界卫生大会制定并经各国政府批准的涉及国际卫生领域的多边性的国际公约。

《国际卫生条例》是由世界卫生组织（WHO）于 1951 年制定的，主要对鼠疫、霍乱和黄热病等传染病的国境卫生检疫、报告与控制做出了规定。2005 年 5 月 23 日，第五十八届世界卫生大会审议并通过了经修订后的新的《国际卫生条例》，在总干事通报各国

后 24 个月生效。

新的《国际卫生条例》的主要目的，是防止疾病的跨境传播，同时，将实施条例对正常经济往来、交通旅游等方面的消极影响限制在最低限度；提高对已知传染病风险的反应能力，增强对不可预见风险的反应能力和加强国家公共卫生体系抵御风险能力的建设。

新的《国际卫生条例》共分为 10 个部分，包含 66 条条例和 9 个附件内容。新条例的主要特点是：①国境卫生检疫报告传染病扩展为包括多种传染病在内的可能构成国际关注的突发公共卫生事件；②不限于对传染病的国境卫生检疫，强调加强与国家的联系和国家的能力建设，特别是传染病的监测预警、应急反应能力以及公共卫生体系建设等方面的建设；③强调针对可能构成国际关注的突发公共卫生事件的紧急情况，各国及时通报并采取必要卫生措施的义务；④强调确定发生国际关注的突发公共卫生事件时，WHO 按规定程序发布临时建议和长期建议，防止或减少疾病的国际传播和避免对国际交通的不必要干扰。

四、国境卫生检疫的对象

国境卫生检疫对象也称检疫范围。根据《国境卫生检疫法》的规定，出入国境的人员、交通工具、运输设备以及可能传播检疫传染病的行李、邮包、货物等物品都是检疫对象。

（一）入出境人员

入境、出境人员是指入、出我国国境的一切人员。根据《国际卫生条例》的规定，外交人员不享有卫生检疫豁免权。

（二）交通工具和运输设备

交通工具是指船舶、航空器、列车和其他车辆。运输设备是指货物集装箱等。

（三）行李、邮包

行李是指入境、出境人员携带的物品。邮包是指入、出国境的邮件。

（四）货物

货物是指由国外运进或者由国内运出的一切生产和生活资料，以及废旧物品等。

（五）血液及其制品、生物制品、人体组织、微生物等。

（六）尸体、骸骨

尸体、骸骨是指在国境口岸以及停在该场所的入、出境交通工具上的所有非因意外伤害而死亡并死因不明的尸体和骸骨。

五、国境卫生检疫传染病的种类

目前，我国国境卫生检疫传染病主要包括下列 5 类。①国境卫生检疫法规定的检疫传染病：鼠疫、霍乱、黄热病。②世界卫生组织要求各国进行监测的传染病：流行性感冒、疟疾、脊髓灰质炎、斑疹伤寒、回归热。③《外国人入出境管理法实施细则》和《国境卫生检疫法实施细则》规定的禁止入境的疾病：艾滋病、性病、开放性肺结核、麻风、精神病。④《传染病防治法》规定的除上述传染病以外的传染病：登革热、病毒性肝炎、伤寒、副伤寒、猩红热，除霍乱、痢疾、伤寒和副伤寒以外的感染性腹泻等。⑤军团热、拉萨热、埃博拉－马尔堡病毒病等。

第二节 卫生检疫

一、入出境检疫

（一）入境检疫

《国境卫生检疫法》规定，入境的交通工具和人员，应当在最先到达的国境口岸的指定地点接受检疫，除引航员外，未经国境卫生检疫机关许可，任何人不准上下交通工具，不准装卸行李、货物、邮包等物品。所谓指定地点，包括检疫锚地、允许航空器降落的停机坪和航空站、国际列车到达国境后第一个火车站的站台及江河口岸边境的通道口。

1. 入境前报告 在交通工具及人员抵达国境前，交通工具的代理人或者有关管理机关（如港务监督机关，实施检疫的航空站、车站），必须向国境卫生检疫机关通知下列事项：交通工具名称、国籍、型号、可供识别的标志，预定到达的日期和时间，始发站与目的地，交通工具工作人员和旅客人数，货物种类等。入境交通工具如在行程中发现检疫传染病、疑似检疫传染病，或者有人非因意外伤害而死亡并死因不明的，交通工具的负责人除必须立即向最先到达实施检疫口岸的卫生检疫机关报告上述事项外，还应报告病名或者主要症状、患病人数、死亡人数。

2. 提交申报证件 受入境检疫的船舶的船长，在检疫医师到达船上时，必须提交由船长签字或者有船医附签的航海健康申报书、船员名单、旅客名单、载货申报单，并出示除鼠证书或者免予除鼠证书。

入境航空器到达机场以后，检疫医师首先登机，机长或者其授权的代理人必须向卫生检疫机关出示总申报单、旅客名单、货物仓单和有效的灭蚊证书，以及其他有关卫生的检疫证件。对检疫医师提出的有关询问，应当如实回答。

入境列车和其他车辆到达车站、关口后，检疫医师首先登车，列车长或者其他车辆负责人应当口头或者书面向卫生检疫机关申报该列车或者其他车辆上人员的健康情况，并如实回答有关问题。

3. 非口岸检疫 来自国外的船舶、航空器因故停泊、降落在中国境内非口岸地点时，船舶、航空器的负责人应当立即向就近的国境卫生检疫机关或者当地卫生行政部门报告。除紧急情况外，未经国境卫生检疫机关或者当地卫生行政部门许可，任何人不准上下船舶、航空器，不准装卸行李、货物、邮包等物品。

4. 电讯检疫 根据国际航行船舶试行电讯卫生检疫的规定，凡国际航行的中外船舶申请电讯检疫，可以向卫生检疫机关提出，经检疫机关进行卫生检查并认为合格后，发给卫生证书。船舶卫生证书自签发之日起12个月内有效。

（二）出境检疫

《国境卫生检疫法》规定，出境的交通工具和人员，必须在最后离开的国境口岸接受卫生检疫。

（三）临时检疫

在国境口岸发现检疫传染病、疑似检疫传染病，或者有人非因意外伤害而死亡并死因不明的，国境口岸有关单位和交通工具的负责人，应当立即向国境卫生检疫机关报告，并申请临时检疫。

（四）边境接壤地区的来往检疫

中华人民共和国边防机关与邻国边防机关之间在边境地区的来往，居住在两国边境接壤地区的居民在边境指定地区的临时来往，双方的交通工具和人员的入境、出境检疫，依照双方协议办理，没有协议的，依照中国政府的有关规定办理。

（五）特殊物品的检疫

入境、出境的微生物、人体组织、生物制品、血液及其制品等特殊物品的携带人、托运人或邮寄人，必须向卫生检疫机关申报并接受卫生检疫，未经卫生检疫机关许可，不准入境、出境。海关凭卫生检疫机关签发的特殊物品审批单放行。

（六）携带物品和托运物品的检疫

入境、出境的旅客、员工个人携带或者托运的可能传播传染病的行李和物品，应当接受卫生检查。卫生检疫机关对来自疫区或被传染病污染的各种食品、饮料、水产品等应当实施卫生处理或销毁，并签发卫生证明，海关凭卫生检疫机关签发的卫生处理证明放行。

（七）入境和出境检疫证的签发

国境卫生检疫机关依据检疫医师提供的检疫结果，对未染有检疫传染病或者已实施卫生处理的交通工具签发入境或者出境检疫证。

二、检疫传染病患者的管理

（一）就地诊验

就地诊验，是指卫生检疫机关将接触过检疫传染病的感染环境，并且可能传播检疫传染病的染疫嫌疑人，在指定的时间内，到就近的卫生检疫机关或者其他医疗卫生单位接受诊察和检验，或者卫生检疫机关、其他医疗卫生单位到该人员的居留地，对其进行诊察和检验。

（二）留验

留验，是指卫生检疫机关将染疫嫌疑人收留在指定的处所进行诊察和检验，留验期限根据各种检疫传染病的潜伏期予以确定。

（三）隔离

隔离，是指卫生检疫机关对患有检疫传染病的人，或者经卫生检疫机关初步诊断，认为已经感染检疫传染病或者已经处于检疫传染病潜伏期的染疫人施行隔离，将其收留在指定的处所，限制其活动并对其进行治疗，直到消除传染病传播的危险。

第三节　传染病监测

一、传染病监测的对象

传染病监测，是指国境卫生检疫机构对特定环境、人群进行流行病学、血清学、病原学、临床症状以及其他有关影响因素的调查研究，预测有关传染病的发生、发展和流行，并采取必要的预防控制措施的执法活动。

传染病监测的对象是入境、出境的交通工具、人员、食品、饮用水和其他物品以及病媒昆虫、动物。传染病监测的内容有：①首发病例的个案调查；②暴发流行的传染病的流行病学调查；③传染源调查；④国境口岸内监测传染病的回顾性调查；⑤病原体的分离、鉴定，人群、有关动物的血清学调查以及流行病学调查；⑥有关动物、病媒昆虫、食品、饮用水和环境因素的调查；⑦消毒、除鼠、除虫的效果观察与评价；⑧国境口岸以及国内外监测传染病疫情的收集、整理、分析和传递；⑨对监测对象开展健康检查和对监测传染病患者、疑似患者、密切接触人员的管理。

二、传染病监测的措施

《国境卫生检疫法》规定，国境卫生检疫机关对入出境人员实施传染病监测，并且采取必要的预防、控制措施。

（一）出示有关健康情况的证件

受入出境检疫的人员，必须根据检疫医师的要求，如实填报健康申明卡，出示某种有效的传染病预防接种证书、健康证明或其他有关证件。

（1）填写健康申明卡。

（2）提交健康证明。

（二）健康检查

健康检查是一项以物理检查与血清学检验结合的一项检测制度，其目的在于鉴别鼠疫、霍乱和黄热病3种检疫传染病，以及检测包括艾滋病、性病在内的血清学指标，以便及时发现疫情，采取有效的防护措施，防止传染病的传播和蔓延。

根据有关规定，健康检查的对象为下列人员：①国境口岸和进出口交通工具上从事饮食行业的人员；②经常进出国境的交通员工；③在境外居住3个月以上的回国中国公民和来华留学、工作、居住1年以上的外籍入境人员。

（三）发放就诊方便卡

对患有监测传染病的人、来自国外监测传染病流行区的人或者与监测传染病密切接触的人，国境卫生检疫机关可以根据流行病学和医学检查结果，区别情况，发给就诊方便卡，实施留验或者其他预防、控制措施。

卫生检疫机关、医疗卫生单位遇到持有就诊方便卡的人员请求医学检查时，应当视同急诊优先给予医学检查和治疗；如发现其患有检疫传染病或者监测传染病，疑似检疫传染病或者监测传染病，应当立即实施必要的卫生措施，并且将情况报告当地卫生防疫机构和签发就诊方便卡的卫生检疫机关。

第四节 卫生监督和卫生处理

一、卫生监督

卫生监督，是指国境卫生检疫机关根据卫生法规和卫生标准，对国境口岸和停泊在国境口岸的交通工具进行的卫生检查、卫生鉴定、卫生评价和采样检验等执法活动。

国境卫生检疫机关进行卫生监督的任务是：①监督和指导有关人员对啮齿动物、病媒昆虫的防除；②检查和检验食品、饮用水及其储存、供应、运输设备；③监督从事食品、饮用水供应的从业人员的健康状况，检查其健康证明书；④监督和检查垃圾、废物、污水、粪便、压舱水的处理，以保证国境口岸及交通工具、行李、货物、邮包等整洁卫生、防止疾病传播。

（一）国境口岸卫生监督

国境口岸作为国际通航的港口、机场、车站、陆地边境和国境江河的关口，必须具备污水、垃圾、粪便无害化处理系统。国境口岸的卫生要求是：①国境口岸和国境口岸内涉外的宾馆、生活服务单位以及候船、候车、候机厅（室）应当有健全的卫生制度和必要的卫生设施并保持室内外环境整洁、通风良好；②国境口岸有关部门应当采取切实可行的措施，控制啮齿动物、病媒昆虫，使其数量降低到不足为害的程度。仓库、货场必须具有防鼠设施；③国境口岸的垃圾、废物、污水、粪便必须进行无害化处理，保持国境口岸环境整洁卫生。

（二）交通工具卫生监督

交通工具不仅能因运送患者引起疾病传播，还可能携带病媒昆虫和鼠类。对交通工具的卫生要求是：①交通工具上宿舱、车厢必须保持清洁卫生，通风良好；②必须备有足够的消毒、除鼠、除虫药物及器械，并备有防鼠装置；③货舱、行李舱、货车车厢在装货前或卸货后应当进行彻底清扫，有毒物品和食品不得混装，防止污染；④不符合卫生要求的入境、出境交通工具，必须接受卫生检疫机关的督导，立即进行改进。

（三）饮用水、食品及从业人员卫生监督

国境口岸和交通工具上的食品、饮用水均应清洁卫生，无毒无害。容器、管道、贮存场所、仓库等均应符合卫生标准要求，防止其在运转、传递过程中被污染。对食品、饮用水及从业人员的卫生要求是：①国境口岸和交通工具上的食品、饮用水必须符合有关的卫生标准；②国境口岸的涉外宾馆，以及向入境、出境的交通工具上提供饮食服务的部门，营业前必须向卫生检疫机关申请卫生许可证；③国境口岸涉外的宾馆和入境、出境交通工具上的食品、饮用水从业人员应当持有卫生检疫机关签发的健康证明。

二、卫生处理

卫生处理，是指卫生检疫机关对发现的患有检疫传染病、监测传染病、疑似检疫传染病的入出境人员实施的隔离、留验和就地诊验等医学措施，以及对需要采取卫生措施的入出境交通工具、运输设备和其他可能传播检疫传染病的行李、货物、邮包等物品进行的消毒、除鼠、除虫等执法活动。

（一）交通工具的卫生处理

入境、出境的交通工具有下列情形之一的，应当由卫生检疫机关实施消毒、除鼠、除虫或者其他卫生处理：①来自检疫传染病疫区的；②被检疫传染病污染的；③与人类健康有关的啮齿动物或者病媒昆虫数量超过国家卫生标准的。

如果外国交通工具的负责人拒绝接受卫生处理，除特殊情况外，准许该交通工具在国境卫生检疫机关的监督下，立即离开中华人民共和国国境。

在国境口岸或者交通工具上发现有啮齿动物反常死亡或者死因不明的，国境口岸有关单位或者交通工具的负责人，必须立即向卫生检疫机关报告，迅速查明原因，实施卫生处理。

（二）旧物品的卫生处理

卫生检疫机关对来自疫区的、被检疫传染病污染的或者可能成为检疫传染病传播媒介的行李、货物、邮包等物品，根据污染程度，分别实施消毒、除鼠、除虫，对污染严重的实施销毁。对于由国外起运经过我国境内的货物，如果不在境内换装，除发生流行病学上有重要意义的事件需要实施卫生处理外，一般情况下不实施卫生处理。

（三）尸体、骸骨的卫生处理

入境、出境的尸体、骸骨的托运人或者其代理人，必须向国境卫生检疫机关申报，经卫生检查合格后，方准运进或者运出。

（四）其他物品的卫生处理

对染疫人、染疫嫌疑人的行李、使用过的物品、占用过的部位等要实施除鼠、除虫、消毒；对污染或者有污染嫌疑的饮用水、食品以及人的排泄物、垃圾、废物等实施消毒；对来自霍乱疫区的水产品、水果、蔬菜、饮料以及装有这些制品的邮包，必要时可以实施卫生处理。

第五节　法律责任

一、行政责任

违反《国境卫生检疫法》及其实施细则规定，有下列行为之一者，国境卫生检疫机关可以给予警告或者罚款：①应当受入境检疫的船舶，不悬挂检疫信号的；②入境、出境的交通工具，在入境检疫之前或者在出境检疫之后，擅自上下人员，装卸行李、货物、邮包等物品的；③拒绝接受检疫或者抵制卫生监督，拒不接受卫生处理的；④伪造或者涂改检疫单、证，不如实申报疫情的；⑤瞒报携带禁止进口的微生物、人体组织、生物制品、血液及其制品或者其他可能引起传染病传播的动物和物品的；⑥未经检疫的入境、出境交通工具，擅自离开检疫地点，逃避查验的；⑦隐瞒疫情或者伪造情节的；⑧未经卫生检疫机关实施卫生处理，擅自排放压舱水，移下垃圾、污物等控制物品的；⑨未经卫生检疫机关实施卫生处理，擅自移运尸体、骸骨的；⑩废旧物品、废旧交通工具，未

向卫生检疫机关申报，未经卫生检疫机关实施卫生处理和签发卫生检疫证书而擅自入境、出境或者使用、拆卸的；⑪未经卫生检疫机关检查，从交通工具上移下传染病患者造成传染病传播危险的。

二、刑事责任

《中华人民共和国刑法》第三百三十二条规定，违反国境卫生检疫规定，引起检疫传染病的传播或者有引起检疫传染病传播严重危险的，处3年以下有期徒刑或者拘役，并处或者单处罚金。这里所指的违反国境卫生检疫规定，是指有下列行为之一：①逃避检疫，向国境卫生检疫机关隐瞒真实情况；②入境的人员未经国境卫生检疫机关许可，擅自上下交通工具，或者装卸行李、货物、邮包等物品，不听劝阻。单位犯违反国境卫生检疫规定罪的，对单位判处罚金，并对其直接负责的主管人员和其他直接责任人员，依照上述规定处罚。

国境卫生检疫机关工作人员，违法失职的，给予行政处分；情节严重构成犯罪的，依法追究刑事责任。

第十一章 传染病防治法律制度

第一节 概 述

一、传染病防治法的概念

传染病防治法是调整预防、控制和消除传染病发生和流行，保障人体健康活动中产生的各种社会关系的法律、法规、规范的总和。

传染病是指由于具有传染性的致病性微生物，如细菌、病毒、立克次体、寄生虫等侵入人体，发生的使人体健康受到某种损害以致危及不特定的多数人生命健康甚至整个社会的疾病。

传染病防治是公共卫生事业的重要组成部分，传染病防治法是公共卫生法的主要组成部分，它以保障公民的生命健康为根本目标，直接涉及每一个人的切身利益，关系到每一个人的安全。

二、传染病防治立法

1989 年 2 月 21 日，第七届全国人民代表大会常务委员会第六次会议通过并颁布了《中华人民共和国传染病防治法》，该法于 1989 年 9 月 1 日起施行。1991 年，经国务院批准，卫生部发布了《中华人民共和国传染病防治法实施办法》。2004 年 8 月 28 日，第十届全国人大常委会第十一次会议通过了经过修订的《中华人民共和国传染病防治法》（以下简称《传染病防治法》），该法自 2004 年 12 月 1 日起施行。2020 年 10 月 2 日，国家卫健委发布《传染病防治法》修订征求意见稿，明确提出甲、乙、丙 3 类传染病的特征。乙类传染病新增人感染 H7N9 禽流感和新型冠状病毒肺炎两种。此次草案提出，任何单位和个人发现传染病患者或者疑似传染病患者时，应当及时向附近的疾病预防控制机构或者医疗机构报告；国家对发现并报告具备传染病流行特征的不明原因聚集性疾病、新发传染病疫情的单位和个人按照国家有关规定予以奖励；对经确认排除传染病疫情的，不予追究相关单位和个人的责任。

三、传染病防治法的适用范围

《传染病防治法》规定，在中华人民共和国领域内的一切单位和个人，必须接受疾病预防控制机构、医疗机构有关传染病的调查、检验、采集样本、隔离治疗等预防、控制措施，如实提供有关情况。这表明传染病防治法适用于我国全部领域，包括领空、领土、领海和延伸意义上的领域。根据我国有关法律规定和国防惯例，外交人员没有传染病防治方面的豁免权，驻中国的外国使领馆人员也必须遵守我国传染病防治法的规定。

四、法定管理传染病

法定管理传染病，是指纳入《传染病防治法》等法律管理的传染病。传染病的病种很多，根据传染病的危害程度和应采取的监督、监测和管理措施，以及我国社会经济的发展水平和国家财政的承受能力，《传染病防治法》将40种急性和慢性传染病列为法定管理的传染病，并根据其传播方式、速度及其对人类危害程度的不同，将其分为甲类、乙类和丙类3类。

甲类传染病是指：鼠疫、霍乱。

乙类传染病是指：传染性非典型肺炎、艾滋病、病毒性肝炎、脊髓灰质炎、人感染高致病性禽流感、麻疹、流行性出血热、狂犬病、流行性乙型脑炎、登革热、炭疽、细菌性和阿米巴性痢疾、肺结核、伤寒和副伤寒、流行性脑脊髓膜炎、百日咳、白喉、新生儿破伤风、猩红热、布鲁氏菌病、淋病、梅毒、钩端螺旋体病、血吸虫病、疟疾。

丙类传染病是指：流行性感冒、流行性腮腺炎、风疹、急性出血性结膜炎、麻风病、流行性和地方性斑疹伤寒、黑热病、包虫病、丝虫病，除霍乱、细菌性和阿米巴性痢疾、伤寒和副伤寒以外的感染性腹泻病。

上述规定以外的其他传染病，根据其暴发、流行情况和危害程度，需要列入乙类、丙类传染病的，由国务院卫生行政部门决定并予以公布。

对乙类传染病中传染性非典型肺炎、炭疽中的肺炭疽、人感染高致病性禽流感和新型冠状病毒肺炎，采取《传染病防治法》所称甲类传染病的预防、控制措施。其他乙类传染病和突发原因不明的传染病需要采取《传染病防治法》所称甲类传染病的预防、控制措施的，由国务院卫生行政部门及时报经国务院批准后予以公布、实施。省、自治区、直辖市人民政府对本行政区域内常见、多发的其他地方性传染病，可以根据情况决定按照乙类或者丙类传染病管理并予以公布，报国务院卫生行政部门备案。

五、传染病患者、病原携带者和疑似传染病患者合法权益保护

传染病患者、疑似传染病患者，是指根据国务院卫生行政部门发布的《中华人民共和国传染病防治法规定管理的传染病诊断标准》，符合传染病患者和疑似传染病患者诊断标准的人。病原携带者，是指感染病原体无临床症状但能排出病原体的人。

《传染病防治法》规定，国家和社会关心、帮助传染病患者、病原携带者和疑似传染病患者，使其得到及时救治。任何单位和个人不得歧视传染病患者、病原携带者和疑似传染病患者。疾病预防控制机构、医疗机构不得泄露涉及个人隐私的有关信息、资料。

同时，为保护其他公民个人权利与维护社会公共利益的健康权益，《传染病防治法》规定，传染病患者、病原携带者和疑似传染病患者，在治愈前或者在排除传染病嫌疑前，不得从事法律、行政法规和国务院卫生行政部门规定禁止从事的易使该传染病扩散的工作。诸如：①饮用水的生产、管理、供应；②饮食服务行业的经营、服务；③托幼机构的保育、教育；④食品行业的生产、加工、销售、运输及保管；⑤美容、整容等。

六、疾病预防控制机构、医疗机构在传染病防治工作中的职责

（一）疾病预防控制机构在传染病防治工作中的职责

各级疾病预防控制机构承担传染病监测、预测、流行病学调查、疫情报告以及其他

预防、控制工作。其职责主要有：①实施传染病预防控制规划、计划和方案；②收集、分析和报告传染病监测信息，预测传染病的发生、流行趋势；③开展对传染病疫情和突发公共卫生事件的流行病学调查、现场处理及其效果评价；④开展传染病实验室检测、诊断、病原学鉴定；⑤实施免疫规划，负责预防性生物制品的使用管理；⑥开展健康教育、咨询，普及传染病防治知识；⑦指导、培训下级疾病预防控制机构及其工作人员开展传染病监测工作；⑧开展传染病防治应用性研究和卫生评价，提供技术咨询。

（二）医疗机构在传染病防治工作中的职责

医疗机构承担与医疗救治有关的传染病防治工作和责任区域内的传染病预防工作。医疗机构必须严格执行国务院卫生行政部门规定的管理制度、操作规范，防止传染病的医源性感染和医院感染。同时应当确定专门的部门或者人员，承担传染病疫情报告、本单位的传染病预防、控制以及责任区域内的传染病预防工作；承担医疗活动中与医院感染有关的危险因素监测、安全防护、消毒、隔离和医疗废物处置工作。疾病预防控制机构应当指定专门人员负责对医疗机构内的传染病预防工作进行指导、考核，开展流行病学调查。城市社区和农村基层医疗机构在疾病预防控制机构的指导下，承担城市社区、农村基层相应的传染病防治工作。

第二节　传染病的预防

一、传染病预防控制预案的制定

传染病预防控制预案，是指经过一定程序制定的处置传染病暴发流行的事先方案。《传染病防治法》规定，县级以上地方人民政府应当制定传染病预防、控制预案，报上一级人民政府备案。传染病预防控制预案应当包括以下主要内容：①传染病预防控制指挥部的组成和相关部门的职责；②传染病的监测、信息收集、分析、报告、通报制度；③疾病预防控制机构、医疗机构在发生传染病疫情时的任务与职责；④传染病暴发、流行情况的分级以及相应的应急工作方案；⑤传染病预防、疫点疫区现场控制，应急设施、设备、救治药品和医疗器械以及其他物资和技术的储备与调用。

二、传染病监测预警制度

《传染病防治法》规定，国家建立传染病监测制度。国务院卫生行政部门制定国家传染病监测规划和方案。省、自治区、直辖市人民政府卫生行政部门根据国家传染病监测规划和方案，制定本行政区域的传染病监测计划和工作方案。各级疾病预防控制机构对传染病的发生、流行以及影响其发生、流行的因素，进行监测；对国外发生、国内尚未发生的传染病或者国内新发生的传染病，进行监测。

同时，国家建立传染病预警制度。国务院卫生行政部门和省、自治区、直辖市人民政府根据传染病发生、流行趋势的预测，及时发出传染病预警，根据情况予以公布。地方人民政府和疾病预防控制机构接到国务院卫生行政部门或者省、自治区、直辖市人民政府发出的传染病预警后，应当按照传染病预防、控制预案，采取相应的预防、控制措施。

三、预防接种制度

《传染病防治法》规定，为有效预防和控制传染病的传播，国家实行有计划的预防接种制度，并根据经济发展情况逐步扩大计划免疫的范围。国务院卫生行政部门和省、自治区、直辖市人民政府卫生行政部门，根据传染病预防、控制的需要，制定传染病预防接种规划并组织实施。

为了加强对疫苗流通和预防接种的管理，预防、控制传染病的发生、流行，保障人体健康和公共卫生，2005 年 3 月 24 日，国务院发布了《疫苗流通和预防接种管理条例》，该条例自 2005 年 6 月 1 日起施行。

（一）疫苗分类管理

疫苗，是指为了预防、控制传染病的发生、流行，用于人体预防接种的疫苗类预防性生物制品。疫苗分为两类。第一类疫苗，是指政府免费向公民提供，公民应当依照政府的规定受种的疫苗，包括国家免疫规划确定的疫苗，省、自治区、直辖市人民政府在执行国家免疫规划时增加的疫苗，以及县级以上人民政府或者其卫生主管部门组织的应急接种或者群体性预防接种所使用的疫苗；第二类疫苗，是指由公民自费并且自愿受种的其他疫苗。

（二）儿童预防接种证制度

国家对儿童实行预防接种证制度。医疗机构、疾病预防控制机构与儿童的监护人应当相互配合，保证儿童及时接受预防接种。在儿童出生后 1 个月内，其监护人应当到儿童居住地承担预防接种工作的接种单位为其办理预防接种证。接种单位对儿童实施接种时，应当查验预防接种证，并做好记录。

儿童入托、入学时，托幼机构、学校应当查验预防接种证，发现未依照国家免疫规划受种的儿童，应当向所在地的县级疾病预防控制机构或者儿童居住地承担预防接种工作的接种单位报告，并配合疾病预防控制机构或者接种单位督促其监护人在儿童入托、入学后及时到接种单位补种。

（三）预防接种异常反应的处理

预防接种异常反应，是指合格的疫苗在实施规范接种过程中或者实施规范接种后造成受种者机体组织器官、功能损害，相关各方均无过错的药品不良反应。因预防接种异常反应造成受种者死亡、严重残疾或者器官组织损伤的，应当给予一次性补偿。

因接种第一类疫苗引起预防接种异常反应需要对受种者予以补偿的，补偿费用由省、自治区、直辖市人民政府财政部门在预防接种工作经费中安排。因接种第二类疫苗引起预防接种异常反应需要对受种者予以补偿的，补偿费用由相关的疫苗生产企业承担。

四、传染病菌种、毒种和病原微生物实验室管理制度

传染病菌种、毒种，是指可能引起《传染病防治法》规定的传染病发生的细菌菌种、病毒毒种。病原微生物，是指能够使人或者动物致病的微生物。病原微生物实验室实验活动，是指实验室从事与病原微生物菌（毒）种、样本有关的研究、教学、检测、诊断等活动。为了加强病原微生物实验室生物安全管理，保护实验室工作人员和公众的健康，2004 年 11 月 12 日，国务院发布了《病原微生物实验室生物安全管理条例》，并

自公布之日起施行。

五、医疗废物管理制度

（一）医疗废物管理的一般规定

医疗卫生机构和医疗废物集中处置单位，应当建立、健全医疗废物管理责任制，其法定代表人为第一责任人，应切实履行职责，防止因医疗废物导致传染病传播和环境污染事故。

医疗卫生机构和医疗废物集中处置单位，应当制定与医疗废物安全处置有关的规章制度和在发生意外事故时的应急方案；设置监控部门或者专（兼）职人员，负责检查、督促、落实本单位医疗废物的管理工作，防止违反管理规定的行为发生。医疗卫生机构和医疗废物集中处置单位，应当对本单位从事医疗废物收集、运送、贮存、处置等工作的人员和管理人员，进行相关法律和专业技术、安全防护以及紧急处理等知识的培训。

医疗卫生机构和医疗废物集中处置单位，应当采取有效的职业卫生防护措施，为从事医疗废物收集、运送、贮存、处置等工作的人员和管理人员，配备必要的防护用品，定期进行健康检查；必要时，对有关人员进行免疫接种，防止其受到健康损害。

医疗卫生机构和医疗废物集中处置单位，应当依照《中华人民共和国固体废物污染环境防治法》的规定，执行危险废物转移联单管理制度。医疗卫生机构和医疗废物集中处置单位，应当对医疗废物进行登记，登记内容应当包括医疗废物的来源、种类、重量或者数量、交接时间、处置方法、最终去向以及经办人签名等项目。登记资料至少保存3年。医疗卫生机构和医疗废物集中处置单位，应当采取有效措施，防止医疗废物流失、泄漏、扩散。发生医疗废物流失、泄漏、扩散时，医疗卫生机构和医疗废物集中处置单位应当采取减少危害的紧急处理措施，对致病人员提供医疗救护和现场救援；同时向所在地的县级人民政府卫生行政主管部门、环境保护行政主管部门报告，并向可能受到危害的单位和居民通报。

禁止任何单位和个人转让、买卖医疗废物。

禁止在运送过程中丢弃医疗废物；禁止在非贮存地点倾倒、堆放医疗废物或者将医疗废物混入其他废物和生活垃圾。

禁止邮寄医疗废物。禁止通过铁路、航空运输医疗废物。有陆路通道的，禁止通过水路运输医疗废物；没有陆路通道必须经水路运输医疗废物的，应当经设区的市级以上人民政府环境保护行政主管部门批准，并采取严格的环境保护措施后，方可通过水路运输。禁止将医疗废物与旅客在同一运输工具上载运。禁止在饮用水源保护区的水体上运输医疗废物。

（二）医疗卫生机构对医疗废物的管理

医疗卫生机构应当及时收集本单位产生的医疗废物，并按照类别分置于防渗漏、防锐器穿透的专用包装物或者密闭的容器内。医疗废物专用包装物、容器，应当有明显的警示标识和警示说明。医疗废物专用包装物、容器的标准和警示标识的规定，由国务院卫生行政主管部门和环境保护行政主管部门共同制定。

医疗卫生机构应当建立医疗废物的暂时贮存设施、设备，不得露天存放医疗废物；医疗废物暂时贮存的时间不得超过2天。医疗废物的暂时贮存设施、设备，应当远离医疗区、食品加工区和人员活动区以及生活垃圾存放场所，并设置明显的警示标识和防渗

漏、防鼠、防蚊蝇、防蟑螂、防盗以及预防儿童接触等安全措施。医疗废物的暂时贮存设施、设备应当定期消毒和清洁。

医疗卫生机构应当使用防渗漏、防遗撒的专用运送工具，按照本单位确定的内部医疗废物运送时间、路线，将医疗废物收集、运送至暂时贮存地点。运送工具使用后应当在医疗卫生机构内指定的地点及时消毒和清洁。医疗卫生机构应当根据就近集中处置的原则，及时将医疗废物交由医疗废物集中处置单位处置。医疗废物中病原体的培养基、标本和菌种、毒种保存液等高危险废物，在交医疗废物集中处置单位处置前应当就地消毒。

医疗卫生机构产生的污水、传染病患者或者疑似传染病患者的排泄物，应当按照国家规定严格消毒；达到国家规定的排放标准后，方可排入污水处理系统。

不具备集中处置医疗废物条件的农村，医疗卫生机构应当按照县级人民政府卫生行政主管部门、环境保护行政主管部门的要求，自行就地处置其产生的医疗废物。自行处置医疗废物的，应当符合下列基本要求。

（1）使用后的一次性医疗器具和容易致人损伤的医疗废物，应当消毒并做毁形处理。

（2）能够焚烧的，应当及时焚烧。

（3）不能焚烧的，消毒后集中填埋。

（三）医疗废物的集中处置

从事医疗废物集中处置活动的单位，应当向县级以上人民政府环境保护行政主管部门申请领取经营许可证；未取得经营许可证的单位，不得从事有关医疗废物集中处置的活动。

医疗废物集中处置单位，应当符合下列条件。

（1）具有符合环境保护和卫生要求的医疗废物贮存、处置设施或者设备。

（2）具有经过培训的技术人员以及相应的技术工人。

（3）具有负责医疗废物处置效果检测、评价工作的机构和人员。

（4）具有保证医疗废物安全处置的规章制度。

医疗废物集中处置单位的贮存、处置设施，应当远离居（村）民居住区、水源保护区和交通干道，与工厂、企业等工作场所有适当的安全防护距离，并符合国务院环境保护行政主管部门的规定。

医疗废物集中处置单位应当至少每 2 天到医疗卫生机构收集、运送一次医疗废物，并负责医疗废物的贮存、处置。

医疗废物集中处置单位运送医疗废物，应当遵守国家有关危险货物运输管理的规定，使用有明显医疗废物标识的专用车辆。医疗废物专用车辆应当达到防渗漏、防遗撒以及其他环境保护和卫生要求。运送医疗废物的专用车辆使用后，应当在医疗废物集中处置场所内及时进行消毒和清洁。运送医疗废物的专用车辆不得运送其他物品。

医疗废物集中处置单位在运送医疗废物过程中应当确保安全，不得丢弃、遗撒医疗废物。

医疗废物集中处置单位应当安装污染物排放在线监控装置，并确保监控装置经常处于正常运行状态。

医疗废物集中处置单位处置医疗废物，应当符合国家规定的环境保护、卫生标准、规范。

医疗废物集中处置单位应当按照环境保护行政主管部门和卫生行政主管部门的规定，定期对医疗废物处置设施的环境污染防治和卫生学效果进行检测、评价。检测、评价结果存入医疗废物集中处置单位档案，每半年向所在地环境保护行政主管部门和卫生行政主管部门报告一次。

医疗废物集中处置单位处置医疗废物，按照国家有关规定向医疗卫生机构收取医疗废物处置费用。医疗卫生机构按照规定支付的医疗废物处置费用，可以纳入医疗成本。

各地区应当利用和改造现有固体废物处置设施和其他设施，对医疗废物集中处置，并达到基本的环境保护和卫生要求。

尚无集中处置设施或者处置能力不足的城市，自本条例施行之日起，设区的市级以上城市应当在 1 年内建成医疗废物集中处置设施；县级市应当在 2 年内建成医疗废物集中处置设施。县（旗）医疗废物集中处置设施的建设，由省、自治区、直辖市人民政府规定。

在尚未建成医疗废物集中处置设施期间，有关地方人民政府应当组织制定符合环境保护和卫生要求的医疗废物过渡性处置方案，确定医疗废物收集、运送、处置方式和处置单位。

六、传染病社会综合预防制度

（1）开展卫生宣传教育。
（2）改善环境，改造设施，从源头控制并减少传染病危害。
（3）控制传染源，预防传染病扩散。
（4）防止医院内感染和医源性感染。
（5）保障饮用水和用于传染病防治的消毒产品的安全。
（6）人畜共患传染病的预防管理和自然疫源地建设项目管理。

第三节　传染病疫情的报告、通报和公布

一、疫情的报告

《传染病防治法》规定，任何单位和个人发现传染病患者或者疑似传染病患者时，应当及时向附近的疾病预防控制机构或者医疗机构报告。即任何单位和个人都有疫情报告的义务。

疾病预防控制机构应当设立或者指定专门的部门、人员负责传染病疫情信息管理工作，及时对疫情报告进行核实、分析。负有传染病疫情报告职责的人民政府有关部门、疾病预防控制机构、医疗机构、采供血机构及其工作人员，不得隐瞒、谎报、缓报传染病疫情。

二、疫情的通报

县级以上地方人民政府卫生行政部门应当及时向本行政区域内的疾病预防控制机构和医疗机构通报传染病疫情以及监测、预警的相关信息。接到通报的疾病预防控制机构和医疗机构应当及时告知本单位的有关人员。

国务院卫生行政部门应当及时向国务院其他有关部门和各省、自治区、直辖市人民政府卫生行政部门通报全国传染病疫情以及监测、预警的相关信息。毗邻的以及相关的地方人民政府卫生行政部门应当及时互相通报本行政区域的传染病疫情以及监测、预警的相关信息。县级以上人民政府有关部门发现传染病疫情时，应当及时向同级人民政府卫生行政部门通报。中国人民解放军卫生主管部门发现传染病疫情时，应当向国务院卫生行政部门通报。动物防疫机构和疾病预防控制机构应当及时互相通报动物间和人间发生的人畜共患传染病疫情以及相关信息。

三、疫情的公布

国家建立传染病疫情信息公布制度。国务院卫生行政部门定期公布全国传染病疫情信息。省、自治区、直辖市人民政府卫生行政部门定期公布本行政区域的传染病疫情信息。

传染病暴发、流行时，国务院卫生行政部门负责向社会公布传染病疫情信息，并可以授权省、自治区、直辖市人民政府卫生行政部门向社会公布本行政区域的传染病疫情信息。

公布传染病疫情信息应当及时、准确。

第四节　传染病疫情的控制

一、一般控制措施

（一）医疗机构采取的措施

医疗机构发现甲类传染病时，应当及时采取下列措施：①对患者、病原携带者，予以隔离治疗，隔离期限根据医学检查结果确定；②对疑似患者，确诊前在指定场所单独隔离治疗；③对医疗机构内的患者、病原携带者、疑似患者的密切接触者，在指定场所进行医学观察和采取其他必要的预防措施。对于拒绝隔离治疗或者隔离期未满擅自脱离隔离治疗的，可以由公安机关协助医疗机构采取强制隔离治疗措施。

医疗机构发现乙类或者丙类传染病患者时，应当根据病情采取必要的治疗和控制传播措施。医疗机构对本单位内被传染病病原体污染的场所、物品以及医疗废物，必须依照法律、法规的规定实施消毒和无害化处置。

（二）疾病预防控制机构采取的措施

疾病预防控制机构发现传染病疫情或者接到传染病疫情报告时，应当及时采取下列措施：①对传染病疫情进行流行病学调查，根据调查情况提出划定疫点、疫区的建议，对被污染的场所进行卫生处理，对密切接触者，在指定场所进行医学观察和采取其他必要的预防措施，并向卫生行政部门提出疫情控制方案；②传染病暴发、流行时，对疫点、疫区进行卫生处理，向卫生行政部门提出疫情控制方案，并按照卫生行政部门的要求采取措施；③指导下级疾病预防控制机构实施传染病预防、控制措施，组织、指导有关单位对传染病疫情的处理。

二、紧急措施

当传染病暴发、流行时，县级以上地方人民政府应当立即组织力量，按照预防、控制预案进行防治，切断传染病的传播途径，必要时，报经上一级人民政府决定，可以采取下列紧急措施并予以公告：①限制或者停止集市、影剧院演出或者其他人群聚集的活动；②停工、停业、停课；③封闭或者封存被传染病病原体污染的公共饮用水源、食品以及相关物品；④控制或者捕杀染疫野生动物、家畜家禽；⑤封闭可能造成传染病扩散的场所。上级人民政府接到下级人民政府关于采取上述紧急措施的报告时，应当即时做出决定。当疫情得到控制，需要解除紧急措施的，由原决定机关决定并宣布。

三、疫区封锁

甲类、乙类传染病暴发、流行时，县级以上地方人民政府报经上一级人民政府决定，可以宣布本行政区域部分或者全部为疫区；国务院可以决定并宣布跨省、自治区、直辖市的疫区。县级以上地方人民政府可以在疫区内采取相应的紧急措施，并可以对出入疫区的人员、物资和交通工具实施卫生检疫。

省、自治区、直辖市人民政府可以决定对本行政区域内的甲类传染病疫区实施封锁；但是，封锁大、中城市的疫区或者封锁跨省、自治区、直辖市的疫区，以及封锁疫区会导致中断干线交通或者封锁国境的，由国务院决定。疫区封锁的解除，由原决定机关决定并宣布。

四、其他措施

（一）隔离措施

对已经发生甲类传染病病例的场所或者该场所内的特定区域的人员，所在地的县级以上地方人民政府可以实施隔离措施，并同时向上一级人民政府报告；接到报告的上级人民政府应当即时做出是否批准的决定。上级人民政府做出不予批准决定的，实施隔离措施的人民政府应当立即解除隔离措施。隔离措施的解除，由原决定机关决定并宣布。

在隔离期间，实施隔离措施的人民政府应当对被隔离人员提供生活保障；被隔离人员有工作单位的，所在单位不得停止支付其隔离期间的工作报酬。

（二）物品消毒和交通检疫

疫区中被传染病病原体污染或者可能被传染病病原体污染的物品，经消毒可以使用的，应当在当地疾病预防控制机构的指导下进行消毒处理之后方可使用、出售和运输。

发生甲类传染病时，为了防止该传染病通过交通工具及其乘运的人员、物资传播，可以实施交通卫生检疫。1998年11月28日，国务院发布的《国内交通卫生检疫条例》规定，列车、船舶、航空器和其他车辆出入检疫传染病疫区和在非检疫传染病疫区的交通工具上发现检疫传染病疫情时，对交通工具及其乘运的人员、物资实施交通卫生检疫。

（1）县级以上地方人民政府卫生行政部门或者铁路、交通、民用航空行政主管部门的卫生主管机构根据各自的职责，对出入检疫传染病疫区的交通工具及其乘运的人员、物资，有权采取下列相应的交通卫生检疫措施：①对出入检疫传染病疫区的人员、交通工具及其承运的物资进行查验；②对检疫传染病患者、病原携带者、疑似检疫传染病患者和与其密切接触者，实施临时隔离、医学检查及其他应急医学措施；③对被检疫传染病病原体污染或者可能被污染的物品，实施控制和卫生处理；④对通过该疫区的交通工具及其停靠场所，实施紧急卫生处理；⑤需要采取的其他卫生检疫措施。

（2）在非检疫传染病疫区的交通工具上发现下列情形之一时，县级以上地方人民政府卫生行政部门或者铁路、交通、民用航空行政主管部门的卫生主管机构根据各自的职责，有权对交通工具及其乘运的人员、物资实施交通卫生检疫：①发现有感染鼠疫的啮齿类动物或者啮齿类动物反常死亡，并且死因不明；②发现鼠疫患者、霍乱患者、病原携带者和疑似鼠疫、霍乱患者；③发现国务院确定并公布的需要实施国内交通卫生检疫的其他传染病。

（3）在非检疫传染病疫区的交通工具上，发现检疫传染病患者、病原携带者、疑似检疫传染病患者时，交通工具负责人应当组织有关人员采取下列监测措施：①以最快的方式通知前方停靠点，并向交通工具营运单位的主管部门报告；②对检疫传染病患者、病原携带者、疑似检疫传染病患者和与其密切接触者实施隔离；③封锁已经污染或者可能污染的区域，采取禁止向外排放污物等卫生处理措施；④在指定的停靠点将检疫传染病患者、病原携带者、疑似检疫传染病患者和与其密切接触者以及其他需要跟踪观察的旅客名单，移交当地县级以上地方人民政府卫生行政部门；⑤对承运过检疫传染病患者、病原携带者、疑似检疫传染病患者的交通工具和可能被污染的环境实施卫生处理。

（三）人员和物资调集

传染病暴发、流行时，根据传染病疫情控制的需要，国务院有权在全国范围或者跨省、自治区、直辖市范围内，县级以上地方人民政府有权在本行政区域内紧急调集人员或者调用储备物资，临时征用房屋、交通工具以及相关设施、设备。紧急调集人员的，应当按照规定给予合理报酬。临时征用房屋、交通工具以及相关设施、设备的，应当依法给予补偿；能返还的，应当及时返还。

（四）尸体的处理

对于患甲类传染病、炭疽死亡的，应当将尸体立即进行卫生处理，就近火化。患其他传染病死亡的，必要时，应当将尸体进行卫生处理后火化或者按照规定深埋。为了查找传染病病因，医疗机构在必要时可以按照国务院卫生行政部门的规定，对传染病患者尸体或者疑似传染病患者尸体进行解剖查验，并应当告知死者家属。

（五）疫情调查分析

发生传染病疫情时，疾病预防控制机构和省级以上人民政府卫生行政部门指派的其他与传染病有关的专业技术机构，可以进入传染病疫点、疫区进行调查、采集样本、技术分析和检验。

（六）药品和医疗器械的供应

传染病暴发、流行时，药品和医疗器械生产、供应单位应当及时生产、供应防治传染病的药品和医疗器械。铁路、交通、民用航空经营单位必须优先运送处理传染病疫情的人员以及防治传染病的药品和医疗器械。县级以上人民政府有关部门应当做好组织协调工作。

第五节　传染病的医疗救治

一、医疗救治服务网络建设

《传染病防治法》规定，县级以上人民政府应当加强和完善传染病医疗救治服务网络的建设，指定具备传染病救治条件和能力的医疗机构承担传染病救治任务，或者根据传染病救治需要设置传染病医院。

医疗救治服务网络由医疗救治机构、医疗救治信息网络和医疗救治专业技术人员组成。医疗救治机构包括：急救中心、传染病医院、核准登记传染科的综合医院和为控制传染病的暴发、流行，经设区的市以上人民政府卫生行政部门临时指定的承担传染病医疗救治服务的其他医疗机构。

二、预防和控制医源性感染和医院感染

为预防和控制传染病在医院的传播以及造成医源性感染，医疗机构的基本标准、建筑设计和服务流程，应当符合预防传染病医院感染的要求。医疗机构应当按照规定对使用的医疗器械进行消毒；对按照规定一次性使用的医疗器具，应当在使用后予以销毁。

医疗机构应当按照国务院卫生行政部门规定的传染病诊断标准和治疗要求，采取相应措施，提高传染病医疗救治能力。

三、医疗救治的实施

医疗机构应当对传染病患者或者疑似传染病患者提供医疗救护、现场救援和接诊治疗，书写病历记录以及其他有关资料，并妥善保管。

医疗机构应当实行传染病预检、分诊制度；对传染病患者、疑似传染病患者，应当引导至相对隔离的分诊点进行初诊。根据《医疗机构传染病预检分诊管理办法》要求，二级以上综合医院应当设立感染性疾病科，没有设立感染性疾病科的医疗机构应当设立传染病分诊点。

医疗机构不具备相应救治能力的，应当将患者及其病历记录复印件一并转至具备相应救治能力的医疗机构。

第六节　传染病防治保障措施

一、经费、物资保障措施

《传染病防治法》规定，国家将传染病防治工作纳入国民经济和社会发展计划，县级以上地方人民政府将传染病防治工作纳入本行政区域的国民经济和社会发展计划。县级以上地方人民政府按照本级政府职责负责本行政区域内传染病预防、控制、监督工作的日常经费。地方各级人民政府应当保障城市社区、农村基层传染病预防工作的经费。

国务院卫生行政部门会同国务院有关部门，根据传染病流行趋势，确定全国传染病

预防、控制、救治、监测、预测、预警、监督检查等项目。中央财政对困难地区实施重大传染病防治项目给予补助。

省、自治区、直辖市人民政府根据本行政区域内传染病流行趋势，在国务院卫生行政部门确定的项目范围内，确定传染病预防、控制、监督等项目，并保障项目的实施经费。

县级以上人民政府负责储备防治传染病的药品、医疗器械和其他物资，以备调用。

二、加强基层传染病防治体系建设

城乡基层传染病防治体系是传染病防治工作的基础。基层传染病防治体系包括疾病预防控制和应急救治体系。县级建立疾病预防控制中心，改善疾病控制措施和手段，完善监测和预警机制；重点解决农村基础卫生设施，改善条件，配备相应的医疗救治药品、技术、设备和人员，提高医疗卫生机构应对突发事件的救治能力。

三、特定传染病困难人群的医疗救助

国家对患有特定传染病的困难人群实行医疗救助，减免医疗费用。目前实行医疗救助减免医疗费用的病种有结核病、艾滋病、晚期血吸虫病等。

四、卫生防护和医疗保健措施

《传染病防治法》规定，对从事传染病预防、医疗、科研、教学、现场处理疫情的人员，以及在生产、工作中接触传染病病原体的其他人员，有关单位应当按照国家规定，采取有效的卫生防护措施和医疗保健措施，并给予适当的津贴。

第七节 几种传染病防治的法律规定

一、艾滋病防治

艾滋病，是指人类免疫缺陷病毒（艾滋病病毒）引起的获得性免疫缺陷综合征。

1988年，经国务院批准，卫生部等部委联合发布了《艾滋病监测管理的若干规定》；1995年，卫生部颁布了《关于加强预防和控制艾滋病工作的意见》；1999年，卫生部颁布了《关于对艾滋病病毒感染者和艾滋病患者的管理意见》。2006年1月29日，国务院颁布了《艾滋病防治条例》，该条例自2006年3月1日起施行。上述法规为预防、控制艾滋病的发生与流行，保障人体健康和公共卫生提供了法律保证。

（一）艾滋病防治方针

《艾滋病防治条例》规定，艾滋病防治工作坚持预防为主、防治结合的方针，建立政府组织领导、部门各负其责、全社会共同参与的机制，加强宣传教育，采取行为干预和关怀救助等措施，实行综合防治。

（二）防治艾滋病的宣传教育

《艾滋病防治条例》规定，地方各级人民政府和政府有关部门应当组织开展艾滋病防治以及关怀和不歧视艾滋病病毒感染者、艾滋病患者及其家属的宣传教育，提倡健康文明的生活方式，营造良好的艾滋病防治的社会环境。

（三）预防与控制

《艾滋病防治条例》规定，①国家建立健全艾滋病监测网络；②国家实行艾滋病自愿咨询和自愿检测制度；③县级以上地方人民政府和政府有关部门应当依照规定，根据本行政区域艾滋病的流行情况，制定措施，鼓励和支持居民委员会、村民委员会以及其他有关组织和个人推广预防艾滋病的行为干预措施，帮助有易感染艾滋病病毒危险行为的人群改变行为；④血站、单采血浆站应当对采集的人体血液、血浆进行艾滋病检测；不得向医疗机构和血液制品生产单位供应未经艾滋病检测或者艾滋病检测阳性的人体血液、血浆；⑤医疗机构应当对因应急用血而临时采集的血液进行艾滋病检测，对临床用血艾滋病检测结果进行核查；对未经艾滋病检测、核查或者艾滋病检测阳性的血液，不得采集或者使用。

（四）治疗与救助

1. 治疗　《艾滋病防治条例》规定，医疗机构应当为艾滋病病毒感染者和艾滋病患者提供艾滋病防治咨询、诊断和治疗服务。医疗机构不得因就诊的患者是艾滋病病毒感染者或者艾滋病患者，推诿或者拒绝对其进行其他疾病治疗。

对确诊的艾滋病病毒感染者和艾滋病患者，医疗卫生机构的工作人员应当将其感染或者发病的事实告知本人；本人为无行为能力人或者限制行为能力人的，应当告知其监护人。

医疗卫生机构应当按照国务院卫生主管部门制定的预防艾滋病母婴传播技术指导方案的规定，对孕产妇提供艾滋病防治咨询和检测，对感染艾滋病病毒的孕产妇及其婴儿，提供预防艾滋病母婴传播的咨询、产前指导、阻断、治疗、产后访视、婴儿随访和检测等服务。

2. 救助　《艾滋病防治条例》规定，县级以上人民政府应当采取下列艾滋病防治关怀、救助措施：①向农村艾滋病患者和城镇经济困难的艾滋病患者免费提供抗艾滋病病毒治疗药品；②对农村和城镇经济困难的艾滋病病毒感染者、艾滋病患者适当减免抗机会性感染治疗药品的费用；③向接受艾滋病咨询、检测的人员免费提供咨询和初筛检测；④向感染艾滋病病毒的孕产妇免费提供预防艾滋病母婴传播的治疗和咨询。生活困难的艾滋病患者遗留的孤儿和接受义务教育的感染艾滋病病毒的未成年人，应当免收杂费、书本费；接受学前教育和高中阶段教育的，应当减免学费等相关费用。县级以上地方人民政府应当对生活困难并符合社会救助条件的艾滋病病毒感染者、艾滋病患者及其家属给予生活救助。县级以上地方人民政府有关部门应当创造条件，扶持有劳动能力的艾滋病病毒感染者和艾滋病患者从事力所能及的生产和工作。

（五）艾滋病患者和艾滋病病毒感染者的权利和义务

1. 权益保护　《艾滋病防治条例》规定，任何单位和个人不得歧视艾滋病病毒感染者、艾滋病患者及其家属。艾滋病病毒感染者、艾滋病患者及其家属享有的婚姻、就业、就医、入学等合法权益受法律保护。未经本人或者其监护人同意，任何单位或者个人不得公开艾滋病病毒感染者、艾滋病患者及其家属的姓名、住址、工作单位、肖像、病史资料以及其他可能推断出其具体身份的信息。

2. 义务　《艾滋病防治条例》规定，艾滋病病毒感染者和艾滋病患者应当履行下列

义务：①接受疾病预防控制机构或者出入境检验检疫机构的流行病学调查和指导；②将感染或者发病的事实及时告知与其有性关系者；③就医时，将感染或者发病的事实如实告知接诊医生；④采取必要的防护措施，防止感染他人。艾滋病病毒感染者和艾滋病患者不得以任何方式故意传播艾滋病。

二、传染性非典型肺炎防治

传染性非典型肺炎，是指严重的急性呼吸综合征。为了有效预防和控制传染性非典型肺炎的发生与流行，保障公众的身体健康和生命安全，2003 年 5 月 12 日，卫生部发布了《传染性非典型肺炎防治管理办法》。传染性非典型肺炎防治工作坚持预防为主，防治结合，分级负责，依靠科学，依法管理的原则。

（一）防治管理的对象

传染性非典型肺炎患者或者疑似传染性非典型肺炎患者都是防治管理对象。任何单位和个人，必须接受疾病预防控制机构、医疗机构、卫生监督机构有关传染性非典型肺炎的查询、检验、调查取证、监督检查以及预防控制措施，并有权检举、控告违反《传染性非典型肺炎防治管理办法》的行为。

（二）预防和控制

1. 健全疫情报告体系 任何单位和个人发现传染性非典型肺炎患者或者疑似患者时，都应当及时向当地疾病预防控制机构报告。任何单位和个人对传染性非典型肺炎疫情，不得隐瞒、缓报、谎报或者授意他人隐瞒、缓报、谎报。

2. 严格执行各项预防制度 疾病预防控制机构、医疗机构、从事传染性非典型肺炎科学研究的机构，必须严格执行有关管理制度、操作规程，防止医源性感染、医院内感染、实验室感染和致病性微生物的扩散。

3. 及时采取控制措施 医疗机构、疾病预防控制机构发现传染性非典型肺炎患者或者疑似患者时，应当及时采取控制措施。患者或者疑似患者以及密切接触者及其他有关单位和人员，应当配合疾病预防控制机构和医疗机构采取预防控制措施。

（三）医疗救治

1. 完善机构建设 县级以上地方卫生行政部门应当指定专门的医疗机构设立发热门诊和隔离观察室，负责收治患者或者疑似患者；实行首诊负责制。收治患者或者疑似患者的医疗机构应当符合卫生行政部门规定的隔离、消毒条件，配备必要的救治设备；对患者和疑似患者应当分开隔离治疗；采取有效措施，避免交叉感染。

2. 认真履行职责 ①各级各类医疗机构应当设立预防保健组织或者人员，承担本单位和责任地段的传染病预防、控制和疫情管理工作，履行规定职责。②医疗机构应当执行卫生部关于医院感染管理规范、医院消毒卫生标准等有关规定，采取严格的防护措施，使用有效防护用品，防止医务人员感染。③医务人员应当增强传染病防治的法律意识，接受专门的业务培训，遵守操作常规，按照有关规定做好个人防护。

3. 实行医疗救助 ①对流动人口中的患者、疑似患者应当按照就地隔离、就地观察、就地治疗的原则，及时送当地指定的专门收治患者和疑似患者的医疗机构治疗。②医疗机构收治患者或者疑似患者，实行先收治、后结算的办法，任何医疗机构不得以费用为由拒收患者。③对农民（含进城务工农民）和城镇困难群众中的传染性非典型肺炎患者实行免费医疗，所发生救治费用由政府负担，具体办法按国家有关部门规定执行。

三、结核病防治

结核病是经呼吸道传播的慢性传染病，主要发生在肺部。结核病在全球的广泛流行，已成为重大的公共卫生问题和社会问题。

为预防、控制结核病的传染与流行，保障人体健康，1991年卫生部根据《传染病防治法》的有关规定，制定了《结核病防治管理办法》，要求各级政府卫生行政部门必须加强对结核病防治工作的领导。结核病防治机构和指定的医疗预防保健机构，负责所在地区结核病防治业务的归口管理。我国结核病防治工作应以农村为重点，加强对传染源的发现、治疗和化疗管理。为预防和控制结核病的传播，国家实行有计划的卡介苗接种制度。

（一）结核病控制机构

国务院卫生行政部门设卫生部结核病控制中心与分中心；省、自治区、直辖市及所辖市（地）、县卫生行政部门设省、市（地）、县结核病防治机构，或指定医疗预防保健机构承担结核病防治机构的职责。

各级卫生行政部门应当加强基层结核病防治网络的组织建设，并充分利用现有的医疗预防保健网，积极参与结核病的防治。结核病专科医院和其他医疗预防保健机构负责结核患者的住院治疗，并按规定进行疫情报告和开展宣传教育工作。

（二）预防接种

各级卫生行政部门负责制定本地区卡介苗接种工作规划、目标，并组织实施。卡介苗的订购计划供应由结核病防治机构和疾病预防控制机构共同制订，由省级疾病预防控制机构统一订货。各级各类医疗预防保健机构都有义务按规定承担所在地区、单位或指定区域的卡介苗接种任务。卡介苗接种人员必须经过专门技术培训，经县级以上结核病防治机构考核合格后方可从事接种工作。卡介苗接种必须按计划免疫程序进行，并应当将接种情况及时填入统一发放的计划免疫接种证和预防接种卡片。负责实施卡介苗接种的机构，应将卡介苗接种率及接种质量考核情况定期书面报告卫生行政部门，并抄送同级疾病预防控制机构以及结核病防治机构，或卫生行政部门指定的医疗预防保健机构。

卡介苗接种发生差错事故和发生严重异常反应时，必须立即采取措施进行抢救和治疗，并如实报告当地县级卫生防疫机构，不得延误或隐瞒不报。

（三）调查与报告

结核病防治机构和指定的医疗预防保健机构，应当按规定进行结核病疫情和传染源的调查。发生结核病暴发流行的地区或单位，应当积极配合当地结核病防治机构或指定的医疗预防保健机构的流行病学调查工作，组织集体结核病检查，查明传染源，并采取有效措施控制疫情蔓延。

医疗预防保健机构和个体开业医生对确诊的肺结核患者，必须按规定时间，向当地结核病防治机构或指定的医疗预防保健机构报出《结核病报告卡》。县（区）级结核病防治机构或承担结核病防治职责的医疗预防保健机构在接到《结核病报告卡》后应对患者进行登记和管理。

（四）治疗

医疗预防保健机构对收治的肺结核患者，应当按国务院卫生行政部门制定的《全国结核病防治工作手册》和《肺结核病诊疗规程》实施诊断、治疗和管理，不能按工作手册和诊疗规程实施诊断、治疗和管理的，必须将肺结核患者及时转至当地结核病防治机构或指定的医疗预防保健机构。

乡村医生和个体开业医生遇有疑似结核病的就诊患者时，应将其及时转至当地结核病防治机构或中心卫生院。已确诊的排菌期肺结核患者，应当按结核病防治要求，主动配合治疗单位的治疗与管理。

（五）控制传染

结核病防治机构或指定的医疗预防保健机构，对下列从业人员中患有传染性肺结核病的，应当按规定通知其单位和当地卫生监督管理机构：①食品、药品、化妆品从业人员；②《公共场所卫生管理条例》规定范围内的从业人员；③教育、托幼单位的从业人员；④国务院卫生行政部门规定的其他从业人员。

下列人员应当按规定进行预防性结核病体检：①新参加工作、参军、入学的人员；②《结核病防治管理办法》规定的从业人员；③接触粉尘和有害气体的厂矿企业职工；④排菌期肺结核患者的家属及其密切接触者；⑤国务院卫生行政部门规定的其他人员。

结核病防治机构、医疗预防保健机构和结核病患者，必须按照卫生防疫机构规定的卫生要求对结核菌污染的污水、带有结核菌的排泄物和痰液进行消毒或卫生处理。排菌期肺结核患者应当避免可能传播结核病的行为。对从事结核病预防、医疗、科研、教学的人员，以及在生产工作中经常接触结核菌的其他人员，有关单位应根据国家规定，采取有效的防护措施和医疗预防保健措施。

第八节　传染病防治监督管理

一、传染病防治监督管理机构

《传染病防治法》规定，传染病防治监督管理机构是县级以上人民政府卫生行政部门。

二、传染病防治监督管理机构职责

（一）监督检查

县级以上人民政府卫生行政部门对传染病防治工作履行下列监督检查职责：①对下级人民政府卫生行政部门履行规定的传染病防治职责进行监督检查；②对疾病预防控制机构、医疗机构的传染病防治工作进行监督检查；③对采供血机构的采供血活动进行监督检查；④对用于传染病防治的消毒产品及其生产单位进行监督检查，并对饮用水供水单位从事的生产或者供应活动以及涉及饮用水卫生安全的产品进行监督检查；⑤对传染病菌种、毒种和传染病检测样本的采集、保藏、携带、运输、使用进行监督检查；⑥对公共场所和有关单位的卫生条件和传染病预防、控制措施进行监督检查。

省级以上人民政府卫生行政部门负责组织对传染病防治重大事项的处理。

县级以上人民政府卫生行政部门在履行监督检查职责时，有权进入被检查单位和传染病疫情发生现场调查取证，查阅或者复制有关的资料和采集样本。被检查单位应当予以配合，不得拒绝、阻挠。

（二）采取临时控制措施

县级以上地方人民政府卫生行政部门在履行监督检查职责时，发现被传染病病原体污染的公共饮用水源、食品以及相关物品，如不及时采取控制措施可能导致传染病传播、流行的，可以采取封闭公共饮用水源、封存食品以及相关物品或者暂停销售的临时控制措施，并予以检验或者进行消毒。经检验，对被污染的食品，应当予以销毁；对未被污染的食品或者经消毒后可以使用的物品，应当解除控制措施。

第九节 法律责任

一、地方各级人民政府及其有关部门的违法责任

（1）地方各级人民政府未依照规定履行报告职责，或者隐瞒、谎报、缓报传染病疫情，或者在传染病暴发、流行时，未及时组织救治、采取控制措施的，由上级人民政府责令改正，通报批评；造成传染病传播、流行或者其他严重后果的，对负有责任的主管人员，依法给予行政处分；构成犯罪的，依法追究刑事责任。

（2）县级以上人民政府卫生行政部门违反规定，未依法履行传染病疫情通报、报告或者公布职责，或者隐瞒、谎报、缓报传染病疫情的；发生或者可能发生传染病传播时未及时采取预防、控制措施的；未依法履行监督检查职责，或者发现违法行为不及时查处的，未及时调查、处理单位和个人对下级卫生行政部门不履行传染病防治职责的举报的；有其他失职、渎职行为的，由本级人民政府、上级人民政府卫生行政部门责令改正，通报批评。造成传染病传播、流行或者其他严重后果的，对负有责任的主管人员和其他直接责任人员，依法给予行政处分；构成犯罪的，依法追究刑事责任。

（3）县级以上人民政府有关部门未依照规定履行传染病防治和保障职责的，由本级人民政府或者上级人民政府有关部门责令改正，通报批评；造成传染病传播、流行或者其他严重后果的，对负有责任的主管人员和其他直接责任人员，依法给予行政处分；构成犯罪的，依法追究刑事责任。

二、疾病预防控制机构的违法责任

疾病预防控制机构违反规定，有下列情形之一的，由县级以上人民政府卫生行政部门责令限期改正，通报批评，给予警告；对负有责任的主管人员和其他直接责任人员，依法给予降级、撤职、开除的处分，并可以依法吊销有关责任人员的执业证书；构成犯罪的，依法追究刑事责任：①未依法履行传染病监测职责的；②未依法履行传染病疫情报告、通报职责，或者隐瞒、谎报、缓报传染病疫情的；③未主动收集传染病疫情信息，或者对传染病疫情信息和疫情报告未及时进行分析、调查、核实的；④发现传染病疫情时，未依据职责及时采取《传染病防治法》规定的措施的；⑤故意泄露传染病患者、病

原携带者、疑似传染病患者、密切接触者涉及个人隐私的有关信息、资料的。

三、医疗机构的违法责任

医疗机构违反规定，有下列情形之一的，由县级以上人民政府卫生行政部门责令改正，通报批评，给予警告；造成传染病传播、流行或者其他严重后果的，对负有责任的主管人员和其他直接责任人员，依法给予降级、撤职、开除的处分，并可以依法吊销有关责任人员的执业证书；构成犯罪的，依法追究刑事责任：①未按照规定承担本单位的传染病预防、控制工作、医院感染控制任务和责任区域内的传染病预防工作的；②未按照规定报告传染病疫情，或者隐瞒、谎报、缓报传染病疫情的；③发现传染病疫情时，未按照规定对传染病患者、疑似传染病患者提供医疗救护、现场救援、接诊、转诊的，或者拒绝接受转诊的；④未按照规定对本单位内被传染病病原体污染的场所、物品以及医疗废物实施消毒或者无害化处置的；⑤未按照规定对医疗器械进行消毒，或者对按照规定一次性使用的医疗器具未予销毁、再次使用的；⑥在医疗救治过程中未按照规定保管医学记录资料的；⑦故意泄露传染病患者、病原携带者、疑似传染病患者、密切接触者涉及个人隐私的有关信息、资料的。

四、采供血机构的违法责任

采供血机构未按照规定报告传染病疫情，或者隐瞒、谎报、缓报传染病疫情，或者未执行国家有关规定，导致因输入血液引起经血液传播疾病发生的，由县级以上人民政府卫生行政部门责令改正，通报批评，给予警告；造成传染病传播、流行或者其他严重后果的，对负有责任的主管人员和其他直接责任人员，依法给予降级、撤职、开除的处分，并可以依法吊销采供血机构的执业许可证；构成犯罪的，依法追究刑事责任。

非法采集血液或者组织他人出卖血液的，由县级以上人民政府卫生行政部门予以取缔，没收违法所得，可以并处 10 万元以下的罚款；构成犯罪的，依法追究刑事责任。

五、国境卫生检疫机关、动物防疫机构的违法责任

国境卫生检疫机关、动物防疫机构未依法履行传染病疫情通报职责的，由有关部门在各自职责范围内责令改正，通报批评；造成传染病传播、流行或者其他严重后果的，对负有责任的主管人员和其他直接责任人员，依法给予降级、撤职、开除的处分；构成犯罪的，依法追究刑事责任。

六、铁路、交通、民用航空经营单位的违法责任

铁路、交通、民用航空经营单位未依照规定优先运送处理传染病疫情的人员以及防治传染病的药品和医疗器械的，由有关部门责令限期改正，给予警告；造成严重后果的，对负有责任的主管人员和其他直接责任人员，依法给予降级、撤职、开除的处分。

七、其他单位和个人的违法责任

（1）有下列情形之一，导致或者可能导致传染病传播、流行的，由县级以上人民政府卫生行政部门责令限期改正，没收违法所得，可以并处 5 万元以下的罚款；已取得许可证的，原发证部门可以依法暂扣或者吊销许可证；构成犯罪的，依法追究刑事责任：①饮用水供水单位供应的饮用水不符合国家卫生标准和卫生规范的；②涉及饮用水卫生

安全的产品不符合国家卫生标准和卫生规范的；③用于传染病防治的消毒产品不符合国家卫生标准和卫生规范的；④出售、运输疫区中被传染病病原体污染或者可能被传染病病原体污染的物品，未进行消毒处理的；⑤生物制品生产单位生产的血液制品不符合国家质量标准的。

（2）有下列情形之一的，由县级以上地方人民政府卫生行政部门责令改正，通报批评，给予警告，已取得许可证的，可以依法暂扣或者吊销许可证；造成传染病传播、流行以及其他严重后果的，对负有责任的主管人员和其他直接责任人员，依法给予降级、撤职、开除的处分，并可以依法吊销有关责任人员的执业证书；构成犯罪的，依法追究刑事责任：①疾病预防控制机构、医疗机构和从事病原微生物实验的单位，不符合国家规定的条件和技术标准，对传染病病原体样本未按照规定进行严格管理，造成实验室感染和病原微生物扩散的；②违反国家有关规定，采集、保藏、携带、运输和使用传染病菌种、毒种和传染病检测样本的；③疾病预防控制机构、医疗机构未执行国家有关规定，导致因输入血液、使用血液制品引起经血液传播疾病发生的。

（3）未经检疫出售、运输与人畜共患传染病有关的野生动物、家畜家禽的，由县级以上地方人民政府畜牧兽医行政部门责令停止违法行为，并依法给予行政处罚。

（4）在国家确认的自然疫源地兴建水利、交通、旅游、能源等大型建设项目，未经卫生调查进行施工的，或者未按照疾病预防控制机构的意见采取必要的传染病预防、控制措施的，由县级以上人民政府卫生行政部门责令限期改正，给予警告，处5000元以上3万元以下的罚款；逾期不改正的，处3万元以上10万元以下的罚款，并可以提请有关人民政府依据职责权限，责令停建、关闭。

（5）单位和个人违反本法规定，导致传染病传播、流行，给他人人身、财产造成损害的，应当依法承担民事责任。

第十节　新型冠状病毒肺炎

一、什么是新型冠状病毒、"德尔塔"变异株和"奥密克戎"变异株？

新型冠状病毒（英文简称SARS-CoV-2或2019-nCoV，以下简称新冠病毒）属于β属冠状病毒，对紫外线和热敏感，乙醚、75%乙醇、含氯消毒剂、过氧乙酸和氯仿等脂溶剂均可有效灭活病毒。

"德尔塔"变异株是由新冠病毒B.1.617.2变异株进一步变异形成的，最早于2020年9月在印度被发现，目前已传播至一百多个国家和地区，成为全球新冠流行的主要病毒株，我国近期多地疫情也均与"德尔塔"变异株相关。

"奥密克戎"变异株是南非于2021年11月9日首次从病例样本中检测到的新冠病毒变异株。目前研究表明，这种变异毒株的细胞受体亲和力、病毒复制能力较以往毒株有所增强，同时具有免疫逃逸的特点。2021年11月26日，世界卫生组织将其定义为第五种"关切变异株"（Variant of concern，VOC），取名Omicron（奥密克戎）变异株，我国近期多地疫情与"奥密克戎"变异株相关。

二、新型冠状病毒肺炎（简称新冠肺炎）的主要症状和表现是什么？

潜伏期 1~14 天，多为 3~7 天。

以发热、干咳、乏力为主要表现。部分患者以嗅觉、味觉减退或丧失等为首发症状，少数患者伴有鼻塞、流涕、咽痛、结膜炎、肌痛和腹泻等症状。

轻型患者可表现为低热、轻微乏力、嗅觉及味觉障碍等，无肺炎表现。

少数患者在感染新型冠状病毒后可无明显临床症状。

感染"德尔塔"变异株的患者，早期发热症状比例较低，很多患者仅表现为乏力、嗅觉障碍、轻度肌肉酸痛等。

感染"奥密克戎"变异株的患者症状相对较轻，主要症状是发热、干咳、咽痛、头痛、乏力、鼻塞等。基于人群的观察性研究也表明，"奥密克戎"变异株感染者到医院就诊、住院以及重症的风险与其他毒株感染者相比均明显降低。

三、"德尔塔"变异株和"奥密克戎"变异株有哪些特点？

（一）"德尔塔"变异株的特点

传播速度快：防控稍不及时，即呈跨省传播。

传播能力强：潜伏期和传代间隔均有所缩短。

病毒载量高：病毒在体内快速复制，患者呼出气体毒性大。

症状不典型：早期发热症状比例较低，很多患者仅表现为乏力、味（嗅）觉减退、轻度肌肉酸痛等。

治疗时间长：患者容易发展为重症，转阴时间长。

（二）"奥密克戎"变异株的特点

传播能力更强：潜伏期较短，传播代际时间短，已成为全球优势流行株。

免疫逃逸能力更强：会导致新冠疫苗的保护率下降。

再感染风险增加：有关研究表明，既往感染新冠病毒后再感染"奥密克戎"变异株的风险是再感染其他变异株的 5 倍以上。

症状不典型：病例分型主要以轻型和普通型为主，症状也相对较轻，患者影像学改变不典型。

传播过程更为隐蔽。

四、新冠肺炎对健康有哪些危害？

新冠肺炎不同于普通的感冒和流感，新冠病毒感染者中大多数人会出现肺炎，且重症比例高于流感，而感冒和流感患者只有在治疗不及时或极个别情况下才会出现肺炎。

新冠病毒是一种全新的病毒，目前对其的研究和认识还在不断深入，可以确定的是，新冠病毒的传染性比流感强，容易造成人际传播，由于人群对它普遍缺乏免疫力，在人群密集场所极易暴发流行。此外，新冠肺炎的流行没有明显的季节性，只要防控措施落实不到位，随时存在流行的风险。

五、新冠肺炎的传染源是什么？

新冠肺炎的传染源主要是新冠肺炎确诊病例和无症状感染者。在潜伏期即有传染性，发病前 1~2 天和发病初期的传染性相对较强。

六、新冠肺炎"德尔塔"变异株和"奥密克戎"变异株的传播途径有哪些?

新冠肺炎"德尔塔"变异株和"奥密克戎"变异株的主要的传播途径是经呼吸道飞沫和密切接触传播,在相对封闭的环境中经气溶胶传播,接触被病毒污染的物品也可造成感染。

七、面对新出现的新冠病毒"奥密克戎"变异株,公众在日常生活工作中,需要注意什么?

"奥密克戎"变异株虽然传播力强,但其传播方式和传播途径并未发生大的改变,积极落实好我国应对并阻断新冠肺炎疫情传播的预防措施,依然可以有效地防止感染变异新冠病毒。日常生活工作中,需要注意以下几点。

一是公共场所佩戴口罩。戴口罩仍然是阻断病毒传播的有效方式,对于"奥密克戎"变异株同样适用。即使已经完成全程疫苗接种和加强针接种的情况下,也同样需要在室内公共场所、公共交通工具等场所佩戴口罩。同时,还要保持勤洗手、"一米线"等良好的卫生习惯,少聚集,不信谣、不传谣,积极配合落实各项防疫措施,当好自己健康的第一责任人。

二是及时接种疫苗加强针。接种疫苗是公认最成功和最具成本效益的卫生干预措施之一。已经完成全程接种六个月及六个月以上的,要及时接种新冠疫苗加强针。

三是做好个人健康监测。在有疑似新冠肺炎症状,例如发热、咳嗽、呼吸短促等症状出现时,及时监测体温,主动就诊。就诊时应主动向医务人员说明近期外出史和接触史。

四是减少非必要出入境。确需外出的应加强旅行途中的个人防护,降低感染"奥密克戎"变异株的机会。

八、公民防疫基本行为准则有哪些?

(1)勤洗手。手脏后,要洗手;做饭前,餐饮前,便前,护理老人、儿童和患者前,触摸口鼻和眼睛前,要洗手或手消毒;外出返家后,护理患者后,咳嗽或打喷嚏后,做清洁后,清理垃圾后,便后,接触快递后,接触电梯按钮、门把手等公共设施后,要洗手或手消毒。

(2)科学戴口罩。有发热、咳嗽等症状时,就医时,拥挤时,乘电梯时,乘坐公共交通工具时,进入人员密集的公共场所时,要戴口罩。

(3)注意咳嗽礼仪。咳嗽、打喷嚏时,用纸巾捂住口鼻,无纸巾时用手臂代替,注意纸巾不要乱丢。

(4)少聚集。疫情期间,少聚餐聚会,少走亲访友,少参加喜宴丧事,非必要不到人群密集的场所。

(5)文明用餐。不混用餐具,夹菜用公筷,敬酒不闹酒,尽量分餐食;食堂就餐时,尽量自备餐具。

(6)遵守 1 米线。排队、付款、交谈、运动、参观时,要保持 1 米以上社交距离。

(7)常通风。家庭人多时,房间有异味、油烟时,有患者时,访客离开后,多开窗通风。

（8）做好清洁消毒。日常保持房间整洁。处理冷冻食品的炊具和台面，患者及访客使用过的物品和餐饮具，要及时消毒。

（9）保持厕所卫生。勤清洁厕所，马桶冲水前盖盖，经常开窗或开启排气扇，保持地漏水弯有水。

（10）养成健康的生活方式。加强身体锻炼，坚持作息规律，保证睡眠充足，保持心态健康；健康饮食，戒烟限酒；有症状时，及时就医。

（11）疫苗接种。响应国家新冠病毒疫苗接种政策，积极配合疫苗接种，保护个人健康。

九、为什么洗手能够有效预防呼吸道传染病?

洗手是预防传染病最简便有效的措施之一。呼吸道传染病除了通过飞沫传播，也会经手接触传播。日常工作、生活中，人的手不断接触到被细菌、病毒污染的物品，如果不能及时正确洗手，手上的细菌、病毒可以通过手触摸口、眼、鼻进入人体。而用脏手触摸物体表面后，一些细菌、病毒又可能通过物体表面接触传染给他人。通过洗手可以简单有效地切断这一途径，保持手的清洁卫生可以有效降低患呼吸道传染病的风险。

十、什么时候需要洗手?

手脏后，要洗手；做饭前，餐饮前，便前，护理老人、儿童和患者前，触摸口鼻和眼睛前，要洗手或手消毒；外出返家后，护理患者后，咳嗽或打喷嚏后，做清洁后，清理垃圾后，便后，接触快递后，接触电梯按钮、门把手等公共设施后，要洗手或手消毒。

十一、应如何正确洗手?

（1）用流动水将双手淋湿。

（2）取适量肥皂或洗手液均匀涂抹双手。

（3）按照"七步洗手法"认真搓洗双手至少20秒。第一步，（内）洗手掌：掌心相对，手指并拢相互揉搓。第二步，（外）洗背侧指缝：手心对手背沿指缝相互揉搓，双手交换进行。第三步，（夹）洗掌侧指缝：掌心相对，双手交叉沿指缝相互揉搓。第四步，（弓）洗指背：弯曲各手指关节，半握拳把指背放在另一手掌心旋转揉搓，双手交换进行。第五步，（大）洗拇指：一手握另一手拇指旋转揉搓，双手交换进行。第六步，（立）洗指尖：弯曲各手指关节，把指尖合拢在另一手掌心旋转揉搓，双手交换进行。第七步，（腕）洗手腕、手臂：揉搓手腕、手臂，双手交换进行。最后，用清洁毛巾或纸巾擦干双手，也可用吹干机吹干双手。

十二、外出不方便洗手时怎么办?

外出不方便洗手时，可选用含75%酒精的手消毒剂进行手部清洁，将消毒剂涂抹双手，持续揉搓15秒。特殊情况下，也可使用含氯或过氧化氢手消毒剂。应足量使用，要让手心、手背、指缝、手腕等处充分湿润，两手相互摩擦足够长的时间，等消毒剂蒸发之后再停止。

对公众而言，不建议以免洗的手部消毒剂作为常规的手部清洁手段，建议只是在户外等没有条件用水和肥皂洗手的时候使用。

十三、如何选戴口罩？

佩戴口罩，是预防新冠肺炎、流感等呼吸道传染病的有效方法，既保护自己，又保护他人。公众应根据风险等级和所处环境选择适宜防护级别的口罩。做到科学选戴口罩，既达到防护效果，又避免资源浪费。

（1）在居家、户外，无人员聚集、通风良好的情况下，可以不戴口罩。

（2）有发热、咳嗽等症状时，就医时，拥挤时，乘电梯时，乘坐公共交通工具时，进入人员密集的公共场所时，要戴口罩。

（3）建议公众选用一次性使用医用口罩、医用外科口罩或以上防护级别口罩。

十四、佩戴口罩时，有哪些注意事项？

（1）戴口罩前，摘口罩后，均应做好手卫生。

（2）区分口罩正反面，不能两面戴，通常情况下颜色深的一面朝外。

（3）不与他人混用或共用口罩。

（4）捏紧鼻夹，使口罩与脸颊贴合，避免漏气。如佩戴口罩感觉胸闷、气短等不适时，应立即前往户外开放场所，摘除口罩。

（5）运动，尤其是剧烈运动时不应佩戴口罩。

（6）一次性使用医用口罩和医用外科口罩均为限次使用，应定期更换，不建议清洗或使用消毒剂、加热等方法消毒后使用。

十五、使用过的口罩如何处理？

普通公众使用过的废弃口罩归为其他垃圾进行处理。医疗卫生机构、人员密集场所工作人员或其他可疑污染的废弃口罩，需单独存放，并按有害垃圾进行处理。

十六、为什么要保持 1 米社交距离？

呼吸道传染病大多通过飞沫近距离传播，因此，为了预防呼吸道传染病，日常工作、生活中，人与人的社交距离应保持在 1 米以上，即保持社交安全距离。保持社交安全距离不仅能降低新冠肺炎等呼吸道传染病的传播风险，也是文明礼仪的体现。

排队、付款、交谈、运动、参观时，要保持 1 米以上社交距离。

十七、室内为什么要经常开窗通风？

室内环境密闭，容易造成病菌滋生繁殖，增加人体感染疾病的风险。勤开窗通风可有效减少室内致病微生物和其他污染物的含量。此外，阳光中的紫外线还有杀菌作用。每天早、中、晚均应开窗通风，每次通风时间不短于 15 分钟。寒冷季节开窗通风要注意保暖，不要对着窗口直吹，避免受凉。家庭人多时，房间有异味、油烟时，有患者时，访客离开后，多开窗通风。

十八、常用的家庭消毒方式有哪些？

在家庭中，要做好日常清洁工作，保持居家环境整洁卫生，经常开窗通风。门把手、电话机、手机、电视遥控器、桌面、地面等家人经常接触的公共物品表面，要经常用干净的湿毛巾擦拭或清洗，一般不需要消毒。必要时（如家中有身体状况不明客人来访过

等）进行消毒。

家庭消毒的主要方式有煮沸消毒和化学消毒。

煮沸消毒主要用于对餐具、水杯的消毒，先将物品洗净，再放入沸水中煮（蒸）10分钟。

化学消毒是指使化学消毒剂作用于物体表面，以达到消毒的目的。家庭一般选用含氯消毒剂（如"84"消毒液）和含醇消毒剂（如75%酒精）进行擦拭消毒，作用30分钟后再用清水擦拭干净。含氯消毒剂适用于物体表面、餐具等的消毒，对金属有腐蚀作用，对织物有漂白褪色作用。含醇消毒剂乙醇含量为70%～80%，主要用于手和皮肤消毒，也可用于小物体表面的消毒。

十九、出现发热症状如何就诊？

发热患者就诊时，除遵守外出就医要求外，还应全程佩戴医用外科口罩到发热门诊就诊，尽量避免乘坐公共交通工具。陪同人员也要注意做好防护。

就医时，应如实讲述患病和既往就医情况，尤其是应告知医生近期旅行和居住史、与可疑人员的接触史等。若被诊断为新冠肺炎疑似病例或确诊病例，应积极配合医院进行相关检查及隔离治疗。

二十、什么是抗原检测？和核酸检测区别在哪儿？

抗原就是病毒的蛋白质成分，新冠病毒形态呈球形，球的外壳主要由蛋白质和脂类组成，核心则是病毒的核酸和蛋白质结合形成的复合物。抗原检测就是从抗体出发去检测病毒的蛋白质成分，从而判断待检标本中是否含有病毒。

抗原检测更方便、快捷，但敏感性稍差。

核酸检测更复杂，获取结果时间长，但敏感性更高。

二十一、抗原检测结果能否取代核酸检测结果？

不能。

核酸检测依然是新冠病毒感染的确诊依据。抗原检测可以作为核酸检测的补充。

核酸检测阳性：按照新冠病毒感染者或新冠肺炎确诊患者采取相应措施。

核酸检测阴性、抗原检测阳性：视同新冠病毒感染者。采取集中隔离等措施，密切观察，连续进行核酸检测。

二十二、哪些人适用抗原检测？

三类人群。

一是到基层医疗卫生机构就诊，伴有呼吸道、发热等症状且出现症状5天以内的人员。

二是隔离观察人员，包括居家隔离观察、密接和次密接、入境隔离观察、封控区和管控区内的人员。

三是有抗原自我检测需求的社区居民。

二十三、用完的自测试剂如何处理？

分人群。

隔离观察人员：检测结果不论阴性还是阳性，所有使用后的采样拭子、采样管、检测卡等装入密封袋由管理人员参照医疗废物或按程序处理。

检测结果阴性的社区居民：所有使用后的采样拭子、采样管、检测卡等装入密封袋后作为一般垃圾处理。

检测结果阳性的社区居民：在人员转运时一并交由医疗机构按照医疗废物处理。

第十一节　新型冠状病毒肺炎诊疗方案（试行第九版）

为进一步做好新型冠状病毒肺炎（COVID - 19）诊疗工作，专家对《新型冠状病毒肺炎诊疗方案（试行第八版修订版)》相关内容进行修订，形成《新型冠状病毒肺炎诊疗方案（试行第九版)》。

一、病原学特点

新型冠状病毒（SARS - CoV - 2）属于 β 属的冠状病毒，有包膜，颗粒呈圆形或椭圆形，直径 60 ~ 140 nm。具有 5 个必需基因，分别针对核蛋白（N）、病毒包膜（E）、基质蛋白（M）和刺突蛋白（S）4 种结构蛋白及 RNA 依赖性的 RNA 聚合酶（RdRp）。核蛋白（N）包裹 RNA 基因组构成核衣壳，外面围绕着病毒包膜（E），病毒包膜包埋有基质蛋白（M）和刺突蛋白（S）等蛋白。刺突蛋白通过结合血管紧张素转化酶 2（ACE - 2）进入细胞。体外分离培养时，新型冠状病毒 96 个小时左右即可在人呼吸道上皮细胞内发现，而在 Vero E6 和 Huh - 7 细胞系中分离培养约需 4 ~ 6 天。

与其他病毒一样，新型冠状病毒基因组也会发生变异，某些变异会影响病毒生物学特性，如 S 蛋白与 ACE - 2 亲和力的变化将会影响病毒入侵细胞、复制、传播的能力，康复者恢复期和疫苗接种后抗体的产生，以及抗体药物的中和能力，进而引起广泛关注。世界卫生组织（WHO）提出的"关切的变异株"（variant of concern，VOC）有 5 个，分别为阿尔法（Alpha）、贝塔（Beta）、伽玛（Gamma）、德尔塔（Delta）和奥密克戎（Omicron）。目前"奥密克戎"变异株已取代"德尔塔"变异株成为主要流行株。现有证据显示，"奥密克戎"变异株传播力强于"德尔塔"变异株，致病力有所减弱，我国境内常规使用的 PCR 检测诊断准确性未受到影响，但可能降低了一些单克隆抗体药物对其的中和作用。

冠状病毒对紫外线和热敏感，56℃ 30 分钟、乙醚、75% 乙醇、含氯消毒剂、过氧乙酸和氯仿等脂溶剂均可有效灭活病毒，氯己定不能有效灭活病毒。

二、流行病学特点

（一）传染源

传染源主要是新型冠状病毒感染者，在潜伏期即有传染性，发病后 5 天内传染性较强。

（二）传播途径

（1）经呼吸道飞沫和密切接触传播是主要的传播途径。

（2）在相对封闭的环境中经气溶胶传播。

（3）接触被病毒污染的物品也可造成感染。

（三）易感人群

人群普遍易感。感染后或接种新型冠状病毒疫苗后可获得一定的免疫力。

三、病理改变

以下为新型冠状病毒肺炎疫情早期病例的主要器官病理学改变和新型冠状病毒检测结果（不包括基础疾病病变）。

（一）肺脏

早期和较轻病变区见肺泡腔内浆液、纤维蛋白渗出以及透明膜形成，炎症细胞以单核细胞和淋巴细胞为主；肺泡隔毛细血管充血。随着病情进展和加重，大量单核细胞/巨噬细胞和纤维蛋白充满肺泡腔；Ⅱ型肺泡上皮细胞增生、部分细胞脱落，可见多核巨细胞，偶见红染包涵体。易见肺血管炎、血栓形成（混合血栓、透明血栓），可见血栓栓塞。肺内各级支气管黏膜部分上皮脱落，腔内可见渗出物和黏液。小支气管和细支气管易见黏液栓形成。肺组织易见灶性出血，可见出血性梗死、细菌和（或）真菌感染。部分肺泡过度充气、肺泡隔断裂或囊腔形成。病程较长的病例，可见肺泡腔渗出物肉质变和肺间质纤维化。

电镜下支气管黏膜上皮和Ⅱ型肺泡上皮细胞胞质内见冠状病毒颗粒。免疫组化染色显示部分支气管黏膜上皮、肺泡上皮细胞和巨噬细胞呈新型冠状病毒抗原免疫染色和核酸检测阳性。

（二）脾脏、肺门淋巴结和骨髓

脾脏缩小。白髓萎缩，淋巴细胞数量减少、部分细胞坏死；红髓充血、灶性出血，脾脏内巨噬细胞增生并可见吞噬现象；易见脾脏贫血性梗死。淋巴结淋巴细胞数量减少，可见坏死。免疫组化染色显示脾脏和淋巴结内 $CD4^+$ 和 $CD8^+$ T 细胞均减少。淋巴结组织新型冠状病毒核酸检测可呈阳性，巨噬细胞新型冠状病毒抗原免疫染色可见阳性。骨髓造血细胞或增生或数量减少，粒红比例增高；偶见噬血现象。

（三）心脏和血管

部分心肌细胞可见变性、坏死，间质充血、水肿，可见少数单核细胞、淋巴细胞和（或）中性粒细胞浸润。新型冠状病毒核酸检测偶见阳性。

全身主要部位小血管可见内皮细胞脱落、内膜或全层炎症；可见血管内混合血栓形成、血栓栓塞及相应部位的梗死。主要脏器微血管易见透明血栓形成。

（四）肝脏和胆囊

肝细胞变性、灶性坏死伴中性粒细胞浸润；肝血窦充血，汇管区见淋巴细胞和单核细胞浸润及微血栓形成。胆囊高度充盈，胆囊黏膜上皮脱落。肝脏和胆囊新型冠状病毒核酸检测可见阳性。

（五）肾脏

肾小球毛细血管充血，偶见节段性纤维素样坏死；球囊腔内见蛋白性渗出物。近端小管上皮变性，部分坏死、脱落，远端小管易见管型。肾间质充血，可见微血栓形成。肾组织新型冠状病毒核酸检测偶见阳性。

（六）其他器官

脑组织充血、水肿，部分神经元变性、缺血性改变和脱失，可见噬节现象和卫星现象。可见血管周围间隙单核细胞和淋巴细胞浸润。肾上腺见灶性坏死。食管、胃和肠黏膜上皮不同程度变性、坏死、脱落，固有层和黏膜下单核细胞、淋巴细胞浸润。肾上腺可见皮质细胞变性，灶性出血和坏死。睾丸见不同程度的生精细胞数量减少，Sertoli 细胞和 Leydig 细胞变性。

鼻咽和胃肠黏膜及睾丸和唾液腺等器官可检测到新型冠状病毒。

四、临床特点

（一）临床表现

潜伏期 1 ~ 14 天，多为 3 ~ 7 天。

以发热、干咳、乏力为主要表现。部分患者可以鼻塞、流涕、咽痛、嗅觉味觉减退或丧失、结膜炎、肌痛和腹泻等为主要表现。重症患者多在发病一周后出现呼吸困难和（或）低氧血症，严重者可快速进展为急性呼吸窘迫综合征、脓毒症休克、难以纠正的代谢性酸中毒和凝血功能障碍及多器官功能衰竭等。极少数患者还可有中枢神经系统受累及肢端缺血性坏死等表现。值得注意的是，重型、危重型患者病程中可为中低热，甚至无明显发热。

轻型患者可表现为低热、轻微乏力、嗅觉及味觉障碍等，无肺炎表现。在感染新型冠状病毒后也可无明显临床症状。

曾接种过疫苗者及感染"奥密克戎"变异株者以无症状及轻症为主。有临床症状者主要表现为中低度发热、咽干、咽痛、鼻塞、流涕等上呼吸道感染症状。

多数患者预后良好，少数患者病情危重，多见于老年人、有慢性基础疾病者、晚期妊娠和围产期女性、肥胖人群。

儿童病例症状相对较轻，部分儿童及新生儿病例症状可不典型，表现为呕吐、腹泻等消化道症状或仅表现为反应差、呼吸急促。极少数儿童可有多系统炎症综合征（MIS – C），出现类似川崎病或不典型川崎病表现、中毒性休克综合征或巨噬细胞活化综合征等，多发生于恢复期。主要表现为发热伴皮疹、非化脓性结膜炎、黏膜炎症、低血压或休克、凝血功能障碍、急性消化道症状等。一旦发生，病情可在短期内急剧恶化。

（二）实验室检查

1. 一般检查　发病早期外周血白细胞总数正常或减少，可见淋巴细胞计数减少，部分患者可出现肝功能指标值、乳酸脱氢酶、肌酶、肌红蛋白、肌钙蛋白和铁蛋白增高。多数患者 C 反应蛋白（CRP）和血沉升高，降钙素原（PCT）正常。重型、危重型患者可见 D – 二聚体升高、外周血淋巴细胞进行性减少，炎症因子升高。

2. 病原学及血清学检查

（1）病原学检查：采用核酸扩增检测方法在鼻、口咽拭子，痰和其他下呼吸道分泌物、粪便等标本检测新型冠状病毒核酸。核酸检测会受到病程、标本采集、检测过程、检测试剂等因素的影响，为提高检测准确性，应规范采集标本，标本采集后尽快送检。

（2）血清学检查：新型冠状病毒特异性 IgM 抗体、IgG 抗体阳性，发病 1 周内阳性率均较低。

由于试剂本身阳性判断值原因，或者体内存在干扰物质（类风湿因子、嗜异性抗体、补体、溶菌酶等），或者标本原因（标本溶血、标本被细菌污染、标本贮存时间过长、标本凝固不全等），抗体检测可能会出现假阳性。一般不单独以血清学检测作为诊断依据，需结合流行病学史、临床表现和基础疾病等情况进行综合判断。

（三）胸部影像学

早期呈现多发小斑片影及间质改变，以肺外带明显。进而发展为双肺多发磨玻璃影、浸润影，严重者可出现肺实变，胸腔积液少见。MIS－C时，心功能不全患者可见心影增大和肺水肿。

五、诊断

（一）诊断原则

根据流行病学史、临床表现、实验室检查等综合分析，做出诊断。新型冠状病毒核酸检测阳性为确诊的首要标准。未接种新型冠状病毒疫苗者，新型冠状病毒特异性抗体检测可作为诊断的参考依据。接种新型冠状病毒疫苗者和既往感染新型冠状病毒者，原则上抗体不作为诊断依据。

（二）诊断标准

1. 疑似病例　有下述流行病学史中的任何1条，且符合临床表现中任意2条。

无明确流行病学史的，符合临床表现中的3条；或符合临床表现中任意2条，同时新型冠状病毒特异性IgM抗体阳性（近期接种过新型冠状病毒疫苗者不作为参考指标）。

（1）流行病学史：①发病前14天内有病例报告社区的旅行史或居住史；②发病前14天内与新型冠状病毒感染者有接触史；③发病前14天内曾接触过来自有病例报告社区的发热或有呼吸道症状的患者；④聚集性发病［14天内在小范围如家庭、办公室、学校班级等场所，出现2例及以上发热和（或）呼吸道症状的病例］。

（2）临床表现：①发热和（或）呼吸道症状等新型冠状病毒肺炎相关临床表现；②具有上述新型冠状病毒肺炎影像学特征；③发病早期白细胞总数正常或降低，淋巴细胞计数正常或减少。

2. 确诊病例　疑似病例具备以下病原学或血清学证据之一者。

（1）新型冠状病毒核酸检测阳性。

（2）未接种新型冠状病毒疫苗者新型冠状病毒特异性IgM抗体和IgG抗体均为阳性。

六、临床分型

（一）轻型

临床症状轻微，影像学未见肺炎表现。

（二）普通型

具有上述临床表现，影像学可见肺炎表现。

（三）重型

1. 成人符合下列任何一条。

（1）出现气促，RR≥30次/分。

（2）静息状态下，吸空气时指氧饱和度≤93%。

（3）动脉血氧分压（PaO_2）/吸氧浓度（FiO_2）≤300 mmHg（1 mmHg = 0.133 kPa）。高海拔（海拔超过 1000 米）地区应根据以下公式对 PaO_2/FiO_2 进行校正：$PaO_2/FiO_2 \times$ ［760/大气压（mmHg）］。

（4）临床症状进行性加重，肺部影像学显示 24 ~ 48 小时内病灶明显进展 >50% 者。

2. 儿童符合下列任何一条。

（1）持续高热超过 3 天。

（2）出现气促（小于 2 月龄，RR≥60 次/分；2 ~ 12 月龄，RR≥50 次/分；1 ~ 5 岁，RR≥40 次/分；大于 5 岁，RR≥30 次/分），除外发热和哭闹的影响。

（3）静息状态下，吸空气时指氧饱和度≤93%。

（4）辅助呼吸（鼻翼扇动、三凹征）。

（5）出现嗜睡、惊厥。

（6）拒食或喂养困难，有脱水征。

（四）危重型

符合以下情况之一者。

（1）出现呼吸衰竭，且需要机械通气。

（2）出现休克。

（3）合并其他器官功能衰竭需 ICU 监护治疗。

七、重型/危重型高危人群

（1）大于 60 岁老年人。

（2）有心脑血管疾病（含高血压），慢性肺部疾病，糖尿病，慢性肝脏，肾脏疾病，肿瘤等基础疾病者。

（3）免疫功能缺陷者（如艾滋病患者、长期使用皮质类固醇或其他免疫抑制药物导致免疫功能减退者）。

（4）肥胖者（体重指数≥30 kg/m^2）。

（5）晚期妊娠和围产期女性。

（6）重度吸烟者。

八、重型/危重型早期预警指标

（一）成人

有以下指标变化应警惕病情恶化。

（1）低氧血症或呼吸窘迫进行性加重。

（2）组织氧合指标（如指氧饱和度、氧合指数）恶化或乳酸进行性升高。

（3）外周血淋巴细胞计数进行性降低或炎症因子如白细胞介素 6（IL-6）、CRP、铁蛋白等进行性上升。

（4）D-二聚体等凝血功能相关指标明显升高。

（5）胸部影像学显示肺部病变明显进展。

（二）儿童

（1）呼吸频率增快。

（2）精神反应差、嗜睡。

（3）乳酸进行性升高。

（4）CRP、PCT、铁蛋白等炎症因子明显升高。

（5）影像学显示双侧或多肺叶浸润、胸腔积液或短期内病变快速进展。

（6）有基础疾病（先天性心脏病、支气管肺发育不良、呼吸道畸形、异常血红蛋白、重度营养不良等）、有免疫缺陷或免疫低下（长期使用免疫抑制剂）和新生儿。

九、鉴别诊断

（1）新型冠状病毒肺炎轻型表现需与其他病毒引起的上呼吸道感染相鉴别。

（2）新型冠状病毒肺炎主要与流感病毒、腺病毒、呼吸道合胞病毒等其他已知病毒性肺炎及肺炎支原体感染鉴别，尤其是对疑似病例要尽可能地采取快速抗原检测、多重PCR核酸检测等方法，对常见呼吸道病原体进行检测。

（3）还要与非感染性疾病，如血管炎、皮肌炎和机化性肺炎等鉴别。

（4）儿童患者出现皮疹、黏膜损害时，需与川崎病鉴别。

（5）与新型冠状病毒感染者有密切接触者，即便常见呼吸道病原检测阳性，也应及时进行新型冠状病毒病原学检测。

十、病例的发现与报告

各级各类医疗机构发现符合病例定义的疑似病例或新型冠状病毒抗原检测结果为阳性者，应立即采集标本进行核酸检测或闭环转运至有条件的上级医疗机构进行核酸检测，期间单人单间隔离。核酸检测结果为阳性者，进行集中隔离管理或送至定点医院治疗，并按照规定进行网络直报。

连续两次新型冠状病毒核酸检测阴性（采样时间至少间隔24小时），可排除疑似病例诊断。

十一、治疗

（一）根据病情确定隔离管理和治疗场所

（1）轻型病例实行集中隔离管理，相关集中隔离场所不能同时隔离入境人员、密切接触者等人群。隔离管理期间应做好对症治疗和病情监测，如病情加重，应转至定点医院治疗。

（2）普通型、重型、危重型病例和有重型高危因素的病例应在定点医院集中治疗，其中重型、危重型病例应当尽早收入ICU治疗，有高危因素且有重症倾向的患者也宜收入ICU治疗。

（二）一般治疗

（1）卧床休息，加强支持治疗，保证充分能量和营养摄入；注意水、电解质平衡，维持内环境稳定。

（2）密切监测生命体征，特别是静息和活动后的指氧饱和度等。

（3）根据病情监测血常规、尿常规、CRP、生化指标（肝功能、心肌酶、肾功能等）、凝血功能、动脉血气分析、胸部影像学等。有条件者可行炎症因子检测。

（4）根据病情给予规范有效的氧疗措施，包括鼻导管、面罩给氧和经鼻高流量氧疗。

（5）抗菌药物治疗：避免盲目或不恰当地使用抗菌药物，尤其是联合使用广谱抗菌药物。

（三）抗病毒治疗

（1）PF－07321332/利托那韦片（Paxlovid）。适用人群为发病5天以内的轻型和普通型且伴有进展为重型高风险因素的成人和青少年（12～17岁，体重≥40kg）。用法：300 mg PF－07321332 与 100 mg 利托那韦同时服用，每 12 小时一次，连续服用 5 天。使用前应详细阅读说明书，不得与哌替啶、雷诺嗪等高度依赖 CYP3A 进行清除且其血浆浓度升高会导致严重和（或）危及生命的不良反应的药物联用。

（2）单克隆抗体。安巴韦单抗/罗米司韦单抗注射液。联合用于治疗轻型和普通型且伴有进展为重型高风险因素的成人和青少年（12～17 岁，体重≥40 kg）患者。用法：两种药品的剂量均为 1000 mg。在给药前两种药品均以 100 ml 生理盐水稀释，然后经静脉序贯输注给药，以不高于 4 ml/min 的速度静脉滴注，之间使用生理盐水 100 ml 冲管。在输注期间对患者进行临床监测，并在输注完成后对患者进行至少 1 小时的观察。

（3）静注 COVID－19 人免疫球蛋白。可在病程早期用于有高危因素、病毒载量较高、病情进展较快的患者。使用剂量为轻型 100 mg/kg，普通型 200 mg/kg，重型 400 mg/kg，静脉输注，根据患者病情改善情况，次日可再次输注，总次数不超过 5 次。

（4）康复者恢复期血浆。可在病程早期用于有高危因素、病毒载量较高、病情进展较快的患者。输注剂量为 200～500 ml（4～5 ml/kg），可根据患者个体情况及病毒载量等决定是否再次输注。

（四）免疫治疗

（1）糖皮质激素。对于氧合指标进行性恶化、影像学进展迅速、机体炎症反应过度激活的重型和危重型患者，酌情短期内（不超过 10 日）使用糖皮质激素，建议地塞米松 5 mg/d 或甲泼尼龙 40 mg/d，避免长时间、大剂量使用糖皮质激素，以减少副作用。

（2）白细胞介素－6（IL－6）抑制剂。托珠单抗。对于重型、危重型且实验室检测 IL－6 水平升高者可试用。用法：首次剂量 4～8 mg/kg，推荐剂量 400 mg，生理盐水稀释至 100 ml，输注时间大于 1 小时；首次用药疗效不佳者，可在首剂应用 12 小时后追加应用一次（剂量同前），累计给药次数最多为 2 次，单次最大剂量不超过 800 mg。注意过敏反应，有结核等活动性感染者禁用。

（五）抗凝治疗

用于具有重症高危因素、病情进展较快的普通型、重型和危重型患者，无禁忌证情况下可给予治疗剂量的低分子肝素或普通肝素。发生血栓栓塞事件时，按照相应指南进行治疗。

（六）俯卧位治疗

具有重症高危因素、病情进展较快的普通型、重型和危重型患者，应当给予规范的俯卧位治疗，建议每天不少于 12 小时。

（七）心理干预

患者常存在紧张焦虑情绪，应当加强心理疏导，必要时辅以药物治疗。

（八）重型、危重型支持治疗

（1）治疗原则。在上述治疗的基础上，积极防治并发症，治疗基础疾病，预防继发感染，及时进行器官功能支持。

（2）呼吸支持。

1）鼻导管或面罩吸氧：PaO_2/FiO_2 低于 300 mmHg 的重型患者均应立即给予氧疗。接受鼻导管或面罩吸氧后，短时间（1~2 小时）密切观察，若呼吸窘迫和（或）低氧血症无改善，应使用经鼻高流量氧疗（HFNC）或无创通气（NIV）。

2）经鼻高流量氧疗或无创通气：PaO_2/FiO_2 低于 200 mmHg 者应给予经鼻高流量氧疗（HFNC）或无创通气（NIV）。接受 HFNC 或 NIV 的患者，无禁忌证的情况下，建议同时实施俯卧位通气，即清醒俯卧位通气，俯卧位治疗时间每天应大于 12 小时。

部分患者使用 HFNC 或 NIV 治疗的失败风险高，需要密切观察患者的症状和体征。若短时间（1~2 小时）治疗后病情无改善，特别是接受俯卧位治疗后，低氧血症仍无改善，或呼吸频数、潮气量过大或吸气努力过强等，往往提示 HFNC 或 NIV 治疗疗效不佳，应及时进行有创机械通气治疗。

3）有创机械通气：一般情况下，PaO_2/FiO_2 低于 150 mmHg，特别是吸气努力明显增强的患者，应考虑气管插管，实施有创机械通气。但鉴于重型、危重型患者低氧血症的临床表现不典型，不应单纯把 PaO_2/FiO_2 是否达标作为气管插管和有创机械通气的指征，而应结合患者的临床表现和器官功能情况实时进行评估。值得注意的是，延误气管插管，带来的危害可能更大。

早期恰当的有创机械通气治疗是危重型患者重要的治疗手段。实施肺保护性机械通气策略。对于中重度急性呼吸窘迫综合征患者，或有创机械通气 FiO_2 高于 50% 时，可采用肺复张治疗，并根据肺复张的反应，决定是否反复实施肺复张手法。应注意部分新型冠状病毒肺炎患者肺可复张性较差，应避免过高的 PEEP 导致气压伤。

4）气道管理：加强气道湿化，建议采用主动加热湿化器，有条件的使用环路加热导丝保证湿化效果；建议使用密闭式吸痰，必要时气管镜吸痰；积极进行气道廓清治疗，如振动排痰、高频胸廓振荡、体位引流等；在氧合及血流动力学稳定的情况下，尽早开展被动及主动活动，促进痰液引流及肺康复。

5）体外膜肺氧合（ECMO）启动时机：在最优的机械通气条件下（FiO_2 ≥ 80%，潮气量为 6 ml/kg 理想体重，PEEP ≥ 5 cmH_2O，且无禁忌证），且保护性通气和俯卧位通气效果不佳，并符合以下之一，应尽早考虑实施 ECMO：①PaO_2/FiO_2 < 50 mmHg 超过 3 小时；②PaO_2/FiO_2 < 80 mmHg 超过 6 小时；③动脉血 pH < 7.25 且 $PaCO_2$ > 60 mmHg 超过 6 小时，呼吸频率 > 35 次/分；④呼吸频率 > 35 次/分时，动脉血 pH < 7.2 且平台压 > 30 cmH_2O。

符合 ECMO 指征，且无禁忌证的危重型患者，应尽早启动 ECMO 治疗，避免延误时机，导致患者预后不良。

ECMO 模式选择。仅需呼吸支持时选用静脉 - 静脉方式 ECMO（VV - ECMO），是最为常用的方式；需呼吸和循环同时支持则选用静脉 - 动脉方式 ECMO（VA - ECMO）；VA - ECMO 出现头臂部缺氧时可采用静脉 - 动脉 - 静脉方式 ECMO（VAV - ECMO）。实施 ECMO 后，严格实施肺保护性肺通气策略。推荐初始设置：潮气量 < 4~6 ml/kg 理想体重，平台压 ≤ 25 cmH_2O，驱动压 < 15 cmH_2O，PEEP 5~15 cmH_2O，呼吸频率 4~10 次/分，

$FiO_2 < 50\%$。对于氧合功能难以维持或吸气努力强、双肺重力依赖区实变明显或需气道分泌物引流的患者，应积极进行俯卧位通气。

儿童心肺代偿能力较成人弱，对缺氧更为敏感，需要应用比成人更积极的氧疗和通气支持策略，指征应适当放宽；不推荐常规应用肺复张。

（3）循环支持。危重型患者可合并休克，应在充分液体复苏的基础上，合理使用血管活性药物，密切监测患者血压、心率和尿量的变化，以及乳酸和碱剩余。必要时进行血流动力学监测。

（4）急性肾损伤和肾替代治疗。危重型患者可合并急性肾损伤，应积极寻找病因，如低灌注和药物等因素。在积极纠正病因的同时，注意维持水、电解质、酸碱平衡。连续性肾替代治疗（CRRT）的指征包括：①高钾血症；②严重酸中毒；③利尿剂无效的肺水肿或水负荷过多。

（5）儿童多系统炎症综合征（MIS－C）。治疗原则是多学科合作，尽早抗炎、纠正休克和凝血功能障碍、脏器功能支持，必要时抗感染治疗。无休克者首选静脉用丙种球蛋白（IVIG），2 g/kg，病情无好转时加用甲泼尼龙 1～2 mg/（kg·d）或托珠单抗等强化治疗；合并休克者首选静脉用丙种球蛋白（IVIG）联合甲泼尼龙 1～2 mg/（kg·d）；难治性重症患儿应用大剂甲泼尼龙冲击［10～30 mg/（kg·d）］或加用托珠单抗等免疫治疗。

（6）重型或危重型妊娠患者。应多学科评估继续妊娠的风险，必要时终止妊娠，剖宫产为首选。

（7）营养支持。应加强营养风险评估，首选肠内营养，保证热量 25～30 kcal/（kg·d）、蛋白质 >1.2 g/（kg·d），必要时加用肠外营养。可使用肠道微生态调节剂，维持肠道微生态平衡，预防继发性细菌感染。

（九）中医治疗

本病属于中医"疫"病范畴，病因为感受"疫戾"之气，各地可根据病情、证候及气候等情况，参照下列方案进行辨证论治。涉及超药典剂量，应当在医师指导下使用。

（1）医学观察期。

临床表现 1：乏力伴胃肠不适。

推荐中成药：藿香正气胶囊（丸、水、口服液）。

临床表现 2：乏力伴发热。

推荐中成药：金花清感颗粒、连花清瘟胶囊（颗粒）、疏风解毒胶囊（颗粒）。

（2）临床治疗期（确诊病例）。

1）清肺排毒汤、清肺排毒颗粒。

适用范围：适用于轻型、普通型、重型患者，在危重型患者救治中可结合患者实际情况合理使用。

基础方剂：麻黄 9 g、炙甘草 6 g、杏仁 9 g、生石膏 15～30 g（先煎）、桂枝 9 g、泽泻 9 g、猪苓 9 g、白术 9 g、茯苓 15 g、柴胡 16 g、黄芩 6 g、姜半夏 9 g、生姜 9 g、紫菀 9 g、款冬花 9 g、射干 9 g、细辛 6 g、山药 12 g、枳实 6 g、陈皮 6 g、藿香 9 g。

服法：传统中药饮片，水煎服。每天 1 剂，早晚各 1 次（饭后 40 分钟），温服，3 剂一个疗程。

如有条件，每次服完药可加服大米汤半碗，舌干津液亏虚者可多服至一碗。（注：如患者不发热则生石膏的用量要小，发热或壮热可加大生石膏用量）。若症状好转而未痊愈则服用第二个疗程，若患者有特殊情况或其他基础病，第二个疗程可以根据实际情况修改处方，症状消失则停药。

清肺排毒颗粒服法：开水冲服，一次 2 袋，一日 2 次。疗程 3～6 天。

2）轻型。

①寒湿郁肺证。

临床表现：发热，乏力，周身酸痛，咳嗽，咯痰，胸闷憋气，纳呆，恶心，呕吐，腹泻或大便黏腻不爽。舌质淡胖齿痕或淡红，苔白厚腻或腐腻，脉濡或滑。

推荐处方：寒湿疫方。

基础方剂：生麻黄 6 g、生石膏 15 g、杏仁 9 g、羌活 15 g、葶苈子 15 g、贯众 9 g、地龙 15 g、徐长卿 15 g、藿香 15 g、佩兰 9 g、苍术 15 g、云苓 45 g、生白术 30 g、焦三仙各 9 g、厚朴 15 g、焦槟榔 9 g、煨草果 9 g、生姜 15 g。

服法：每日 1 剂，水煎 600 ml，分 3 次服用，早中晚各 1 次，饭前服用。

寒湿疫方亦适用于普通型患者。

②湿热蕴肺证。

临床表现：低热或不发热，微恶寒，乏力，头身困重，肌肉酸痛，干咳痰少，咽痛，口干不欲多饮，或伴有胸闷脘痞，无汗或汗出不畅，或见呕恶纳呆，便溏或大便黏滞不爽。舌淡红，苔白厚腻或薄黄，脉滑数或濡。

推荐处方：槟榔 10 g、草果 10 g、厚朴 10 g、知母 10 g、黄芩 10 g、柴胡 10 g、赤芍 10 g、连翘 15 g、青蒿 10 g（后下）、苍术 10 g、大青叶 10 g、生甘草 5 g。

服法：每日 1 剂，水煎 400 ml，分 2 次服用，早晚各 1 次。

推荐中成药：金花清感颗粒、连花清瘟胶囊（颗粒）。

金花清感颗粒服法：开水冲服，一次 1～2 袋，一日 3 次。疗程 5～7 天。

连花清瘟颗粒服法：口服。一次 1 袋，一日 3 次。疗程 7～10 天。

连花清瘟胶囊服法：口服。一次 4 粒，一日 3 次。

针灸治疗推荐穴位：合谷、后溪、阴陵泉、太溪、肺俞、脾俞。针刺方法：每次选择 3 个穴位针刺，采用平补平泻法，得气为度，留针 30 分钟，每日 1 次。

3）普通型。

①湿毒郁肺证。

临床表现：发热，咳嗽痰少，或有黄痰，憋闷气促，腹胀，便秘不畅。舌质暗红，舌体胖，苔黄腻或黄燥，脉滑数或弦滑。

推荐处方：宣肺败毒方

基础方剂：麻黄 6 g、炒苦杏仁 15 g、生石膏 30 g、薏苡仁 30 g、麸炒苍术 10 g、藿香 15 g、青蒿 12 g、虎杖 20 g、马鞭草 30 g、芦根 30 g、葶苈子 15 g、化橘红 15 g、甘草 10 g。

服法：每日 1 剂，水煎 400 ml，分 2 次服用，早晚各 1 次。

推荐中成药：宣肺败毒颗粒。

服法：开水冲服，一次 1 袋，每日 2 次。疗程 7～14 天，或遵医嘱。

②寒湿阻肺证。

临床表现：低热，身热不扬，或未热，干咳，少痰，倦怠乏力，胸闷，脘痞，或呕恶，便溏。舌质淡或淡红，苔白或白腻，脉濡。

推荐处方：苍术 15 g、陈皮 10 g、厚朴 10 g、藿香 10 g、草果 6 g、生麻黄 6 g、羌活 10 g、生姜 10 g、槟榔 10 g。

服法：每日 1 剂，水煎 400 ml，分 2 次服用，早晚各 1 次。

③疫毒夹燥证。

临床表现：恶寒，发热，肌肉酸痛，流涕，干咳，咽痛，咽痒，口干、咽干，便秘，舌淡、少津，苔薄白或干，脉浮紧。

推荐处方：宣肺润燥解毒方。

基础方剂：麻黄 6 g、杏仁 10 g、柴胡 12 g、沙参 15 g、麦冬 15 g、玄参 15 g、白芷 10 g、羌活 15 g、升麻 8 g、桑叶 15 g、黄芩 10 g、桑白皮 15 g、生石膏 20 g。

服法：每日 1 剂，水煎 400 ml，分 2 次服用，早晚各 1 次。

推荐中成药：金花清感颗粒、连花清瘟胶囊（颗粒）。

金花清感颗粒服法：开水冲服，一次 1~2 袋，一日 3 次。疗程 5~7 天。

连花清瘟颗粒服法：口服。一次 1 袋，一日 3 次。疗程 7~10 天。

连花清瘟胶囊服法：口服。一次 4 粒，一日 3 次。

针灸治疗推荐穴位：内关、孔最、曲池、气海、阴陵泉、中脘。针刺方法：每次选择 3 个穴位针刺，采用平补平泻法，得气为度，留针 30 分钟，每日 1 次。

4）重型。

①疫毒闭肺证。

临床表现：发热面红，咳嗽，痰黄黏少，或痰中带血，喘憋气促，疲乏倦怠，口干苦黏，恶心不食，大便不畅，小便短赤。舌红，苔黄腻，脉滑数。

推荐处方：化湿败毒方

基础方剂：生麻黄 6 g、杏仁 9 g、生石膏 15 g、甘草 3 g、藿香 10 g（后下）、厚朴 10 g、苍术 15 g、草果 10 g、法半夏 9 g、茯苓 15 g、生大黄 5 g（后下）、生黄芪 10 g、葶苈子 10 g、赤芍 10 g。

服法：每日 1~2 剂，水煎服，每次 100~200 ml，一日 2~4 次，口服或鼻饲。

推荐中成药：化湿败毒颗粒。

服法：开水冲服，一次 2 袋，一日 2 次；或遵医嘱。

②气营两燔证。

临床表现：大热烦渴，喘憋气促，谵语神昏，视物错睹，或发斑疹，或吐血、衄血，或四肢抽搐。舌绛少苔或无苔，脉沉细数，或浮大而数。

推荐处方：生石膏 30~60 g（先煎）、知母 30 g、生地 30~60 g、水牛角 30 g（先煎）、赤芍 30 g、玄参 30 g、连翘 15 g、丹皮 15 g、黄连 6 g、竹叶 12 g、葶苈子 15 g、生甘草 6 g。

服法：每日 1 剂，水煎服，先煎石膏、水牛角后下诸药，每次 100~200 ml，每日 2~4次，口服或鼻饲。

推荐中成药：喜炎平注射液、血必净注射液、热毒宁注射液、痰热清注射液、醒脑静注射液。功效相近的药物根据个体情况可选择一种，也可根据临床症状联合使用两种。中药注射剂可与中药汤剂联合使用。

针灸治疗推荐穴位：大椎、肺俞、脾俞、太溪、列缺、太冲。针刺方法：每次选择 3~5 个穴位针刺，背俞穴与肢体穴位相结合，采用平补平泻法，留针 30 分钟，每日 1 次。

5）危重型。

内闭外脱证。

临床表现：呼吸困难、动辄气喘或需要机械通气，伴神昏，烦躁，汗出肢冷，舌质紫暗，苔厚腻或燥，脉浮大无根。

推荐处方：人参 15 g、黑顺片 10 g（先煎）、山茱萸 15 g，送服苏合香丸或安宫牛黄丸。出现机械通气伴腹胀便秘或大便不畅者，可用生大黄 5～10 g。出现人机不同步情况时，在使用镇静和肌松剂的情况下，可用生大黄 5～10 g 和芒硝 5～10 g。

推荐中成药：血必净注射液、热毒宁注射液、痰热清注射液、醒脑静注射液、参附注射液、生脉注射液、参麦注射液。功效相近的药物根据个体情况可选择一种，也可根据临床症状联合使用两种。中药注射剂可与中药汤剂联合使用。

注：重型和危重型中药注射剂推荐用法

中药注射剂的使用遵照药品说明书从小剂量开始、逐步辨证调整的原则，推荐用法如下。

病毒感染或合并轻度细菌感染：0.9% 氯化钠注射液 250 ml 加喜炎平注射液 100 mg，一日 2 次，或 0.9% 氯化钠注射液 250 ml 加热毒宁注射液 20 ml，或 0.9% 氯化钠注射液 250 ml 加痰热清注射液 40 ml，一日 2 次。

高热伴意识障碍：0.9% 氯化钠注射液 250 ml 加醒脑静注射液 20 ml，一日 2 次。

全身炎症反应综合征和（或）多脏器功能衰竭：0.9% 氯化钠注射液 250 ml 加血必净注射液 100 ml，一日 2 次。

免疫调节：葡萄糖注射液 250 ml 加参麦注射液 100 ml 或生脉注射液 20～60 ml，一日 2 次。

针灸治疗推荐穴位：太溪、膻中、关元、百会、足三里、素髎。针刺方法：选以上穴位针刺，采用平补平泻法，留针 30 分钟，每日 1 次。

6）恢复期。

①肺脾气虚证。

临床表现：气短，倦怠乏力，纳差呕恶，痞满，大便无力，便溏不爽。舌淡胖，苔白腻。

推荐处方：法半夏 9 g、陈皮 10 g、党参 15 g、炙黄芪 30 g、炒白术 10 g、茯苓 15 g、藿香 10 g、砂仁 6 g（后下）、甘草 6 g。

服法：每日 1 剂，水煎 400 ml，分 2 次服用，早晚各 1 次。

②气阴两虚证。

临床表现：乏力，气短，口干，口渴，心悸，汗多，纳差，低热或不热，干咳少痰。舌干少津，脉细或虚无力。

推荐处方：南北沙参各 10 g、麦冬 15 g、西洋参 6 g、五味子 6 g、生石膏 15 g、淡竹叶 10 g、桑叶 10 g、芦根 15 g、丹参 15 g、生甘草 6 g。

服法：每日 1 剂，水煎 400 ml，分 2 次服用，早晚各 1 次。

针灸治疗推荐穴位：足三里（艾灸）、百会、太溪。针刺方法：选以上穴位针刺，采用平补平泻法，留针 30 分钟，每日 1 次。隔物灸贴取穴：大椎、肺俞、脾俞、孔最，每次贴敷 40 分钟，每日 1 次。

（3）儿童中药治疗。儿童患者的中医证候特点、核心病机与成人基本一致，治疗参照成人中医治疗方案，结合儿童患者临床症候和小儿生理特点，辨证酌量使用。可选择儿童适用中成药辨证使用。

（十）早期康复

重视患者早期康复介入，针对新型冠状病毒肺炎患者呼吸功能、躯体功能以及心理障碍，积极开展康复训练和干预，尽最大可能恢复体能、体质和免疫能力。

十二、护理

根据患者病情，明确护理重点并做好基础护理。重症患者密切观察患者生命体征和意识状态，重点监测血氧饱和度。危重症患者 24 小时持续心电监测，每小时测量患者的心率、呼吸频率、血压、血氧饱和度（SpO_2），每 4 小时测量并记录体温。合理、正确使用静脉通路，并保持各类管路通畅，妥善固定。卧床患者定时变更体位，预防压力性损伤。按护理规范做好无创机械通气、有创机械通气、人工气道、俯卧位通气、镇静镇痛、ECMO 治疗的护理。特别注意患者口腔护理和液体出入量管理，有创机械通气患者防止误吸。清醒患者及时评估心理状况，做好心理护理。

十三、解除隔离管理、出院标准及解除隔离管理、出院后注意事项

（一）解除隔离管理标准

轻型病例连续两次新型冠状病毒核酸检测 N 基因和 ORF 基因 Ct 值均≥35（荧光定量 PCR 方法，界限值为 40，采样时间至少间隔 24 小时），或连续两次新型冠状病毒核酸检测阴性（荧光定量 PCR 方法，界限值低于 35，采样时间至少间隔 24 小时），可解除隔离管理。

（二）出院标准

（1）体温恢复正常 3 天以上。

（2）呼吸道症状明显好转。

（3）肺部影像学显示急性渗出性病变明显改善。

（4）连续两次新型冠状病毒核酸检测 N 基因和 ORF 基因 Ct 值均≥35（荧光定量 PCR 方法，界限值为 40，采样时间至少间隔 24 小时），或连续两次新型冠状病毒核酸检测阴性（荧光定量 PCR 方法，界限值低于 35，采样时间至少间隔 24 小时）。

满足以上条件者可出院。

（三）解除隔离管理、出院后注意事项

解除隔离管理或出院后继续进行 7 天居家健康监测，佩戴口罩，有条件的居住在通风良好的单人房间，减少与家人的近距离密切接触，分餐饮食，做好手卫生，避免外出活动。

十四、转运原则

按照国务院应对新型冠状病毒肺炎疫情联防联控机制医疗救治组印发的《新型冠状病毒感染者转运工作方案（第二版）》执行。

十五、医疗机构内感染预防与控制

严格按照国家卫健委印发的《医疗机构内新型冠状病毒感染预防与控制技术指南（第三版）》的要求执行。

十六、预防

（一）新型冠状病毒疫苗接种

接种新型冠状病毒疫苗可以减少新型冠状病毒的感染和发病，是降低重症和死亡发生率的有效手段，符合接种条件者均应接种。符合加强免疫条件的接种对象，应及时进行加强免疫接种。

（二）一般预防措施

保持良好的个人及环境卫生，均衡营养、适量运动、充足休息，避免过度疲劳。提高健康素养，养成"一米线"、勤洗手、戴口罩、公筷制等卫生习惯和生活方式，打喷嚏或咳嗽时应掩住口鼻。保持室内通风良好，科学做好个人防护，出现呼吸道症状时应及时到发热门诊就医。近期去过高风险地区或与新型冠状病毒感染者有接触史的，应主动进行新型冠状病毒核酸检测。

修订要点

一是优化病例发现和报告程序。在核酸检测基础上，增加抗原检测作为补充，进一步提高病例早发现能力。同时提高疑似病例诊断或排除效率，疑似病例或抗原检测结果为阳性者立即进行核酸检测或闭环转运至有条件的上级医疗机构进行核酸检测。核酸检测结果为阳性者，进行集中隔离管理或送至定点医院治疗，并按照规定进行网络直报。

二是对病例实施分类收治。根据各地反映的"奥密克戎变异毒株患者以无症状感染者和轻型病例为主，大多不需要过多治疗，全部收治到定点医院会占用大量医疗资源"等意见，进一步完善了病例分类收治措施。

（1）轻型病例实行集中隔离管理，相关集中隔离场所不能同时隔离入境人员、密切接触者等人群。隔离管理期间应做好对症治疗和病情监测，如病情加重，应转至定点医院治疗。

（2）普通型、重型、危重型病例和有重型高危因素的病例应在定点医院集中治疗，其中重型、危重型病例应当尽早收入 ICU 治疗，有高危因素且有重症倾向的患者也宜收入 ICU 治疗。

（3）进一步规范抗病毒治疗。将国家药监局批准的两种特异性抗新冠病毒药物写入诊疗方案，即：PF－07321332/利托那韦片（Paxlovid）和国产单克隆抗体（安巴韦单抗/罗米司韦单抗注射液）。

（4）对中医治疗内容进行了修订完善。结合各地临床救治经验，加强中医非药物疗法应用，增加了针灸治疗内容；结合儿童患者特点，增加了儿童中医治疗相关内容。

（5）调整解除隔离管理、出院标准以及解除隔离管理、出院后注意事项。国内有关研究显示，处于恢复期的感染者在核酸 Ct 值≥35 时，样本中未能分离出病毒，密切接触者未发现被感染的情况。据此，新版诊疗方案将解除隔离管理及出院标准中的"连续两次呼吸道标本核酸检测阴性（采样时间至少间隔24小时）"修改为"连续两次新型冠状

病毒核酸检测 N 基因和 ORF 基因 Ct 值均≥35（荧光定量 PCR 方法，界限值为 40，采样时间至少间隔 24 小时），或连续两次新型冠状病毒核酸检测阴性（荧光定量 PCR 方法，界限值低于 35，采样时间至少间隔 24 小时）"。将"出院后继续进行 14 天隔离管理和健康状况监测"修改为"解除隔离管理或出院后继续进行 7 天居家健康监测"。

第十二章 职业病防治法律制度

第一节 概 述

一、职业病防治法的概念

职业病防治法是调整预防、控制和消除职业危害，防治职业病，保护劳动者健康，促进经济发展活动中所产生的各种社会关系的法律规范的总称。

职业病，是指企业、事业单位和个体经济组织的劳动者在职业活动中，因接触粉尘、放射性物质和其他有毒、有害物质等因素而引起的，并列入国家公布的职业病范围的疾病。

职业危害因素是发生职业病的直接原因。职业危害因素按其来源可以分为以下3类。

（一）生产过程中的有害因素

1. 化学因素　主要包括生产过程中的许多化学物质，如生产性毒物，铅、苯、汞、一氧化碳、有机磷农药等；生产性粉尘，如矽尘、煤尘、水泥尘、石棉尘、有机粉尘等。

2. 物理因素　主要包括异常气象条件，如高温、高湿、低温等；异常气压，如高气压、低气压；噪声、振动。非电离辐射，如紫外线、红外线、射频辐射、微波、激光等；电离辐射，如 α、β、γ、X 射线等。

3. 生物因素　如炭疽杆菌、布氏杆菌、森林脑炎病毒等传染性病原体。

（二）劳动过程中产生的有害因素

主要包括：劳动组织和劳动制度不合理，劳动强度过大，过度精神或心理紧张，劳动时个别器官或系统过度紧张，长时间不良体位，劳动工具不合理等。

（三）生产环境中的有害因素

主要包括：自然环境，厂房建筑或布局不合理，其他生产过程散发的有害因素造成的生产环境污染。

二、职业病防治立法

1957 年卫生部制定了《职业病范围和职业病患者处理办法的规定》；1987 年国务院颁布了《中华人民共和国尘肺病防治条例》、1989 年颁布了《放射性同位素与射线装置放射防护条例》等。

2001 年 10 月 27 日，第九届全国人大常委会第二十四次会议通过了《中华人民共和国职业病防治法》（以下简称《职业病防治法》），该法自 2002 年 5 月 1 日起施行。

《职业病防治法》根据 2011 年 12 月 31 日第十一届全国人民代表大会常务委员会第

二十四次会议《关于修改〈中华人民共和国职业病防治法〉的决定》第一次修正，根据2016年7月2日第十二届全国人民代表大会常务委员会第二十一次会议《关于修改〈中华人民共和国职业病防治法〉等六部法律的决定》第二次修正，根据2017年11月4日第十二届全国人民代表大会常务委员会第三十次会议《关于修改〈中华人民共和国职业病防治法〉等十一部法律的决定》第三次修正，根据2018年12月29日第十三届全国人民代表大会常务委员会第七次会议《关于修改〈中华人民共和国职业病防治法〉等七部法律的决定》第四次修正。

目前我国已初步形成了由《中华人民共和国职业病防治法》《中华人民共和国尘肺病防治条例》《放射性同位素与射线装置安全和防护条例》《使用有毒物品作业场所劳动保护条例》等行政法规，《国家职业卫生标准管理办法》《职业病危害项目申报管理办法》《建设项目职业病危害分类管理办法》《建设项目职业卫生审查规定》《职业健康监护管理办法》《职业病诊断与鉴定管理办法》《职业病危害事故调查处理办法》《职业病危害因素分类目录》《建设项目职业病危害评价规范》《职业病分类和目录》等规章以及职业病防治的地方性法规构成的具有中国特色的职业病防治法律体系，对预防、控制和消除职业危害，防治职业病，保护和增进劳动者健康，促进社会经济发展产生了积极的作用。

三、法定职业病的范围

法定职业病，是指由国家确认并经法定程序公布的职业病。2002年4月，卫生部、劳动保障部印发了《职业病目录》，将法定职业病调整为尘肺、职业性放射性疾病、职业中毒、物理因素所致职业病、生物因素所致职业病、职业性眼病、职业性耳鼻喉口腔疾病、职业性肿瘤、其他职业病等十大类、115种。

四、职业病防治的方针和原则

我国职业病防治工作坚持预防为主、防治结合的方针，实行分类管理、综合治理。预防为主是指要把预防职业病的发生作为根本目的和首要措施，控制各类职业病危害源头。

五、劳动者职业卫生保护权利

劳动者职业卫生保护权利，是指劳动者在就业或者从事职业活动的过程中为了保护自身健康不受职业危害，有权作为或者不作为的行为，也包括要求用人单位作为或者不作为的行为。

《职业病防治法》规定，劳动者依法享有职业卫生保护的权利。用人单位应当为劳动者创造符合国家职业卫生标准和卫生要求的工作环境和条件，并采取措施保障劳动者获得职业卫生保护。具体是：①获得职业卫生教育、培训；②获得职业健康检查、职业病诊疗、康复等职业病防治服务；③了解工作场所产生或者可能产生的职业病危害因素、危害后果和应当采取的职业病防护措施；④要求用人单位提供符合防治职业病要求的职业病防护设施和个人使用的职业病防护用品，改善工作条件；⑤对违反职业病防治法律、法规以及危及生命健康的行为提出批评、检举和控告；⑥拒绝违章指挥和强令进行没有职业病防护措施的作业；⑦参与用人单位职业卫生工作的民主管理，对职业病防治工作提出意见和建议。

第二节 前期预防

一、卫生要求

用人单位应当依照法律、法规要求，严格遵守国家职业卫生标准，落实职业病预防措施，从源头上控制和消除职业病危害。

产生职业病危害的用人单位的设立除应当符合法律、行政法规规定的设立条件外，其工作场所还应当符合下列职业卫生要求。

（1）职业病危害因素的强度或者浓度符合国家职业卫生标准。

（2）有与职业病危害防护相适应的设施。

（3）生产布局合理，符合有害与无害作业分开的原则。

（4）有配套的更衣间、洗浴间、孕妇休息间等卫生设施。

（5）设备、工具、用具等设施符合保护劳动者生理、心理健康的要求。

（6）法律、行政法规和国务院卫生行政部门关于保护劳动者健康的其他要求。

二、国家建立职业病危害项目申报制度

用人单位工作场所存在职业病目录所列职业病的危害因素的，应当及时、如实向所在地卫生行政部门申报危害项目，接受监督。职业病危害因素分类目录由国务院卫生行政部门制定、调整并公布。职业病危害项目申报的具体办法由国务院卫生行政部门制定。

三、建设项目要求

新建、扩建、改建建设项目和技术改造、技术引进项目（以下统称建设项目）可能产生职业病危害的，建设单位在可行性论证阶段应当进行职业病危害预评价。

医疗机构建设项目可能产生放射性职业病危害的，建设单位应当向卫生行政部门提交放射性职业病危害预评价报告。卫生行政部门应当自收到预评价报告之日起三十日内，做出审核决定并书面通知建设单位。未提交预评价报告或者预评价报告未经卫生行政部门审核同意的，不得开工建设。

职业病危害预评价报告应当对建设项目可能产生的职业病危害因素及其对工作场所和劳动者健康的影响做出评价，确定危害类别和职业病防护措施。

建设项目职业病危害分类管理办法由国务院卫生行政部门制定。

建设项目的职业病防护设施所需费用应当纳入建设项目工程预算，并与主体工程同时设计，同时施工，同时投入生产和使用。建设项目的职业病防护设施设计应当符合国家职业卫生标准和卫生要求；其中，医疗机构放射性职业病危害严重的建设项目的防护设施设计，应当经卫生行政部门审查同意后，方可施工。建设项目在竣工验收前，建设单位应当进行职业病危害控制效果评价。

医疗机构可能产生放射性职业病危害的建设项目竣工验收时，其放射性职业病防护设施经卫生行政部门验收合格后，方可投入使用；其他建设项目的职业病防护设施应当由建设单位负责依法组织验收，验收合格后，方可投入生产和使用。卫生行政部门应当加强对建设单位组织的验收活动和验收结果的监督核查。

国家对从事放射性、高毒、高危粉尘等作业实行特殊管理。具体管理办法由国务院制定。

第三节　劳动过程中的防护与管理

一、用人单位管理办法

用人单位应当采取下列职业病防治管理措施。

（1）设置或者指定职业卫生管理机构或者组织，配备专职或者兼职的职业卫生管理人员，负责本单位的职业病防治工作。

（2）制订职业病防治计划和实施方案。

（3）建立、健全职业卫生管理制度和操作规程。

（4）建立、健全职业卫生档案和劳动者健康监护档案。

（5）建立、健全工作场所职业病危害因素监测及评价制度。

（6）建立、健全职业病危害事故应急救援预案。

用人单位应当保障职业病防治所需的资金投入，不得挤占、挪用，并对因资金投入不足导致的后果承担责任。

用人单位必须采用有效的职业病防护设施，并为劳动者提供个人使用的职业病防护用品。用人单位为劳动者个人提供的职业病防护用品必须符合防治职业病的要求；不符合要求的，不得使用。

用人单位应当优先采用有利于防治职业病和保护劳动者健康的新技术、新工艺、新设备、新材料，逐步替代职业病危害严重的技术、工艺、设备、材料。

产生职业病危害的用人单位，应当在醒目位置设置公告栏，公布有关职业病防治的规章制度、操作规程、职业病危害事故应急救援措施和工作场所职业病危害因素检测结果。

对产生严重职业病危害的作业岗位，应当在其醒目位置，设置警示标识和中文警示说明。警示说明应当载明产生职业病危害的种类、后果、预防以及应急救治措施等内容。

对可能发生急性职业损伤的有毒、有害工作场所，用人单位应当设置报警装置，配置现场急救用品、冲洗设备、应急撤离通道和必要的泄险区。

对放射工作场所和放射性同位素的运输、贮存，用人单位必须配置防护设备和报警装置，保证接触放射线的工作人员佩戴个人剂量计。对职业病防护设备、应急救援设施和个人使用的职业病防护用品，用人单位应当进行经常性的维护、检修，定期检测其性能和效果，确保其处于正常状态，不得擅自拆除或者停止使用。

用人单位应当实施由专人负责的职业病危害因素日常监测，并确保监测系统处于正常运行状态。用人单位应当按照国务院卫生行政部门的规定，定期对工作场所进行职业病危害因素检测、评价。检测、评价结果存入用人单位职业卫生档案，定期向所在地卫生行政部门报告并向劳动者公布。职业病危害因素检测、评价由依法设立的取得国务院卫生行政部门或者设区的市级以上地方人民政府卫生行政部门按照职责分工给予资质认可的职业卫生技术服务机构进行。职业卫生技术服务机构所做检测、评价应当客观、真实。发现工作场所职业病危害因素不符合国家职业卫生标准和卫生要求时，用人单位应

当立即采取相应治理措施，仍然达不到国家职业卫生标准和卫生要求的，必须停止存在职业病危害因素的作业；职业病危害因素经治理后，符合国家职业卫生标准和卫生要求的，方可重新作业。

职业卫生技术服务机构依法从事职业病危害因素检测、评价工作，接受卫生行政部门的监督检查。卫生行政部门应当依法履行监督职责。

向用人单位提供可能产生职业病危害的设备的，应当提供中文说明书，并在设备的醒目位置设置警示标识和中文警示说明。警示说明应当载明设备性能、可能产生的职业病危害、安全操作和维护注意事项、职业病防护以及应急救治措施等内容。

向用人单位提供可能产生职业病危害的化学品、放射性同位素和含有放射性物质的材料的，应当提供中文说明书。说明书应当载明产品特性、主要成分、存在的有害因素、可能产生的危害后果、安全使用注意事项、职业病防护以及应急救治措施等内容。产品包装应当有醒目的警示标识和中文警示说明。贮存上述材料的场所应当在规定的部位设置危险物品标识或者放射性警示标识。国内首次使用或者首次进口与职业病危害有关的化学材料，使用单位或者进口单位按照国家规定经国务院有关部门批准后，应当向国务院卫生行政部门报送该化学材料的毒性鉴定以及经有关部门登记注册或者批准进口的文件等资料。进口放射性同位素、射线装置和含有放射性物质的物品的，按照国家有关规定办理。

任何单位和个人不得生产、经营、进口和使用国家明令禁止使用的可能产生职业病危害的设备或者材料。

任何单位和个人不得将产生职业病危害的作业转移给不具备职业病防护条件的单位和个人。不具备职业病防护条件的单位和个人不得接受产生职业病危害的作业。

用人单位对采用的技术、工艺、设备、材料，应当知悉其产生的职业病危害，对有职业病危害的技术、工艺、设备、材料隐瞒其危害而采用的，对所造成的职业病危害后果承担责任。

用人单位与劳动者订立劳动合同（含聘用合同，下同）时，应当将工作过程中可能产生的职业病危害及其后果、职业病防护措施和待遇等如实告知劳动者，并在劳动合同中写明，不得隐瞒或者欺骗。劳动者在已订立劳动合同期间因工作岗位或者工作内容变更，从事与所订立劳动合同中未告知的存在职业病危害的作业时，用人单位应当依照前款规定，向劳动者履行如实告知的义务，并协商变更原劳动合同相关条款。用人单位违反前两款规定的，劳动者有权拒绝从事存在职业病危害的作业，用人单位不得因此解除与劳动者所订立的劳动合同。

用人单位的主要负责人和职业卫生管理人员应当接受职业卫生培训，遵守职业病防治法律、法规，依法组织本单位的职业病防治工作。用人单位应当对劳动者进行上岗前的职业卫生培训和在岗期间的定期职业卫生培训，普及职业卫生知识，督促劳动者遵守职业病防治法律、法规、规章和操作规程，指导劳动者正确使用职业病防护设备和个人使用的职业病防护用品。劳动者应当学习和掌握相关的职业卫生知识，增强职业病防范意识，遵守职业病防治法律、法规、规章和操作规程，正确使用、维护职业病防护设备和个人使用的职业病防护用品，发现职业病危害事故隐患应当及时报告。劳动者不履行前款规定义务的，用人单位应当对其进行教育。

对从事接触职业病危害的作业的劳动者，用人单位应当按照国务院卫生行政部门的规定组织上岗前、在岗期间和离岗时的职业健康检查，并将检查结果书面告知劳动者。

职业健康检查费用由用人单位承担。用人单位不得安排未经上岗前职业健康检查的劳动者从事接触职业病危害的作业；不得安排有职业禁忌的劳动者从事其所禁忌的作业；对在职业健康检查中发现有与所从事的职业相关的健康损害的劳动者，应当调离原工作岗位，并妥善安置；对未进行离岗前职业健康检查的劳动者不得解除或者终止与其订立的劳动合同。职业健康检查应当由取得《医疗机构执业许可证》的医疗卫生机构承担。卫生行政部门应当加强对职业健康检查工作的规范管理，具体管理办法由国务院卫生行政部门制定。

用人单位应当为劳动者建立职业健康监护档案，并按照规定的期限妥善保存。

职业健康监护档案应当包括劳动者的职业史、职业病危害接触史、职业健康检查结果和职业病诊疗等个人健康资料。劳动者离开用人单位时，有权索取本人职业健康监护档案复印件，用人单位应当如实、无偿提供，并在所提供的复印件上签章。

发生或者可能发生急性职业病危害事故时，用人单位应当立即采取应急救援和控制措施，并及时报告所在地卫生行政部门和有关部门。卫生行政部门接到报告后，应当及时会同有关部门组织调查处理；必要时，可以采取临时控制措施。卫生行政部门应当组织做好医疗救治工作。对遭受或者可能遭受急性职业病危害的劳动者，用人单位应当及时组织救治、进行健康检查和医学观察，所需费用由用人单位承担。

用人单位不得安排未成年工从事接触职业病危害的作业；不得安排孕期、哺乳期的女职工从事对本人和胎儿、婴儿有危害的作业。

二、劳动者职业卫生权利

劳动者享有下列职业卫生保护权利。

（1）获得职业卫生教育、培训。

（2）获得职业健康检查、职业病诊疗、康复等职业病防治服务。

（3）了解工作场所产生或者可能产生的职业病危害因素、危害后果和应当采取的职业病防护措施。

（4）要求用人单位提供符合防治职业病要求的职业病防护设施和个人使用的职业病防护用品，改善工作条件。

（5）对违反职业病防治法律、法规以及危及生命健康的行为提出批评、检举和控告。

（6）拒绝违章指挥和强令进行没有职业病防护措施的作业。

（7）参与用人单位职业卫生工作的民主管理，对职业病防治工作提出意见和建议。

用人单位应当保障劳动者行使前款所列权利。因劳动者依法行使正当权利而降低其工资、福利等待遇或者解除、终止与其订立的劳动合同的，其行为无效。

三、监督部门的职责

工会组织应当督促并协助用人单位开展职业卫生宣传教育和培训，有权对用人单位的职业病防治工作提出意见和建议，依法代表劳动者与用人单位签订劳动安全卫生专项集体合同，与用人单位就劳动者反映的有关职业病防治的问题进行协调并督促解决。

工会组织对用人单位违反职业病防治法律、法规，侵犯劳动者合法权益的行为，有权要求纠正；产生严重职业病危害时，有权要求采取防护措施，或者向政府有关部门建议采取强制性措施；发生职业病危害事故时，有权参与事故调查处理；发现危及劳动者生命健康的情形时，有权向用人单位建议组织劳动者撤离危险现场，用人单位应当立即

做出处理。

　　用人单位按照职业病防治要求，用于预防和治理职业病危害、工作场所卫生检测、健康监护和职业卫生培训等费用，按照国家有关规定，在生产成本中据实列支。

　　职业卫生监督管理部门应当按照职责分工，加强对用人单位落实职业病防护管理措施情况的监督检查，依法行使职权，承担责任。

第四节　　职业病诊断与职业病患者保障

一、职业病诊断的医疗卫生机构具备条件

　　职业病诊断应当由取得《医疗机构执业许可证》的医疗卫生机构承担。卫生行政部门应当加强对职业病诊断工作的规范管理，具体管理办法由国务院卫生行政部门制定。

　　承担职业病诊断的医疗卫生机构还应当具备下列条件。

　　（1）具有与开展职业病诊断相适应的医疗卫生技术人员。

　　（2）具有与开展职业病诊断相适应的仪器、设备。

　　（3）具有健全的职业病诊断质量管理制度。

　　承担职业病诊断的医疗卫生机构不得拒绝劳动者进行职业病诊断的要求。

　　劳动者可以在用人单位所在地、本人户籍所在地或者经常居住地依法承担职业病诊断的医疗卫生机构进行职业病诊断。

　　职业病诊断标准和职业病诊断、鉴定办法由国务院卫生行政部门制定。职业病伤残等级的鉴定办法由国务院劳动保障行政部门会同国务院卫生行政部门制定。

二、职业病诊断要求

　　职业病诊断，应当综合分析下列因素。

　　（1）患者的职业史。

　　（2）职业病危害接触史和工作场所职业病危害因素情况。

　　（3）临床表现以及辅助检查结果等。

　　没有证据否定职业病危害因素与患者临床表现之间的必然联系的，应当诊断为职业病。

　　职业病诊断证明书应当由参与诊断的取得职业病诊断资格的执业医师签署，并经承担职业病诊断的医疗卫生机构审核盖章。

　　用人单位应当如实提供职业病诊断、鉴定所需的劳动者职业史和职业病危害接触史、工作场所职业病危害因素检测结果等资料；卫生行政部门应当监督检查和督促用人单位提供上述资料；劳动者和有关机构也应当提供与职业病诊断、鉴定有关的资料。职业病诊断、鉴定机构需要了解工作场所职业病危害因素情况时，可以对工作场所进行现场调查，也可以向卫生行政部门提出，卫生行政部门应当在十日内组织现场调查。用人单位不得拒绝、阻挠。

　　职业病诊断、鉴定过程中，用人单位不提供工作场所职业病危害因素检测结果等资料的，诊断、鉴定机构应当结合劳动者的临床表现、辅助检查结果和劳动者的职业史、职业病危害接触史，并参考劳动者的自述、卫生行政部门提供的日常监督检查信息等，

做出职业病诊断、鉴定结论。劳动者对用人单位提供的工作场所职业病危害因素检测结果等资料有异议，或者因劳动者的用人单位解散、破产，无用人单位提供上述资料的，诊断、鉴定机构应当提请卫生行政部门进行调查，卫生行政部门应当自接到申请之日起三十日内对存在异议的资料或者工作场所职业病危害因素情况做出判定；有关部门应当配合。

三、职业病诊断鉴定过程权益保障

职业病诊断、鉴定过程中，在确认劳动者职业史、职业病危害接触史时，当事人对劳动关系、工种、工作岗位或者在岗时间有争议的，可以向当地的劳动人事争议仲裁委员会申请仲裁；接到申请的劳动人事争议仲裁委员会应当受理，并在三十日内做出裁决。当事人在仲裁过程中对自己提出的主张，有责任提供证据。劳动者无法提供由用人单位掌握管理的与仲裁主张有关的证据的，仲裁庭应当要求用人单位在指定期限内提供；用人单位在指定期限内不提供的，应当承担不利后果。劳动者对仲裁裁决不服的，可以依法向人民法院提起诉讼。

用人单位对仲裁裁决不服的，可以在职业病诊断、鉴定程序结束之日起十五日内依法向人民法院提起诉讼；诉讼期间，劳动者的治疗费用按照职业病待遇规定的途径支付。用人单位和医疗卫生机构发现职业病患者或者疑似职业病患者时，应当及时向所在地卫生行政部门报告。确诊为职业病的，用人单位还应当向所在地劳动保障行政部门报告。接到报告的部门应当依法做出处理。

当事人对职业病诊断有异议的，可以向做出诊断的医疗卫生机构所在地地方人民政府卫生行政部门申请鉴定。职业病诊断争议由设区的市级以上地方人民政府卫生行政部门根据当事人的申请，组织职业病诊断鉴定委员会进行鉴定。当事人对设区的市级职业病诊断鉴定委员会的鉴定结论不服的，可以向省、自治区、直辖市人民政府卫生行政部门申请再鉴定。

四、职业病诊断鉴定委员会的专家组成

省、自治区、直辖市人民政府卫生行政部门应当设立相关的专家库，需要对职业病争议做出诊断鉴定时，由当事人或者当事人委托有关卫生行政部门从专家库中以随机抽取的方式确定参加诊断鉴定委员会的专家。职业病诊断鉴定委员会应当按照国务院卫生行政部门颁布的职业病诊断标准和职业病诊断、鉴定办法进行职业病诊断鉴定，向当事人出具职业病诊断鉴定书。职业病诊断、鉴定费用由用人单位承担。

职业病诊断鉴定委员会组成人员应当遵守职业道德，客观、公正地进行诊断鉴定，并承担相应的责任。职业病诊断鉴定委员会组成人员不得私下接触当事人，不得收受当事人的财物或者其他好处，与当事人有利害关系的，应当回避。

人民法院受理有关案件需要进行职业病鉴定时，应当从省、自治区、直辖市人民政府卫生行政部门依法设立的相关的专家库中选取参加鉴定的专家。

五、职业病患者的权益

医疗卫生机构发现疑似职业病患者时，应当告知劳动者本人并及时通知用人单位。

用人单位应当及时安排对疑似职业病患者进行诊断；在疑似职业病患者诊断或者医学观察期间，不得解除或者终止与其订立的劳动合同。疑似职业病患者在诊断、医学观

察期间的费用，由用人单位承担。

用人单位应当保障职业病患者依法享受国家规定的职业病待遇。用人单位应当按照国家有关规定，安排职业病患者进行治疗、康复和定期检查。用人单位对不适宜继续从事原工作的职业病患者，应当调离原岗位，并妥善安置。用人单位对从事接触职业病危害的作业的劳动者，应当给予适当的岗位津贴。

职业病患者的诊疗、康复费用，伤残以及丧失劳动能力的职业病患者的社会保障，按照国家有关工伤保险的规定执行。

职业病患者除依法享有工伤保险外，依照有关民事法律，尚有获得赔偿的权利的，有权向用人单位提出赔偿要求。

劳动者被诊断患有职业病，但用人单位没有依法参加工伤保险的，其医疗和生活保障由该用人单位承担。

职业病患者变动工作单位，其依法享有的待遇不变。用人单位在发生分立、合并、解散、破产等情形时，应当对从事接触职业病危害的作业的劳动者进行健康检查，并按照国家有关规定妥善安置职业病患者。

用人单位已经不存在或者无法确认劳动关系的职业病患者，可以向地方人民政府医疗保障、民政部门申请医疗和生活等方面的救助。地方各级人民政府应当根据本地区的实际情况，采取其他措施，使前款规定的职业病患者获得医疗救治。

第五节 监督检查

县级以上人民政府职业卫生监督管理部门依照职业病防治法律、法规、国家职业卫生标准和卫生要求，依据职责划分，对职业病防治工作进行监督检查。

卫生行政部门履行监督检查职责时，有权采取下列措施。

（1）进入被检查单位和职业病危害现场，了解情况，调查取证。

（2）查阅或者复制与违反职业病防治法律、法规的行为有关的资料和采集样品。

（3）责令违反职业病防治法律、法规的单位和个人停止违法行为。

发生职业病危害事故或者有证据证明危害状态可能导致职业病危害事故发生时，卫生行政部门可以采取下列临时控制措施。

（1）责令暂停导致职业病危害事故的作业。

（2）封存造成职业病危害事故或者可能导致职业病危害事故发生的材料和设备。

（3）组织控制职业病危害事故现场。

在职业病危害事故或者危害状态得到有效控制后，卫生行政部门应当及时解除控制措施。

职业卫生监督执法人员依法执行职务时，应当出示监督执法证件。职业卫生监督执法人员应当忠于职守，秉公执法，严格遵守执法规范；涉及用人单位的秘密的，应当为其保密。职业卫生监督执法人员依法执行职务时，被检查单位应当接受检查并予以支持配合，不得拒绝和阻碍。

卫生行政部门及其职业卫生监督执法人员履行职责时，不得有下列行为。

（1）对不符合法定条件的，发给建设项目有关证明文件、资质证明文件或者予以批准。

（2）对已经取得有关证明文件的，不履行监督检查职责。

（3）发现用人单位存在职业病危害的，可能造成职业病危害事故，不及时依法采取控制措施。

（4）其他违反本法的行为。

职业卫生监督执法人员应当依法经过资格认定。职业卫生监督管理部门应当加强队伍建设，提高职业卫生监督执法人员的政治、业务素质，依照本法和其他有关法律、法规的规定，建立、健全内部监督制度，对其工作人员执行法律、法规和遵守纪律的情况，进行监督检查。

第六节　　法律责任

建设单位违反规定，有下列行为之一的，由卫生行政部门给予警告，责令限期改正；逾期不改正的，处十万元以上五十万元以下的罚款；情节严重的，责令停止产生职业病危害的作业，或者提请有关人民政府按照国务院规定的权限责令停建、关闭。

（1）未按照规定进行职业病危害预评价的。

（2）医疗机构可能产生放射性职业病危害的建设项目未按照规定提交放射性职业病危害预评价报告，或者放射性职业病危害预评价报告未经卫生行政部门审核同意，开工建设的。

（3）建设项目的职业病防护设施未按照规定与主体工程同时设计、同时施工、同时投入生产和使用的。

（4）建设项目的职业病防护设施设计不符合国家职业卫生标准和卫生要求，或者医疗机构放射性职业病危害严重的建设项目的防护设施设计未经卫生行政部门审查同意擅自施工的。

（5）未按照规定对职业病防护设施进行职业病危害控制效果评价的。

（6）建设项目竣工投入生产和使用前，职业病防护设施未按照规定验收合格的。

违反规定，有下列行为之一的，由卫生行政部门给予警告，责令限期改正；逾期不改正的，处十万元以下的罚款。

（1）工作场所职业病危害因素检测、评价结果没有存档、上报、公布的。

（2）未采取规定的职业病防治管理措施的。

（3）未按照规定公布有关职业病防治的规章制度、操作规程、职业病危害事故应急救援措施的。

（4）未按照规定组织劳动者进行职业卫生培训，或者未对劳动者个人职业病防护采取指导、督促措施的。

（5）国内首次使用或者首次进口与职业病危害有关的化学材料，未按照规定报送毒性鉴定资料以及经有关部门登记注册或者批准进口的文件的。

用人单位违反本法规定，有下列行为之一的，由卫生行政部门责令限期改正，给予警告，可以并处五万元以上十万元以下的罚款。

（1）未按照规定及时、如实向卫生行政部门申报产生职业病危害的项目的。

（2）未实施由专人负责的职业病危害因素日常监测，或者监测系统不能正常监测的。

（3）订立或者变更劳动合同时，未告知劳动者职业病危害真实情况的。

（4）未按照规定组织职业健康检查、建立职业健康监护档案或者未将检查结果书面告知劳动者的。

（5）未依照本法规定在劳动者离开用人单位时提供职业健康监护档案复印件的。

用人单位违反本法规定，有下列行为之一的，由卫生行政部门给予警告，责令限期改正，逾期不改正的，处五万元以上二十万元以下的罚款；情节严重的，责令停止产生职业病危害的作业，或者提请有关人民政府按照国务院规定的权限责令关闭。

（1）工作场所职业病危害因素的强度或者浓度超过国家职业卫生标准的。

（2）未提供职业病防护设施和个人使用的职业病防护用品，或者提供的职业病防护设施和个人使用的职业病防护用品不符合国家职业卫生标准和卫生要求的。

（3）对职业病防护设备、应急救援设施和个人使用的职业病防护用品未按照规定进行维护、检修、检测，或者不能保持正常运行、使用状态的。

（4）未按照规定对工作场所职业病危害因素进行检测、评价的。

（5）工作场所职业病危害因素经治理仍然达不到国家职业卫生标准和卫生要求时，未停止存在职业病危害因素的作业的。

（6）未按照规定安排职业病患者、疑似职业病患者进行诊治的。

（7）发生或者可能发生急性职业病危害事故时，未立即采取应急救援和控制措施或者未按照规定及时报告的。

（8）未按照规定在产生严重职业病危害的作业岗位醒目位置设置警示标识和中文警示说明的。

（9）拒绝职业卫生监督管理部门监督检查的。

（10）隐瞒、伪造、篡改、毁损职业健康监护档案、工作场所职业病危害因素检测评价结果等相关资料，或者拒不提供职业病诊断、鉴定所需资料的。

（11）未按照规定承担职业病诊断、鉴定费用和职业病患者的医疗、生活保障费用的。

向用人单位提供可能产生职业病危害的设备、材料，未按照规定提供中文说明书或者设置警示标识和中文警示说明的，由卫生行政部门责令限期改正，给予警告，并处五万元以上二十万元以下的罚款。

用人单位和医疗卫生机构未按照规定报告职业病、疑似职业病的，由有关主管部门依据职责分工责令限期改正，给予警告，可以并处一万元以下的罚款；弄虚作假的，并处二万元以上五万元以下的罚款；对直接负责的主管人员和其他直接责任人员，可以依法给予降级或者撤职的处分。

违反本法规定，有下列情形之一的，由卫生行政部门责令限期治理，并处五万元以上三十万元以下的罚款；情节严重的，责令停止产生职业病危害的作业，或者提请有关人民政府按照国务院规定的权限责令关闭。

（1）隐瞒技术、工艺、设备、材料所产生的职业病危害而采用的。

（2）隐瞒本单位职业卫生真实情况的。

（3）可能发生急性职业损伤的有毒、有害工作场所，放射工作场所或者放射性同位素的运输、贮存不符合本法第二十五条规定的。

（4）使用国家明令禁止使用的可能产生职业病危害的设备或者材料的。

（5）将产生职业病危害的作业转移给没有职业病防护条件的单位和个人，或者没有职业病防护条件的单位和个人接受产生职业病危害的作业的。

（6）擅自拆除、停止使用职业病防护设备或者应急救援设施的。

（7）安排未经职业健康检查的劳动者、有职业禁忌的劳动者、未成年工或者孕期、哺乳期女职工从事接触职业病危害的作业或者禁忌作业的。

（8）违章指挥和强令劳动者进行没有职业病防护措施的作业的。

生产、经营或者进口国家明令禁止使用的可能产生职业病危害的设备或者材料的，依照有关法律、行政法规的规定给予处罚。

用人单位违反规定，已经对劳动者生命健康造成严重损害的，由卫生行政部门责令停止产生职业病危害的作业，或者提请有关人民政府按照国务院规定的权限责令关闭，并处十万元以上五十万元以下的罚款。用人单位违反规定，造成重大职业病危害事故或者其他严重后果，构成犯罪的，对直接负责的主管人员和其他直接责任人员，依法追究刑事责任。

未取得职业卫生技术服务资质认可擅自从事职业卫生技术服务的，由卫生行政部门责令立即停止违法行为，没收违法所得；违法所得五千元以上的，并处违法所得二倍以上十倍以下的罚款；没有违法所得或者违法所得不足五千元的，并处五千元以上五万元以下的罚款；情节严重的，对直接负责的主管人员和其他直接责任人员，依法给予降级、撤职或者开除的处分。

从事职业卫生技术服务的机构和承担职业病诊断的医疗卫生机构违反本法规定，有下列行为之一的，由卫生行政部门责令立即停止违法行为，给予警告，没收违法所得；违法所得五千元以上的，并处违法所得二倍以上五倍以下的罚款；没有违法所得或者违法所得不足五千元的，并处五千元以上二万元以下的罚款；情节严重的，由原认可或者登记机关取消其相应的资格；对直接负责的主管人员和其他直接责任人员，依法给予降级、撤职或者开除的处分；构成犯罪的，依法追究刑事责任。

（1）超出资质认可或者诊疗项目登记范围从事职业卫生技术服务或者职业病诊断的。

（2）不按照本法规定履行法定职责的。

（3）出具虚假证明文件的。

职业病诊断鉴定委员会组成人员收受职业病诊断争议当事人的财物或者其他好处的，给予警告，没收收受的财物，可以并处三千元以上五万元以下的罚款，取消其担任职业病诊断鉴定委员会组成人员的资格，并从省、自治区、直辖市人民政府卫生行政部门设立的专家库中予以除名。

卫生行政部门不按照规定报告职业病和职业病危害事故的，由上一级行政部门责令改正，通报批评，给予警告；虚报、瞒报的，对单位负责人、直接负责的主管人员和其他直接责任人员依法给予降级、撤职或者开除的处分。

县级以上地方人民政府在职业病防治工作中未依照本法履行职责，本行政区域出现重大职业病危害事故、造成严重社会影响的，依法对直接负责的主管人员和其他直接责任人员给予记大过直至开除的处分。县级以上人民政府职业卫生监督管理部门不履行本法规定的职责，滥用职权、玩忽职守、徇私舞弊，依法对直接负责的主管人员和其他直接责任人员给予记大过或者降级的处分；造成职业病危害事故或者其他严重后果的，依法给予撤职或者开除的处分。

第七节 尘肺病和放射防护的法律规定

一、尘肺病防治

（一）尘肺病的概念

尘肺病，是指在生产活动中吸入粉尘而发生的肺组织纤维化为主的疾病。根据职业病范围和职业病患者处理办法的规定，尘肺包括矽肺、煤工尘肺、石墨尘肺、炭黑尘肺、石棉肺、滑石尘肺、水泥尘肺、云母尘肺、陶工尘肺、铝尘肺、电焊工尘肺和铸工尘肺。尘肺是我国最严重的职业疾病。为保护职工的健康，消除粉尘危害，防止发生尘肺病，促进生产发展，1987 年 12 月 3 日，国务院发布了《中华人民共和国尘肺病防治条例》（以下简称《尘肺病防治条例》）。

（二）防尘

《尘肺病防治条例》规定，凡有粉尘作业的企业、事业单位应采取综合防尘措施和无尘或低尘的新技术、新工艺、新设备，使作业场所的粉尘浓度不超过国家规定的卫生标准。新建、改建、扩建、续建有粉尘作业的工程项目，粉尘处理设施必须与主体工程同时设计、同时施工、同时投产。未经上级主管部门批准，不得停止运行和拆除防尘设施。职工使用于防尘的防护用品，必须符合国家的有关标准，并教育职工按照规定要求使用。初次从事粉尘作业的职工，经防尘知识考核合格方可上岗。严禁任何企业、事业单位将粉尘作业以外包或者联营的形式转嫁给没有防尘设施的乡镇、街道企业或个体工商户。中、小学校各类校办的实习工厂或车间，禁止从事有粉尘的作业。不满 18 岁的未成年人禁止从事粉尘作业。作业场所的粉尘浓度超过国家标准又未积极治理，严重影响职工安全健康时，职工有权拒绝操作。

（三）健康管理

对新从事粉尘作业的职工，必须进行健康检查；对在职和离职的从事粉尘作业的职工，必须定期进行健康检查，检查的内容、期限和尘肺病诊断标准，按照卫生行政部门有关职业病管理的规定执行；各企业、事业单位必须贯彻执行职业病报告制度，按期向当地卫生行政部门、劳动部门、工会组织和本单位的主管部门报告职工尘肺病发生和死亡情况；各企业、事业单位对已确诊为尘肺病的职工，必须调离粉尘作业岗位，并给予治疗或疗养。企业、事业单位的负责人，对本单位的尘肺病防治工作负有直接责任，应采取有效措施使本单位的粉尘作业场所达到国家卫生标准。

（四）监督和监测

《尘肺病防治条例》规定，卫生行政部门负责卫生标准的监测，劳动部门负责劳动卫生工程技术标准的监测，工会组织负责组织职工群众对本单位的尘肺病防治工作进行监督，教育职工遵守操作规程与防尘制度。卫生行政部门、劳动部门和工会组织要分工协作，互相配合，对企业、事业单位的尘肺病防治工作进行监督。

凡有粉尘作业的企业、事业单位，必须定期测定作业场所的粉尘浓度，测尘结果必须向主管部门和当地卫生行政部门、劳动部门和工会组织报告，并定期向职工公布。从事粉尘作业的单位必须建立测尘资料档案。卫生行政部门和劳动部门，要对从事粉尘作业的企业、事业单位的测尘机构加强业务指导，对测尘人员加强技术培训。

二、放射防护

（一）放射性同位素和射线装置的概念及立法

放射性同位素，是指不包括作为核燃料、核原料、核材料的其他放射性物质。射线装置，是指 X 射线机、加速器及中子发生器。1989 年 10 月 24 日，国务院发布了《放射性同位素与射线装置放射防护条例》；2005 年 9 月 14 日，国务院发布了《放射性同位素与射线装置安全和防护条例》，同时废止《放射性同位素与射线装置放射防护条例》。2003 年 6 月 28 日，第十届全国人大常委会第三次会议通过了《中华人民共和国放射性污染防治法》，该法同年 10 月 1 日起施行。卫生部先后发布了《核设施放射卫生防护管理规定》《核事故医学应急管理规定》《放射工作人员职业健康管理办法》《放射事故管理规定》（卫生部、公安部共同发布）、《放射诊疗管理规定》等规章；另外，还依据国家《放射卫生防护基本标准》制定了《关于放射工作人员个人剂量监测管理规定》《放射治疗卫生防护与质量保证管理规定》等行业标准、专业标准以及测量分析方法标准。

（二）放射防护许可登记

国家对放射工作实行许可登记制度。

（三）放射防护管理

（1）设置放射性危险标志。

（2）放射性物品管理。放射性同位素不得与易燃、易爆、腐蚀性物品放在一起，其贮存场所必须采取有效的防火、防盗、防泄漏的安全防护措施，并指定专人负责保管。

（3）放射性产品管理。生产装有放射性同位素的设备、射线装置、放射防护器材，生产含有放射性物质的消费品、物料和伴有 X 线产生的电器产品，用放射性同位素和射线装置辐照食品、药品、化妆品、医疗器材和其他应用于人体的制品，都必须符合放射防护要求，不合格产品不得出厂、销售。

（4）放射性治疗管理。放射诊疗工作，是指使用放射性同位素、射线装置进行临床医学诊断、治疗和健康检查的活动。根据 2006 年 2 月卫生部发布的《放射诊疗管理规定》，医疗机构应当定期对放射诊疗工作场所、放射性同位素储存场所和防护设施进行放射防护检测，保证辐射水平符合有关规定或者标准。

医疗机构在实施放射诊断检查前应当对不同检查方法进行利弊分析，在保证诊断效果的前提下，优先采用对人体健康影响较小的诊断技术。实施检查应当遵守下列规定：①严格执行检查资料的登记、保存、提取和借阅制度，不得因资料管理、受检者转诊等原因使受检者接受不必要的重复照射；②不得将核素显像检查和 X 线胸部检查列入婴幼儿及少年儿童体检的常规检查项目；③对育龄妇女腹部或骨盆进行核素显像检查或 X 线检查前，应问明是否怀孕，非特殊需要，对受孕后 8～15 周的育龄妇女，不得进行下腹部放射影像检查；④应当尽量以胸部 X 线摄影代替胸部荧光透视检查；⑤实施放射性药物给药和 X 线照射操作时，应当禁止非受检者进入操作现场；患者因病情需要其他人员陪检时，应当对陪检者采取防护措施。

（5）放射工作人员职业健康管理。放射工作人员，是指在放射工作单位从事放射职

业活动中受到电离辐射照射的人员。2007年6月，卫生部发布的《放射工作人员职业健康管理办法》规定，放射工作人员应当具备下列基本条件：①年满18周岁；②经职业健康检查，符合放射工作人员的职业健康要求；③放射防护和有关法律知识培训考核合格；④遵守放射防护法规和规章制度，接受职业健康监护和个人剂量监测管理；⑤持有《放射工作人员证》。

（四）放射事故管理

放射事故，是指放射性同位素丢失、被盗或者射线装置、放射性同位素失控而导致工作人员或者公众受到意外的、非自愿的异常照射。根据《放射事故管理规定》，国家对放射事故处理实行部门负责、分级管理和报告、立案制度。

发生放射事故的单位，必须立即采取防护措施，控制事故影响，保护事故现场，并向县级以上卫生行政部门和公安部门报告，对可能造成环境污染事故的，必须同时向所在地环境保护部门报告。发生放射事故的单位或者个人，应当赔偿受害者的经济损失及医学检查治疗费用，并支付处理放射事故的各种费用，但如果能够证明该损害是由受害人故意造成的，不承担赔偿责任。

（五）放射防护监督

（1）放射防护监督机构及其职责。各省、自治区、直辖市的环境保护部门对放射性同位素和含有放射源的射线装置在应用中排放放射性废水、废气、固体废物实施监督。县级以上卫生行政部门负责本辖区内放射性同位素与射线装置的放射防护监督，设放射防护监督员，对本辖区内放射工作进行监督和检查。

放射防护监督机构的职责是：①负责对放射工作监督检查；组织实施放射防护法规；②会同有关部门调查处理放射事故；③组织放射防护知识的宣传、培训和法规教育；④处理放射防护监督中的纠纷。

（2）放射防护监督员及其职责。放射防护监督员由从事放射防护工作，并具有一定资格的专业人员担任，由省级卫生行政部门任命。放射防护监督员的职责是：按照规定对本辖区内放射工作进行监督和检查，并按照规定采样和索取有关资料，有关单位不得拒绝和隐瞒，对涉及保密的资料应当按照国家保密规定执行，并负有保密责任。放射防护监督员必须严守法纪、秉公执法，不得玩忽职守、徇私舞弊。

第十三章 人口与计划生育法律制度

第一节 概 述

一、人口与计划生育法的概念

人口与计划生育法是调整实现人口与经济、社会、资源、环境的协调发展，维护公民实行计划生育的合法权益，促进家庭幸福、民族繁荣与社会进步活动中产生的各种社会关系的法律规范的总称。

2001 年 12 月 29 日，第九届全国人民代表大会常务委员会第二十五次会议通过了《中华人民共和国人口与计划生育法》（以下简称《人口与计划生育法》）（2002 年 9 月 1 日施行），标志着我国人口与计划生育法制建设进入了一个新的阶段，为进一步做好人口与计划生育工作和计划生育事业长期、稳定、健康发展提供了重要保证。

2021 年 8 月 20 日，全国人大常委会会议表决通过了关于修改人口与计划生育法的决定，修改后的人口与计划生育法规定，国家提倡适龄婚育、优生优育，一对夫妻可以生育 3 个子女。国家采取财政、税收、保险、教育、住房、就业等支持措施，减轻家庭生育、养育、教育负担。

二、《人口与计划生育法》立法宗旨

（1）为了实现人口与经济、社会、资源、环境的协调发展。

（2）为了推行计划生育。计划生育是指为了社会、家庭和夫妻的利益，育龄夫妻有计划地在适当的年龄生育合理数量的子女，并养育健康的下一代，以增进家庭幸福，促进人口、经济、社会、资源、环境协调发展和可持续发展。

（3）为了维护公民的合法权益。维护公民实行计划生育的合法权益主要指，在计划生育工作中，公民除了应履行实行计划生育的义务外，还享有依法生育的权利、健康安全权及生殖健康权；实行计划生育男女平等的权利；获得计划生育、生殖健康信息教育的权利；获得优质的计划生育保健服务的权利，获得奖励、社会福利、社会保障、社会救助的权利；享有实行计划生育的其他合法权益受法律保护的权利；享有法律救济的权利等。

（4）为了促进家庭幸福、民族繁荣与社会进步。

三、人口与计划生育工作的地位、主要任务、基本方针

（1）人口与计划生育的地位。实行计划生育是国家的一项基本国策。我国是世界上人口最多的发展中国家，用不足世界 7% 的耕地，养活了世界上 21% 的人口。人口多已成为我国社会主义现代化建设中的最大难题。因此，我国在 20 世纪 70 年代末 80 年代初

将实行计划生育、控制人口数量、提高人口素质确立为国家的一项基本政策。

（2）人口与计划生育工作的主要任务是控制人口数量，提高人口素质。

（3）计划生育工作的具体开展。我国开展计划生育的基本方针是坚持以宣传教育为主，避孕为主，经常性工作为主。

四、坚持计划生育与提高妇女地位相结合

我国在开展人口与计划生育工作中，坚持把实行计划生育与妇女发展、提高妇女的经济地位和提高妇女婚姻与生育的自主权紧密结合起来。

五、非政府组织在人口与计划生育工作中承担的义务

《中华人民共和国宪法》规定，实行计划生育是我国的一项基本国策。所有中华人民共和国境内的公民、法人和其他社会组织都必须遵守计划生育的有关规定，依法做好人口与计划生育工作。

六、国家的现行生育政策

《人口与计划生育法》第十八条规定：国家提倡适龄婚育、优生优育。一对夫妻可以生育3个子女。

符合法律、法规规定条件的，可以要求安排再生育子女。具体办法由省、自治区、直辖市人民代表大会或者其常务委员会规定。

少数民族也要实行计划生育，具体办法由省、自治区、直辖市人民代表大会或者其常务委员会规定。

夫妻双方户籍所在地的省、自治区、直辖市之间关于再生育子女的规定不一致的，按照有利于当事人的原则适用。

第二节　人口发展规划的制定与实施

《人口与计划生育法》第十条规定："县级以上各级人民政府根据人口发展规划，制定人口与计划生育实施方案并组织实施。县级以上各级人民政府计划生育行政部门负责实施人口与计划生育实施方案的日常工作。乡、民族乡、镇的人民政府和城市街道办事处负责本管辖区域内的人口与计划生育工作，贯彻落实人口与计划生育方案。"本条主要是关于制定、实施人口与计划生育实施方案的规定，明确了计划生育行政部门在实施人口与计划生育实施方案中的职责。

人口与计划生育实施方案一般包括以下几方面的内容：一是指导思想，为什么要制定实施方案；二是实施人口与计划生育方案的主体机关；三是一定时期内的工作任务和奋斗目标，特别是政府如何加强领导和相关组织的具体任务、人口与计划生育工作的总体目标；四是人口发展规划的具体落实办法；五是落实人口与计划生育方案的具体保障措施；六是人口与计划生育方案的具体运作形式；七是落实人口与计划生育方案的工作质量考核标准等。

第三节　计划生育技术服务

（1）国家建立婚前保健、孕产期保健制度，防止或者减少出生缺陷，提高出生婴儿健康水平。

（2）各级人民政府应当采取措施，保障公民享有计划生育服务，提高公民的生殖健康水平。

（3）医疗卫生机构应当针对育龄人群开展优生优育知识宣传教育，对育龄妇女开展围孕期、孕产期保健服务，承担计划生育、优生优育、生殖保健的咨询、指导和技术服务，规范开展不孕不育症诊疗。

（4）计划生育技术服务人员应当指导实行计划生育的公民选择安全、有效、适宜的避孕措施。

国家鼓励计划生育新技术、新药具的研究、应用和推广。

（5）严禁利用超声技术和其他技术手段进行非医学需要的胎儿性别鉴定；严禁非医学需要的选择性别的人工终止妊娠。

第四节　法律责任

（1）违反人口与计划生育法规定，有下列行为之一的，由卫生健康主管部门责令改正，给予警告，没收违法所得；违法所得一万元以上的，处违法所得二倍以上六倍以下的罚款；没有违法所得或者违法所得不足一万元的，处一万元以上三万元以下的罚款；情节严重的，由原发证机关吊销执业证书；构成犯罪的，依法追究刑事责任。

1）非法为他人施行计划生育手术的。

2）利用超声技术和其他技术手段为他人进行非医学需要的胎儿性别鉴定或者选择性别的人工终止妊娠的。

（2）托育机构违反托育服务相关标准和规范的，由卫生健康主管部门责令改正，给予警告；拒不改正的，处五千元以上五万元以下的罚款；情节严重的，责令停止托育服务，并处五万元以上十万元以下的罚款。

托育机构有虐待婴幼儿行为的，其直接负责的主管人员和其他直接责任人员终身不得从事婴幼儿照护服务；构成犯罪的，依法追究刑事责任。

（3）计划生育技术服务人员违章操作或者延误抢救、诊治，造成严重后果的，依照有关法律、行政法规的规定承担相应的法律责任。

（4）国家机关工作人员在计划生育工作中，有下列行为之一，构成犯罪的，依法追究刑事责任；尚不构成犯罪的，依法给予处分；有违法所得的，没收违法所得。

1）侵犯公民人身权、财产权和其他合法权益的。

2）滥用职权、玩忽职守、徇私舞弊的。

3）索取、收受贿赂的。

4）截留、克扣、挪用、贪污计划生育经费的。

5）虚报、瞒报、伪造、篡改或者拒报人口与计划生育统计数据的。

（5）违反人口与计划生育法规定，不履行协助计划生育管理义务的，由有关地方人民政府责令改正，并给予通报批评；对直接负责的主管人员和其他直接责任人员依法给予处分。

（6）拒绝、阻碍卫生健康主管部门及其工作人员依法执行公务的，由卫生健康主管部门给予批评教育并予以制止；构成违反治安管理行为的，依法给予治安管理处罚；构成犯罪的，依法追究刑事责任。

第十四章 母婴保健法律制度

第一节 概 述

一、母婴保健法的概念

母婴保健法是调整在保障母亲和婴儿健康，提高出生人口素质活动中产生的各种社会关系的法律规范的总和。

二、母婴保健立法

1992 年 6 月 29 日，卫生部公布了《实施〈九十年代中国儿童发展规划纲要〉方案》，提出了 10 项对策与措施，推动了我国母婴保健立法工作。1994 年 10 月 27 日，第八届全国人民代表大会常务委员会第十次会议通过了《中华人民共和国母婴保健法》（以下简称《母婴保健法》），该法自 1995 年 6 月 1 日起施行。这是中华人民共和国成立以来我国第一部保护妇女儿童健康的法律，是宪法对人民的健康和对妇女、儿童保护原则规定的具体化，是我国妇幼卫生史上的一个里程碑。《母婴保健法》的颁布，充分显示了党和政府对我国妇女儿童健康的关怀和重视，有利于改善农村和边远贫困地区妇女儿童的健康状况，对于发展我国妇幼卫生事业，保障妇女儿童健康，提高人口素质，促进家庭幸福、民族兴旺和社会进步，实现我国政府对国际社会的承诺，都具有十分重要的意义。为了保证《母婴保健法》的实施，2001 年 6 月 20 日，国务院颁布了《中华人民共和国母婴保健法实施办法》。

三、《母婴保健法》的适用范围

凡在中华人民共和国境内从事母婴保健服务活动的机构及其医务人员应当遵守《母婴保健法》及其实施办法。从事计划生育工作的机构开展计划生育技术服务活动，还应遵守《计划生育技术服务管理条例》等的规定。

四、母婴保健工作方针

母婴保健工作以保健为中心，以保障生殖健康为目的，实行保健和临床相结合，面向群体、面向基层和预防为主的工作方针。

《母婴保健法》规定，国家发展母婴保健事业，提供必要条件和物质帮助，使母亲和婴儿活动获得医疗保健服务，国家对边远贫困地区的母婴保健事业给予扶持。各级人民政府领导母婴保健工作，采取措施，坚持对母婴保健工作的领导和管理，包括：①将母婴保健事业纳入本级国民经济和社会发展计划，制订本地区母婴保健工作发展计划，并为规划目标的实现提供政策保障；②为母婴保健事业的发展提供必要的经济、技术和物质条件，对少数民族地区、贫困地区的母婴保健事业给予特殊支持；③组织、协调各级财政、公安、民政、教育、劳动和社会保障、计划生育等部门在各自职责范围内，配合卫生行政部门做好母婴保健工作；④根据本地区的实际情况和需要，设立母婴保健事业发展专项资金。

第二节　婚前保健和孕产期保健的法律规定

一、婚前保健

提供婚前保健服务是对出生缺陷进行监测、确保优生的一种手段，更是保护配偶双方权利的一种措施。母婴保健法对它做了系统的、统一的、详细的规定。

（一）婚前保健服务

医疗保健机构应当为公民提供婚前保健服务，向准备结婚的男女双方提供与结婚和生育有关的健康知识。婚前保健服务包括下列内容。

1. 婚前卫生指导　关于卫生知识、生育知识和遗传病知识的教育。
2. 婚前卫生咨询　对有关婚配、生育保健等问题提供医学意见。
3. 婚前医学检查　对准备结婚的男女双方可能影响结婚生育的疾病进行医学检查。

（二）婚前医学检查

国家提倡婚前医学检查。

1. 严重遗传性疾病　遗传因素先天形成，患者全部或者部分丧失自主生活能力，而且后代再现风险高，医学上认为不宜生育的疾病。
2. 指定传染病　指《中华人民共和国传染病防治法》中规定的艾滋病、淋病、梅毒、麻风病以及医学上认为影响结婚和生育的其他传染病在传染期内的。
3. 有关精神病　指精神分裂症、躁狂抑郁型精神病以及其他重型精神病。

（三）婚前医学检查证明和医学意见

经婚前医学检查，医疗保健机构应当出具《婚前医学检查证明》。对准备结婚男女指定传染病在传染期内或者有关精神病在发病期内的，医师应当提出医学意见，准备结婚男女双方应当暂缓结婚。对诊断患医学上认为不宜生育的严重传染性疾病的，医师应当向男女双方说明情况，提出医学意见；经男女双方同意，采取长期避孕措施或者实行结扎手术不生育的，可以结婚。但《中华人民共和国婚姻法》规定禁止结婚的除外。男女双方在取得医学检查证明或者医学鉴定证明后，到婚姻登记机关进行结婚登记。

二、孕产期保健

（一）孕产期保健服务

医疗保健机构应当为育龄妇女提供孕产期保健，包括孕前、孕时、产时、产后的保健指导和服务。这一系列保健服务不仅保护母亲的健康，同时保护孩子的健康，并且为科学育儿、合理营养、母乳喂养进行指导。对婴幼儿进行体格检查、心理行为指导，预防接种各类疫苗，新生儿疾病筛查，婴幼儿多发病、常见病防治等医疗保健服务。孕产期保健服务的内容有：①母婴保健指导，对孕育健康后代以及严重遗传性疾病和碘缺乏病等地方病的发病原因、治疗和预防方法提供医学意见；②孕妇、产妇保健，为孕妇提供卫生营养、心理等方面的咨询和指导以及产前定期检查等医疗保健服务；③胎儿保健，为胎儿生长发育进行监护，提供咨询和医学指导；④新生儿保健，为新生儿生长发育、哺乳和护理提供医疗保健服务。

（二）医学指导和医学意见

医疗保健机构对患严重疾病或者接触致畸物质，妊娠可能危及孕妇生命安全或者可能严重影响孕妇健康和胎儿正常发育的，应当予以医学指导。在孕产期保健中，医师发现或者怀疑育龄夫妇的患严重遗传性疾病，应当提出医学意见。育龄夫妇应当根据医师的医学意见采取相应的措施。

经产前检查，医师发现或者怀疑胎儿异常的，应当对孕妇进行产前诊断，即对胎儿进行先天性缺陷和遗传性疾病的诊断。有下列情形之一的，医师应当向该对夫妻说明情况，并提出终止妊娠的医学意见：①胎儿患有严重遗传性疾病的；②胎儿有严重缺陷的；③因患严重疾病，继续妊娠可能危及孕妇生命安全或者严重危害孕妇健康的。

（三）分娩接生

国家提倡住院分娩。医疗保健机构应按照国家卫生行政部门制定的技术操作规范，降低孕产妇及围生儿发病率、死亡率。保健机构应当按照国务院卫生行政部门制定的技术操作规范，实施消毒接生和新生儿复苏，预防产伤及产后并发症。

没有条件住院分娩的，应当由经县级地方人民政府卫生行政部门许可并取得家庭接生员技术合格证书的人员接生。高危孕妇应当在医疗保健机构住院分娩。

（四）施行终止妊娠或者结扎手术的原则

依照《母婴保健法》规定，实施终止妊娠或者结扎手术，要采取本人自愿的原则。医师进行手术时，要征求本人同意，并签署意见；本人无行为能力的，应征得监护人的同意，并签署意见。根据《民法通则》规定，监护人包括：配偶、父母、成年子女、其他近亲属，关系密切的其他亲属、朋友愿意承担监护责任，经患者的所在单位或者住所地的居民委员会、村民委员会同意的也可以担任监护人。没有上述人员可以担任监护人的，由患者的所在单位或者住所地的居民委员会、村民委员会或者民政部门担任监护人。依法施行终止妊娠或者结扎手术的，接受免费服务。

三、新生儿保健及出生医学证明

新生儿保健是指为新生儿生长发育、哺乳和护理提供医疗保健服务。

主要内容包括：按国家有关规定开展新生儿先天性、遗传性、代谢性疾病筛查、诊断和检测；对新生儿进行访视，建立保健手册（卡），定期对其进行健康检查，提供有关预防疾病、合理膳食、促进智力发育等科学知识，做好婴儿多发病、常见病防治等医疗、保健服务；按照规定的程序和项目对婴儿进行预防接种；推行母乳喂养并且提供母乳喂养的技术指导。

医疗保健机构和从事家庭接生人员应当按照国务院卫生行政部门的规定，出具统一制发的新生儿出生医学证明。出生医学证明由各级妇幼保健或乡卫生院出具，以作为申报户口的依据。有孕产妇死亡、婴儿死亡以及新生儿出生缺陷情况的，应当向卫生行政

部门报告。

四、技术鉴定

1. 技术鉴定的申请 公民对婚前医学检查、遗传病诊断和产前诊断所提出的医学意见有异议，可申请技术鉴定。公民和医疗保健机构均可提出技术鉴定的申请。技术鉴定的结论具有法律效力。

2. 技术鉴定组织 县级以上地方人民政府可以设立医学技术鉴定组织，依法行使技术鉴定权，负责对婚前医学检查、遗传病诊断和产前诊断有异议的结果进行医学技术鉴定。国家不设技术鉴定组织，因此省级鉴定为终极鉴定。医学技术鉴定实行回避制度。凡与当事人有利害关系，可能影响公正鉴定的人员，应当回避。

3. 技术鉴定人员 从事医学技术鉴定的人员，必须是具有较丰富的临床实践经验和相关的学科理论知识，以及一定的医学遗传学知识；具有主治医师以上的专业技术职称，具有认真负责的精神和良好的医德医风。医学技术鉴定组织的组成人员，由卫生行政部门提名，同级人民政府聘任。

第三节 母婴保健工作管理机构

一、各级行政领导

（一）政府领导母婴保健工作

《母婴保健法》规定，国家发展母婴保健事业，提供必要条件和物质帮助，使母亲和儿童获得医疗保健服务；各级人民政府领导母婴保健工作。各级人民政府必须采取措施，加强对母婴保健工作的领导和管理，包括以下几个方面。

（1）投入人力和物力，进一步完善母婴保健三级网络。

（2）采取措施，创造良好的生存环境。

（3）认真执行母婴保健工作的许可制度，确保工作质量。

（二）母婴保健工作管理机构及其职责

1. 国务院卫生行政部门及其职责 中华人民共和国卫健委主管全国母婴保健工作，并对母婴保健工作实施监督管理。其主要职责是：执行《母婴保健法》及其实施办法；制定《母婴保健法》配套规章及技术规范，并负责解释；按照分级分类指导原则制定全国母婴保健工作发展规划和实施步骤；组织推广母婴保健适宜技术并进行评价；对母婴保健工作进行监督管理。

2. 县级以上卫生行政部门及其职责 县级以上人民政府卫生行政部门管理本行政区域内的母婴保健工作，并实施监督。其主要职责是：按照国务院卫生行政部门规定的条件和技术标准，对婚前医学检查、遗传病诊断、结扎手术和终止妊娠手术单位进行审批和注册；对从事婚前医学检查、遗传病诊断、产前诊断、结扎手术和终止妊娠手术的人员以及从事家庭接生的人员进行考核，并颁发相应的证书；对《母婴保健法》及其实施办法的执行情况进行监督检查；对违规行为依照《母婴保健法》及其实施办法进行行政处罚。

（三）母婴保健监督员职责

县级以上地方行政人民政府卫生行政部门根据需要可以设立母婴保健监督员。母婴保健监督员从卫生行政部门和妇幼保健院中聘任，由省级卫生行政部门审核，同级卫生行政部门发证。其主要职责是：监督检查《母婴保健法》及其实施办法的执行情况；对违反《母婴保健法》及其实施办法的单位和个人提出处罚意见；提出改进母婴保健工作的建议；完成卫生行政部门交给的其他监督检查任务。

二、医疗保健机构

医疗保健机构指各级妇幼保健院以及经卫生行政部门批准并登记注册的医疗机构。《母婴保健法》规定，省级人民政府卫生行政部门指定的母婴保健机构，即各省、自治区、直辖市妇幼保健院，负责本行政区域内的母婴保健监测和技术指导。

三、母婴保健工作人员

《母婴保健法》规定，从事遗传病诊断、产前诊断的人员，必须经过省、自治区、直辖市人民政府卫生行政部门的考核，并取得相应的合格证书；从事婚前医学检查、实行结扎手术和妊娠手术的人员以及从事家庭接生的人员，必须经过县级以上地方人民政府卫生行政部门的考核，并取得相应的合格证书。上述人员取得合格证书后方可从事工作，以保证保健对象的健康权益。

婚前保健和孕产期保健等母婴保健工作可能涉及保健对象的个人隐私，为保护保健对象的个人及家庭利益，从事母婴保健工作的人员应当严格遵守职业道德，为当事人保密。

第四节　产前诊断技术管理的法律规定

一、概述

产前诊断，是指对胎儿进行先天性缺陷和遗传性疾病的诊断，包括相应筛查。产前诊断技术项目包括遗传咨询、医学影像、生化免疫、细胞遗传和分子遗传等。

依据《中华人民共和国母婴保健法》以及《中华人民共和国母婴保健法实施办法》，卫生部制定《产前诊断技术管理办法》，该法自2003年5月1日起正式施行。

二、管理与审批

产前诊断技术应用实行分级管理。卫生部制定开展产前诊断技术医疗保健机构的基本条件和人员条件；颁布有关产前诊断的技术规范；指定国家级开展产前诊断技术的医疗保健机构；对全国产前诊断技术应用进行质量管理和信息管理；对全国产前诊断专业技术人员的培训进行规划。省、自治区、直辖市人民政府卫生行政部门（以下简称省级卫生行政部门）根据当地实际，因地制宜地规划、审批或组建本行政区域内开展产前诊断技术的医疗保健机构；对从事产前诊断技术的专业人员进行系统培训和资格认定；对产前诊断技术应用进行质量管理和信息管理。县级以上人民政府卫生行政部门负责本行

政区域内产前诊断技术应用的日常监督管理。

从事产前诊断的卫生专业技术人员应符合以下所有条件。

（1）从事临床工作的，应取得执业医师资格。

（2）从事医技和辅助工作的，应取得相应卫生专业技术职称。

（3）符合《从事产前诊断卫生专业技术人员的基本条件》。

（4）经省级卫生行政部门批准，取得从事产前诊断的《母婴保健技术考核合格证书》。

申请开展产前诊断技术的医疗保健机构应符合下列所有条件。

（1）设有妇产科诊疗科目。

（2）具有与所开展技术相适应的卫生专业技术人员。

（3）具有与所开展技术相适应的技术条件和设备。

（4）设有医学伦理委员会。

（5）符合《开展产前诊断技术医疗保健机构的基本条件》及相关技术规范。

申请开展产前诊断技术的医疗保健机构应当向所在地省级卫生行政部门提交下列文件。

（1）《医疗机构执业许可证》副本。

（2）开展产前诊断技术的母婴保健技术服务执业许可申请文件。

（3）可行性报告。

（4）拟开展产前诊断技术的人员配备、设备和技术条件情况。

（5）开展产前诊断技术的规章制度。

（6）省级以上卫生行政部门规定提交的其他材料。

申请开展产前诊断技术的医疗保健机构，必须明确提出拟开展的产前诊断具体技术项目。

申请开展产前诊断技术的医疗保健机构，由所属省、自治区、直辖市人民政府卫生行政部门审查批准。省、自治区、直辖市人民政府卫生行政部门收到相关规定的材料后，组织有关专家进行论证，并在收到专家论证报告后 30 个工作日内进行审核。经审核同意的，发给开展产前诊断技术的《母婴保健技术服务执业许可证》，注明开展产前诊断以及具体技术服务项目；经审核不同意的，书面通知申请单位。

开展产前诊断技术的《母婴保健技术服务执业许可证》每 3 年校验 1 次，校验由原审批机关办理。经校验合格的，可继续开展产前诊断技术；经校验不合格的，撤销其许可证书。

卫健委根据全国产前诊断技术发展需要，在经审批合格的开展产前诊断技术服务的医疗保健机构中，指定国家级开展产前诊断技术的医疗保健机构。省、自治区、直辖市人民政府卫生行政部门指定的医疗保健机构，协助卫生行政部门负责本行政区域内产前诊断的组织管理工作。

从事产前诊断的人员不得在未经许可开展产前诊断技术的医疗保健机构中从事相关工作。

三、操作

孕妇有下列情形之一的，经治医师应当建议其进行产前诊断。

（1）羊水过多或者过少的。

（2）胎儿发育异常或者胎儿有可疑畸形的。

（3）怀孕早期接触过可能导致胎儿先天缺陷的物质的。

（4）有遗传病家族史或者曾经分娩过先天性严重缺陷婴儿的。

（5）年龄超过 35 周岁的。

确定产前诊断重点疾病，应当符合下列条件。

（1）疾病发生率较高。

（2）该疾病危害严重，会给社会、家庭和个人带来沉重负担。

（3）疾病缺乏有效的临床治疗方法。

（4）诊断技术成熟、可靠、安全和有效。

对一般孕妇实施产前筛查以及应用产前诊断技术须坚持知情选择。孕妇自行提出进行产前诊断的，经治医师可根据其情况提供医学咨询，由孕妇决定是否实施产前诊断技术。对于产前诊断技术及诊断结果，经治医师应本着科学、负责的态度，向孕妇或家属告知技术的安全性、有效性和风险性，使孕妇或家属理解技术可能存在的风险和结果的不确定性。在发现胎儿异常的情况下，经治医师必须将继续妊娠和终止妊娠可能出现的结果以及进一步处理意见，以书面形式明确告知孕妇，由孕妇夫妻双方自行选择处理方案，并签署知情同意书。若孕妇缺乏认知能力，由其近亲属代为选择。涉及伦理问题的，应当交医学伦理委员会讨论。

开展产前诊断技术的医疗保健机构对经产前诊断后终止妊娠娩出的胎儿，在征得家属同意后，进行尸体病理学解剖及相关的遗传学检查。

开展产前诊断技术的医疗保健机构不得擅自进行胎儿的性别鉴定。对怀疑胎儿可能为伴性遗传病，需要进行性别鉴定的，由省、自治区、直辖市人民政府卫生行政部门指定的医疗保健机构按照有关规定进行鉴定。

当事人对产前诊断结果如有异议的，可以申请技术鉴定。

开展产前诊断技术的医疗保健机构应当建立、健全技术档案管理和追踪观察制度。

四、处罚

未经批准擅自开展产前诊断技术的非医疗保健机构，按照《医疗机构管理条例》有关规定进行处罚。

医疗保健机构未取得产前诊断执业许可或超越许可范围，擅自从事产前诊断的，按照《中华人民共和国母婴保健法实施办法》有关规定处罚，由卫生行政部门给予警告，责令停止违法行为，没收违法所得；违法所得 5000 元以上的，并处违法所得 3 倍以上 5 倍以下的罚款；违法所得不足 5000 元的，并处 5000 元以上 2 万元以下的罚款；情节严重的，依据《医疗机构管理条例》依法吊销《医疗机构执业许可证》。

对未取得产前诊断母婴保健技术考核合格证书的个人，擅自从事产前诊断或超越许可范围的，由县级以上人民政府卫生行政部门给予警告或者责令暂停 6 个月以上 1 年以下执业活动；情节严重的，按照《中华人民共和国执业医师法》吊销其医师执业证书；构成犯罪的，依法追究刑事责任。

开展产前诊断技术的医疗保健机构擅自进行胎儿的性别鉴定，按照《中华人民共和国母婴保健法实施办法》第四十二条规定处罚。

第五节　法律责任

一、行政责任

未取得国家颁发的有关合格证书，包括未按照《母婴保健法》取得县级以上卫生行政部门许可的医疗保健机构和非医疗保健机构，未按照《母婴保健法》规定经考核取得合格证书的医疗保健人员和非医疗保健人员，有下列行为之一的，县级以上地方人民政府卫生行政部门首先应当予以制止，其次可以根据情节给予警告或者罚款的行政处罚，其出具的有关婚前医学检查证明、医学技术鉴定证明、遗传病诊断、产前诊断以及医师的医学意见等证明应视为无效。

（1）从事婚前医学检查、遗传病诊断或者医学技术鉴定的。

（2）实施终止妊娠手术的。

（3）出具法律规定的相关医学证明的。

经考核取得相应合格证书的从事母婴保健工作人员违反规定，出具虚假医学证明或者进行胎儿性别鉴定的，按干部人事管理权限，由所在的医疗保健机构或所属的卫生行政部门根据情节给予行政处分；情节严重的，依法取消执业资质，即从事医疗活动的资格。

二、民事责任

母婴保健工作人员在诊疗护理过程中，因诊疗护理过失，造成病员死亡、残废、组织器官损伤导致功能障碍的，应根据《医疗事故处理条例》的有关规定，承担相应的民事责任。

三、刑事责任

取得相应合格证书的从事母婴保健工作人员由于严重不负责任，造成就诊人死亡或者严重损害就诊人身体健康的，依照《中华人民共和国刑法》第三百三十五条医疗事故罪追究刑事责任。未取得国家颁发的有关合格证书，包括取得合法行医资质而未取得《母婴保健法》规定的合格证书者和非法行医者，实施终止妊娠手术或者采取其他办法终止妊娠，致人死亡、残疾、丧失或者基本丧失劳动能力的，依照《中华人民共和国刑法》第三百三十六条的有关规定追究刑事责任。

第十五章　献血和血液管理法律制度

第一节　概　述

献血法律制度是调整保证临床用血需要和安全，保障献血者和用血者身体健康活动中产生的各种社会关系的法律规范的总称。

我国政府在实行和规范公民的献血制度过程中，进行了很多有益的探索，同时也取得了较为显著的成绩。1978 年，国务院转批了卫生部《关于加强输血工作的请示报告》，自此，全国各地相继开展了公民义务献血活动。1984 年，卫生部和中国红十字会总会在全国倡导开展无偿献血。1996 年，国务院发布了《血液制品管理条例》。随后，国家卫生部相继颁发了《献血者体格检查参考标准》《无偿志愿献血奖励办法》《关于加强输血工作管理的若干规定》《采供血机构和血液管理办法》以及《血站基本标准》《单采血浆站基本标准》等相关规范性文件，一些省、自治区、直辖市也通过地方立法的形式确立了无偿献血制度，通过大力宣传和教育，无偿献血在我国逐步展开和推广开来。为了保证医疗临床用血需要和安全，保障献血者和用血者身体健康，发扬人道主义精神，促进社会主义发展，第八届全国人大常委会第二十九次会议通过了《中华人民共和国献血法》（以下简称《献血法》），该法自 1998 年 10 月 1 日起施行，这是我国首次以国家立法的形式确认了无偿献血制度，1998 年 9 月，卫生部根据献血法制定发布了《血站管理办法（暂行）》，1999 年，卫生部、中国红十字会总会联合颁布了《全国无偿献血表彰奖励办法》。《献血法》及其相关配套法规、规章的颁布实施，是我国医疗用血事业的重大变革，标志着我国血液管理工作进入了法制化管理的新阶段。

第二节　无偿献血的法律规定

一、无偿献血的概念

1948 年召开的第十七次红十字国际委员会会议明确提出，医疗用血应该来自无偿献血者，而患者也应该无偿使用血液，即供血者和受血者均应该贯彻无偿原则。1991 年，红十字会与红新月会国际联合会第八届大会做出决议，将自愿无偿献血定义为："出于自愿提供自身的血液、血浆或者其他血液成分而不取任何报酬的人被称为自愿无偿献血者。无论是金钱或礼品都可视为金钱的替代，包括休假和旅游等，而小型纪念品和茶点，以及支付交通费则是合理的。"

多年来，我国存在着 3 种献血形式：个体供血、义务献血和无偿献血。

二、献血的主体

关于献血的主体，世界各国的规定各不相同。《献血法》第二条第二款明确规定："国家提倡18周岁至55周岁的健康公民自愿献血。"这是根据我国公民的身体素质和满足用血的需要等来确定的。

另外，《献血法》第七条也明确规定："国家鼓励国家工作人员、现役军人和高等学校在校学生率先献血，为树立社会新风尚作表率。"

三、献血的组织和规划

《献血法》第三条规定："地方各级人民政府领导本行政区域内的献血工作，统一规划并负责组织、协调有关部门共同做好献血工作。"从而对地方各级人民政府对献血工作的领导职责做了规定。

《献血法》第四条规定："县级以上各级人民政府卫生行政部门监督管理献血工作。各级红十字会依法参与、推动献血工作。"本条是对各级卫生行政部门和红十字会对献血工作职责的规定。

1. 卫生行政部门的职责 各级卫生行政部门是医疗卫生事业的主管部门，献血工作是医疗卫生事业的一项重要组成部分。因此，对献血工作进行监督管理是各级卫生行政部门的职责。

2. 红十字会的职责 1993年10月31日，我国第八届全国人大常委会第四次会议通过了《中华人民共和国红十字会法》（下文简称《红十字会法》）。2017年2月24日修订《红十字会法》规定了中国红十字会是中华人民共和国统一的红十字组织，是从事人道主义工作的社会救助团体；规定县级以上地方按行政区域建立地方各级红十字会；并且规定红十字会参与输血和献血工作，推动无偿献血，各个地方在关于献血工作的地方立法中，对红十字会参与献血工作的职责也做了相应的规定，使各级红十字会组织能够有效积极地配合各级政府和卫生行政部门进行无偿献血的宣传、动员和组织工作。

3. 各级政府及社会团体、媒介的公益性宣传推动 《献血法》第五条规定："各级人民政府采取措施广泛宣传献血的意义，普及献血的科学知识，开展预防和控制经血液途径传播的疾病的教育。新闻媒介应当开展献血的社会公益性宣传。"该条规定对献血宣传工作提出了明确的要求。

4. 献血与奖励措施 根据《献血法》的相关规定，对献血者，发给国务院卫生行政部门制作的无偿献血证书。

第三节 临床用血的法律规定

一、临床用血的概念

目前我国血液管理工作的法律法规规定，将血液分为医疗临床用血和血液制品生产用血两部分分别进行管理。医疗临床用血根据《献血法》的规定，实行无偿献血制度。

1. 临床用血必须用于临床 无偿献血的血液必须用于临床，不得买卖。

2. 临床用血的包装、储存、运输 临床用血的包装、储存、运输，必须符合国家规定的卫生标准和要求。根据中华人民共和国卫生部发布的《采供血机构和血液管理办法》及《血站基本标准》，对临床用血的包装、储存做了明确规定，采供血机构采集血液必须使用有生产单位名称和批准文号的采血器材，发出的血液必须标有供血者姓名、血型、品种、采血日期、有效期、采供血机构的名称及其许可证号。新鲜冰冻血浆储存温度为 −20℃ 以下，冰冻红细胞储存温度为 −70℃ 以下，血小板储存温度为 20~24℃。

3. 临床用血必须实施严格核查　医疗机构对临床用血必须进行核查，不得将不符合国家规定的血液用于临床。核查的主要内容应包括以下几方面。

（1）确认患者的资料，包括患者姓名、住院号、病房病床号等，可通过询问患者或患者亲属的方式进行确认。

（2）核查血液（血液成分）外包装上国家规定的内容，核对血液的有效期限。

（3）核对后应在患者病历中记录输血日期、输血时间、输注的血液（血液成分）的单位数、输注的血液（血液成分）的编号，以备查对。

（4）在患者病历上签字。

经过核查，如果有不符合上述内容要求的血液，医疗机构的医务人员不能把该血液用于患者。

二、临床用血的费用

公民临床用血时须交付用于血液采集、储存、分离、检验等的费用。也就是说，公民临床用血的费用，是血液从采集到提供临床使用的一切消耗成本费用，由需要用血的人支付。临床用血费用的制定由各地卫生行政部门和物价部门共同负责。无偿献血者临床需要用血时，可以免交上述费用。

动员互助献血，互助献血可以增进亲友、同事相互之间的感情，但要严格禁止个体卖血者利用动员家庭、亲友、所在单位以及社会互助献血进行血液买卖。

三、应急用血的法律规定

为了保证应急用血，医疗机构可以临时采集血液，其出发点必须是维持患者的生命健康，具体地说，医疗机构应急用血须采血时应当符合下列情况。

（1）边远地区的医疗机构和所在地无血站（或中心血库）。

（2）危及患者生命体征，急需输血，而其他治疗措施不能替代。

（3）必须严格做好血液质量检测工作，确保血液质量。

如果因为没有遵守严格的操作规程和制度，造成患者的相应人身损害，医疗机构也应承担相应的责任。

第四节　血站管理的法律规定

一、血站的性质与设置

血站是采集、提供临床用血的机构，是不以营利为目的的公益性组织，这是《中华人民共和国献血法》明确规定的血站的业务范围和机构性质。根据这一性质，各级政府应将血站的事业经费纳入政府的财政预算，统筹安排，保证其正常、健康运转。血站是

专业性、责任性很强的机构，必须以全部精力为公民用血健康服务，在地方各级政府的支持和管理下依法做好采集血液、提供临床用血的工作。

设立血站向公民采集血液，必须经国务院卫生行政部门或者省、自治区、直辖市人民政府卫生行政部门批准。血站的设立应当根据本行政区域人口、医疗资源、临床用血需要等实际情况设立。血站分为血液中心、中心血站（血站）、中心血库。

二、血站的执业许可

血站执业以及中心血库开展采供血业务必须经执业验收及注册登记，并分别领取《血站执业许可证》或《中心血库采供血许可证》后方可进行。血液中心的执业验收，由国务院卫生行政部门委托中国输血协会进行。中心血站、基层血站或者中心血库的执业验收，由省级人民政府卫生行政部门委托本省输血协会进行。验收合格的出具合格证明，验收不合格的书面通知申请人。未经验收合格的血站不得执业。血站注册登记机关为批准其设置的人民政府卫生行政部门。

三、采血管理

血站必须按照注册登记的项目、内容、范围开展采供血业务，必须严格遵守各项技术操作规程和采血规则，一方面是保证献血者的健康安全，另一方面是为了今后一旦出现纠纷提供可以参照的依据。采血必须由具有采血资格的医务人员进行，所谓资格是指进行采血的人员必须是经过专业技术培训的，有相关学历文凭和经过资格认定的医务工作者，血站还需要为献血者提供各种安全、卫生、便利的条件。血站在采血前，必须严格按照《献血者健康检查标准》，对献血者进行身体健康检查，健康检查不合格的，不得采集其血液，对献血者进行健康检查不得收取任何费用。

献血者献血前的体格检查及血液检验以血站结果为准，有效期为两周。献血者在献血前要填写《献血登记表》《健康情况征询表》。非固定点献血者只进行体格检查和填写《健康情况征询表》。献血者血液化验初复检不得用同一试剂厂生产的试剂，同一标本的初复检化验不得由同一人进行。

血站对向献血者每次采集的血液量也做了明确的规定，即每次采血量一般为 200 毫升，最多不超过 400 毫升，两次采集间隔期不少于 6 个月。禁止违反规定对献血者超量、频繁采集血液。严禁血站采集冒名顶替者的血液。血站在采集血液后，对献血者发给《无偿献血证》，并建立献血档案。

血站对采集的血液进行检验，检验时必须使用有生产单位名称、生产批准文号和国家检定合格的诊断试剂，保证血液质量。血站在采集检验标本、采集血液和进行成分血分离时，必须使用有生产单位名称、生产批准文号和在有效期内的一次性注射器和采血器材，使用后必须在血液管理监督员监督下按规定及时销毁并做好记录，避免交叉感染。

血站不得单采原料血浆。我国目前将血液分为医疗临床用血和血液制品生产用血两部分进行管理。医疗临床用血根据献血法实行无偿献血制度。血液制品生产原料血浆根据国务院发布的《血液制品管理条例》进行管理，由另外单独设置的单采血浆站负责，供血者提供的原料血浆是有偿的。单采血浆站严禁采集全血。

血源、采供血和检测的原始记录必须保存 10 年。血液检验（复检）的全血标本的保存期应当在全血有效期内；血清标本的保存期应当在全血有效期满后半年。

卫生法教程

四、供血管理

血站应当保证发出的血液质量、品种、规格、数量无差错。未经过检验或者检验不合格的血液，不得向医疗机构提供。

五、血站的监督管理

县级以上人民政府卫生行政部门负责对辖区内血站进行监督管理。省、自治区、直辖市以上人民政府卫生行政部门委托输血协会成立由卫生行政管理、血液管理、公共卫生等有关专家组成的血液质量管理委员会，接受同级人民政府卫生行政部门领导，对血站质量管理、血液质量进行检查和技术指导。

省、自治区、直辖市以上人民政府卫生行政部门指定血液检定机构，按照献血法、传染病防治法和血站管理办法对血站采集的血液质量进行监测，监测结果报同级人民政府卫生行政部门。

设区的市级以上人民政府卫生行政部门聘请血液管理监督员，执行同级人民政府卫生行政部门交付的监督管理任务。血液检定机构和血液管理监督员有权对血站进行现场检查，按照国家有关规定抽取样品，无偿调阅和索取有关资料，血站不得拒绝、隐匿或者隐瞒。血液管理监督员和血液检定机构工作人员在履行责任时应当出具相关证件。

第五节　血液制品管理的法律规定

一、血液制品的概念

血液制品是特指各种人血浆蛋白制品。由于血液制品是血液分离、加工、提炼的产物，直接用于人体，所以，对其质量的要求与血液相似。

为了加强血液制品管理，预防和控制经血液途径传播的疾病，保证血液制品的质量，根据药品管理法和传染病防治法，国务院于1996年12月30日发布实施了《血液制品管理条例》，该条例适用于在中华人民共和国境内从事原料血浆的采集、供应以及血液制品的生产、经营活动。

二、原料血浆的采集机构

原料血浆，是指由单采血浆站采集的专用于血液制品生产原料的血浆。单采血浆站，是指根据地区血源资源，按照有关标准和要求并经严格审批设立，采集供应血液制品生产用原料血浆的单位。

国家实行单采血浆站统一规划、设置的制度。单采血浆站只能在由省、自治区、直辖市人民政府卫生行政部门划定区域内对供血浆者进行筛查和采集血浆。

在一个采血浆区域内，只能设置一个单采血浆站。严禁单采血浆站采集非划定区域内的供血浆者和其他人员的血浆。

三、原料血浆的采集管理

单采血浆站必须对供血浆者进行健康检查；检查合格的，由县级人民政府卫生行政

226

部门核发《供血浆证》。供血浆者健康检查标准，由国务院卫生行政部门制定。

《供血浆证》由省、自治区、直辖市人民政府卫生行政部门负责设计和印制。《供血浆证》不得涂改、伪造、转让。

单采血浆站必须依照《传染病防治法》及其实施办法等有关规定，严格执行消毒管理及疫情上报制度。单采血浆站应当每半年向所在地的县级人民政府卫生行政部门报告有关原料血浆采集情况，同时抄报设区的市、自治州人民政府卫生行政部门或者省、自治区人民政府设立的派出机关的卫生行政机构及省、自治区、直辖市人民政府卫生行政部门。省、自治区、直辖市人民政府卫生行政部门应当每年向国务院卫生行政部门汇总报告本行政区域内原料血浆的采集情况。

国家禁止出口原料血浆。

四、血液制品生产经营单位管理

血液制品生产单位必须达到国务院卫生行政部门制定的《药品生产质量管理规范》规定的标准，经国务院卫生行政部门审查合格，并依法向工商行政管理部门申领营业执照后，方可从事血液制品的生产活动。新建、改建或者扩建血液制品生产单位，须经国务院卫生行政部门根据总体规划进行立项审查同意后，由省、自治区、直辖市人民政府卫生行政部门依照药品管理法的规定审核批准。

血液制品生产单位生产国内已经生产的品种，必须依法向国务院卫生行政部门申请产品批准文号；国内尚未生产的品种，必须按照国家有关新药审批的程序和要求申报。血液制品生产单位应当积极开发新品种，提高血浆综合利用率。

血液制品生产单位在原料血浆投料生产前，必须使用有产品批准文号并经过国家药品生物制品检定机构逐批检定合格的体外诊断试剂，对每人一份的血浆进行全面复检。复检不合格的，不得投料生产，并必须在省级药品监督员监督下按照规定程序和方法予以销毁，并做记录。原料血浆经过复检发现有经血液途径传播的疾病的，必须及时通知供应血浆的单采血浆站，并上报所在地省、自治区、直辖市人民政府卫生行政部门。

严禁血液制品生产单位出让、出租、出借以及与他人共用《药品生产企业许可证》和产品批准文号。血液制品生产单位不得向无《单采血浆许可证》的单采血浆站或者未与其签订质量责任书的单采血浆站及其他任何单位收集原料血浆。血液制品生产单位不得向其他任何单位供应原料血浆。

血液制品出厂前，必须经过质量检验；经检验不符合国家标准的，严禁出厂。

开办血液制品经营单位，由省、自治区、直辖市人民政府卫生行政部门审核批准。血液制品经营单位应当具备与所经营的产品相适应的冷藏条件和熟悉所经营品种的专业人员。

血液制品生产经营单位生产、包装、储存、运输、经营血液制品，应当符合国家规定的卫生标准和要求。

五、血液制品工作的监督管理

县级以上地方各级人民政府卫生行政部门负责本行政区域内的单采血浆站、供血浆者、原料血浆的采集及血液制品经营单位的监督管理。省、自治区、直辖市人民政府卫生行政部门负责本行政区域内的血液制品生产单位的监督管理。

县级以上地方各级人民政府卫生行政部门的监督人员执行职务时，可以按照国家有关规定抽取样品和索取有关资料，有关单位不得拒绝和隐瞒。

省、自治区、直辖市人民政府卫生行政部门每年组织一次对本行政区域内单采血浆站的监督检查并进行年度注册。设区的市、自治州人民政府卫生行政部门或者省、自治区人民政府设立的派出机关的卫生行政机构每半年对行政区域内的单采血浆进行一次检查。

国家药品生物制品检定机构及国务院卫生行政部门指定的省级药品检验机构，应当依照《血液制品管理条例》和国家规定的标准和要求，对血液制品生产单位的产品定期进行检定。

国务院卫生行政部门负责全国进出口血液制品的审批及监督管理。

第六节　法律责任

一、非法采集、出售、出卖血液的法律责任

《献血法》规定，有下列行为之一的，由县级以上地方人民政府予以取缔，没收违法所得，可以并处 10 万元以下的罚款；构成犯罪的，依法追究刑事责任：①非法采集血液的；②血站、医疗机构出售无偿献血的血液的；③非法组织他人出卖血液的。

《中华人民共和国刑法》第三百三十四条第一款规定，非法采集、供应血液或者制作、供应血液制品，不符合国家规定的标准，足以危害人体健康的，处 5 年以下有期徒刑或者拘役，并处罚金；对人体健康造成严重危害的，处 5 年以上 10 年以下有期徒刑，并处罚金；造成特别严重后果的，处 10 年以上有期徒刑或者无期徒刑，并处罚金或者没收财产。

《中华人民共和国刑法》第三百三十三条规定，非法组织他人出卖血液的，处 5 年以下有期徒刑，并处罚金；以暴力、威胁方法强迫他人出卖血液的，处 5 年以上 10 年以下有期徒刑，并处罚金。有上述行为对他人造成伤害的，依照《中华人民共和国刑法》第二百三十四条定罪处罚。

《中华人民共和国刑法》第二百三十四条规定，故意伤害他人身体的，处 3 年以下有期徒刑、拘役或者管制；致人重伤的，处 3 年以上 10 年以下有期徒刑；致人死亡或者以特别残忍手段致人重伤造成严重残疾的，处 10 年以上有期徒刑、无期徒刑或者死刑。刑法另有规定的，依照规定处理。

二、违规采集血液的法律责任

《传染病防治法》规定，采供血机构未执行国家有关规定，导致因输入血液引起经血液传播疾病发生的，由县级以上人民政府卫生行政部门责令改正，通报批评，给予警告；造成传染病传播、流行或者其他严重后果的，对负有责任的主管人员和其他直接责任人员，依法给予降级、撤职、开除的处分，并可以依法吊销采供血机构的执业许可证。

《献血法》规定，血站违反有关操作规程和制度采集血液，由县级以上地方人民政府卫生行政部门责令改正，给献血者健康造成损害的，应当依法赔偿，对直接负责的主管人员和其他直接责任人员，依法给予行政处分；构成犯罪的，依法追究刑事责任。

《中华人民共和国刑法》第三百三十四条第二款规定，经国家主管部门批准采集、

供应血液或者制作、供应血液制品的部门，不依照规定进行检测或者违背其他操作规定，造成危害他人身体健康后果的，对单位判处罚金，并对其直接负责的主管人员和其他直接责任人员，处 5 年以下有期徒刑或者拘役。

三、临床用血的包装、储存、运输不符合规定的法律责任

《献血法》规定，临床用血的包装、储存、运输，不符合国家规定的卫生标准和要求的，责令改正，给予警告，可以并处 1 万元以下的罚款。

四、提供不符合国家规定标准血液的法律责任

《献血法》规定，血站违反规定向医疗机构提供不符合国家规定标准的血液的，由县级以上人民政府卫生行政部门责令改正；情节严重，造成经血液途径传播的疾病传播或者有传播严重危险的，限期整顿，对直接负责的主管人员和其他直接责任人员，依法给予行政处分；构成犯罪的，依法追究刑事责任。

五、将不符合标准的血液用于患者的法律责任

医疗机构的医务人员违反规定，将不符合国家规定标准的血液用于患者的，由县级以上地方人民政府卫生行政部门责令改正；给患者健康造成损害的，应当依法赔偿，对直接负责的主管人员和其他直接责任人员，依法给予行政处分；构成犯罪的，依法追究刑事责任。

《中华人民共和国刑法》第三百三十五条规定，医务人员由于严重不负责任，造成就诊人死亡或者严重损害就诊人身体健康的，处 3 年以下有期徒刑或者拘役。

六、卫生行政部门玩忽职守的法律责任

卫生行政部门及其工作人员在献血、用血的监督管理工作中，玩忽职守，造成严重后果，构成犯罪的，依法追究刑事责任；尚不构成犯罪的，依法给予行政处分。

第十六章 医疗事故处理法律制度

第一节 概 述

一、医疗事故的概念

医疗事故，是指医疗机构及其医务人员在医疗活动中，违反医疗卫生管理法律、行政法规、部门规章和诊疗护理规范、常规，过失造成患者人身损害的事故。这一概念包括以下含义。

（一）医疗事故是在医疗活动中发生的

既然是医疗事故，就必然要与医疗活动有关。医疗活动的主要内容和形式是诊疗护理。没有诊疗护理内容和形式的事故，不能称为医疗事故。这是区分医疗事故与其他事故的分水岭。

（二）医疗事故是违反医疗卫生管理法律、行政法规、部门规章和诊疗护理规范、常规的过失行为造成的

医疗活动充满了风险，为了把医疗风险控制在最小范围，将可能的不良后果降低到最低程度，国家制定了相应的医疗卫生管理法律、行政法规、部门规章和诊疗护理规范、常规。在遵守医疗卫生管理法律、行政法规、部门规章和诊疗护理规范、常规情况下发生的不良后果，医疗机构及其医务人员不承担任何责任，实行责任豁免，反之，要承担相应的医疗事故责任。

（三）医疗事故的责任主体是医疗机构及其医务人员

医疗活动的主体是医疗机构和医务人员。国家对有权开展医疗活动的医疗机构和有权从事医疗活动的医务人员规定了严格的许可制度。凡未经卫生行政部门批准而开展医疗活动的，都是非法行医。非法行医造成患者身体健康损害的，不属于医疗事故。患者由于自己的过错造成的不良后果，也不能认定为医疗事故。

（四）医疗事故给患者造成了人身损害

在医疗活动中，由于各种原因难免会出现一些不良后果。为了保护患者利益，《医疗事故处理条例》将违反医疗卫生管理法律、行政法规、部门规章和诊疗护理规范、常规的行为造成的患者死亡、残疾、组织器官损伤导致功能障碍等不良后果，定为医疗事故，并对造成医疗事故的责任人规定了明确的处罚。

（五）医疗事故的主观方面必须是过失

即医疗机构及其医务人员应当预见自己的行为可能造成患者人身损害的结果，因为

疏忽大意而没有预见，或者已经预见而轻信能够避免，以致损害结果发生的心理状态。在主观故意的情况下，可能构成故意伤害罪而非医疗事故罪；在无过错的情况下，则只能是医疗意外。

二、医疗事故处理立法

1987 年 6 月 29 日国务院颁布了我国第一个处理医疗事故争议的专门法规《医疗事故处理办法》。2002 年 2 月 20 日，国务院第 55 次常务会议通过，4 月 4 日国务院以第 351 号令公布了《医疗事故处理条例》，同年 9 月 1 日起施行。

三、医疗事故处理的原则

（一）公开原则

公开原则要求负责医疗事故争议处理的部门和单位公开医疗事故争议处理活动，让医疗事故争议的当事人了解医疗事故争议处理的法律依据、事实依据、处理过程、处理结果。公开尽管是程序上的要求，但具有实质上的意义。在执行公开原则时，应当注意保护个人隐私。

（二）公平原则

公平原则要求负责医疗事故争议处理的部门和单位无论在实体上还是在程序上，平等对待医疗事故争议的当事人，确保他们在医疗事故争议处理过程中具有平等的地位和统一的权利与义务。禁止对医疗事故争议当事人的歧视和偏见。相同的事件要采用相同的处理方法。

（三）公正原则

公正原则要求负责医疗事故争议处理的部门和单位在实体上，正确适用法律依据，正确适用证据，也就是要保证具体行为结果的合理性、正当性；在程序上，要允许当事人平等参与，排除可能造成偏见的因素，确保平等地对待各方当事人。

（四）及时原则

及时原则要求负责医疗事故争议处理的部门和单位按照规定的程序，在规定的时限内及时处理医疗事故争议，不得无故拖延。而且要以较小的成本，即最短的时间、最少的人力、财力和物力，来实现既定的管理目标，使社会效益最大化。

（五）便民原则

便民原则要求负责医疗事故争议处理的部门和单位简化手续、减少环节、方便群众、强化服务。具体来说，有关医疗事故争议处理的一切规定应尽量考虑便于医患双方当事人申请医疗事故争议处理，在医疗事故争议处理过程中要尽量为医患双方当事人提供方便。

四、医疗事故的分级

为了切实保护患者的合法权益，促进医疗机构提高医疗质量和服务水平，同时也为了妥善解决医疗事故争议，与其他法律相衔接，《医疗事故处理条例》根据对患者人身造成的损害程度，将医疗事故分为四级。

一级医疗事故，是指造成患者死亡、重度残疾的医疗事故，又分为甲、乙两等。

二级医疗事故，是指造成患者中度残疾、器官组织损伤导致严重功能障碍的医疗事故，又分为甲、乙、丙、丁四等。

三级医疗事故，是指造成患者轻度残疾、器官组织损伤导致一般功能障碍的医疗事故，又分为甲、乙、丙、丁、戊五等。

四级医疗事故，是指造成患者明显人身损害的其他后果的医疗事故。

上述分级中，一级乙等至三级戊等分别对应伤残等级二十个级制。

五、不属于医疗事故的情形

《医疗事故处理条例》规定了 6 种情形不属于医疗事故：①在紧急情况下为抢救垂危患者生命而采取紧急医学措施造成不良后果的；②在医疗活动中由于患者病情异常或者患者体质特殊而发生医疗意外的；③在现有医学科学技术条件下，发生无法预料或者不能防范的不良后果的；④无过错输血感染造成不良后果的；⑤因患方原因延误诊疗导致不良后果的；⑥因不可抗力造成不良后果的。

第二节　医疗事故的预防与处置

一、医疗事故的预防

医疗事故要防患于未然。①医疗机构及其医务人员在医疗活动中，必须严格遵守医疗卫生管理法律、行政法规、部门规章和诊疗护理规范、常规，恪守医疗服务职业道德。这对于保证医疗质量，保障医疗安全，防范医疗事故的发生具有重要意义。②医疗机构应当经常对其医务人员进行医疗卫生管理法律、行政法规、部门规章和诊疗护理规范、常规的培训和医疗服务职业道德教育。③医疗机构应当设置医疗服务质量监控部门或者配备专（兼）职人员，具体负责监督本医疗机构的医务人员的医疗服务工作，检查医务人员执业情况，接受患者对医疗服务的投诉，预防医疗事故的发生。④医疗机构应当制定防范、处理医疗事故的预案，预防医疗事故的发生，减轻医疗事故的损害。⑤在医疗活动中，医疗机构及其医务人员应当将患者的病情、医疗措施、医疗风险等如实告知患者，及时解答其咨询，但是，应当避免对患者产生不利后果。

二、医疗过失的报告

医务人员在医疗活动中有下列情形之一的，应当立即向所在科室负责人报告：①发生或者发现医疗事故；②可能引起医疗事故的医疗过失行为；③发生医疗事故争议。科室负责人接到报告后，应当及时向本医疗机构负责医疗服务质量监控的部门或者专（兼）职人员报告。负责医疗服务质量监控的部门或者专（兼）职人员接到报告后，应当立即进行调查、核实，将有关情况如实向本医疗机构负责人报告，并向患者通报、解释。

发生或者发现医疗过失行为，医疗机构及其医务人员应当立即采取有效措施，避免或者减轻对患者身体健康的损害，防止损害扩大。

发生医疗事故后医疗机构应当按照规定向所在地卫生行政部门报告。发生下列重大

医疗过失行为的，医疗机构应当在 12 小时内向所在地卫生行政部门报告：①导致患者死亡或者可能为二级以上的医疗事故；②导致 3 人以上人身损害后果；③国务院卫生行政部门和省、自治区、直辖市人民政府卫生行政部门规定的其他情形。

三、病历资料和现场实物的封存

在医疗事故争议中，病历资料是判定责任的重要依据之一。保证病历资料的客观、真实、完整，对于公正解决医疗事故争议具有重要意义。所以，医疗机构应当按照国务院卫生行政部门规定的要求，书写并妥善保管病历资料。凡因抢救急危患者，未能及时书写病历的，有关医务人员应当在抢救结束后 6 小时内据实补记，并加以注明。发生医疗事故争议时，死亡病例讨论记录、疑难病例讨论记录、上级医师查房记录、会诊意见、病程记录等应当在医患双方在场的情况下封存和启封。封存的病历资料可以是复印件。封存的病历资料由医疗机构保管，任何单位和个人都不得涂改、伪造、隐匿、销毁或者抢夺病历资料。

疑似输液、输血、注射、药物等引起不良后果的，医患双方应当共同对现场实物进行封存和启封，封存的现场实物由医疗机构保管；需要检验的，应当由双方共同指定的、依法具有检验资格的检验机构进行检验；双方无法共同指定时，由卫生行政部门指定。疑似输血引起不良后果，需要对血液进行封存保留的，医疗机构应当通知提供该血液的采供血机构派人员到场。

四、尸检

尸检即尸体检验，是指为了处理医疗事故争议，对死亡患者的尸体进行解剖、检验，以查明死因的手段。

患者死亡，医患双方当事人不能确定死因或者对死因有异议的，应当进行尸检。尸检必须在患者死亡后 48 小时内进行，但具备尸体冻存条件的可以延长至 7 日。尸检应当经死者近亲属同意并签字，由按照国家有关规定取得相应资格的机构和病理解剖专业技术人员进行。承担尸检任务的机构和病理解剖专业技术人员有进行尸检的义务。医疗事故争议双方当事人可以请法医病理学人员参加尸检，也可以委派代表观察尸检过程。拒绝或者拖延尸检，超过规定时间，影响对死因判定的，由拒绝或者拖延的一方承担责任。

患者在医疗机构内死亡的，尸体应当立即移放太平间。死者尸体存放时间一般不得超过 2 周。逾期不处理的尸体，经医疗机构所在地卫生行政部门批准，并报经同级公安部门备案后，由医疗机构按照规定进行处理。

五、病历资料的复印

病历资料分客观性病历资料和主观性病历资料。患者具有知情同意权，有权复印或者复制自己的客观性病历资料，即门诊病历、住院志、体温单、医嘱单、化验单（检验报告）、医学影像检查资料、特殊检查同意书、手术同意书、手术及麻醉记录单、病理资料、护理记录以及国务院卫生行政部门规定的其他病历资料。患者要求复印或者复制这部分病历资料的，医疗机构应当提供复印或者复制服务并在复印或者复制的病历资料上加盖证明印记。复印或者复制时，应当有患者在场。医疗机构应患者的要求，为其复印或者复制病历资料，可以按照规定收取工本费。具体收费标准由省、自治区、直辖市人民政府价格主管部门会同同级卫生行政部门规定。

第三节　医疗事故的技术鉴定

一、鉴定组织

医疗事故技术鉴定，由负责组织医疗事故技术鉴定工作的医学会组织专家鉴定组进行。设区的市级地方医学会和省、自治区、直辖市直接管辖的县（市）地方医学会负责组织首次医疗事故技术鉴定工作。省、自治区、直辖市地方医学会负责组织再次鉴定工作。必要时，中华医学会可以组织疑难、复杂并在全国有重大影响的医疗事故争议的技术鉴定工作。

负责组织医疗事故技术鉴定工作的医学会应当建立专家库。专家库由具备下列条件的医疗卫生专业技术人员组成：①有良好的业务素质和执业品德；②受聘于医疗卫生机构或者医学教学、科研机构并担任相应专业高级技术职务3年以上。有良好的业务素质和执业品德，并具备高级技术任职资格的法医可以受聘进入专家库。负责组织医疗事故技术鉴定工作的医学会依照规定聘请医疗卫生专业技术人员和法医进入专家库，可以不受行政区域的限制。符合规定条件的医疗卫生专业技术人员和法医有义务进入专家库，并承担医疗事故技术鉴定工作。

二、鉴定程序和方法

卫生行政部门接到医疗机构关于重大医疗过失行为的报告或者医疗事故争议当事人要求处理医疗事故争议的申请后，对需要进行医疗事故技术鉴定的，应当交由负责医疗事故技术鉴定工作的医学会组织鉴定；医患双方协商解决医疗事故争议，需要进行医疗事故技术鉴定的，由双方当事人共同委托负责医疗事故技术鉴定工作的医学会组织鉴定。当事人对首次医疗事故技术鉴定结论不服的，可以自收到首次鉴定结论之日起15日内向医疗机构所在地卫生行政部门提出再次鉴定的申请。

（一）鉴定的提起

有卫生行政部门移交鉴定和医患双方共同委托鉴定两种形式。

（二）鉴定的管理

负责组织医疗事故技术鉴定工作的医学会应当自受理医疗事故技术鉴定之日起5日内通知医疗事故争议双方当事人提交进行医疗事故技术鉴定所需的材料。当事人应当自收到医学会的通知之日起10日内提交有关医疗事故技术鉴定的材料、书面陈述及答辩。

医疗机构提交的有关医疗事故技术鉴定的材料应当包括下列内容：①住院患者的病程记录、死亡病例讨论记录、疑难病例讨论记录、会诊意见、上级医师查房记录等病历资料原件；②住院患者的住院志、体温单、医嘱单、化验单（检验报告）、医学影像检查资料、特殊检查同意书、手术同意书、手术及麻醉记录单、病理资料、护理记录等病历资料原件；③抢救急危患者，在规定时间内补记的病历资料原件；④封存保留的输液、注射用物品和血液、药物等实物，或者依法具有检验资格的检验机构对这些实物做出的检验报告；⑤与医疗事故技术鉴定有关的其他材料。在医疗机构建有病历档案的门诊、急诊患者，其病历资料由医疗机构提供；没有在医疗机构建立病历档案的，由患者提供。

医患双方应当依照规定提交相关材料。医疗机构无正当理由未依照规定如实提供相关材料，导致医疗事故技术鉴定不能进行的，应当承担责任。

（三）专家鉴定组的组成

医学会应当根据医疗事故争议所涉及的学科专业，确定专家鉴定组的构成和人数。参加医疗事故技术鉴定的相关专业的专家由医患双方在医学会主持下从专家库中随机抽取。在特殊情况下，医学会根据医疗事故技术鉴定工作的需要，可以组织医患双方在其他医学会建立的专家库中随机抽取相关专业的专家参加鉴定或者函件咨询。专家鉴定组人数为3人以上单数，涉及的主要学科的专家一般不得少于鉴定组成员的二分之一；涉及死因、伤残等级鉴定的，应当从专家库中随机抽取法医参加专家鉴定组。专家鉴定组成员有下列情形之一的，应当回避，当事人也可以以口头或者书面的方式申请其回避：①是医疗事故争议当事人或者当事人的近亲属的；②与医疗事故争议有利害关系的；③与医疗事故争议当事人有其他关系，可能影响公正鉴定的。

（四）调查取证、听取陈述及答辩并进行核实

负责组织医疗事故技术鉴定工作的医学会应当自接到当事人提交的有关医疗事故技术鉴定的材料、书面陈述及答辩之日起45日内组织鉴定并出具医疗事故技术鉴定书。负责组织医疗事故技术鉴定工作的医学会可以向双方当事人调查取证。专家鉴定组应当认真审查双方当事人提交的材料，听取双方当事人的陈述及答辩并进行核实。双方当事人应当按照规定如实提交进行医疗事故技术鉴定所需要的材料，并积极配合调查。当事人任何一方不予配合，影响医疗事故技术鉴定的，由不予配合的一方承担责任。

专家鉴定组依照医疗卫生法律、行政法规、部门规章和诊疗护理规范、常规，运用医学科学原理和专业知识，独立进行医疗事故技术鉴定，对医疗事故进行鉴别和判定，为处理医疗事故争议提供医学证据。任何单位或者个人不得干扰医疗事故技术鉴定工作，不得威胁、利诱、辱骂、殴打专家鉴定组成员。

三、鉴定结论

医疗事故技术鉴定结论是卫生行政部门处理医疗事故争议的依据，也是人民法院审理医疗事故争议案件的重要依据。因此，专家鉴定组应当在事实清楚、证据确凿的基础上，综合分析患者的病情和个体差异，实事求是地做出鉴定结论，并制作医疗事故技术鉴定书。专家鉴定组进行医疗事故技术鉴定，实行合议制。根据过半数专家鉴定组成员的一致意见形成鉴定结论。专家鉴定组成员在鉴定结论上签名，对鉴定结论的不同意见，应当予以注明。鉴定过程应当如实记载；医疗事故技术鉴定书应当包括下列主要内容：①双方当事人的基本情况及要求；②当事人提交的材料和负责组织医疗事故技术鉴定工作的医学会的调查材料；③对鉴定过程的说明；④医疗行为是否违反医疗卫生管理法律、行政法规、部门规章和诊疗护理规范、常规；⑤医疗过失行为与人身损害后果之间是否存在因果关系；⑥医疗过失行为在医疗事故损害后果中的责任程度；⑦医疗事故等级；⑧对医疗事故患者的医疗护理医学建议。

四、鉴定费用

医疗事故技术鉴定，可以收取鉴定费用。经鉴定，属于医疗事故的，鉴定费用由医疗机构支付；不属于医疗事故的，鉴定费用由提出医疗事故处理申请的一方支付。鉴定

费用标准由省、自治区、直辖市人民政府价格主管部门会同同级财政部门、卫生行政部门规定。

第四节 医疗事故的行政处理与监督

一、医疗事故争议的行政处理

卫生行政部门接到医疗机构关于重大医疗过失行为的报告后，除立即责令医疗机构及时采取必要的医疗救治措施，防止损害后果扩大外，应当组织调查，判定是否属于医疗事故；对不能判定是否属于医疗事故的，应当依照《医疗事故处理条例》的有关规定交由负责医疗事故技术鉴定工作的医学会组织鉴定。

发生医疗事故争议，当事人申请卫生行政部门处理的，应当提出书面申请。申请书应当载明申请人的基本情况、有关事实、具体请求及理由等。当事人自知道或者应当知道其身体健康受到损害之日起1年内，可以向卫生行政部门提出医疗事故争议处理申请。当事人申请卫生行政部门处理的，由医疗机构所在地的县级人民政府卫生行政部门受理。医疗机构所在地是直辖市的，由医疗机构所在地的区、县人民政府卫生行政部门受理。有下列情形之一的，县级人民政府卫生行政部门应当自接到医疗机构的报告或者当事人提出医疗事故争议处理申请之日起7日内移送上一级人民政府卫生行政部门处理：①患者死亡；②可能为二级以上的医疗事故；③国务院卫生行政部门和省、自治区、直辖市人民政府卫生行政部门规定的其他情形。

卫生行政部门应当自收到医疗事故争议处理申请之日起10日内进行审查，做出是否受理的决定。对符合《医疗事故处理条例》规定，予以受理，需要进行医疗事故技术鉴定的，应当自做出受理决定之日起5日内将有关材料交由负责医疗事故技术鉴定工作的医学会组织鉴定并书面通知申请人；对不符合《医疗事故处理条例》规定，不予受理的，应当书面通知申请人并说明理由。当事人对首次医疗事故技术鉴定结论有异议，申请再次鉴定的，卫生行政部门应当自收到申请之日起7日内交由省、自治区、直辖市地方医学会组织再次鉴定。

当事人既向卫生行政部门提出医疗事故争议处理申请，又向人民法院提起诉讼的，卫生行政部门不予受理；卫生行政部门已经受理的，应当终止处理。

二、医疗事故的监督

卫生行政部门收到负责组织医疗事故技术鉴定工作的医学会出具的医疗事故技术鉴定书后，应当对参加鉴定的人员资格和专业类别、鉴定程序进行审核；必要时，可以组织调查，听取医疗事故争议双方当事人的意见。卫生行政部门经审核，对符合《医疗事故处理条例》规定做出的医疗事故技术鉴定结论，应当作为对发生医疗事故的医疗机构和医务人员做出行政处理以及进行医疗事故赔偿调解的依据；经审核，发现医疗事故技术鉴定不符合《医疗事故处理条例》规定的，应当要求重新鉴定。

医疗事故争议由双方当事人自行协商解决的，医疗机构应当自协商解决之日起7日内向所在地卫生行政部门做出书面报告，并附具协议书。医疗事故争议经人民法院调解或者判决解决的，医疗机构应当自收到生效的调解书或者判决书之日起7日内向所在地卫生行政部门做出书面报告，并附具调解书或者判决书。卫生行政部门应当依照《医疗事故处理条例》和有关法律、行政法规、部门规章的规定，对发生医疗事故的医疗机构和医务人员做出行政处理。县级以上地方人民政府卫生行政部门应当按照规定逐级将当地发生的医疗事故以及依法对发生医疗事故的医疗机构和医务人员做出行政处理的情况，上报国务院卫生行政部门。

第五节 医疗事故的赔偿

一、医疗事故赔偿争议的解决途径

（一）协商解决

发生医疗事故的赔偿等民事责任争议，医患双方可以协商解决。医患双方协商解决赔偿等民事责任争议，体现了医患双方依法处分民事权利、确认民事义务。医患双方协商解决赔偿等民事责任的，应当制作协议书。协议书应当载明双方当事人的基本情况和医疗事故的原因、双方当事人共同认定的医疗事故等级以及协商确定的赔偿数额等，并由双方当事人在协议书上签名。

（二）调解解决

发生医疗事故的赔偿等民事责任争议，医患双方不愿意协商或者协商不成时，可以向卫生行政部门提出调解申请。已确定为医疗事故的，卫生行政部门应医疗事故争议双方当事人请求，可以进行医疗事故赔偿调解。调解时，应当遵循当事人双方自愿原则进行，并应当依据《医疗事故处理条例》的规定计算赔偿数额。经调解，双方当事人就赔偿数额达成协议的，制作调解书，双方当事人应当自觉履行。调解不成或者经调解达成协议后一方反悔的，卫生行政部门不再调解。

（三）诉讼解决

发生医疗事故的赔偿等民事责任争议，医患双方不愿意协商或者协商不成的，可以直接向人民法院提起民事诉讼。诉讼是解决医疗事故赔偿等民事责任争议的最终途径。

二、医疗事故赔偿考虑因素

医疗事故赔偿，应当考虑下列因素，确定具体赔偿数额：①医疗事故等级；②医疗过失行为在医疗事故损害后果中的责任程度；③医疗事故损害后果与患者原有疾病状况之间的关系。不属于医疗事故的，医疗机构不承担赔偿责任。

三、医疗事故赔偿项目和标准

医疗事故赔偿，按照下列项目和标准计算。

（一）医疗费

按照医疗事故对患者造成的人身损害进行治疗所发生的医疗费用计算，凭据支付，但不包括原发病医疗费用。结案后确实需要继续治疗的，按照基本医疗费用支付。

（二）误工费

患者有固定收入的，按照本人因误工减少的固定收入计算，对收入高于医疗事故发生地上一年度职工年平均工资 3 倍以上的，按照 3 倍计算；无固定收入的，按照医疗事故发生地上一年度职工年平均工资计算。

（三）住院伙食补助费

按照医疗事故发生地国家机关一般工作人员的出差伙食补助标准计算。

（四）陪护费

患者住院期间需要专人陪护的，按照医疗事故发生地上一年度职工年平均工资计算。

（五）残疾生活补助费

根据伤残等级，按照医疗事故发生地居民年平均生活费计算，自定残之月起最长赔偿 30 年；但是，60 周岁以上的，不超过 15 年；70 周岁以上的，不超过 5 年。

（六）残疾用具费

因残疾需要配置补偿功能器具的，凭医疗机构证明，按照普及型器具的费用计算。

（七）丧葬费

按照医疗事故发生地规定的丧葬费补助标准计算。

（八）被扶养人生活费

以死者生前或者残疾者丧失劳动能力前实际扶养且没有劳动能力的人为限，按照其户籍所在地或者居所地居民最低生活保障标准计算。对不满 16 周岁的，扶养到 16 周岁。对年满 16 周岁但无劳动能力的，扶养 20 年；但是，60 周岁以上的，不超过 15 年；70 周岁以上的，不超过 5 年。

（九）交通费

按照患者实际必需的交通费用计算，凭据支付。

（十）住宿费

按照医疗事故发生地国家机关一般工作人员的出差住宿补助标准计算，凭据支付。

（十一）精神损害抚慰金

按照医疗事故发生地居民年平均生活费计算。造成患者死亡的，赔偿年限最长不超过 6 年；造成患者残疾的，赔偿年限最长不超过 3 年。

医疗事故责任者应向受害者赔偿的数额，计算方法为：上述各项目的实际费用乘以根据具体赔偿的考虑因素所确定的责任程度（折扣系数）。

参加医疗事故处理的患者近亲属所需的交通费、误工费、住宿费，参照上述有关规定计算，计算费用的人数不超过 2 人。医疗事故造成患者死亡的，参加丧葬活动的患者的配偶和直系亲属所需的交通费、误工费、住宿费，参照上述有关规定计算，计算费用的人数不超过 2 人。

医疗事故赔偿费用实行一次性结算，由承担医疗事故责任的医疗机构支付。

第六节 法律责任

一、卫生行政部门工作人员的违法责任

卫生行政部门的工作人员在处理医疗事故过程中违反《医疗事故处理条例》的规定，利用职务上的便利收受他人财物或者其他利益，滥用职权，玩忽职守。或者发现违法行为不予查处，造成严重后果的，依照刑法关于受贿罪、滥用职权罪、玩忽职守罪或者其他有关罪的规定，依法追究刑事责任；尚不够刑事处罚的，依法给予降级或者撤职的行政处分。

二、卫生行政部门的违法责任

卫生行政部门违反《医疗事故处理条例》的规定，有下列情形之一的，由上级卫生行政部门给予警告并责令限期改正；情节严重的，对负有责任的主管人员和其他直接责任人员依法给予行政处分：①接到医疗机构关于重大医疗过失行为的报告后，未及时组织调查的；②接到医疗事故争议处理申请后，未在规定时间内审查或者移送上一级人民政府卫生行政部门处理的；③未将应当进行医疗事故技术鉴定的重大医疗过失行为或者医疗事故争议移交医学会组织鉴定的；④未按照规定逐级将当地发生的医疗事故以及依法对发生医疗事故的医疗机构和医务人员的处理情况上报的；⑤未按照本条例规定审核医疗事故技术鉴定书的。

三、医疗机构的违法责任

医疗机构违反《医疗事故处理条例》的规定，有下列情形之一的，由卫生行政部门责令改正；情节严重的，对负有责任的主管人员和其他直接责任人员依法给予行政处分或者纪律处分：①未如实告知患者病情、医疗措施和医疗风险的；②没有正当理由，拒绝为患者提供复印或者复制病历资料的；③未按照国务院卫生行政部门规定的要求书写和妥善保管病历资料服务的；④未在规定时间内补记抢救工作病历内容的；⑤未按照规定封存、保管和启封病历资料和实物的；⑥未设置医疗服务质量监控部门或者配备专（兼）职人员的，⑦未制定有关医疗事故防范和处理预案的；⑧未在规定时间内向卫生行政部门报告重大医疗过失行为的；⑨未按照本条例的规定向卫生行政部门报告医疗事故的；⑩未按照规定进行尸检和保存、处理尸体的。

医疗机构发生医疗事故的，由卫生行政部门根据医疗事故等级和情节，给予警告；情节严重的，责令限期整顿直至由原发证部门吊销执业许可证。

四、医务人员的违法责任

《医疗事故处理条例》规定，对负有责任的医务人员依照刑法关于医疗事故罪的规定，依法追究刑事责任；尚不够刑事处罚的，依法给予行政处分或者纪律处分。对发生医疗事故的有关医务人员，除依照上述处罚外，卫生行政部门可以责令暂停6个月以上1年以下执业活动；情节严重的，吊销其执业证书。

五、医疗事故技术鉴定人员的违法责任

参加医疗事故技术鉴定工作的人员违反《医疗事故处理条例》的规定，接受申请鉴定双方或者一方当事人的财物或者其他利益，出具虚假医疗事故技术鉴定书，造成严重后果的，依照刑法关于受贿罪的规定，依法追究刑事责任；尚不够刑事处罚的，由原发证部门吊销其执业证书或者资格证书。

六、有关机构的违法责任

医疗机构或者其他有关机构违反《医疗事故处理条例》的规定，有下列情形之一的，由卫生行政部门责令改正，给予警告；对负有责任的主管人员和其他直接责任人员依法给予行政处分或者纪律处分；情节严重的，由原发证部门吊销其执业证书或者资格证书：①承担尸检任务的机构没有正当理由，拒绝进行尸检的；②涂改、伪造、隐匿、销毁病历资料的。

七、扰乱医疗秩序的法律责任

医疗机构的财产和工作秩序，工作人员的人身安全、民主权利和工作权利，受法律保护。任何人不得借医疗机构发生医疗事故寻衅滋事、抢夺病历资料，扰乱医疗机构正常医疗秩序和医疗事故技术鉴定工作。对有上述违法行为的，依照刑法关于扰乱社会秩序罪，依法追究刑事责任；尚不构成刑事处罚的，依法给予治安管理处罚。

第十七章　红十字会法律制度

第一节　概　述

一、红十字会法的概念

《中华人民共和国红十字会法》是为了保护人的生命和健康，维护人的尊严，发扬人道主义精神，促进和平进步事业，保障和规范红十字会依法履行职责，制定本法。

二、国际红十字会运动的起源和发展

国际红十字会（the international committee of the red cross，简称 ICRC）起源于 19 世纪中叶欧洲的战争救护，瑞士人亨利·杜南开创了以人道、博爱、和平、进步为宗旨的红十字事业。

1863 年 10 月 26 日，欧洲 16 个国家的代表在日内瓦召开了首次外交会议，并一致通过了《红十字决议》，决定在各国建立救护团体，为表示对瑞士的敬意，其标志定为"白底红十字"（瑞士国旗为红底白十字）。翌年 8 月 8 日至 22 日，又签订了《关于改善战地陆军伤者境遇之日内瓦公约》，且被各国相继承认。公约中规定：战场上进行救护的医院及人员处中立地位，应受保护和尊重；应对伤病员不分敌友均给予救护。至此，作为亨利·杜南理想中的救护团体"红十字会"和国际性协议《日内瓦公约》正式诞生了。现在，国际红十字会是世界上三大国际组织之一，由红十字国际委员会、红十字会与红新月会国际联合会、各国红十字会和红新月会组成，有 170 多个成员国。

三、国际红十字会的基本原则

国际红十字和红新月运动确立的基本原则是指 1986 年 10 月日内瓦国际红十字大会第二十五次会议通过的《国际红十字和红新月运动章程》中确立的人道、公正、中立、独立、志愿服务、统一和普遍 7 项基本原则。

第二节　中国红十字事业

一、概述

1993 年，中华人民共和国第八届全国人民代表大会常务委员会第四次会议通过了《中华人民共和国红十字会法》。1994 年，中国红十字会第六次会员代表大会聘请国家主席江泽民为名誉会长，同时会议制定了《中国红十字会章程》。1996 年 1 月 29 日国务

院、中央军事委员会发布了《中华人民共和国红十字标志使用方法》。使中国红十字事业有了法律保障。1978 年以来，中国红十字事业进入了持续、快速发展时期，各级各地红十字会迅速恢复和建立。目前，中国红十字会有 31 个省级分会和香港、澳门两个特别行政区分会，7 万多个基层组织，近 2000 万会员。

二、红十字会的性质

中国红十字会以发扬人道主义精神，保护人的生命和健康，促进人类和平进步事业为宗旨。中国红十字会是中华人民共和国统一的红十字组织，是从事人道主义工作的社会救助团体。中国红十字会总会具有社会团体法人资格，地方各级红十字会、行业红十字会依法取得社会团体法人资格。红十字会协助各级人民政府开展与自己职责有关的活动；总会接受国务院管理，地方各级红十字会接受同级人民政府管理。中国红十字会遵守国家宪法和法律，遵循国际红十字运动确立的人道、公正、中立、独立、志愿、统一、普遍的七项基本原则，依照日内瓦公约及其附加议定书、《中华人民共和国红十字会法》和中国红十字会章程，独立自主地开展工作。中国红十字会根据独立、平等、互相尊重的原则参与国际红十字运动，发展同各国红十字会或红新月会的友好合作关系。

三、红十字会的组织

中国红十字会是具有法人资格的组织。中国红十字会在县级以上（含县）行政区域（直辖市的街道）建立地方各级红十字会；乡镇、街道、企业、事业单位和学校建立的红十字会为基层组织，根据实际工作需要配备专职工作人员。全国性行业根据需要可以建立行业红十字会。地方各级红十字会、行业红十字会依法取得社会团体法人资格。

中国红十字会的最高权力机构是全国会员代表大会；会员代表大会闭会期间由理事会执行其决议；理事会闭会期间由常务理事会执行其决议。驻总会的常务理事组成执行委员会，执行委员会对常务理事会负责。中国红十字会设名誉会长和名誉副会长。中国红十字会名誉会长由国家主席担任，名誉副会长由理事会聘请；地方红十字会名誉会长和名誉副会长由同级理事会聘请。

1. 全国会员代表大会　全国会员代表大会的代表由总会和地方红十字会推选的会员代表以及与有关部门协商产生的代表和特邀代表组成，代表比例由上届常务理事会根据会员人数和红十字事业发展需要决定。全国会员代表大会由中国红十字会理事会召集，每 5 年召开一次，如遇特殊情况可提前或延期召开。

2. 全国会员代表大会的职权

①选举中国红十字会理事；②修改《中国红十字会章程》；③审查批准理事会的工作报告；④批准理事会提交的工作规划；⑤决定中国红十字会的重大事项。

3. 理事会及其职责

理事会任期 5 年，下一届全国会员代表大会召开时换届。理事会会议由常务理事会召集，每年召开一次。其职责如下。

①聘请名誉副会长；②选举常务理事；③选举会长、常务副会长、副会长；④根据会长提名，决定秘书长、副秘书长；⑤审议、通过理事的增补、更换或罢免事宜；⑥审查批准常务理事会的工作报告并向全国会员代表大会报告工作；⑦制定发展红十字事业的大政方针、长远规划和年度工作计划；⑧审查批准接受捐赠款、物使用情况的报告；⑨决定其他重大事项。

4. 常务理事会、执行委员会及其职责　常务理事会由理事会选举产生的会长、常务副会长、副会长和专职常务理事及有关部门兼职常务理事组成。常务理事会对理事会负责并接受其监督，常务理事会会议每年至少召开两次，由会长或常务副会长召集并主持。其职责如下。

①依照《中华人民共和国红十字会法》和本章程的规定，向理事会推举名誉副会长的人选；②提出修改章程的议案；③审议年度工作报告、计划和接受捐赠款、物的使用情况，并向理事会提交专题报告；④向理事会提出更换、增补及罢免理事的议案；⑤聘请名誉理事；⑥决定其他重要事项。

常务理事会闭会期间，由执行委员会执行常务理事会的决议。常务副会长任执行委员会主任并担任中国红十字会法定代表人。执行委员会的职责如下。

①执行理事会和常务理事会决议，主持总会日常工作；②负责编制总会经费预算，审核总会年度财务决算；③指导全国红十字会的工作；④管理总会的动产和不动产；⑤承担总会的民事、法律责任；⑥负责与国际红十字组织和各国红十字会或红新月会的交流、合作；⑦完成理事会和常务理事会交办的其他事宜。

四、红十字会会员

1. 红十字会会员的基本条件　本国公民，不分民族、种族、性别、职业、宗教、信仰、教育程度，遵守《中华人民共和国红十字会法》，承认红十字会章程的，可以申请加入红十字会，成为红十字会会员。会员分为个人会员和团体会员。在校学生加入红十字会的为红十字青少年会员。机关、企事业单位及有关团体，集体加入红十字会的为团体会员。个人入会须提出申请，基层红十字组织批准，报县级以上（含县）红十字会备案，发给会员证，方可成为红十字会会员；机关、企事业单位及有关团体集体入会，由县级以上（含县）红十字会发给证书和标牌，方可成为红十字会团体会员；对红十字事业有较大贡献的单位和个人，县级以上（含县）红十字会可以直接接收为会员。

2. 红十字会会员的退会　会员有下列情况之一可以认为退会。

①法人的撤销、合并，解散；②连续两年不参加红十字会活动；③不缴纳会费。

3. 红十字会会员的基本权利

①参加红十字会的有关会议；②有选举权、被选举权和表决权；③对红十字会工作提出建议和批评；④佩戴红十字标志；⑤团体会员的权利由法定代表人行使。

4. 红十字会会员的基本义务

（1）宣传、贯彻、执行《中华人民共和国红十字会法》和《中华人民共和国红十字标志使用办法》。

（2）遵守《中国红十字会章程》。

（3）按期缴纳会费，会费标准按《中国红十字会会费管理办法》的规定执行。

（4）参加红十字会举办的活动，完成红十字会交办的任务。

（5）维护红十字会的合法权益。

第三节　中国红十字会的职责与权利

一、中国红十字会的国际义务

1. 红十字会和平时期履行的国际义务

（1）开展救灾的准备工作，兴建和管理救灾备灾设施。

（2）对重大的涉及人类生存的疾病科研课题密切关注，与国际卫生组织进行友好合作交流。

（3）参加国际人道主义救援工作；开展与国际红十字组织和各国红十字会或红新月会的友好合作交流。

（4）宣传日内瓦公约及其附加议定书、红十字与红新月运动七项基本原则；宣传《中华人民共和国红十字会法》和《中华人民共和国红十字标志使用办法》并协助各级人民政府纠正滥用红十字标志现象。

（5）依照国际红十字和红新月运动的基本原则和日内瓦公约及其附加议定书，兴办符合红十字会宗旨的社会福利事业和经济实体。

（6）依照国际红十字和红新月运动的基本原则，完成人民政府委托事宜。

2. 战时红十字会依据日内瓦公约及其附加议定书履行以下职责

（1）组织红十字会救护队，参与战场救护。

（2）在武装部队中依法开展传染病的防治工作。

（3）对战区平民进行救助。

（4）协助战俘、被监禁者及难民与家人取得联系，转交钱物，并为此建立必要的通信渠道。

（5）参与探视和见证交换战俘。

二、中国红十字会的国内主要工作

①卫生救护；②备灾与救灾；③社区服务；④宣传和传播；⑤推动无偿献血工作；⑥开展红十字青少年活动；⑦台湾事务；⑧对外交往。

三、红十字会的权利

1. 优先通行权

（1）在自然灾害和突发事件中，佩戴红十字标志的人员和标有红十字标志的物资、交通工具优先通行。

（2）在自然灾害和突发事件中，为执行救助任务的需要，红十字会救援人员可以优先使用公共通信工具。

（3）红十字会接受的国（境）外组织和个人捐赠的救灾物资，有关部门优先安排运输和办理有关放行手续。

2. 减税、免税权

（1）红十字会兴办的社会福利事业可以按照国家有关规定，享受税收优惠政策。

（2）红十字会接受的国（境）外组织和个人捐赠的救灾物资，按照国家有关规定享

受减税、免税优惠。

3. 物资处分权　红十字会有权处分其接受的救助物资，在处分捐赠款物时，应当尊重捐赠者的意愿。

4. 享受相关法律法规保护和尊重

（1）执行人道主义救助任务的红十字会工作人员，在战争和武装冲突中受日内瓦公约及其附加议定书的保护，在自然灾害和突发事件中受国家有关法律法规的保护。

（2）红十字会开展的宣传日内瓦公约及其附加议定书、国际红十字运动章程、《中华人民共和国红十字会法》《中华人民共和国红十字标志使用办法》、社会募捐以及红十字会履行职责的活动，广播、电视、报刊等新闻单位应积极支持。

（3）任何组织或个人不得拒绝、阻碍红十字会工作人员依法履行职责。

四、红十字会的经费来源和使用监督

1. 红十字会经费的主要来源

（1）红十字会会员缴纳的会费。

（2）接受国内外组织和个人捐赠的款物。

（3）动产和不动产的收入。

（4）人民政府的拨款。

中国红十字会建立中国红十字基金会，有条件的地方红十字会可建立红十字基金会或设立专项基金。

2. 红十字会经费的使用监督　为了确保红十字会经费的使用合法有效，红十字会自行建立了一系列的经费审查监督制度，并接受人民政府的检查监督。对会费的使用，按《中国红十字会会费管理办法》的规定执行。对接受境内外组织和个人定向捐赠款物的使用和管理，按《中国红十字会募捐和接受捐赠工作条例》的规定执行。任何组织和个人不得侵占和挪用红十字会的经费和财产。红十字会的经费主要指会费、接受的捐赠、政府的拨款以及自有财产所带来的收益。红十字会的财产包括红十字会的动产和不动产（含国家交给红十字会管理的动产和不动产）。

第四节　红十字标志的使用

红十字标志是白底红十字。中国红十字会使用的标明性红十字标志为加名称的白底红十字标志，红十字由5个相等的正方形组成。红十字标志是国际人道主义保护标志，是武装力量医疗机构的特定标志，是红十字会的专用标志。红十字标志具有保护作用和标明作用，二者不得混淆使用。为了维护红十字标志的严肃性，正确使用红十字标志，依照红十字会法的有关规定，我国国务院、中央军事委员会制定颁布《中华人民共和国红十字标志使用办法》。

地方各级人民政府依照《中华人民共和国红十字标志使用办法》对本行政区域内红十字标志的使用实施监督管理。地方各级红十字会协助本级人民政府对红十字标志的使用实施监督管理。

一、中国红十字会的标志、会徽和会旗

中国红十字会使用日内瓦公约规定的白底红十字标志。中国红十字会的会徽为：金黄色橄榄枝环绕的白底红十字。中国红十字会的会旗为：白色旗帜正中央印制中国红十字会会徽。全国各级红十字会统一使用白底红十字标志和中国红十字会会徽、会旗。红十字标志、红十字旗、中国红十字会会徽和会旗以及会员证、团体会员标牌、荣誉证书等的制作按照中国红十字会的有关规定执行。红十字徽章、臂章、奖章、证章、证书按总会统一设计模式，由各省、自治区、直辖市、副省级城市红十字会制作，带有红十字的特殊标记、吉祥物等由中国红十字会总会制作。

二、红十字标志的保护性使用

红十字标志的保护性使用，是指在武装冲突中、冲突各方对依照本办法的规定佩戴红十字标志的人员和标有红十字标志的处所及其物品、医务运输工具，必须予以保护和尊重。

1. 有权使用红十字标志的人员 在武装冲突中，下列人员可以使用保护性红十字标志。

（1）武装力量医疗机构的医务人员和工作人员。

（2）红十字会的工作人员和医务人员。

（3）经国务院或者中央军事委员会批准的国际红十字组织和外国红十字组织的工作人员和医务人员。

（4）军用的和民用的医务运输工具上的医务人员和工作人员。

（5）经国务院或者中央军事委员会批准的国内外的志愿救助团体人员和民用医疗机构的医务人员。

使用保护性红十字标志的人员，必须随身携带由国务院或者中央军事委员会授权的部门签发的身份证明。

2. 有权使用红十字标志的组织和机构 在武装冲突中，下列机构或者组织及其处所、物品、医务运输工具可以使用保护性红十字标志。

（1）武装力量的医疗机构。

（2）参加救助活动的红十字会。

（3）经国务院或者中央军事委员会批准的国内外的志愿救助团体和医疗机构。

（4）经国务院或者中央军事委员会批准的国际组织。

除此之外，武装力量医疗机构的人员、处所及其物品、医务运输工具，和平时期可以使用保护性红十字标志作为标记。

三、红十字标志的标明性使用

红十字标志的标明性使用，是指对与红十字活动有关的人或者物的标志。红十字作为标明性标志使用时，在红十字下方必须伴以红十字会的名称或者名称缩写，并不得将红十字置于建筑物顶部。红十字会的工作人员、会员和其他有关人员履行职责时，应当佩戴标有红十字的小尺寸臂章；不履行职责时，可以佩戴标有红十字的小尺寸胸针或者胸章。

1. 有权可以使用标明性红十字标志的人员 下列人员可以使用标明性红十字标志：

①红十字会工作人员；②红十字会会员；③红十字青少年会员。

2. 有权使用标明性红十字标志的场所 下列场所可以使用标明性红十字标志：①红十字会使用的建筑物；②红十字会所属的医疗机构；③红十字会开展符合其宗旨的活动场所。

3. 有权使用标志性红十字标志的物品、运输工具 下列物品、运输工具可以使用标志性红十字标志：①红十字会的徽章、奖章、证章；②红十字会的印刷品、宣传品；③红十字会的救灾、救护物资及运输工具。

除上述规定的范围以外需要使用标明性红十字标志的，由红十字总会批准。

4. 红十字标志的禁止使用 《中华人民共和国红十字标志使用办法》规定，红十字会标志不得用于下列情形：①商标或者商业性广告；②非红十字会或者非武装力量的医疗机构；③药店、兽医站；④商品的包装；⑤公司的标志；⑥工程设计、产品设计；⑦《中华人民共和国红十字标志使用办法》规定可以使用红十字标志以外的其他情形。

四、红十字标志使用的法律规定

（1）红十字会会员、红十字青少年会员、红十字会志愿工作者和红十字会专（兼）职工作人员平时可佩戴红十字会会徽或穿着印有红十字装饰图案的服装；执行救助任务时的红十字会人员应佩戴红十字臂章、胸章或穿着印有红十字标志的制服。

（2）红十字会的机构、医院、血站、备灾救灾中心（仓库）、救护培训中心挂长方条形或矩形标牌，底色为白色，红十字在上部，下面用黑色字标明单位全称。各级红十字会的备灾救灾中心（仓库）、救护培训中心用中国红十字会会徽作为标记，会徽标志在正面墙壁上方显著位置，会徽下方用醒目字体标明单位全称。

（3）红十字会的赈灾、救护车辆（含飞行器、船艇），在驾驶室挡风玻璃和车身后玻璃下方适中位置喷涂白底红十字，驾驶室两侧车门喷涂红十字，红十字下方标明红十字会名称。车上的警灯、警报器按公安部门的规定安装。境外捐助车辆的警灯、警报器和车身喷字的维持原样，驾驶室两侧车门喷涂红十字并标明红十字会名称。救灾和紧急救护临时雇用的车辆均按本规定张贴标明性红十字标志，悬挂红十字会会旗。

（4）使用民族文字的地区，在单位标牌和胸章、臂章上可加用民族文字。

（5）经批准冠名红十字会（或红十字）的医院、血站等事业单位挂矩形标牌，标牌底色为白色，红十字在中央，单位名称环绕红十字，用黑色字标明。

（6）红十字会的各级团体会员单位，分别由各级红十字会授予矩形挂牌，其形状与冠名红十字会单位的挂牌相同，名称由国家或地区名称加红十字会团体会员单位组成。

（7）红十字会所属企业单位及挂靠单位平时不得使用红十字标志，在执行人道主义救助任务和参加红十字会活动时，使用红十字标牌、红十字旗、红十字会会徽进行标明。

（8）大型集会、文艺演出和各种体育竞赛场馆由红十字会设置的救护站，用红十字旗或红十字标牌标明。红十字会举办的会议，主席台上方挂红十字会会徽，会场内摆放会旗和红十字旗。

（9）红十字会的宣传印刷品、办公用品、纪念品可直接印制红十字和红十字会会徽；红十字会用于救护、赈济的器械、器材和衣服、食品、药品等物品的包装应直接印制或用不干胶贴的红十字标志标明。

（10）中国红十字会总会批准开展的义卖活动，其义卖品可用红十字标志标明。

第五节　法律责任

一、阻碍红十字会工作人员履行职责的法律责任

《中华人民共和国红十字会法》规定，任何组织和个人不得拒绝、阻碍红十字会工作人员依法履行职责。在自然灾害和突发事件中，以暴力、威胁方法阻碍红十字会工作人员依法履行职责的，比照刑法有关规定追究刑事责任；阻碍红十字会工作人员依法履行职责未使用暴力、威胁方法的，比照治安管理处罚条例的有关规定处罚。

二、违反红十字标志使用办法的法律责任

（1）禁止滥用红十字标志。对于滥用红十字标志，违反《中华人民共和国红十字标志使用办法》，有下列情形之一的，红十字会有权要求其停止使用；拒绝停止使用的，红十字会可以提请人民政府按照有关法律、法规予以处理。

1）红十字会的工作人员、会员、红十字青少年会员以外的人员使用标明性红十字标志的。

2）非红十字会使用的建筑物及其他场所使用标明性红十字标志的。

3）非红十字会的医疗机构使用标明性红十字标志的。

4）不属于红十字会的物品、运输工具等使用标明性红十字标志的。

5）有违反《中华人民共和国红十字标志使用办法》的规定使用红十字标志的其他情形。

（2）违反《中华人民共和国红十字标志使用办法》的规定，擅自使用红十字标志的，由县级以上人民政府责令停止使用，没收非法所得，并处1万元以下的罚款。

（3）武装力量中的组织和人员有违反《中华人民共和国红十字标志使用办法》规定行为的，由军队有关部门处理。

第十八章　中医药法律制度

第一节　概　述

一、中医药法的概念

中医药法是调整保护、发展中医药和利用中医药防病治病活动中产生的各种社会关系的法律规范的总和。

在世界传统医学中，中医药学有着完整的理论体系和丰富的实践经验总结，所以不能简单地沿用西医药的一套规章制度。中医药的法制管理应该按照中医药的特点和活动规律，在实践中逐步形成，以保障中医药事业的健康发展。

二、中医药立法的发展

新中国成立后，党和政府对中医药事业极为关怀，制定了一系列方针政策，促使中医药事业不断发展。国家中医药管理局先后制定了《中医事业"八五"计划及十年规划设想》《中医药事业"九五"计划和2010年规划设想》《国家中医药管理局行政立法暂行规定》等。《中华人民共和国国民经济和社会发展第十个五年计划纲要》（以下简称《纲要》）提出了"大力发展中医药，促进中西医结合"等中医药发展的战略任务，进一步明确了中医药在国民经济和社会发展中的重要地位和作用。2003年4月7日，国务院第374号令公布了《中华人民共和国中医药条例》（自2003年10月1日起施行。以下简称《中医药条例》）。《中华人民共和国中医药法》已由中华人民共和国第十二届全国人民代表大会常务委员会第二十五次会议于2016年12月25日通过，自2017年7月1日起施行。

第二节　总　则

（1）为了继承和弘扬中医药，保障和促进中医药事业发展，保护人民健康，制定本法。

（2）本法所称中医药，是包括汉族和少数民族医药在内的我国各民族医药的统称，是反映中华民族对生命、健康和疾病的认识，具有悠久历史传统和独特理论及技术方法的医药学体系。

（3）中医药事业是我国医药卫生事业的重要组成部分。国家大力发展中医药事业，实行中西医并重的方针，建立符合中医药特点的管理制度，充分发挥中医药在我国医药卫生事业中的作用。

发展中医药事业应当遵循中医药发展规律，坚持继承和创新相结合，保持和发挥中医药特色和优势，运用现代科学技术，促进中医药理论和实践的发展。

国家鼓励中医西医相互学习，相互补充，协调发展，发挥各自优势，促进中西医结合。

(4) 县级以上人民政府应当将中医药事业纳入国民经济和社会发展规划，建立健全中医药管理体系，统筹推进中医药事业发展。

(5) 国务院中医药主管部门负责全国的中医药管理工作。国务院其他有关部门在各自职责范围内负责与中医药管理有关的工作。县级以上地方人民政府中医药主管部门负责本行政区域的中医药管理工作。县级以上地方人民政府其他有关部门在各自职责范围内负责与中医药管理有关的工作。

(6) 国家加强中医药服务体系建设，合理规划和配置中医药服务资源，为公民获得中医药服务提供保障。国家支持社会力量投资中医药事业，支持组织和个人捐赠、资助中医药事业。

(7) 国家发展中医药教育，建立适应中医药事业发展需要、规模适宜、结构合理、形式多样的中医药教育体系，培养中医药人才。

(8) 国家支持中医药科学研究和技术开发，鼓励中医药科学技术创新，推广应用中医药科学技术成果，保护中医药知识产权，提高中医药科学技术水平。

(9) 国家支持中医药对外交流与合作，促进中医药的国际传播和应用。

(10) 对在中医药事业中做出突出贡献的组织和个人，按照国家有关规定给予表彰、奖励。

第三节　中医药服务

一、中医医疗机构管理

(1) 县级以上人民政府应当将中医医疗机构建设纳入医疗机构设置规划，举办规模适宜的中医医疗机构，扶持有中医药特色和优势的医疗机构发展。合并、撤销政府举办的中医医疗机构或者改变其中医医疗性质，应当征求上一级人民政府中医药主管部门的意见。

(2) 政府举办的综合医院、妇幼保健机构和有条件的专科医院、社区卫生服务中心、乡镇卫生院，应当设置中医药科室。县级以上人民政府应当采取措施，增强社区卫生服务站和村卫生室提供中医药服务的能力。

(3) 国家支持社会力量举办中医医疗机构。社会力量举办的中医医疗机构在准入、执业、基本医疗保险、科研教学、医务人员职称评定等方面享有与政府举办的中医医疗机构同等的权利。

(4) 举办中医医疗机构应当按照国家有关医疗机构管理的规定办理审批手续，并遵守医疗机构管理的有关规定。举办中医诊所的，将诊所的名称、地址、诊疗范围、人员配备情况等报所在地县级人民政府中医药主管部门备案后即可开展执业活动。中医诊所应当将本诊所的诊疗范围、中医医师的姓名及其执业范围在诊所的明显位置公示，不得超出备案范围开展医疗活动。具体办法由国务院中医药主管部门拟订，报国务院卫生行

政部门审核、发布。

二、中医医疗从业人员管理

（1）从事中医医疗活动的人员应当依照《中华人民共和国执业医师法》的规定，通过中医医师资格考试取得中医医师资格，并进行执业注册。中医医师资格考试的内容应当体现中医药特点。以师承方式学习中医或者经多年实践，医术确有专长的人员，由至少两名中医医师推荐，经省、自治区、直辖市人民政府中医药主管部门组织实践技能和效果考核合格后，即可取得中医医师资格；按照考核内容进行执业注册后，即可在注册的执业范围内，以个人开业的方式或者在医疗机构内从事中医医疗活动。国务院中医药主管部门应当根据中医药技术方法的安全风险拟订本款规定人员的分类考核办法，报国务院卫生行政部门审核、发布。

（2）中医医疗机构配备医务人员应当以中医药专业技术人员为主，主要提供中医药服务；经考试取得医师资格的中医医师按照国家有关规定，经培训、考核合格后，可以在执业活动中采用与其专业相关的现代科学技术方法。

三、公共卫生服务

（1）在医疗活动中采用现代科学技术方法的，应当有利于保持和发挥中医药特色和优势。

（2）社区卫生服务中心、乡镇卫生院、社区卫生服务站以及有条件的村卫生室应当合理配备中医药专业技术人员，并运用和推广适宜的中医药技术方法。

（3）开展中医药服务，应当以中医药理论为指导，运用中医药技术方法，并符合国务院中医药主管部门制定的中医药服务基本要求。

（4）县级以上人民政府应当发展中医药预防、保健服务，并按照国家有关规定将其纳入基本公共卫生服务项目统筹实施。县级以上人民政府应当发挥中医药在突发公共卫生事件应急工作中的作用，加强中医药应急物资、设备、设施、技术与人才资源储备。医疗卫生机构应当在疾病预防与控制中积极运用中医药理论和技术方法。

四、中医药服务的监督检查

（1）医疗机构发布中医医疗广告，应当经所在地省、自治区、直辖市人民政府中医药主管部门审查批准；未经审查批准，不得发布。发布的中医医疗广告内容应当与经审查批准的内容相符合，并符合《中华人民共和国广告法》的有关规定。

（2）县级以上人民政府中医药主管部门应当加强对中医药服务的监督检查，并将下列事项作为监督检查的重点。

1）中医医疗机构、中医医师是否超出规定的范围开展医疗活动。

2）开展中医药服务是否符合国务院中医药主管部门制定的中医药服务基本要求。

3）中医医疗广告发布行为是否符合本法的规定。

中医药主管部门依法开展监督检查，有关单位和个人应当予以配合，不得拒绝或者阻挠。

第四节　中医药保护与发展

一、种植流通

（1）国家制定中药材种植养殖、采集、贮存和初加工的技术规范、标准，加强对中药材生产流通全过程的质量监督管理，保障中药材质量安全。

（2）国家鼓励发展中药材规范化种植养殖，严格管理农药、肥料等农业投入品的使用，禁止在中药材种植过程中使用剧毒、高毒农药，支持中药材良种繁育，提高中药材质量。

（3）国家建立道地中药材评价体系，支持道地中药材品种选育，扶持道地中药材生产基地建设，加强道地中药材生产基地生态环境保护，鼓励采取地理标志产品保护等措施保护道地中药材。前款所称道地中药材，是指经过中医临床长期应用优选出来的，产在特定地域，与其他地区所产同种中药材相比，品质和疗效更好，且质量稳定，具有较高知名度的中药材。

（4）国务院药品监督管理部门应当组织并加强对中药材质量的监测，定期向社会公布监测结果。国务院有关部门应当协助做好中药材质量监测有关工作。

采集、贮存中药材以及对中药材进行初加工，应当符合国家有关技术规范、标准和管理规定。

国家鼓励发展中药材现代流通体系，提高中药材包装、仓储等技术水平，建立中药材流通追溯体系。药品生产企业购进中药材应当建立进货查验记录制度。中药材经营者应当建立进货查验和购销记录制度，并标明中药材产地。

（5）国家保护药用野生动植物资源，对药用野生动植物资源实行动态监测和定期普查，建立药用野生动植物资源种质基因库，鼓励发展人工种植养殖，支持依法开展珍贵、濒危药用野生动植物的保护、繁育及其相关研究。

二、中药材加工使用

（1）在村医疗机构执业的中医医师、具备中药材知识和识别能力的乡村医生，按照国家有关规定可以自种、自采地产中药材并在其执业活动中使用。

（2）国家保护中药饮片传统炮制技术和工艺，支持应用传统工艺炮制中药饮片，鼓励运用现代科学技术开展中药饮片炮制技术研究。

（3）对市场上没有供应的中药饮片，医疗机构可以根据本医疗机构医师处方的需要，在本医疗机构内炮制、使用。医疗机构应当遵守中药饮片炮制的有关规定，对其炮制的中药饮片的质量负责，保证药品安全。医疗机构炮制中药饮片，应当向所在地设区的市级人民政府药品监督管理部门备案。

根据临床用药需要，医疗机构可以凭本医疗机构医师的处方对中药饮片进行再加工。

三、中医药创新发展

（1）国家鼓励和支持中药新药的研制和生产。国家保护传统中药加工技术和工艺，支持传统剂型中成药的生产，鼓励运用现代科学技术研究开发传统中成药。

（2）生产符合国家规定条件的来源于古代经典名方的中药复方制剂，在申请药品批准文号时，可以仅提供非临床安全性研究资料。具体管理办法由国务院药品监督管理部门会同中医药主管部门制定。

前款所称古代经典名方，是指至今仍广泛应用、疗效确切、具有明显特色与优势的古代中医典籍所记载的方剂。具体目录由国务院中医药主管部门会同药品监督管理部门制定。

（3）国家鼓励医疗机构根据本医疗机构临床用药需要配制和使用中药制剂，支持应用传统工艺配制中药制剂，支持以中药制剂为基础研制中药新药。

医疗机构配制中药制剂，应当依照《中华人民共和国药品管理法》的规定取得医疗机构制剂许可证，或者委托取得药品生产许可证的药品生产企业、取得医疗机构制剂许可证的其他医疗机构配制中药制剂。委托配制中药制剂，应当向委托方所在地省、自治区、直辖市人民政府药品监督管理部门备案。

医疗机构对其配制的中药制剂的质量负责；委托配制中药制剂的，委托方和受托方对所配制的中药制剂的质量分别承担相应责任。

（4）医疗机构配制的中药制剂品种，应当依法取得制剂批准文号。但是，仅应用传统工艺配制的中药制剂品种，向医疗机构所在地省、自治区、直辖市人民政府药品监督管理部门备案后即可配制，不需要取得制剂批准文号。

医疗机构应当加强对备案的中药制剂品种的不良反应监测，并按照国家有关规定进行报告。药品监督管理部门应当加强对备案的中药制剂品种配制、使用的监督检查。

第五节　中医药人才培养

一、完善学校教学体系

（1）中医药教育应当遵循中医药人才成长规律，以中医药内容为主，体现中医药文化特色，注重中医药经典理论和中医药临床实践、现代教育方式和传统教育方式相结合。

（2）国家完善中医药学校教育体系，支持专门实施中医药教育的高等学校、中等职业学校和其他教育机构的发展。

中医药学校教育的培养目标、修业年限、教学形式、教学内容、教学评价及学术水平评价标准等，应当体现中医药学科特色，符合中医药学科发展规律。

二、发展师承教育

国家发展中医药师承教育，支持有丰富临床经验和技术专长的中医医师、中药专业技术人员在执业、业务活动中带徒授业，传授中医药理论和技术方法，培养中医药专业技术人员。

三、组织开展继续教育

（1）国家加强对中医医师和城乡基层中医药专业技术人员的培养和培训。国家发展中西医结合教育，培养高层次的中西医结合人才。

（2）县级以上地方人民政府中医药主管部门应当组织开展中医药继续教育，加强对医务人员，特别是城乡基层医务人员中医药基本知识和技能的培训。

中医药专业技术人员应当按照规定参加继续教育，所在机构应当为其接受继续教育创造条件。

第六节　中医药科学研究

一、运用现代科学技术和传统中医药研究方法，开展中医药科学研究

国家鼓励科研机构、高等学校、医疗机构和药品生产企业等，运用现代科学技术和传统中医药研究方法，开展中医药科学研究，加强中西医结合研究，促进中医药理论和技术方法的继承和创新。

二、中医药古籍文献及学术传承

国家采取措施支持对中医药古籍文献、著名中医药专家的学术思想和诊疗经验以及民间中医药技术方法的整理、研究和利用。

国家鼓励组织和个人捐献有科学研究和临床应用价值的中医药文献、秘方、验方、诊疗方法和技术。

三、完善创新体系

（1）国家建立和完善符合中医药特点的科学技术创新体系、评价体系和管理体制，推动中医药科学技术进步与创新。

（2）国家采取措施，加强对中医药基础理论和辨证论治方法，常见病、多发病、慢性病和重大疑难疾病、重大传染病的中医药防治，以及其他对中医药理论和实践发展有重大促进作用的项目的科学研究。

第七节　中医药传承与文化传播

一、地方的责任和义务

对具有重要学术价值的中医药理论和技术方法，省级以上人民政府中医药主管部门应当组织遴选本行政区域内的中医药学术传承项目和传承人，并为传承活动提供必要的条件。传承人应当开展传承活动，培养后继人才，收集整理并妥善保存相关的学术资料。属于非物质文化遗产代表性项目的，依照《中华人民共和国非物质文化遗产法》的有关规定开展传承活动。

二、国家支持传承发展

国家建立中医药传统知识保护数据库、保护名录和保护制度。

中医药传统知识持有人对其持有的中医药传统知识享有传承使用的权利，对他人获取、利用其持有的中医药传统知识享有知情同意和利益分享等权利。

国家对经依法认定属于国家秘密的传统中药处方组成和生产工艺实行特殊保护。

三、鼓励个人及社会团体参与传承发展

国家发展中医养生保健服务，支持社会力量举办规范的中医养生保健机构。中医养生保健服务规范、标准由国务院中医药主管部门制定。

县级以上人民政府应当加强中医药文化宣传，普及中医药知识，鼓励组织和个人创作中医药文化和科普作品。

开展中医药文化宣传和知识普及活动，应当遵守国家有关规定。任何组织或者个人不得对中医药做虚假、夸大宣传，不得冒用中医药名义牟取不正当利益。

广播、电视、报刊、互联网等媒体开展中医药知识宣传，应当聘请中医药专业技术人员进行。

第八节　保障措施

县级以上人民政府应当为中医药事业发展提供政策支持和条件保障，将中医药事业发展经费纳入本级财政预算。

县级以上人民政府及其有关部门制定基本医疗保险支付政策、药物政策等医药卫生政策，应当有中医药主管部门参加，注重发挥中医药的优势，支持提供和利用中医药服务。

县级以上人民政府及其有关部门应当按照法定价格管理权限，合理确定中医医疗服务的收费项目和标准，体现中医医疗服务成本和专业技术价值。

县级以上地方人民政府有关部门应当按照国家规定，将符合条件的中医医疗机构纳入基本医疗保险定点医疗机构范围，将符合条件的中医诊疗项目、中药饮片、中成药和医疗机构中药制剂纳入基本医疗保险基金支付范围。

国家加强中医药标准体系建设，根据中医药特点对需要统一的技术要求制定标准并及时修订。

中医药国家标准、行业标准由国务院有关部门依据职责制定或者修订，并在其网站上公布，供公众免费查阅。

国家推动建立中医药国际标准体系。

开展法律、行政法规规定的与中医药有关的评审、评估、鉴定活动，应当成立中医药评审、评估、鉴定的专门组织，或者有中医药专家参加。

国家采取措施，加大对少数民族医药传承创新、应用发展和人才培养的扶持力度，加强少数民族医疗机构和医师队伍建设，促进和规范少数民族医药事业发展。

第九节　民族医药

一、民族医药的概念

民族医药，是指中国少数民族的传统医药。其中包括藏医药、蒙医药、维吾尔医药、

傣医药、壮医药、苗医药、瑶医药、彝医药、侗医药、土家族医药、回族医药、朝鲜族医药等。

民族医药是我国以中医药为代表的传统医药和优秀民族文化的重要组成部分，是各族人民长期与疾病做斗争的经验总结和智慧结晶，它不仅在历史上为各族人民的生存、繁衍做出了重要贡献，而且时至今日仍然对提高人民群众健康水平、促进经济社会发展发挥着不可替代的独特作用。

党和政府历来重视民族医药工作。我国宪法规定，国家发展医疗卫生事业，发展现代医药和我国传统医药。

2005 年，《中共中央、国务院关于进一步加强民族工作加快少数民族和民族地区经济社会发展的决定》等文件，要求各级人民政府加大对民族医药事业的投入，保护、扶持和发展民族医药学。国家"十一五"发展规划、国家中长期科技发展规划和卫生事业发展"十一五"规划、中医药事业发展"十一五"规划都将中医药民族医药列为重要内容，中央财政对民族医药的投入也大幅度增加。近年来，各级地方党委、政府也进一步加大了民族医药工作力度，制定实施了一系列扶持民族医药发展的法规、规划和政策措施。

2007 年 10 月 25 日，国家中医药管理局、国家民委、卫生部、发展改革委、财政部等 11 个部委局联合发布了《关于切实加强民族医药事业发展的指导意见》，从发展民族医药事业的指导思想、基本原则和工作目标，推进民族医药服务能力建设，加强民族医药人才队伍建设，加强民族医药挖掘继承和科研工作，加强民族医药知识产权保护和药用资源保护利用，完善发展民族医药事业的政策措施，加强对民族医药工作的领导等方面提出了具体意见。

二、民族医药事业现状

（一）民族医疗机构

民族医药以其鲜明的特色疗效和相对低廉的服务价格，受到了民族地区广大群众的欢迎。截至 2006 年底，全国有藏、蒙、维、傣、壮、朝、苗、瑶、回、彝、土家、布依、侗、哈萨克、羌共 15 个民族设有本民族医药的医院，共 196 所，床位 7856 张。在民族地区，大多数乡镇卫生院和部分综合医院设立了民族医科，涵盖了 18 种民族医。民族地区绝大多数的村卫生室和部分社区卫生服务机构也都能够提供民族医药服务。

（二）民族医药人才培养

目前，全国共有 14 所教育机构开展了藏、蒙、维、傣、朝、壮、苗等民族医药专业和中医专业民族医药方向教育，在校生约 1.7 万人。藏医、蒙医均开展了博士、硕士学位教育。目前有国家中医药管理局民族医药重点学科 4 个，部分省市也确立了一批省级民族医药重点学科。已经出版教材藏医 25 门、蒙医 10 门、维医 26 门、傣医 6 门、壮医 12 门。民族医药继续教育得到重视。开展了乡村医生民族医中专学历教育和乡镇卫生院民族医临床技术骨干人才培养。

（三）民族医药发掘整理和科学研究

已有 35 个民族发掘整理了本民族医学资料，对 19 个民族的 83 种医药文献进行了发掘整理；组织了《中华本草》藏、蒙、维、傣 4 种民族药卷的编纂；出版了《中国民族

药志》《中国朝医学》《中国瑶医学》《中国壮药志》等100多部民族医药著作。

目前，县级以上民族医药科研机构35所，涵盖12种民族医药，科研人员近1500人。部分高校和企业成立了民族医药研究机构，一批相关学科的科研人员加入了民族医药研究队伍。

（四）民族药资源保护和开发

目前，全国民族药企业156家，品种906个，涵盖了7种民族药。药材资源的有效保护和开发利用得到了重视，在药材资源普查的基础上，加强了对一些濒危动植物药用资源的保护。

三、我国少数民族医学简介

（一）藏族医学

藏族医学已有1200多年文字记载的历史，其理论体系主要是三元素学说（风、胆、痰）。公元8世纪末的《四部医典》是藏医学的经典著作。目前，我国的藏医主要分布在西藏以及青海、四川、甘肃、云南等地。

（二）蒙古族医学

蒙古族医学以藏医《四部医典》为基础，结合自己的民族文化和医疗实践，产生了《蒙药正典》等古典医学巨著，形成了具有自己特点的以"三邪"学说（赫衣、希拉、巴达干）为主要理论体系的蒙医理论。目前蒙医主要分布在内蒙古、辽宁、吉林、黑龙江、青海、新疆等地。

（三）维吾尔族医学

维吾尔族医学具有悠久的历史，并且早就与内地的中医有广泛的交流，形成了包括四元素（土、水、火、风）、四津（血津、痰津、胆津、黑胆津）及五行（金、木、水、火、土）等内容的理论体系。目前维医主要分布在乌鲁木齐、喀什、和田、吐鲁番等地。

（四）傣族医学

傣族医学已有1000多年的历史，在古老的贝叶经上，就有用傣文刻写的医药、方剂、制剂等内容。目前傣医主要分布在云南西双版纳傣族自治州和德宏傣族景颇族自治州等地。

此外，苗族、壮族、朝鲜族、回族等少数民族也积累了不少医药经验。这些传统医药为本民族人民的身体健康和繁衍昌盛做出了重要的贡献，也为中华民族传统医药宝库增添了光彩。

四、继承和发展民族医药学

（一）指导思想和基本原则

民族医药事业发展的指导思想是，以邓小平理论和"三个代表"重要思想为指导，全面贯彻落实科学发展观和党的十七大精神，以发掘整理总结为基础，人才培养为重点，科学研究为先导，加强民族医药机构和服务网络建设，努力提高防治能力和学术水平，进一步促进民族医药事业发展，为人民健康服务，为促进民族团结，构建社会主义和谐社会做出应有的贡献。

基本原则是，坚持保持和发挥民族医药特色优势，遵循民族医药自身发展规律和特点；坚持政府主导，鼓励社会参与，多渠道发展民族医药；坚持以社会需求为导向，拓宽民族医药服务领域，提高服务能力和水平；坚持民族区域自治。统筹协调发展；坚持因地制宜，分类指导，稳步发展。

（二）服务能力建设

发展民族医药事业，其根本目的是为各民族人民群众提供更多更好的医疗保健服务，满足日益增长的、日趋多元化的医疗保健服务需求。《关于切实加强民族医药事业发展的指导意见》明确提出，切实加大投入，改善就医条件；根据本地区的实际情况和当地群众对民族医药服务的需求，在有条件的综合性医院、乡镇卫生院、社区卫生服务中心设立民族医科（室）；充分发挥民族医药在预防、保健、养生、康复等领域中的作用，充分发挥民族医药在农村卫生和城市社区卫生服务工作中的优势与作用。

（三）发掘继承和科学研究

在过去整理研究民族医药文献的基础上，有计划、有步骤地完成一批民族医药文献的校勘、注释、出版工作，并将其中的重要著作汉译出版。对历史上无通行文字的民族医药深入发掘整理，继续将口传心授的医药资料编著成书，保存、保护下来。加强对民族医药发展的科学技术研究工作的支持，重点开展民族医特色诊疗技术、单验方及临床治疗方案整理评价等方面的研究，开展常见病与多发病民族医药临床诊疗指南、临床技术操作规范、疗效评价标准的研究；筛选推广一批民族医药适宜技术。

（四）人才队伍建设

加强现有民族医药院校的基础设施建设，鼓励和扶持民族地区举办高等民族医药教育，鼓励有条件的高等学校设立民族医药学院、民族医药系，或设立相应的专业、专业方向，鼓励有条件的民族医药积极开展专业研究生教育；在高等医学院校开展的医学专业教育加入民族医药内容。继续扶持建设藏医、蒙医、维药、傣医等民族医药重点学科建设点，加强其学科内涵建设和研究。逐步完善民族医药教材。继续做好全国老民族医药专家学术经验继承和优秀民族医临床人才培养工作，造就一批民族医药学科带头人和技术骨干。加强农村、社区民族医药人才培养和队伍建设，鼓励民族医药人员参加民族医药技术骨干培训、乡村医生民族医药知识与技能培训和城市社区岗位培训、规范化培训。鼓励在职的中医药、西医药人员积极学习民族医药知识与技能。

（五）医药服务监督管理

加强民族医医疗机构、民族医药从业人员、民族医诊疗技术的准入和民族药使用的管理。健全民族医医疗机构"质量、安全、服务、费用"等项管理制度，探索建立民族医医疗机构科学管理的长效机制；规范民族医药服务市场，保证广大人民群众的医疗用药安全。

（六）知识产权保护和药用资源保护利用

建立民族医药文献出版、国际学术交流与合作等方面的民族医药知识产权保护审查制度，完善相应的保密措施，避免民族医药传统知识不当泄密或流失。明晰民族医药知识产权的权利归属，研究建立民族医药知识产权保护名录及其数据库，规范民族医药的开发和利用行为，防止对民族医药传统知识的不当占有和利用。

建立民族药濒危品种和道地药材养殖种植基地；建立民族药自然保护区，加强家种、家养驯化研究；建立规范的民族药材生产基地，保证民族医医疗的需要；对民族药材和民族成药实行原产地保护和标识保护。

（七）加强组织领导

《关于切实加强民族医药事业发展的指导意见》提出，各级政府要加大对民族医药的投入，为民族医药事业发展提供必要的物质条件；各级中医药、民族医药管理部门要加强组织领导，安排专人负责民族医药工作，在制订实施中医药工作计划和方案时，要将民族医药工作纳入其中；要做好民族医药法制化和标准化建设，加强民族医药学术交流和对外合作，在民族医药的有关审批和鉴定活动实行同行评议制度。

第十节　法律责任

一、政府主管部门的职责

县级以上人民政府中医药主管部门及其他有关部门未履行本法规定的职责的，由本级人民政府或者上级人民政府有关部门责令改正；情节严重的，对直接负责的主管人员和其他直接责任人员，依法给予处分。

二、中医诊所的法律责任

（1）违反本法规定，中医诊所超出备案范围开展医疗活动的，由所在地县级人民政府中医药主管部门责令改正，没收违法所得，并处一万元以上三万元以下罚款；情节严重的，责令停止执业活动。

（2）中医诊所被责令停止执业活动的，其直接负责的主管人员自处罚决定做出之日起五年内不得在医疗机构内从事管理工作。医疗机构聘用上述不得从事管理工作的人员从事管理工作的，由原发证部门吊销执业许可证或者由原备案部门责令停止执业活动。

（3）违反本法规定，举办中医诊所、炮制中药饮片、委托配制中药制剂应当备案而未备案，或者备案时提供虚假材料的，由中医药主管部门和药品监督管理部门按照各自职责分工责令改正，没收违法所得，并处三万元以下罚款，向社会公告相关信息；拒不改正的，责令停止执业活动或者责令停止炮制中药饮片、委托配制中药制剂活动，其直接责任人员五年内不得从事中医药相关活动。

医疗机构应用传统工艺配制中药制剂未依照本法规定备案，或者未按照备案材料载明的要求配制中药制剂的，按生产假药给予处罚。

三、中医医师的法律责任

违反本法规定，经考核取得医师资格的中医医师超出注册的执业范围从事医疗活动的，由县级以上人民政府中医药主管部门责令暂停六个月以上一年以下执业活动，并处一万元以上三万元以下罚款；情节严重的，吊销执业证书。

四、医疗广告管理

违反本法规定，发布的中医医疗广告内容与经审查批准的内容不相符的，由原审查部门撤销该广告的审查批准文件，一年内不受理该医疗机构的广告审查申请。违反本法规定，发布中医医疗广告有前款规定以外违法行为的，依照《中华人民共和国广告法》的规定给予处罚。

五、种植过程的法律责任

违反本法规定，在中药材种植过程中使用剧毒、高毒农药的，依照有关法律、法规规定给予处罚；情节严重的，可以由公安机关对其直接负责的主管人员和其他直接责任人员处五日以上十五日以下拘留。

六、其他法律责任

违反本法规定，造成人身、财产损害的，依法承担民事责任；构成犯罪的，依法追究刑事责任。

第十九章　其他相关卫生法律问题

第一节　精神卫生法律规定

一、概述

精神卫生法是调整保护精神疾病患者的医疗、康复、就业、婚姻等合法权益，维护精神卫生机构正常工作秩序和社会安定活动中产生的各种社会关系的法律规范的总称。

精神卫生，又称心理卫生，是和躯体卫生相对立又平行的概念。精神卫生有狭义和广义两种含义，狭义的精神卫生是指对精神疾病患者进行广泛的防治，积极地采取对策，改善他们的处境和待遇，促进其康复，减少复发率，同时为患者以及他人的安全实行必要的监护，对社会进行有关知识宣传，去除偏见，采取同情的态度，以及培训专业人员，推动社会保健工作。广义的精神卫生是指保障人们在一定的环境中健康成长，保持并不断提高精神健康水平，从而更好地生活和适应社会，更有效地服务于社会。本节所涉及的主要是狭义的精神卫生。

制定精神卫生法规是保护精神患者合法权益的重大措施之一。我国于 1980 年颁布的《刑法》中有对精神患者在不能辨认或不能控制自己行为的时候造成危害结果免除刑事责任的规定，在 1987 年实行的《民法通则》和 1991 年施行的《民事诉讼法》等法律中，都有保护精神患者权益的条款。

1987 年 4 月国务院审核同意卫生部、民政部、公安部《关于加强精神卫生工作的意见》。1988 年 12 月 27 日国务院发布了《精神药品管理办法》。

1989 年 7 月，最高人民法院、最高人民检察院、公安部、司法部、卫生部联合颁布了《精神疾病司法鉴定暂行规定》。

1990 年 12 月 28 日第七届全国人大常委会第十七次会议通过了《残疾人保障法》。1992 年 6 月，卫生部、民政部、公安部、全国残联发布《精神卫生工作"八五"计划要点》，1993 年 6 月，中国残联、卫生部、民政部、公安部联合召开全国精神病防治康复工作会议，对精神病防治工作的措施、扶持政策、经费筹集等方面做出了明确规定。我国的精神卫生法于 1985 年由卫生部等单位组织起草，至今未能出台。2001 年 12 月 28 日上海市第十一届人民代表大会常务委员会第三十五次会议通过了《上海市精神卫生条例》，并从 2002 年 4 月 7 日正式实施。这无疑将会对我国精神卫生的法制建设起到积极的推动作用。

二、关于精神卫生法评定标准

WHO 每 5 年制定全球性精神卫生工作规划，并建议制定一个基本的立法结构，以作为评价一个国家精神卫生法规的标准，其十项主要内容是：政策；权力；预算；职能；

研究和教育；服务；个人保护；医疗机构；调整治疗药物和其他治疗手段；政府代表。

精神疾病是以精神（或称心理）活动障碍为主要表现的一类疾病，精神活动主要指认识、情感和意志活动。在患有精神疾病时出现轻、重程度不同的各种精神活动异常表现，可以归纳为感觉、知觉、记忆、思维、情感、意志障碍。这些不同的精神活动障碍统称为精神症状。

在我国，借鉴世界卫生组织《国际疾病分类》（ICD）和美国《精神疾病诊断统计手册》（DSM）的分类方法原则，结合我国传统分类，由中华神经精神科学会于 1989 年制定的《中国精神疾病分类》，将现代精神疾病分为以下十类：脑器质性与躯体疾病所致精神障碍；精神活性物质所致的精神障碍；精神分裂症；情感性障碍；偏执性精神障碍；心理生理障碍，神经症及心因性精神障碍；人格障碍及性心理障碍；精神发育迟滞；儿童、少年期精神障碍；其他精神障碍及精神卫生相关的几种情况。

三、心理健康咨询和精神疾病的预防

1. 设立咨询机构　设立营利性心理健康咨询机构应当向工商行政管理部门申请办理登记注册手续，领取营业执照。设立非营利性心理健康咨询机构应当向民政部门登记，取得《民办非企业单位登记证书》。

三级综合性医疗机构、社区卫生服务中心应当开设精神科门诊或心理健康咨询门诊，二级综合性医疗机构可以根据精神卫生服务的需求，开设精神科门诊或心理健康咨询门诊。

2. 配备合格的咨询人员　设立心理健康机构应当配备与该机构相适应的心理健康咨询服务人员。从事心理健康服务的人员，应当符合卫生行政部门规定的从业资质条件，经考试合格获得资格证书后，方能从事心理健康咨询服务。其中，从事学校心理健康咨询的服务人员，应当具备教师资格，并接受教育行政部门和卫生行政部门认可的机构组织的培训，经考试合格取得资格证书后，方能从事心理健康咨询服务。学校应当将心理健康教育纳入整体教育工作。配备教师，开展心理健康教育，为学生提供心理健康咨询服务。

从事心理健康咨询服务的人员，应当按照卫生行政部门制定的执业规范开展心理健康咨询服务。

司法行政部门应当创造条件，为服刑人员提供心理健康咨询服务。

3. 建立健全各级政府的精神卫生协调组织　精神卫生是一项社会性很强的工作。需要在政府领导下，有关部门的通力协作才能做好。各地应当建立由政府牵头，由卫生、民政、公安、残疾人联合会及其他有关部门参加的精神卫生协调组织，从地区的实际情况出发，研究政策，制定规划，提出措施，组织和协调各方面的力量做好工作。

卫生行政部门和其他有关行政部门应当采取措施，宣传预防精神疾病的意义，普及精神卫生知识，开展精神卫生的健康教育工作。卫生行政部门还应当为非精神科执业医师接受精神疾病知识教育创造条件，提高其识别精神疾病的能力。工会、共青团、妇联等群众团体应当参与精神卫生知识的普及工作，帮助市民提高预防精神疾病的能力。广播、电视、报刊等新闻媒体应当开展精神卫生的公益性宣传。

四、精神疾病的诊断、治疗、监管

（一）诊断的相应程序

1. 标准　精神疾病的诊断，应当由具有主治医师以上职称的精神科执业医师按照国家现行的医学标准做出；没有国家医学标准的，参照国际通行的医学标准做出。

2. 复核　对被经诊断患有精神疾病的患者，医疗机构应当按照国家现行的医学标准或者参用国际通行的医学标准进行诊断复核。诊断复核的时间最长不得超过半年，诊断复核结论应当由具有副主任医师以上职称的精神科执业医师做出。

3. 会诊　对经诊断复核未能确诊或者对诊断复核结论有疑义的，医疗机构应当组织会诊。

4. 回避　与精神疾病患者有亲属关系或者有其他利害关系的精神科执业医师，不得为该精神疾病患者进行诊断、诊断复核和会诊。对精神疾病进行诊断的精神科执业医师，不得为同一精神疾病患者进行诊断复核和会诊。

（二）医疗看护

1. 医疗看护的条件　精神疾病患者完全或者部分丧失自知力的，有获得医疗看护的权利。精神科执业医师可以提出对其进行医疗看护的医学建议。

2. 谁承担医疗看护　完全或部分丧失自知力的精神疾病患者，其监护人应当承担医疗看护职责，监护人依照《中华人民共和国民法通则》规定的顺序确定。即对精神患者的监护可由下列有监护能力的人担任监护人：①配偶；②父母；③成年子女；④其他近亲属；⑤关系密切的其他亲属、朋友愿意承担监护责任，经精神患者的所在单位或住所地的居民委员会、村民委员会同意的；⑥如果没有上述规定的监护人的，由精神患者所在单位或住所地的居民委员会、村民委员会或民政部门担任监护人。

3. 承担医疗看护责任的监护人的职责

（1）妥善看护精神疾病患者，避免其因病伤害自身、危害他人或者危害社会。

（2）根据医嘱，督促精神疾病患者接受门诊或者住院治疗，代为协助办理住院或者出院手续。

（3）协助精神疾病患者进行康复治疗或者职业技能培训，帮助其回归社会。监护人可以委托他人代为履行医疗看护职责。

（三）精神疾病患者的治疗

医疗机构应当根据精神疾病患者的病情，为精神疾病患者提供积极、适当的治疗。需要住院治疗的，应当符合住院标准，不得无故留置精神疾病患者。当住院患者情绪稳定或康复，无继续住院治疗的必要时，应通知其本人及家属办理出院手续。精神医疗机构诊治患者或患者出院时，应向其本人及其监护人、家属等说明病情、治疗方案、预后情形及应享有的权利等有关事项。如发现患者擅自离院时，应立即通知其监护人或家属，患者行踪不明时，应立即报告当地公安机关；公安机关发现擅自离院的精神患者时，应通知原住院的精神医疗机构并协助送回。精神医疗机构非为医疗、康复之目的或防范紧急危险、意外事件，不得拘禁患者、拘束其身体或剥夺其行动自由。凡对精神患者施行电痉挛治疗或其他特殊治疗技术，必须取得患者书面同意后施行；若该患者为无行为能力或限制行为能力者，必须取得其法定代理人、配偶或近亲属的书面同意及精神科医师的书面认可后才能实施。

对严重的精神疾病患者，如有明显伤害他人或自己的危险，或有伤害行为时，经精神科医师诊断有住院治疗之必要者可采取强制住院措施。若有严重违法行为的精神疾病患者，经精神疾病的司法鉴定后，确认其无责任能力，则必须进行强制性精神医疗。根据具体情况，可在普通精神病医院或特殊的精神病管治机构，如精神病管治院、安康医院进行治疗。

精神疾病患者在急性或是慢性疾病状态时，可能对自身或对周围环境产生危害行为，当对其采取一般监护方法不能达到防止其危害行为时则采取监管的强制性措施，以保障其个人和社会的安全。在我国，强制监管的模式主要有以下几个。

（1）集中监管，令精神疾病患者接受强制性住院，这仅仅占危险性精神疾病患者总数的一小部分。

（2）分散监管，让精神疾病患者生活在社会人群之中，充分发挥专业人员和社会非专业人员的监管作用。监管的标准主要取决于精神疾病患者的疾病性质和危害程度。

（四）社会、社区应提供康复服务

医疗机构应当为住院治疗的精神疾病患者提供康复服务。医务人员、精神疾病患者的监护人或者近亲属应当帮助住院治疗的精神疾病患者进行自理能力和社会适应能力的训练；社区康复机构应当安排精神疾病患者参加有利于康复的劳动、娱乐、体育活动，增强其生活自理和社会适应能力。

精神疾病患者的监护人或者近亲属应当创造和睦、文明的家庭环境，帮助精神疾病患者提高社会适应能力和就学、就业能力，并维护其合法权益。

街道办事处、镇（乡）人民政府建设、改造和管理社区康复机构的费用，财政部门应当给予支持。税务部门应当按照国家的有关规定，给予社区康复机构税收减免优惠，鼓励企业将适合精神疾病患者生产的产品安排给社区康复机构生产。

五、对精神疾病患者应特别重视的权利

1. 人身自由和人格尊严权　精神疾病患者的公民权利和人格尊严受法律保护，禁止歧视、侮辱、虐待、遗弃精神疾病患者。除非对本人有危险或者对他人、社会的安全构成威胁，不得加以非法的捆绑、拘禁。住院治疗的精神疾病患者享有通信和会客的权利。因医疗需要必须予以限制的，应当征得其监护人同意。禁止利用限制通信、限制会客或约束隔离等方式惩罚精神疾病患者。因医疗需要或者为防止发生意外必须对住院治疗的精神疾病患者暂时采取保护性安全措施的，应当由精神科执业医师决定，并在病程记录内记载和说明理由，精神疾病患者病情稳定后，应当解除有关措施。

2. 知情权、同意权

（1）精神疾病患者或者其监护人有权了解病情、诊断结论、治疗方案及其可能产生的后果。精神疾病患者或者其监护人有权要求医疗机构出具疾病的书面诊断结论。要求精神疾病患者参与医学教学、科研或者接受新药、新的治疗方法的临床试用的，医疗机构必须书面告知其本人或者其监护人教学、科研、试用的目的、方法以及可能产生的后果，精神疾病患者或者其监护人同意参与的，医疗机构应当取得其本人或者其监护人的书面同意。

（2）需为精神疾病患者实行精神外科等治疗手术的，医疗机构应当组织 3 名以上具

有主任医师职称的精神科执业医师会诊，并告知精神疾病患者或者其监护人治疗手术可能产生的后果，取得其本人或者其监护人的书面同意。

（3）未经精神疾病患者或者其监护人的书面同意，不得对精神疾病患者进行录音、录像、摄影或者播放与精神疾病患者有关的视听资料。

3. 隐私权　医疗机构、心理健康咨询机构和有关人员应当保护精神疾病患者或心理健康咨询对象的个人隐私。

4. 学习和劳动就业权　学校对于已康复的精神疾病患者，除能证明其无胜任能力，不得以曾患精神疾病为由，拒绝其入学、应考或施加其他不公平的待遇。相关单位要根据精神疾病患者的情况，安排适当的劳动和工作，结合科学的管理，使他们心情舒畅，既可以防止病情复发，又可以获得报酬，自食其力。

5. 女精神疾病患者的性不可侵犯权　女精神疾病患者由于缺乏辨认和控制自己行为的能力，对两性关系的社会意义及后果缺乏认识，因此女精神疾病患者的性不可侵犯权更需要法律的保护。对明知女方是精神患者，不论采取何种手段与之发生两性关系的，均以强奸罪论处。

6. 精神疾病患者的合法财产受法律保护　由于精神疾病患者不能辨认自己的行为，缺乏判断力和处理财务的能力，因此，应该为其设置监护人。在此之前，如有人以暴力、胁迫、诈骗、勒索等手段非法获得或者损毁精神疾病患者财物的，应将原物返还或作价赔偿；情节严重者应依照刑法有关规定追究刑事责任。

六、精神疾病的司法鉴定

（一）精神疾病的司法鉴定的概念和鉴定机构

精神疾病的司法鉴定是指鉴定人受司法机关委托，运用临床精神病学的知识和技能，根据案件事实和被鉴定人精神状态所做出的科学判断。可以担任鉴定人的必须是具有5年以上临床经验并具有司法精神病学知识、经验和工作能力的主治医师以上人员。

鉴定机构是指精神疾病司法鉴定任务的组织或单位。目前，在我国各省、自治区、直辖市、地区、地级市一般都设有精神病院，均应承担精神疾病司法鉴定任务。另外，部分从事司法精神病学的教学和科研机构也开展鉴定工作。精神疾病司法鉴定工作均由各地的精神疾病司法鉴定委员会领导。

（二）精神疾病司法鉴定的任务和对象

精神疾病司法鉴定的任务是根据案件事实和被鉴定人的精神状态，做出鉴定结论，为委托鉴定机关提供有关法定能力的科学证据。具体如下。

第一，对怀疑有精神异常的刑事被告人、犯罪嫌疑人，确定其当时行为的精神状态，是否患有精神疾病，此种疾病与违法行为的关系，并对其责任能力、受审能力、服刑能力等提出意见。

第二，对犯罪以后产生精神疾病而尚未判决的刑事被告人和判明患有精神疾病的违法人，或关押中的罪犯，提出如何运用刑罚的意见和适宜的医疗方法。

第三，对怀疑有精神异常的民事当事人判定有无行为能力、诉讼能力，以及处理本人事务的能力，如遗嘱能力、婚姻能力、缔结契约的能力等。

第四，对怀疑有精神异常的受害人、证人、检举人、自首人进行精神状况检查，以便核定其陈述的可靠性。

　　鉴定对象，通常包括可能患有精神疾病的下列人员：①刑事案件的被告人、受害人；②民事案件的当事人；③行政案件的原告人（自然人）；④违反治安管理法规应当受到拘留处罚的人员；⑤劳动改造的罪犯；⑥收容审查的人员；⑦与案件有关需要鉴定的其他人员。

　　（三）精神疾病司法鉴定的实施程序

　　1. 鉴定的提出　　提请精神疾病司法鉴定的委托单位，必须是公安机关或是司法机关。委托单位应有"申请精神疾病司法鉴定委托书"或"鉴定申请报告提纲"，说明鉴定的要求和目的，同时应提供下列有关材料：被鉴定人及其家庭情况；案情简况；工作单位提供的有关材料；知情人对被鉴定人精神状态的有关证言；医疗记录和其他有关检查结果。

　　2. 鉴定的类别　　在我国通常的鉴定方式有：门诊鉴定、住院鉴定；隔离鉴定，被鉴定人必须居住与外界隔离的特殊病室，以利于安全监护和紧密配合；缺席鉴定；院外鉴定或法庭鉴定。

　　3. 鉴定人的权利和义务　　鉴定人的权利有：被鉴定者案情材料不充分时，可以要求委托鉴定机关提供所需要的案情材料；通过委托鉴定机关，向被鉴定人的工作单位和亲属以及有关证人了解情况；根据需要，要求委托鉴定机关将被鉴定人移送至收治精神疾病患者的医院住院检查和鉴定；可以向委托鉴定机关了解鉴定后的处理情况。鉴定人的义务是：履行职责，正确、及时地做出鉴定结论；解答委托鉴定机关提出的与鉴定结论有关的问题；保守案情秘密；遵守有关回避的法律规定。

　　鉴定人在鉴定过程中徇私舞弊、故意做虚假鉴定的，应当被追究法律责任。

　　4. 鉴定结论　　鉴定结束后，以书面方式制作鉴定书。鉴定书包括以下内容：委托鉴定机构的名称；案由、案号、鉴定书号；鉴定的目的和要求；鉴定的日期、场所、在场人；案情摘要；被鉴定人的一般情况；被鉴定人发案时和发案前后各阶段的精神状态；被鉴定人精神状态检查和其他检查所见；分析说明；鉴定结论；鉴定人员签名，并加盖鉴定专用章；有关医疗或监护的建议。

第二节　人工生殖

　　现代生殖技术的问世与应用，既给不育夫妇带来了福音，也为患有遗传性疾病或有遗传性疾病家族史的夫妇避免了在其后代再现相同遗传病的危险，但同时也极大地冲击了人类传统的自然生殖方式和围绕自然生活方式所形成的一系列社会伦理观念和法律制度问题。

一、人工生殖的概念及立法意义

　　人工生殖技术的问世，给不育夫妇带来福音，也为患有遗传性疾病或有遗传性疾病家族史的夫妇避免了在其后代再现相同遗传疾病的危险；但同时也极大地冲击了人类传统的自然生殖方式和围绕自然生殖方式所形成的系列社会伦理观念和法律制度问题。只有通过立法，才能促进其健康发展，保证社会稳定。

（一）人工生殖的概念

人工生殖是与自然生殖相对应的概念。这种新生殖技术是利用现代医学科技和方法代替人类自然生殖过程中某一环节或全部过程的人工技术方法。包括人工授精、体外受精和无性生殖的三大领域。

人工授精（artificial insemination，AI），是用人工方法将精液植入女性生殖道，以取代性交途径使其怀孕的技术。在进行人工授精时，凡是精液来自丈夫的为同源人工授精（AIH）；凡是精液来自供体（或第三者）的为异源人工授精（AID）。同源人工授精，适用于丈夫性生活射精不能和精子状况不良症，以及妻子输卵管异常或子宫位置异常等；异源性人工授精，适用于丈夫无生殖能力（无精子症、死精子症）、有严重的遗传病以及因血型不合而出现的习惯性流产或不育症。

体外受精（in vitro fertilization，IVF）又叫体外受精－胚胎移植（IVF－ET），是指用人工方法在体外将精子和卵子放在特定营养液中受精，发育到前胚阶段（即着床前的胚胎），到形成早期胚胎时，再移植到母体的子宫内着床，发育成胎儿直到分娩的技术。由于受孕过程的最早阶段发生在体外试管内，因此也称试管婴儿技术，生育出来的婴儿称为"试管婴儿"。体外受精主要解决女性不孕问题。

代孕母亲（surrogate mother）是指代人妊娠的妇女。代孕母亲或用他人的受精卵植入自己的子宫妊娠，或用自己的卵子人工授精后妊娠，分娩后孩子交给委托人抚养。代孕母亲出现于 20 世纪 70 年代末。

（二）人工生殖技术立法意义

生殖技术利用得当，造福人类，利用不当则危害人类。而通过立法可以促进其健康发展。防止异化对社会造成危害，立法可以明确有关婴儿的法律地位、父母子女身份，使生殖技术产生的复杂人际关系得到理顺，有助于家庭的和睦、社会的稳定，有助于充分保障公民的生育权利，促进计划生育。

二、人工生殖的法律问题

在人工生殖技术中，AIH 子女因其与父母有血缘关系，因此引起法律问题较少。而 AID 子女因与生母之夫无血缘关系，在实践中会引发出一系列法律问题。

下面就人工生殖的法律问题 5 个重要方面进行论述。

（一）受精卵的法律地位

虽然受精卵技术以及这方面的业务得到了空前的发展，但关于受精卵的法律地位问题仍然没有解决。严格来说："胚胎前期受精卵"既不是"人"，也不是"财产"，而是因为考虑到受精卵可能会发育成为有生命的人的特殊性，因此应将受精卵视为介于人和财产之间的一种特殊东西。因此受精卵不应该具有同人一样的法律地位，也不同于民法上的物权。

（二）同源人工授精（AIH）子女的法律地位

运用 AIH 技术和使用夫妻自己的精子和卵子并由妻子怀孕的 IVF 子女，不管夫妇之间婚姻关系是否在存续，只要是运用 AIH 技术所生子女，在各国或司法判例中均享受相同待遇，即视为该夫妇的亲生嫡出，因为相互之间有完全的生物学联系和基因关系，法律一般并不以"性交"为受胎条件。所谓婚生子女，按正常理解，即婚姻关系存续期间所生子女。由于精子冷藏术的广泛运用，婚姻存续与否，其 AIH 子女是否与婚生子女享有同样的法律地位，回答是肯定的，除非一方能举证说明亲子之间没有遗传相关性或丈夫生育不能，从而否认亲子关系。

（三）异源人工授精（AID）的法律问题

异源人工授精以其独特的理论意义，受到世界各国法律界的关注，并日益成为法律控制的对象。异源人工授精，引起了一系列比较复杂的后果。例如，夫妻关系、父母和子女的关系、父亲的法律地位、子女的知情权等。而绝大多数国家在这一问题上至今没有明确立法，但是理论上的探讨和经常的司法审判又为这些问题的解决积累了一定的经验。

（1）丈夫知情同意。为了避免用匿名的第三者的精子进行人工授精对夫妻的心理、相互关系产生较大的影响的情况发生，应将丈夫同意作为异源人工授精的必备条件。丈夫的同意应以书面形式做出，其主要内容应包括以下几个方面：丈夫同意的效力可以延续多久？妻子是否每次进行人工授精都应取得丈夫的同意？丈夫的同意在何种条件下有效？异源人工授精要具备什么样的条件才算合法？以减少或避免纠纷发生。

（2）亲权归属和子女的法律地位。异源人工授精（AID）所生子女所面临的全部问题几乎都与亲权问题有关。在确定人工生殖子女的法律地位时，有两个基本原则：一是合法性原则，必须订立合法有效的子女归属协议；二是子女利益至上原则。当协议不明或相关重要事项不明时，从最有利于子女成长的产物出发确定他的法律上的父母，而且要禁止利用合法形式损害子女利益的行为。

（3）精子提供者与 AID 子女之间的关系。采用 AID 技术所生子女是否是精子提供者的亲生子女？他们有无财产继承权？如果卵是妻子提供的，母子（女）之间当然存在血缘关系，而丈夫呢？由于精子是别人提供的，他与这些孩子之间没有血缘关系，他还是孩子的父亲吗？根据我国的继承法，有关领养子女或赡养人继承权的处理是根据抚养－赡养原则确定的。抚养是亲代对子代的义务，赡养是子代对亲代的义务，这是相互间的权利和义务。如果 AID 是经丈夫同意的，他就是孩子法律上的父亲，就有义务抚养这个孩子，尽管他不是孩子生物学上的父亲，但也应按法律规定尽一个丈夫的权利和义务。而与供精者无任何法律上的权利与义务关系。

（4）异源授精生育权。在异源授精方面争论最为激烈的问题之一就是哪些人可以用这种人工方法受孕。独身者、同居者、女子同性恋者和其他人都可能会主张异源授精生育权，但有更多的人持反对态度。

如果伦理和法律上承认单身男女生育的权利，那么就会出现"无父之子"或"无母之子"，他们将永远成为非婚子女，导致大量单亲家庭和同性恋家庭出现。在这样的家庭里，孩子不可能得到健全发展。因此，目前绝大多数国家对独身者、同居者、女子同性恋者都不主张异源授精生育权。

（四）体外受精与胚胎移植的法律问题

体外受精技术的发展，未来的不孕妇女，可以通过多种途径从人工生殖技术中，实现自己的梦想。不能排卵的妇女、子宫有缺陷的妇女，都可以以合约的方式，借助人工生育技术受孕。即使上述两种功能都不具备的妇女，也可以借助别人的卵子和子宫获得子女。

在体外受精的情况下，一个子女可以同时具有多个父亲和母亲。遗传父母、孕育父

母均属"生物父母"，而养育父母属"社会父母"。那么，谁最有权利做这些孩子的父母呢？一般认为，当"生物父母"解体时，"社会父母"是道德上和法律上的合法父母。因核心的问题不在于父母和子女是否有生物学上的联系，而是谁能最好地照顾好孩子的利益。他们充当了抚养和教育孩子的责任，这比提供精子和卵子，或者提供了怀孕场所更为重要。如果出现法律纠纷，法官可能常常会偏重于"社会父母"的利益，给予这种父母以优先权。

（五）我国生殖技术立法

1. 我国生殖技术立法现状　我国生殖技术的研究和应用比发达国家起步要晚，但发展迅速。1983 年原湖南医科大学生殖工程研究室首次用冷冻精液人工授精获得成功。1986 年山东青岛医学院建立了我国第一座人类精子库，此后，湖南、广州等地相继建立了精子库。目前，全国各地都开展了体外受精技术的研究和临床应用，已赶上和达到世界先进水平。

为了保证人类辅助生殖技术安全、有效和健康发展，规范人类辅助生殖技术的应用和管理，保障人民身体健康，2001 年 2 月 20 日卫生部颁布了《人类辅助生殖技术管理办法》和《人类精子库管理办法》两部规章。2003 年 11 月卫生部又公布了新修订的《人类精子库基本标准和技术规范》和《人类辅助生殖技术和人类精子库伦理原则》，从而对我国人类精子库标准和技术规范提出了新的要求。

2. 人类辅助生殖技术管理

（1）人类辅助生殖技术的目的：人类辅助生殖技术管理办法规定，人类辅助生殖技术的应用应以医疗为目的，且符合国家计划生育政策、伦理原则和有关法律规定，同时应当在经过批准的医疗机构中进行。禁止以任何形式买卖配子、合子、胚胎。禁止实施任何形式的代孕技术。

（2）人类辅助生殖技术的审批：开展人类辅助生殖技术的医疗机构应当符合下列条件：①具备与开展人类辅助生殖技术相适应的卫生专业技术人员及其他专业技术人员和技术与设备条件；②设有医学伦理委员会；③符合国家卫健委新修订的《人类辅助生殖技术规范》的要求。

申请开展丈夫精子人工授精技术的医疗机构必须由省级卫生行政部门审批；申请开展供精人工授精和体外受精 - 胚胎移植技术及其衍生技术的医疗机构，由省级卫生行政部门提出初审意见，国家卫健委审批。

（3）人类辅助生殖技术的实施：实施人类辅助生殖技术应当符合国家卫健委制定的《人类辅助生殖技术规范》的要求。遵循知情同意原则，并签署知情同意书。涉及伦理问题的应当提交医学伦理委员会讨论。医疗机构应当与卫健委批准的人类精子库签订供精协议；严禁私自采精；应当索取精子检验合格证明。医疗机构应当为当事人保密，不得泄露有关信息。实施人类辅助生殖技术的医疗机构不得进行性别选择，法律法规另有规定的除外。医疗机构应当建立健全技术档案管理制度。供精人工授精医疗行为方面的医疗技术档案和法律文书应当永久保存。

3. 人类精子库管理

（1）人类精子库管理的目的：《人类精子库管理办法》规定，规范人类精子库管理是为了保证人类辅助生殖技术安全、有效应用和健康发展，保障人民健康。人类精子库是指以治疗不育症以及预防遗传病等为目的，利用超低温冷冻技术，采集、检测、保存和提供精子的机构。人类精子库必须设置在医疗机构内。精子的采集和提供必须遵守当事人自愿和符合社会伦理原则。任何单位和个人不得以营利为目的进行精子的采集与提供活动。

（2）人类精子库的审批：《人类精子库管理办法》规定，设置人类精子库应经国家卫健委批准。申请设置人类精子库的医疗单位应符合下列条件：①具有医疗机构执业许可证；②设有医学伦理委员会；③具有与采集、检测、保存和提供精子相适应的卫生专业技术人员；④具有与采集、检测、保存和提供精子相适应的技术和仪器设备；⑤具有对供精者进行筛查的技术能力；⑥应当符合国家卫健委制定的《人类精子库基本标准和技术规范》。

（3）精子采集与提供：精子的采集和提供应当在经过批准的医疗机构中进行，严格遵守国家卫健委制定的《人类精子库基本标准和技术规范》和各项技术操作程序。供精者必须是年龄在 22～45 周岁之间、符合健康检查标准的男性，并对所供精液的用途、权利和义务完全知情，签订供精知情同意书，且只能在一个人类精子库供精。应当对供精者进行健康检查和严格筛选，不得采集有下列情况之一的人员的精液：①有遗传病家族史或者患有遗传性疾病；②精神病患者；③传染病患者或者病原携带者；④长期接触放射线和有害物质者；⑤精液检查不合格者；⑥其他严重器质性疾病患者。

人类精子库应当和供精者签署知情同意书。采集精子后，应当进行检查和筛选。精子冷冻 6 个月后，经复检合格方可向获批准的开展人类辅助生殖技术的医疗机构提供，并提交检验结果。未经检验或检验不合格者，不得向医疗机构提供。不得向未取得国家卫健委人类辅助生殖技术批准书的机构提供精液；不得提供未经检验和检验不合格的精液；不得提供新鲜精液进行供精人工授精；不得实施非医学指征、以性别选择为目的的精子分离技术；不得提供 2 人或 2 人以上的混合精液；人类精子库工作人员及其家属不得供精；设置人类精子库的科室不得开展人类辅助生殖技术；1 个供精者的精子最多只能提供给 5 名妇女受孕。人类精子库应当建立供精者档案，对供精者的详细资料和精子使用情况进行计算机管理并永久保存。人类精子库应当为供精者和受精者保密，未经供精者和受精者同意不得泄露有关信息。

4. 我国生殖技术立法构思　根据我国有关生殖技术的应用和立法现状，有必要从科学和伦理双重角度上，对生殖技术进行严格规范。并制定生殖技术法，其主要内容应包括以下几方面。

（1）立法宗旨和适用对象：立法宗旨是保障公民的生育健康权利，促进生殖技术的健康发展，为我国的计划生育国策服务，不断提高我国的人口素质。适用对象应局限于：①不可逆的男性不育症患者；②男方携有不良遗传基因，或各种遗传性疾病；③夫妇间 ABO 血型或 Rh 血型不合者；④绝育手术后独生子女不幸夭折或其他原因恢复生育能力未能成功者。施行生殖技术不得违反计划生育政策。禁止把孕前性别筛选技术用于除伴遗传病以外的非医学原因，禁止代孕和克隆人类的研究与应用等。

（2）尊重捐受双方意愿，签署文字契约：这包括两个方面，一是对供精者的尊重。已婚供精者及其妻子必须对自己的行为取得完全的理解和同意，并自愿做出与出生儿不存在法律上父子关系的承诺，反对用欺骗、强制的方法获得精液。二是对受精者夫妇的尊重。人工授精，尤其是异源人工授精必须在双方同意并且完全明了的情况下进行。医务人员必须帮助双方了解人工授精的真实过程及其技术问题，是否人工授精必须由夫妻双方共同商定，并以书面形式公证后产生法律效应。

（3）确保生殖质量：人工授精必须选择合适的供精者，保证生育所需精子的质量。同时供精者精子要经严格检查，防止艾滋病、性病及其他传染病、遗传性疾病，未生育过先天性缺陷儿；无不良嗜好；供精者精液中精子的数量和质量正常；人工授精供精者的供精次数、地域分布也必须严格加以控制，尽可能防止血缘结婚生育的可能。

（4）人类遗传物质的管理：符合条件的捐献者自愿捐献的人类遗传物质由人类精子库、人类冷冻胚胎库冷冻贮藏，所有权归人类精子库、人类冷冻胚胎库；夫妻为自己的生殖需要也可冷冻、贮存配子和胚胎，其所有权归提供者，在供体死亡、离异后应销毁。

（5）应用生殖技术出生的婴儿法律地位：生殖技术使用的精子、卵子是由夫妻提供的，出生婴儿是夫妻双方的婚生子女；经夫妻双方同意，使用他人捐献的精子、卵子、胚胎出生的婴儿应视为夫妻双方的婚生子女，而与捐献者无任何法律上的权利与义务关系。

（6）保密与互盲原则：实施生殖技术实行"三盲"原则：供者不知受者，受者不知供者，术者不知供者，术者和采精者分离。从业人员对当事人员有严格的保密义务。

（7）法律责任：为保障法律的严肃性，使生殖技术健康发展，对违反生殖技术及计划生育法的行为，应承担相应的法律责任。

第三节 人工流产

联合国人口基金会于 1994 年在开罗召开了国际人口与发展大会并通过了《行动纲要》，就人口增长与可持续发展、男女平等与妇女权益、促进生殖健康服务和生殖权利以及计划生育和性健康等内容提出了要求。我国应汲取国际成功经验，坚持以人的全面发展为中心，广泛开展计划生育、生殖保健服务，维护妇女合法权益，进一步完善人口与计划生育法规，使计划生育与经济、社会"资源"环境协调发展，把人口发展纳入国民经济和社会发展的总体规划中来。

一、避孕、人工流产和计划生育

个人和夫妇有决定是否生育以及生育子女的时间、数量以及间隔的自由，但这种权利应依法行使，要兼顾国家和子女的利益。国家要帮助解决那些实行计划生育者的后顾之忧，使群众自觉实行计划生育。

（一）中国的历史和现状

人工流产是避孕失败后所采用的一种控制生育的方式，这种技术是将胎儿从母亲的子宫刮出或者吸出，或者使用催产药物或溶液强迫不成熟的胎儿从母体娩出。

目前我国育龄妇女的生育率已经进入世界低生育国家的水平，但是要稳定低生育水平不是一件轻而易举的事。从某种意义上讲，要把高生育率降到低生育率其任务更为艰巨，要求更高。与过去把高生育率降下来的办法不同的是，今后要稳定低生育水平必须依靠一套与社会经济体制相适应的人口和计划生育工作的调控体系，采取行政的、经济的、法律的、科技的、教育的多项措施综合治理。

（二）其他国家情况

在许多国家的共同努力下，计划生育工作取得很大进展。根据预测到2045—2050年，56个国家包括所有的欧洲国家、日本和中国的人口将变为负增长。所有发达国家人口在2020年达到峰值，此后便缓慢回落，到2050年人口总量比1998年减少2%。与此形成对照的是，欠发达的国家的人口数量将会从1998年的47.19亿增加到2050年的77.54亿，增长64%。人口增长最快的地区为非洲，其人口将在21世纪上半叶增长一倍以上，其在世界人口的比重将由目前的22%飙升至2045—2055年的55%。很显然，这些国家计划生育政策的成败，是控制全球人口规模的关键。

二、人工流产的法律问题

避孕药的发明和人工流产技术的提高，将已婚妇女带入到一个自由支配生育的新时期。但由于传统势力的影响，人工流产的合法化过程，还是充满着艰辛和曲折。人口与计划生育立法，不仅起着规范作用，同时也具有调控等多方面的作用；建立健全人口与计划生育的法律体系，有利于人口与计划生育工作全面走向法制管理的轨道。

（一）英美等国家的立法实践

美国的第一个《堕胎罪法》是1821年康涅狄格州制定的。这项法律规定，如果用毒药方法堕胎，处以终身监禁。但是，这个法律只处罚给别人堕胎的人，而不处罚接受堕胎的妇女。截至20世纪90年代初，美国共有29个州禁止用公费为妇女堕胎；有10个州的法律允许为遭强奸、乱伦而怀孕的妇女支付费用；仅有华盛顿、纽约等11个州，由政府支付所有人的堕胎费用。很多自由派人士和女权主义者担心，美国妇女将会再一次丧失堕胎的权利。在英国几千年来堕胎通常是被接受的，而到19世纪将堕胎确定为犯罪行为。1990年修正的《堕胎法》不仅扩大了堕胎范围，而且还注意到现代生物医学技术对堕胎问题的影响。既体现了时代精神，也附加了严格的限制条件，这对于维护英国妇女的基本权益是很有帮助的。继英、美之后，1997年2月1日正式生效的南非《终止妊娠法》也很有典型性。它不仅体现了南非政府决心使妇女堕胎自由的坚强决心，同时也反映南非政府实施的计划生育政策取得重大进展。

（二）中国人口与计划生育立法应注意的问题

中国是世界上稳定人口增长最成功的国家之一。20世纪60年代，鉴于我国人口与经济、社会、资源、环境之间的矛盾逐渐显露出来，1962年12月中共中央、国务院发出《关于认真提倡计划生育的指示》，号召计划生育，提倡使用避孕药具。20世纪70年代末，我国政府又着手制定人口与计划生育立法，前后起草、论证30余稿，为新一轮计划生育立法积累了有益的经验和教训。制定人口与计划生育法应注意的几个问题。

1. 法律名称　1994年以前的立法过程，法律名称均为《计划生育法》或《计划生育条例》。1994年国际人口与发展大会后，我国政府认真汲取国际成功经验，履行国际义务，坚持以人的全面发展为中心，广泛开展计划生育、生殖保健服务，维护妇女的合法权益。2002年9月1日起施行《中华人民共和国人口与计划生育法》，法律关注的重点仍然是计划生育，同时兼顾与计划生育有关的人口问题，使计划生育与经济、社会、资源、环境的协调发展与可持续发展的战略思想上升到法律地位，把人口发展纳入国民经济和社会发展的总体规划之中。

2. 生育权问题 我国法律从来都确认生育权。如《妇女权益保障法》《中国人权事业的进展》和《国际人口与发展大会行动纲领》都明确承诺公民生育权受法律保护。生育权包括：男女享有平等的生育权；患不孕症的育龄夫妻有获得咨询、指导与治疗的权利，确有需要的，可以申请辅助生育。禁止歧视、虐待生育女婴的妇女和不孕的妇女；禁止歧视违反计划生育政策生育的子女。

3. 终止妊娠问题 我国法律现在关注的重点，应放在提高和保证人工流产手术的安全系数上，对可以实施人工流产的医疗机构和医疗人员的资质条件予以严格限制，以提高人工流产的安全性和可靠性，切实保障怀孕妇女的基本人权。

第四节 基因工程

基因诊断与治疗为人类展示了美好的应用前景，但这项技术一旦进入社会应用，却又与法律、伦理道德发生冲突，为利于这项工作的顺利开展，1997 年 11 月 11 日联合国教科文组织在第二十九届会议上通过了《世界人类基因组与人权宣言》，然而我国在这方面的法律法规建设和理论研究明显滞后于迅速发展的生物技术水平，从而使生物技术应用项目缺失法律指导、管理和控制。

一、基因和基因工程的概念及国外基因工程立法

基因工程研究具有巨大潜在价值，因此，一场特殊的、静悄悄的基因争夺战已经拉开了序幕。谁一旦拥有"有用"基因，谁就获得知识产权，并带来不可估量的经济效益和社会效益。所以，西方一些发达国家纷纷制定相关法律，这些立法对这些国家基因工程技术的研究和应用，起到了积极的推动作用。

（一）基因和基因工程的概念

基因（gene）是 DNA 上有遗传意义的片段，它决定着生物的性状、生长与发育。更重要的是，基因与许多疾病有关。

基因工程，又称基因拼接技术或 DNA 重组技术，是指采取类似工程设计的方法，按照人们的需要，通过一定的程序将具有遗传信息的基因，在离体条件下进行剪接、组合、拼接，再把经过人工重组的基因转入宿主细胞大量复制，并使遗传信息在新的宿主细胞或个体中高速表达，产生出人类需要的基因产物，或者改造、创造新的生物类型。

（二）国外基因工程立法

基因工程诞生于 20 世纪 70 年代。1976 年 6 月美国公布了世界上第一个实验室基因工程应用法规《重组 DNA 分子实验准则》。此后法国、德国、英国、日本等 20 多个国家也陆续制定了这类法规。

1982 年以来随着基因工程的产业化、商业化的进展，在西方一些国家，继运用基因工程商业化生产胰岛素之后，用基因工程合成的人生长激素、乙型肝炎疫苗、组织血纤维蛋白溶酶原激活因子，以及各种干扰素相继进入临床试验。这意味着重组 DNA 这项新技术将走出实验室进入工厂、医院、社会，从而使所谓的潜在性危害发生的可能性明显增长。同时为防止重组 DNA 所导致的危险和灾害性事故的发生，一些西方国家和国际组

织在重组 DNA 安全操作和有关领域中运用的技术方面制定了《重组 DNA 技术工业化准则》《重组 DNA 技术制造药品的准则》等法规。

1997 年 11 月联合国教科文组织通过了指导基因研究的道德准则性文件《世界人类基因组与人权宣言》，要求禁止克隆人等"损害人类权利和尊严的科研行为"。禁止克隆人并不意味着禁止利用克隆技术，因为该项技术能为人类战胜癌症等疾病"生产"出所需抗体。

二、基因的专利问题及我国的对策

为了有效保护和合理利用我国的人类遗传资源，加强人类基因的研究与开发，促进平等互利的国际间合作与交流，加快和完善基因的专利保护立法具有十分重要的作用。

（一）基因的专利问题

基因专利是现代生物技术产业及人类基因组研究计划的产物。1990 年，美国专利和商标局制定了专门的《生物技术专利保护条例》。至此，美国为生物技术的专利技术发明提供了最为广泛的保护。在欧洲，1998 年 7 月 6 日，欧洲议会和欧盟理事会通过了《关于生物技术发明的法律保护指令》，这个指令对于进一步完善生物技术发明的专利问题，具有重要的指导意义。日本和加拿大的专利制度也比较完善，保护的范围十分广泛。

（二）我国的现状与对策

当今的生物工程技术，正以其强大的群集力量和突破能力，影响到社会生活的各个方面。为了应付这种挑战，我国在 1989 年制定的"863"高新技术研究发展计划，将生物工程的研究放在首要位置，并制定《中华人民共和国专利法》《中华人民共和国专利法实施细则》。我国《专利法》和一些行政法规，对于在立法上实现与国际统一标准接轨，使我国的生物技术产品打入国际市场，参与国际生产，具有非常重要的现实意义。

三、人类基因工程的法律问题

基因研究和基因治疗是现代生物医学领域为人类彻底征服疑难顽症带来了光明前景。但是人类的基因干预如克隆技术的发展，使人们担心基因研究如被应用于非人道的目的，人类这一科技进步就会陷入噩梦般的境地。只有冷静思考，正视存在的问题，全面分析所面临的各种情况，才有利于社会控制力量和促进力量的协调发展。立法机关在制定法律时，应以促进科技进步、保护人类尊严和社会进步，切实保障人的生命健康权不受侵犯，保障人体与人种的完整性和人类遗传特性不受侵犯为立法宗旨。

（一）基因诊断与基因治疗

基因诊断也称 DNA 探针技术或基因探针技术，是指通过直接探查基因的存在和缺陷来对人体的状态和疾病做出判断。

基因疗法是指将外源基因导入目的细胞并有效表达，从而达到治疗疾病的目的。基因治疗一般分为：体细胞基因治疗、生殖细胞基因治疗、增强基因工程和优生基因工程。

基因诊断与治疗作为治疗人类疾病的全新方法，在其诞生的短短几年时间里，以其迅速发展和成功的效果，得到了医学界、产业界和政府的高度重视。

（二）人类基因组计划

人类基因组大约有 5 万至 10 万个基因。人类基因组计划（HGP）是美国科学家于

1985 年率先提出，1990 年 10 月正式启动，旨在通过国际合作，阐明人类基因组 30 亿个碱基对的序列，发现所有人类基因并搞清其染色体上的位置，破译人类全部遗传信息，使人类第一次在分子水平上全面地认识自我。但是人类基因奥秘揭示可能带来的伦理、法律、社会问题，不能不让人增添几分冷静的思考。

1. 基因隐私 人类遗传密码破译后，人们首先面对的就是基因歧视，有些人会看不起天生携带"坏基因"的人。这些携带者不应受到遗传歧视，应该像尊重一个人的隐私权一样尊重携带者的人格尊严。在法律、就医、就学、就业机遇等方面一律平等。

2. 基因专利 一般认为基因"人人皆有，与生俱来"，就像心脏、胳膊不能被专利，其解剖、病理、生化等数据不能被占有一样，人类基因也不应该被申请专利，遗传信息不应该被任何组织或个人垄断，特别是仅为基因一部分、功能未知的表达序列贴标签。

3. 利益分享 人类基因组计划应有益于全人类，人类如何来公正地分享利益，这也是法学界应当思考的问题，2000 年 4 月国际人类基因组组织（HUGO）伦理委员会在关于利益分享的声明中表示应坚持以下原则：①人类基因组是人类共同遗产的一部分；②坚持人权的国际规范；③尊重参与者的价值、传统、文化和完整性；④承认和坚持人类的尊严和自由。同时建议：①所有人类分享和获得基因研究的利益；②利益不应限于参与这种研究的人；③关于利益分享问题要与人群或社区事先讨论；④即使不能赢利也要提供社区需要的医疗卫生服务；⑤所有参与研究者最低限度应该得到有关遗传研究结果的信息和感谢；⑥盈利的单位应提供一定的百分比的年净利润用于医疗卫生基础建设或人道主义援助。

（三）"克隆人"

"克隆"一词是英语"clone"或"cloning"的音译，是指生物体非通过性细胞的受精，而是从一个共同的细胞、组织或器官繁殖得到一群遗传结构完全相同的细胞或生物。由于上一代和下一代的遗传信息是一致的，故说克隆是生物的全息复制或称这为"无性生殖"或"无性繁殖"。克隆技术作为生物工程的关键技术，在基础生命科学、医学、农业科学研究与生产中，具有重大的理论价值和广阔的应用前景。

人类是否应通过法律禁止克隆人的出现？对此产生了禁止论和控制论两种观点，绝大多数持禁止论这一观点，因为克隆人将给社会带来以下危害：如造成人种退化、冲击法律观念、带来社会动荡、诱发社会失控。

四、我国基因工程的立法

我国是生物技术发展较快的国家之一，但我国的生物技术立法工作却很滞后，仅在专利法、环境保护法等法律中涉及一些生物技术的法律问题。为了促进我国生物技术的研究和开发，国家发布了《基因工程安全管理办法》，就适用范围、安全性评价、申报、审批和安全控制措施等方面做了规定。

（一）我国人类基因工程研究及应用立法

在基因治疗方面，我国目前仅同意体细胞基因治疗。1993 年卫生部制定了《人的体细胞治疗及基因治疗临床研究质控要点》，强调对基因治疗的临床试验要在运作之前进行安全性论证、有效性评价和免疫学考虑，同时注意社会伦理影响。

为了防止人类基因组计划引发的伦理、法律和社会等方面的问题，国家人类基因组南方、北方两个中心成立了伦理、法律、社会问题工作组，对有关问题进行研究，提出相应伦理和法律对策。对任何形式开展克隆人研究的态度是：不赞成、不支持、不允许、不接受。同时要大力普及有关克隆的知识，引导人们正确理解克隆的概念，以更好地支持科学技术的发展。

（二）人类遗传淘汰管理的法律规定

1. 人类遗传资源的管理原则　我国对人类遗传淘汰管理贯彻保护和利用相统一，加强管理与研究相并重的原则：①加强对研究工作的支持，以分离、研究、开发重要疾病相关基因为重点。②积极推动在平等互利基础上的国际科技合作，使我国宝贵的人类遗传资源得到有效的利用与开发，为全面完成人类基因组计划做出贡献。③加强管理，建立重要人类遗传资源的登记报告制度、国际合作项目的批准制度和知识产权的分享制度。

2. 国际合作项目的申报　人类遗传资源管理办法规定，凡涉及我国人类遗传资源的国际合作项目，应经批准后签约。

3. 研究开发项目知识产权的处理　①我国研究开发机构对于我国境内的人类遗传资源信息，包括遗传家族和特定地区遗传资源及其数据、资源、样本等，享有专属特有权。②有关人类遗传资源的国际合作项目应当遵循平等互利、诚实信用、共同参与、共享成果的原则处理知识产权归属与分享。

4. 法律责任　我国单位和个人违反人类遗传资源管理办法的规定，未经批准，私自携带、邮寄、运输人类遗传资源材料出口、出境的，由海关没收其携带、邮寄、运输的人类遗传资源材料，视情节轻重，给予行政处罚直到移送司法机关处理。未经批准擅自向外方机构或者个人提供人类遗传资源材料的，没收所提供的人类遗传资源材料并处罚款。情节严重的，给予行政处罚直至追究法律责任。

国（境）外单位和个人违反人类遗传资源管理办法规定，未经批准私自采集、收集、买卖我国人类遗传资源材料的，没收其所持有的人类遗传资源材料并处以罚款。情节严重的，依照我国有关法律追究其法律责任。私自携带、邮寄、运输我国人类遗传资源材料出口、出境的，由海关没收其携带、邮寄、运输的人类遗传资源材料，视情节轻重，给予处罚或移送司法机关处理。

人类遗传资源管理部门的工作人员和参与审核的专家有为申报者保守技术秘密的责任。玩忽职守、徇私舞弊，造成技术秘密泄露或人类遗传资源流失的，视情节给予行政处罚甚至追究法律责任。

第五节　器官移植

器官移植包括脏器移植、组织移植和细胞移植 3 种类型。器官移植技术使得许多本来难以恢复健康的患者得以康复，使患有不治之症的患者有了生的希望和可能，同时也使有限的医疗卫生资源发挥更大的效益。但器官移植也带来了新的伦理道德问题和复杂的法律问题。为解决供体器官供不应求的问题，必须在广泛开展宣传教育的基础上，制定器官移植的法律制度，专项立法就显得更为重要与迫切。

一、器官移植现状

器官移植（Organ Transplantation）是指通过手术等方法，替换体内已损伤的、病态

的或者衰竭的器官。从理论上讲，器官移植可分为两种，一种是异种移植，即将一种生物的器官移植到另一种生物上；一种是同种移植，包括同种自体移植和同种异体移植，前者是指摘除一个体的器官并把它移植到同一体的另一部位；后者是把同一种生物的某一个体器官移植到同种生物的另一个个体上。

自 1954 年人类第一例肾脏移植成功，其后，骨髓、肝、肺、心、心肺联合移植等相继获得成功，到 20 世纪 90 年代初器官移植已经取得了辉煌的成就。现在全世界由于器官移植手术而获得"第二次生命"的人，已有 50 余万。

二、器官移植的法律问题

器官移植为手术治疗某些疾病和挽救生命，恢复患有器官功能不可逆障碍者的身体健康开辟了广阔的前景，但同时也带来了许多复杂的法律问题。

（一）国外器官移植的法律规定

目前大多数国家对器官移植的法律规定，多采用如下做法。

1. 捐献方式

（1）推定型：日本、法国、意大利、俄罗斯、匈牙利、奥地利、芬兰等国家采用推定同意的方式，只要患者生前没有特意表示死后不捐献器官，就被认定患者脑死亡后自然成为供体。

（2）志愿型：丹麦、英国多采用指定同意的方式。这种方式需要志愿者生前明确表达捐献意愿，家属在其死亡时即允许捐献器官。

（3）请求型：美国和加拿大采取医生或器官库的工作人员，主动向患者及亲属提出捐献器官的请求并签订捐献合同书。

2. 供体的管理及移植顺序　在国内或按地区由政府或协会、学会建立专门器官供体库，负责保存、管理捐献的器官，同时负责器官的捐献、登记。使全国或某地区患者能按照需要移植的时间顺序进行，是许多国家的共同做法。

3. 规定移植手术医院及医师资格准入制度　根据移植器官不同，如心、肝、肺、肾、眼球等，规定除专科医生外，必须具有相应设备、检验、药理的专家，方能开展移植器官业务，承担移植器官手术的医师，除专业培训合格外，还必须具有完成一定量器官移植手术的经历，才能具有手术的资格。

4. 禁止买卖器官及经济补偿　所有制定器官移植法律的国家，都明文规定禁止器官的买卖，而且绝大多数西方国家认为，如果对移植器官以经济补偿，不合乎伦理及道德规范。但在印度、中东、菲律宾等国家，认为经济补偿是被当地文化、传统所允许，也是移植过程的重要组成部分。

（二）我国器官移植现状和立法构思

1. 我国器官移植现状　我国器官移植始于 20 世纪 50 年代末，心脏、骨髓、小肠、肺等器官或组织移植均有不同程度的开展，近几年尤以肝、肾移植发展迅速，已居亚洲之首。可见我国无论在器官移植手术方面还是在抗排斥反应的措施方面，都已达到世界水平。

但是，器官移植供体的严重缺乏，且质量上没有保证，制约了我国器官移植临床救治工作和移植技术的发展。其原因是多方面的，但我国的器官移植事业没有专门的法律支持是一个主要因素。

2. 我国器官移植立法构思　器官移植立法在我国不仅必要，而且也是可行的。近年来学术界对安乐死、脑死亡、器官移植的讨论，新闻媒体的有关部门报道，已使公众对这些医学新问题有了一定的了解和立法心理准备。同时，国外的器官移植立法的成功经验也可供我们借鉴。器官移植立法应包括以下内容。

（1）器官移植立法目的：器官移植必须以医学为目的，为恢复人体器官的功能或挽救生命和促进移植的健康发展。

（2）器官移植的立法原则：自愿捐献、知情同意、自主决定、非商业化、公平公正、人文关怀和技术准入七大原则。

（3）摘取器官的条件：①摘取尸体器官的，采用自愿捐献和推定同意相结合的原则。出具死亡证明的医疗单位和医务人员不得摘取器官进行移植手术。②摘取活体器官，仅限于没有合适的尸体器官的场合，以自愿为原则。供体的同意应以书面形式表示，并有其最近亲属二人以上的书面证明。捐献器官者应为 18 岁以上的成年人，摘取其器官须不危害生命安全。在摘取器官前，捐献器官者随时有权撤回其同意。③摘取胎儿组织作为供体的，须得到胎儿父母的同意，参与人工流产的医务人员不得参与胎儿组织移植。

（4）许可证制度：开展器官移植的医疗单位，应事先提出申请，经卫生行政部门或法律授权的部门审查批准，发给器官移植许可后方可进行。移植手术应由有经验的医生组成移植小组，按照医学规则进行手术。

三、器官移植中的刑事犯罪

尽管法律为摘取器官、移植器官创造了条件，但在实践中也会有违犯法律的行为。为了保障实现器官移植造福人类的这一崇高目标，必须注意器官移植中的刑事犯罪问题。

（一）商业化犯罪

它包括人体器官和组织的买卖行为以及与此相关的契约、广告行为。商业化犯罪包括以下几个罪名：器官买卖罪、商业广告罪、买卖契约罪、商业存储罪。

（二）违反自愿原则的犯罪

要求除法律规定采取国家需要决定政策和符合自动推定规范外，其他的场合均需取得供体自身或他的父母等近亲属的同意。没有取得同意，或同意是采取欺骗的方式获得而进行摘取他人或某尸体器官的，应以犯罪论处。这类犯罪确立 3 个罪名：强迫捐献罪、骗取移植同意罪、非法确定死亡罪。

（三）违反中立原则的犯罪

指参加死亡判断的医生参加移植程序的行为。由于中立原则的重要地位，使得这一罪名在几乎所有的禁止立法中被采纳。

（四）违反情报规则的犯罪

情报是指与移植手术及供体、受体身份有关的信息，无法定情形，禁止向社会公开或进行窜改、破坏。这里包含两个罪名：非法情报公开罪和提供虚假的情报罪。

（五）非法行医的犯罪

器官移植必须符合"两资格，两授权"标准。即医疗机构必须具备医疗条件，才能具备法律上的手术资格；在医疗机构里从事临床移植技术的医生，必须具备法定的资格；

要进行器官移植手术，还必须经主管机关的授权；在进行具体手术时，实行一例一审方法，必须得到医疗机构负责人的授权。对没有取得相应资格者，而进行器官移植手术行为者，应按法律相关条款进行处罚。

（六）非人道的移植犯罪

只有直接以治疗为目的的移植或针对治疗的移植研究才是法律允许的。直接背离或最终背离这一目的的移植都是非人道的，也是非法的。

第六节　人体实验

医学发展的历史就是一部人体实验的历史，新药的出现、新的医疗器械的发明与试用、新的诊断治疗方法的创新，都要通过人体实验完成。但是，在人类历史发展的长河中，也有许多滥用人体实验的现象发生，这不能不引起人们的关注。对于参加实验的人，应当予以必要的法律保护，对于医学实验中的违法行为应当予以制裁。

一、人体实验的概念和分类

人体实验是将人运用于实验，是为了被实验者的治疗，为了全人类的利益，或为了推进科学技术的发展。人体实验主要有治疗性研究、新生物技术的治疗性研究、非治疗性研究和特殊人群的研究四大类型。

二、人体实验的法律问题

尽管国际上目前有诸如《赫尔辛基宣言》《纽伦堡法典》和《关于对人体进行生物医学研究的国际原则建议案》等条例，但这些条例只规定了道德原则，一旦规定遭到违反，很难依据这些原则来处理问题。对于参加人体实验者，应给予保护，对人体实验中的违法行为应予以制裁。为此，1989年10月在维也纳召开的第十四届国际刑法学大会，对人体实验专门做了规定。

（一）治疗性研究

所谓治疗性研究，是指目的在于改善某一特定患者状况的研究。实践表明，在同意合作的患者身上进行治疗性研究，往往可以起到改善患者病情的作用，因而受到患者的欢迎，一般也不会涉及伦理道德和法律问题。

如果研究和实验结果表明，对患者的疗效显著并且危险性极小，可以由医生提供一份试验报告或一份研究计划，递交有关的委员会进行审查。这个委员会应当包括伦理学家、生物学家、法学家以及对实验人员所从事的研究领域有专门经验的人。在委员会批准了这项实验计划后，方可用于人体实验，并随时接受委员会的监督。另外，可以考虑建立一笔基金，一旦实验失败，应当给予受到伤害的受试者一笔补偿金。

（二）新生物技术的治疗性研究

新生物技术的治疗性研究是一项新生事物，前景看好，但实施困难，且过程复杂。因此，基因疗法应是临床上最后运用的一种治疗方法。要求研究人员和临床医生要有实事求是的科学精神、谨慎的研究态度和遵守严格的规章制度。对于那些在商业利益驱使下，隐瞒医学真相，甚至欺骗患者进行实验的研究人员和临床医生给予必要的刑事处罚。这既是为了保障受试者的基本人权不受非法侵犯，也是为了规范医学实验活动，促进科学事业的健康发展。

（三）非治疗性研究

非治疗性研究的受试者一般不是患者，或者说主要不是患者，从事研究的人员也不是医生。这类试验需要许多受试者，甚至多达数千人来提供必要的统计数据，用来进行分析研究。这种实验也不直接有利于受试者，而是为了以后能更好地治疗其他患者，或者预防疾病的发生。因此，在非治疗性研究方面，无论预期的科学进步多么重要，都要坚决遵守下列条件。

（1）研究人员必须纯粹为了追求科学的目的，不得由于个人恩怨或政治动机，损害受研究者的地位。

（2）未经受试者本人明确的书面同意，不得对其进行治疗方法和药物的实验，以切实保障受试者的自主决定权。

（3）必须保障研究人员的生命和机体完好，任何有可能导致受试者重大生命危险或者不必要的严重健康损害的试验应予禁止。

（四）对于特殊人群的研究

特殊人群是指未成年人、孕妇、精神或肉体残疾的人，或者其他欠缺普遍的辨别和判断能力的人。这些人特别容易受到侵犯，法律应为他们规定额外的保障，直至完全禁止对他们进行人体实验。这里值得指出的是被监禁或拘留的人，包括战争犯，应免受非治疗性研究实验。

第七节　死亡的标准

我国对于死亡的判断标准仍是采用传统的呼吸死和心脏死，脑死亡的定义和标准目前尚无法律依据，应借鉴国外脑死亡立法经验，建立适合我国国情的脑死亡标准的相关法律法规，这有利于科学、准确地判断死亡的时间和死亡标准，做到公平合理地处理相关案件。

一、脑死亡的概念及立法意义

脑死亡的确立是一种新的社会价值取向，它解决了传统死亡标准无法解决因复苏技术和器官移植的发展所带来的难题，同时还维护了死者的尊严和对医务人员的尊重，有利于社会和谐发展和进步。

（一）脑死亡的概念

脑死亡（Brain Death）是指当心脏还继续跳动，大脑功能丧失，发生不可逆的改变，最终导致人体死亡。脑死亡如同心脏跳动和呼吸停止一样，是人的生命现象的终止，是个体死亡的一种类型。由于人工心肺技术和人体器官移植技术的发展，传统医学的死亡

判断标准受到冲击，呼吸和心跳停止并不一定意味着人已死亡。因此，西方医学界认为有必要重新审查死亡的定义和标准，并提出了脑死亡的概念与脑死亡的诊断标准。

（二）脑死亡立法的意义

有利于器官移植。器官移植需求新鲜、好的组织脏器来拯救因某一器官患有严重病态或损伤、衰竭的患者。依靠先进的科学技术维持脑死亡者的呼吸和循环功能，使之成为理想的器官移植的供体和人体器官、组织的天然贮存库。医生可以根据移植的需要，从容地适时摘取供体器官，以提高器官移植的成活率。如果没有脑死亡的概念与标准，摘取器官过早，其行为会被定为杀人；过晚器官移植成活率降低，就失去了器官移植的意义。

1. 有利于医疗资源的合理利用　确立脑死亡的概念和标准不仅可以适时地终止对脑死亡者的医疗措施，缩短死亡者的死亡过程，而且可以减少不必要的医疗支出，把有限的医疗卫生资源用于那些需要治疗而又能达到预期效果的患者身上，发挥更好的效益。

2. 有利于科学地确定死亡、维护生命尊严　传统的心跳、呼吸停止不是判断死亡的绝对标准，现代人工低温医学在体温降到 −5 ~ 5℃，心跳、呼吸完全停止若干小时后经过复温，生命活动可以恢复。而脑死亡则是不可逆的。脑死亡标准的确定，为死亡鉴别提供了科学依据，从而更好地维护人的生命尊严，更好地尊重人的生命价值。

3. 有利于法律的正确实施　死亡不仅是一个医学概念，而且是一个法律概念。主要体现在：死亡决定杀人罪的成立，民事权力的终止，婚姻关系的消灭，继承权的开始，侵权行为的构成，刑事责任的免除，保险金、赔偿金的取得以及诸如合伙、代理等民事法律关系的变更和终止。因此，科学地、准确地判断一个人的死亡时间，在司法实践中有利于正确适用法律，公平合理地处理案件，具有极其重要的意义。

二、脑死亡的立法

脑死亡立法是倡导科学文明的死亡观，是社会文明进步的具体体现。应借鉴国外先进经验，结合我国实际，在发展经济提高国民素质的同时，加大宣传和思想教育的力度，使更多的人了解和接受脑死亡的观念，在脑死亡条件相对成熟地区试行，并总结积累经验，适时在全国实施。

（一）国外脑死亡立法情况

1. 国外脑死亡立法的发展　脑死亡立法起源于西方国家，20世纪60年代欧洲一些国家医学界对死亡概念的理解就已经发生了变化，然而法律界未能立即响应。10年以后，一些国家的法律界终于开始谨慎地接受脑死亡的概念。芬兰是世界上第一个用法律接受脑死亡的国家。在法国，1968年部长令颁布后，推行脑死亡标准；到1992年法国先后发布了16个实施细则来推行脑死亡标准。在美国，1970年在堪萨斯州确定第一例正式死亡立法《死亡和死亡定义法》。1983年美国医学会、美国律师协会、美国统一州法督察全国会议以及美国医学和生物学及行为研究伦理学问题总统委员会，建议各州对脑死亡问题予以立法，至此，美国的脑死亡立法过程已经完成，且得到广泛的应用。此后，世界各国关于脑死亡的立法越来越活跃。

2. 国外脑死亡立法的内容

（1）脑死亡法律地位：①国家制定有关脑死亡的法律，承认脑死亡是宣布死亡的依据。美国的立法建议是：一个人或循环和呼吸功能不可逆停止，或整个脑包括脑干一切功能的不可逆停止，就是死亡。加拿大和瑞典脑死亡的立法标准原则是：当一个人的所有脑功能完全停止作用并无可挽救时，即被认为已经死亡。②国家虽然没有制定正式的法律条文承认脑死亡，但在临床上已承认脑死亡状态并将其作为宣布死亡的依据。③脑死亡的概念为医学界所接受，但由于缺乏法律对脑死亡的承认，医生不敢依据脑死亡来宣布一个人的死亡，这也是目前世界上多数国家的状况。

（2）脑死亡诊断标准：目前关于脑死亡的法律，都将死亡定义为全脑死亡，那么，应该用什么标准来判断死亡才是最科学的呢？1968年，美国哈佛大学医学院死亡定义审查特别委员会首次提出了较为完善的脑死亡诊断标准，即"哈佛标准"。这个标准的主要内容是：①患者不可逆的深度昏迷，无感受性和反应性；②无自主呼吸；③脑干反射消失；④脑电波平直或等电位。凡符合上述状况在24小时或72小时内经反复测试结果无变化，即可判定死亡。目前，有许多国家采用了"哈佛标准"，并有近30个国家立法通过了脑死亡标准。

（二）我国脑死亡立法思考

1. 我国脑死亡立法已成为现实问题　我国尽管文化传统、民族习惯和医学技术发达状况不平衡，要在短期内对脑死亡标准达成共识有一定困难，但决不能以脑死亡标准是否被全社会认可来判断是否应当立法。1999年2月，在中国器官移植研讨会上，专家们认为时代呼吁"脑死亡法"。

2. 我国脑死亡立法建议　根据我国实际应确立脑死亡和传统死亡两种标准并存的制度。尽管传统死亡标准有其缺陷，但因其观念已根深蒂固，特别在我国广大农村和边远贫困地区医疗条件还比较落后的情况下，传统死亡标准仍是判断死亡的有效标准，同时现代医学并没有完全否定其科学性。这样就可因人因地而异，当医疗条件和设备达到一定程度时，就可采用脑死亡标准。

（1）死亡的确定：在现阶段，借鉴美国哈佛标准，结合我国实际制定严格、具体的死亡标准。在下列情况下，可确定患者已死亡：一个人心肺功能不可逆地停止或包括脑干在内的全脑所有功能不可逆地停止即为死亡。但对于药物和代谢中毒，低体温、新生儿和幼儿以及休克等，诊断死亡应特别慎重。对于植物人和脑死亡者应严格加以区分。

（2）建立科学完整的死亡管理制度：①死亡确定医师的资格条件。在我国医疗法制不健全的情况下，应考虑有3名以上具备执业资格医师组成，内科、神经外科和脑电学医师各一名，并具备以下两方面的资格条件：一是具有神经内科或神经外科或麻醉科专科医师资格；二是接受过有关死亡确定的学习研究，并持有证明文件的社区医院主治以上职称的医师。参与死亡确定的人员是患者的原诊治医师和具有确定死亡资格的医师2人，并由他们共同签发死亡诊断书。确立脑死亡的医院必须具备规定的设备条件。②宣布死亡的程序。在树立双重标准的前提下，确定死亡的心肺标准已得到广泛认可，当医务人员确定患者的心肺功能已不可逆地停止，应宣布患者死亡。脑死亡的标准也应得到认可，当医务人员确定患者的脑功能已不可逆地停止，也应宣布患者死亡。

（3）法律责任：在制定死亡立法时，应明确医务人员的法律责任，以保证死亡立法的顺利实施。①对于违反执业资格和中立原则法律规范的行为，如果行为人主观上是故意，客观造成了严重后果，应承担相应的刑事责任。②利用死亡确定程序，故意宣布非死亡患者为死亡，具备刑法上故意杀人罪的犯罪构成的行为，应以故意杀人罪论处，但是，对于在这个程序中，由于操作疏忽，而做出错误判断的非恶意的医疗过错行为，应

以行政法规中医疗事故处理，而不能援引过失致人死亡的刑法条款。③死亡立法应当明确规定违反脑死亡法律法规的法律责任，同时还应规定医师为了器官移植中器官新鲜的需要，当患者死亡诊断宣布后，不摘除死者身上的人工抢救装置而继续使用是否违法，究竟是对尸体的合理保存还是非法侵犯等问题应明确。

第三篇　附　录

附录一 相关法律规范

1. 中华人民共和国医疗机构管理条例
2. 中华人民共和国执业医师法
3. 中华人民共和国传染病防治法
4. 中华人民共和国艾滋病防治条例
5. 中华人民共和国突发公共卫生事件应急条例
6. 中华人民共和国医疗事故处理条例
7. 中华人民共和国母婴保健法
8. 中华人民共和国药品管理法
9. 中华人民共和国麻醉药品和精神药品管理条例
10. 中华人民共和国处方管理办法
11. 中华人民共和国献血法

附录二　历史文献

大医精诚

[唐]　孙思邈（581—682年）《千金方》

世有愚者，读方三年，便谓天下无病可治；及治病三年，乃知天下无方可用。故学者必须博极医源，精勤不倦，不得道听途说，而言医道已了，深自误哉！凡大医治病，必当安神定志，无欲无求，先发大慈恻隐之心，誓愿普救含灵之苦。若有疾厄来求救者，不得问其贵贱贫富，长幼妍媸，怨亲善友，华夷愚智，普同一等，皆如至亲之想，亦不得瞻前顾后，自虑吉凶，护惜身命。见彼苦恼，若己有之，深心凄怆，勿避险巇，昼夜寒暑、饥渴疲劳，一心赴救，无作功夫形迹之心。如此可为苍生大医，反此则是含灵巨贼。……其有患疮痍下痢，臭秽不可瞻视，人所恶见者，但发惭愧、凄怜、忧恤之意，不得起一念蒂芥之心，是吾之志也。夫大医之体，欲得澄神内视，望之俨然，宽裕汪汪，不皎不昧。省病诊疾，至意深心。详察形候，纤毫勿失，处判针药，无得参差。虽曰病宜速救，要须临事不惑，唯当审谛覃思；不得于性命之上，率尔自逞俊快，邀射名誉，甚不仁矣！又到病家，纵绮罗满目，勿左右顾眄，丝竹凑耳，无得似有所娱；珍馐迭荐，食如无味；醽醁兼陈，看有若无。……夫为医之法，不得多语调笑，谈谑喧哗，道说是非，议论人物，炫耀声名，訾毁诸医，自矜己德，偶然治瘥一病，则昂头戴面，而有自许之貌，谓天下无双，此医人之膏肓也。……所以医人不得恃己所长，专心经略财物，但作救苦之心，于冥运道中，自感多福者耳。又不得以彼富贵，处以珍贵之药，令彼难求，自炫功能，谅非忠恕之道。志存救济，故亦曲碎论之。学者不可耻言之鄙俚也。

医家五戒十要

[明]　陈实功（1555—1636年）

（一）五戒

一戒：凡病家大小贫富人等，请视者便可往之。勿得迟延厌弃，欲往而不往，不为平易。药金毋论轻重有无，当尽力一例施与，自然生意日增，毋伤方寸。

二戒：凡视妇女及孀妇、尼僧人等，必候侍者在傍，然后入房诊视，倘傍无伴，不可自看。假有不便之患，更宜真诚窥视，虽对内人不可谈此，因闺阃故也。

三戒：不得出脱病家珠珀珍贵等送家合药，以虚存假换。如果该用，令彼自制入之。倘服不效，自无疑谤，亦不得称赞彼家物色之好，凡此等非君子也。

四戒：凡为医者，不可行乐登山，携酒游玩，又不可片时离去店中。凡有抱病至者，

必当亲视，用意发药，又要依经写出药帖，必不可杜撰药方，受人驳问。

五戒：凡娼妓及私娼家请看，亦当正己，视如良家子女，不可他意儿戏，以取不正。视毕便回。贫窭者药金可壁病回，只可与药，不可再去，以图淫邪之报。

（二）十要

一要：先知儒理，然后方知医业，或内或外，勤读先古明医确论之书，须旦夕手不释卷，一一参明，融化机变，印之在心，慧之于目。凡临证者，自无差谬矣。

二要：选买药品，必尊雷公炮灸，药有依方修合者，又有因病随时加减者，汤散宜近备，丸丹须预制，膏药愈久愈灵，线药越陈越异，药不吝珍，终久必济。

三要：凡乡井同道之士，不可轻侮、傲慢，与人切要谦和、谨慎。年尊者恭敬之，有学者师事之，骄傲者逊让之，不及者荐拔之，如此自无谤怨，信和为贵也。

四要：治家与治病同，人之不惜元气斗丧太过，百病生焉。轻则支离身体，重则丧命。治家若不固根本，而奢华费用太过，流荡日生。轻则无积，重则贫窭。

五要：人之受命于天，不可负天之命。凡遇进取，当知彼心愿否，体认天道顺逆，凡顺取人缘相庆。逆取子孙不吉。为人何不轻利远害，以防还报之业也。

六要：凡里中亲友人情，除婚丧疾病庆贺外，其余家务至于馈送往来之礼，不可求奇好胜。凡餐只可一鱼一菜，一则省费，二则惜禄，谓广求不如俭用。

七要：贫窭之家及游食僧道、衙门差役人等，凡来看病，不可要他药钱，只当奉药。再遇贫难者，当量力微赠方为仁术。不然有药而无火食者，其命亦难。

八要：凡有所蓄，随其大小，便当置买产业，以为根本，不可收买玩器及不紧物件，浪费钱财。又不可做入银会酒会，有妨生意，必当一例禁之，自绝谤怨。

九要：凡店中所用各样物具，俱要精备齐整，不得临时缺少。又古今前贤书籍，及近时名公新刊医理词说，必寻参阅，以进学问，此诚为医家之本务也。

十要：凡奉官衙所请，必要远去，毋得怠缓。要诚意恭敬告明病源，开具方药。病愈之后，不得图求匾礼，亦不得言说民情，致生罪戾。闲不近公，自当守法。

迈蒙尼提斯祷文

（1135—1204 年）

永生之上天既命予善顾世人之生命之康健，唯愿予爱护医道之心策予前进，无时或已。毋令贪欲、吝念、虚荣、名利侵扰予怀，盖此种种胥属真理与慈善之敌，足以使予受其诱惑而忘却为人类谋幸福之高尚目标。

愿吾视患者如受难之同胞。

愿天赐予以精力、时间与机会，俾得学业日进，见闻日广，盖知也无涯，涓涓日积，方成江河。且世间医术日新，觉今是而昨非，至明日又悟今日之非矣。

神乎，汝既命予善视世人之生死，则予谨以此身许职。予今为予之职业祷告上天：

> 事功艰且巨，愿神全我功。
> 若无神佑助，人力每有穷。
> 启我爱医术，复爱世间人。
> 存心好名利，真理日沉沦。

愿绝名利心，服务一念诚。

神请求体健，尽力医患者。

无分爱与憎，不问富与贫。

凡诸疾病者，一视如同仁。

医德十二箴

胡弗兰德（1762—1836 年）

1. 医生活着不是为了自己，而是为了别人，这是职业的性质所决定的。

不要追求名誉和个人利益，而要用忘我的工作来救活别人，救死扶伤，治病救人，不应怀有别的个人目的。

2. 在患者面前，该考虑的仅仅是他的病情，而不是患者的地位和钱财。应该掂量一下有钱人的一撮金钱和穷人感激的泪水，你要的是哪一个？

3. 在医疗实践中应当时刻记住患者是你服务的靶子，并不是你所摆弄的弓和箭，绝不能去玩弄他们。思想里不要有偏见，医疗中切勿用狭隘的眼光去考虑问题。

4. 把你那博学和时兴的东西搁在一边。学习如何通过你的言语和行动来赢得患者的信任。而这些并不是表面的、偶然的或是虚伪的。切不可口若悬河，故弄玄虚。

5. 在晚上应当想一想白天所发生的一切事情，把你一天中所得的经验和观察到的东西记录下来，这样做有利于患者，有益于社会。

6. 一次慎重仔细的临床与查房，比频繁而又粗疏的临床检查好得多。

不要怕降低你的威信而拒绝患者经常的邀请。

7. 即使病入膏肓无药救治时，你还应该维持他的生命，为解除当时的痛苦来尽你的义务。如果放弃就意味着不人道。当你不能救他时，也应该去安慰他，要争取延长他的生命，哪怕是很短的时间。这是作为一个医生的应有表现。不要告诉患者的病情已处于无望的情况。要通过你谨慎的言语和态度，来避免对他真实病情的猜测。

8. 应尽可能地减少患者的医疗费用。当你挽救他的生命而又拿走了他维持生活的费用，那有什么意思呢？

9. 医生需要获得公众的好评。无论你有多大学问、多光彩的行为，除非你得到人民的信任，否则不能获得大众有利的好评。你必须了解人和人们的心理状态，一个对生命感兴趣的你，就应当听取朴质的真理。就应当承认丢面子的过失，这需要高贵的品质和善良的性格。

避免闲扯，沉默更为好些。

不需要再告诉你了，你应该去反对热衷赌博、酗酒、纵欲和为名誉而焦虑。

10. 尊重和爱护你的同行。如不可能，最低限度也应该忍让。不要谈论别人，宣扬别人的不足是聪明人的耻辱。只言片语地谈论别人的缺点和小小过失，可能使别人名誉造成永久性损害，应当考虑到这种后果。

每个医生在医疗上都有他自己的特点和方法，不宜去做轻率的判断。要尊重比你年长的医生和爱护比你年轻的医生，更发扬他们的长处。当你还没有看过这个患者，你应当拒绝评论他们所采取的治疗。

11. 一次会诊不要请很多人，最多 3 名，要选合适的人参加，讨论中应该考虑的是患

者的安全，不必做其他的争论。

12. 当一个患者离开他的经治医生来和你商量时，你不要欺瞒他。应叫他听原来医生的话，只有发现那医生违背原则并确信在某方面的治疗有错误时，再去评论他，这才是公平的，特别在涉及对他的行为和素质的评论时更应如此。

南丁格尔誓约

弗洛伦斯·南丁格尔（1820—1910 年）

南丁格尔誓约内容如下。

余谨以至诚，于上帝及公众面前宣誓，终身纯洁，忠贞职守，竭力提高护理专业标准，勿为有损之事，勿取服或故用有害之药，慎守患者及家务之秘密，竭诚协助医师之诊治，务谋病者之福利。

护士伦理国际法

（1953 年 7 月国际护士会议通过了护士伦理国际法，1965 年 6 月，
在德国法兰克福大议会会议上修订并采纳）

护士护理患者，担负着建立有助于康复的、物理的、社会的和精神的环境，并着重用教授和示范的方法预防疾病，促进健康。他们为个人、家庭和居民提供保健服务，并与其他保健行业协作。

为人类服务是护士的首要职能，也是护士职业存在的理由。护理服务的需要是全人类性的。职业性护理服务以人类的需要为基础，所以不受对国籍、种族、信仰、肤色、政治和社会状况的考虑的限制。

本法典固有的基本概念是：护士相信人类的本质的自由和人类生命的保存。全体护士均应明了红十字原则及 1949 年日内瓦协议条款中的权利和义务。

本行业认为国际法规并不能包括护士活动和关系中的一切细节。有些人将受到个人哲学观和信仰的影响。

1. 护士的基本职责包括三方面：保存生命、减轻病痛和促进康复。

2. 护士应始终保持高标准的护理和职业实践。

3. 护士不仅应该有良好的操作，而且应把知识和技巧维持在恒定的高水平。

4. 患者的宗教信仰应受到尊重。

5. 护士应对信托给他们的个人情况保守秘密。

6. 护士不仅要认识到职责而且要认识到他们职业功能的限制。若无医嘱，不予推荐或给予医疗处理，护士在紧急情况下可给予医疗处理，但应将这些行动尽快地报告给医生。

7. 护士有理智地、忠实地执行医嘱的义务，并应拒绝参与非道德的行动。

8. 护士受到保健小组中的医生和其他成员的信任，对同事中的不适当的和不道德的行为应该向主管当局揭发。

9. 护士接受正当的薪金和接受例如契约中实际的或包含的供应补贴。

10. 护士不允许将他们的名字用于商品广告中或做其他形式的自我广告。

11. 护士与其他职业的成员和同行合作并维持和睦的关系。

12. 护士坚持个人道德标准，这反映了对职业的信誉。

13. 在个人行为方面，护士不应有意识地轻视在她所居住和工作地区居民的风俗习惯和所做的行为方式。

14. 护士应参与并与其他公民和其他卫生行业所分担的责任，以促进满足公共卫生需要的努力，无论是地区的、州的、国家的和国际的。

纽伦堡法典

（1946 年）

1. 受试者的自愿同意绝对必要。这意味着接受实验的合法权利；应该处于有选择自由的地位，不受任何势力的干涉、欺瞒、蒙蔽、挟持、哄骗或者其他某种隐蔽形式的压制或强迫；对于实验的项目有充分的知识和理解，足以做出肯定决定之前，必须让他知道实验的性质、期限和目的；实验方法及采取的手段；可以预料到的不便和危险，对其健康或可能参与实验的人的影响。

确保同意的质量的义务和责任，落在每个发起、指导和从事这个实验的个人身上。这只是一种个人的义务和责任，并不是代表别人，自己却可以逍遥法外。

2. 实验应该收到对社会有利的富有成效的结果，用其他研究方法或手段是无法达到的，在性质上不是轻率和不必要的。

3. 实验应该立足于动物实验取得的结果，对疾病的自然历史和别的问题有所了解的基础上，经过研究，参加实验的结果将证实原来的实验是正确的。

4. 实验进行必须力求避免在肉体和精神上的痛苦和创伤。

5. 事先就有理由相信会发生死亡或残废的实验一律不得进行，实验的医生自己也成为受试者的实验不在此限。

6. 实验的危险性不能超过实验所解决问题的人道主义的重要性。

7. 必须做好充分准备和有足够能力保护受试者排除哪怕是微之又微的创伤、残废和死亡的可能性。

8. 实验只能由在科学上合格的人进行。进行实验的人员，在实验的每一阶段都需要有极高的技术和管理。

9. 当受试者在实验过程中，已经到达这样的肉体与精神状态，即继续进行已经不可能的时候，完全有停止实验的自由。

10. 在实验过程中，主持实验的科学工作者，如果他有几分理由相信即使操作是诚心诚意的，技术也是高超的，判断是审慎的，但是实验继续进行，受试者照样还要出现创伤、残废和死亡的时候，必须随时中断实验。

悉尼宣言

（1968 年 8 月，世界医学大会第 22 次会议采纳于澳大利亚悉尼）

死亡的确定

1. 在大多数国家，死亡时间的确定将继续是医师的法律责任。通常，他可以用所有医师均知晓的经典的标准，无须特别帮助地确定患者的死亡。

2. 然而近代的医学实践使得进一步研究死亡的时间成为必要。

（1）有能力人工地维持含氧血液循环通过不可恢复性损伤的组织。

（2）尸体器官的应用，如做移植用的心或肾脏。

3. 问题的复杂性在于：死亡是在细胞水平上逐渐进行的过程。组织对于氧供断绝的耐受能力是不同的。但是临床的兴趣并不在于维持孤立的细胞而在于患者的命运。这里，不同细胞或组织的死亡时刻不是那么重要的。因为不管采用什么复苏技术总归是确定无疑地不可恢复了。

4. 死亡的确定应建立在临床判断和必要时的辅助诊断上。近年最有帮助的是脑电图。然而还没有一种技术性的标准能完全满足目前医学的状况，也没有一种技术操作能取代医师的全面临床判断。若涉及器官移植，应由两名以上的医师做出死亡诊断，而且医生对死亡的决定不能与移植手术有直接的联系。

5. 人的死亡时刻的确定使得停止抢救在伦理上被许可，以及在法律允许的国家内从尸体中取出器官被许可，并得以满足法律同意的需要。

东京宣言

（本宣言在 1975 年 10 月被第 29 届世界医学大会所采纳）

（关于对拘留犯和囚犯给予折磨、虐待、非人道的对待和惩罚时，医师的行为准则）

序　言

实行人道主义而行医，一视同仁地保护和恢复躯体和精神的健康，去除他的患者的痛苦是医师的特有权利。即使在受到威胁的情况下也对人的生命给予最大的尊重，并决不应用医学知识做相反于人道法律的事。

本宣言认为，折磨定义为精心策划的、有系统的或肆意的给以躯体的或精神的刑罚。无论是个人或多人施行的，或根据任何权势而施行强迫他人供出情报、坦白供认等行为。

宣　言

1. 不论受害者受到什么嫌疑、指控或认什么罪，也不论受害者的信仰或动机如何，医师在任何情况下（包括引起军事冲突和内战）决不赞助、容忍或参与折磨、虐待或非人道的行为。

2. 医师决不提供允诺、器械、物资或知识帮助折磨行为或其他虐待，非人道地对受害者或降低受害者的抵抗能力。

3. 医师决不参与任何折磨、虐待、非人道的对待应用或威胁。

4. 医师对其医疗的患者有医疗责任。在做治疗决定时是完全自主的。医师的基本任务是减轻他的患者的痛苦并不得有任何个人的、集体的政治的动机反对这一崇高的目的。

5. 当囚犯绝食时，医生认为可能形成伤害和做出后果的合理判断时，不得给予人工饲喂。囚犯有无做出决定的能力，至少需要有两位医师做出独立的证实性的判断。医师应向囚犯解释绝食的后果。

6. 世界医学会将支持、鼓励国际组织、各国医学会和医师，当这些医师和其家属在面临威胁或因拒绝容忍折磨或其他形式的虐待、非人道的对待而面临报复时，世界医学会将支持他们。

夏威夷宣言

（1977 年在夏威夷召开的第 6 届世界精神病学大会上一致通过）

人类社会自有文化以来，道德一直是医疗技术的重要组成部分。在现实社会中，医生持有不同的观念，医生与患者之间的关系很复杂。由于可能用精神病学知识、技术做出违反人道原则的事情，所以，今天比以往更有必要为精神病科医生定出一套高尚的道德标准。

精神病科医生作为一个医务工作者和社会成员，应探讨精神病学的特殊道德含义，提出对自己的道德要求，明确自己的社会责任。

为了确立本专业的道德内容，以指导和帮助各个精神病科医生树立应有的道德标准，兹做如下规定。

1. 精神病学的宗旨是促进精神健康，恢复患者自理生活的能力。

精神病科医生应遵循公认的科学、道德和社会公益原则，尽最大努力为患者的切身利益服务。

为此目的，需要对保健人员、患者及广大公众进行不断的宣传教育工作。

2. 每个患者应得到尽可能好的治疗，治疗中要尊重患者的人格，维持其对生命和健康的自主权利。

精神病科医生应对患者的医疗负责，并有责任对患者进行合乎标准的管理和教育。必要时，或患者提出的合理要求难以满足，精神病科医生即应向更有经验的医生征求意见或请会诊，以免贻误病情。

3. 患者与精神病科医生的治疗关系应建立在彼此同意的基础上。这就要求做到相互信任，开诚布公，合作及彼此负责。病重者若不能建立这种关系，也应像给儿童进行治疗那样：同患者的亲属或为患者所能接受的人进行联系。

如果医生和患者关系的建立，并非出于治疗目的，例如在司法精神病业务中所遇到的，则应向所涉及人员如实说明此种关系的性质。

4. 精神病科医生应把病情的性质、拟做出的诊断、治疗措施，包括可能的变化以及预后告知患者。告知时应全面考虑，使患者有机会做出适当的选择。

5. 不能对患者进行违反其本人意愿的治疗，除非患者因病重不能表达自己的意愿，或对旁人构成严重威胁。在此情况下，可以也应该施以强迫治疗，但必须考虑患者的切身利益。且在一段适当的时间后，再取得其同意；只要可能，就应取得患者或亲属的同意。

6. 当上述促使强迫治疗势在必行的情况不再存在时，就应释放患者，除非患者自愿继续治疗。

在执行强迫治疗和隔离期间，应由独立或中立的法律团体对患者经常过问，应将实行强迫和隔离的患者情况告知上述团体，并允许患者通过代理人向该团体提出申诉，不受医院工作人员或其他任何人的阻挠。

7. 精神病科医生绝不能利用职权对任何个人或集体滥施治疗。也绝不允许不适当的私人欲望、感情或偏见来影响治疗。精神病科医生不应对没有精神病的人采用强迫的精神病治疗。如患者或第三者的要求违反科学或道德原则，精神病科医生应拒绝合作。当患者的希望和个人利益不能达到时，不论理由如何，都应如实告知患者。

8. 精神病科医生从患者那里获悉的谈话内容，在检查或治疗过程中得到的资料均予保密，不得公布，要公布得征求患者同意，如因别人的普遍理解的重要原因，公布后随即通知患者有关泄密内容。

9. 为了增长精神病学知识和传授技术，有时需要患者参与其事。在患者服务于教学，将其病历公布时，应事先征得同意，并应采取措施，不得公布姓名，以保护患者的名誉。

在临床研究和治疗中，每个患者都应得到尽可能好的照料，把治疗的目的、过程、危险性及不利之处全部告诉患者后，接受与否，应根据自愿；对治疗中的危险及不利之处与研究的可能收获，应做适度的估计。

对儿童或其他不能表态的患者，应征得其亲属同意。

10. 每个患者或研究对象在自愿参加的任何治疗、教学和科研项目中，可因任何理由在任何时候自由退出。此种退出或拒绝，不应影响精神病科医生继续对此患者进行的帮助。

凡违反本宣言原则的治疗、教学或科研计划，精神病科医生应拒绝执行。

齿科医学伦理的国际原则

(1972 年 10 月，在墨西哥举行第 15 次世界齿科医学会议，通过了齿科医学
伦理的国际原则，并得到国际齿科联盟总会的承认，加以采用)

齿科医学道德的国际原则应作为每位齿科医师的指南，可是原则本身不能囊括当地或民族传统的习惯。

因而，原则的条文必须是齿科医师品行的指导，而齿科医师除了恪守原则中已阐明的条文外，还有许多责任，可用一格言"按你应做的事去做"概括该原则的精髓。齿科医师有责任通过患者、社会、职业来为齿科学的发展而不断地工作。

一、患者

1. 齿科医师的首要任务为保护患者的健康，不考虑患者的民族、性别、种族、信仰、政治观念和社会及经济地位。

2. 齿科医师应记住做出有利于患者及有助于另一有资格的齿科医师或医务同行的一切可能的治疗。

3. 除了所在国有别的法令外，职业的秘密是绝对的。

4. 在委托做手术或非手术的助手时，齿科医师将在临床或手术时负完全责任。

二、社会

1. 齿科医师应促进改善公众可接受的齿科卫生的措施。

2. 齿科医师应参与卫生教育，尤其是通过促进改善个人及社会两者都可接受的措施，来进行公众的口腔卫生教育。

3. 齿科医师只有通过对患者和社会服务，方可能提高齿科业务水平。

4. 齿科医师对患者的生命应负有责任。

三、职业

1. 齿科医师应维护职业荣誉、道德和诚实，同时避免做任何在公众眼里可能是轻率的举动。

2. 齿科医师应通过继续教育，保持自己的知识和技术。

3. 齿科医师在业务上有帮助他人的责任。

4. 当与患者的另一齿科医师会诊时，齿科医师应考虑可产生的任何危急情况，同时指定患者回到他或她的齿科保健医师处去，并告知该齿科医师已发现和治疗好的病情。

5. 齿科医师不应在患者面前毁谤、指责另一位齿科医师。

6. 齿科医师有责任通过科学的和专门的组织来支持齿科医学的发展，并观察齿科道德的规则。

7. 齿科医师有责任保护或促进公众健康。